U1070783

医学文献信息检索实用教程

第2版

主编 肖凤玲 李朝葵
编者 （以姓氏笔画为序）
邓 慧 刘玥伶 李朝葵 肖凤玲
陈巧玉 胡雅凌 陶 姗 黄伦东
游强华 蔡 濂

科学出版社
北 京

内 容 简 介

“医学文献信息检索”作为一门方法学课程，其内容随着信息技术的发展及学生培养模式的变化日新月异，为了更好地适应当前信息素养教学的需要，有效地培养学生的信息技能，本教材在理论与实践相结合的基础上，注重实训，重点介绍各大数据库及检索平台的功能。具体内容包括绪论、文献信息检索基础、中文期刊数据库检索、外文期刊数据库检索、循证医学及证据检索、特种文献信息检索、引文检索、网络信息资源检索、文献信息管理与利用、医院信息系统共十章。

本教材图文并茂，结构合理，条理清楚，实用性强，适合医学院校各专业学生作为教材使用；也适合医、教、研人员继续教育之用。

图书在版编目（CIP）数据

医学文献信息检索实用教程 / 肖凤玲，李朝葵主编. —2 版. —北京：科学出版社，2017.8

ISBN 978-7-03-052982-4

Ⅰ. ①医… Ⅱ. ①肖… ②李… Ⅲ. ①医药学–情报检索–医学院校–教材 Ⅳ. ①G252.7

中国版本图书馆 CIP 数据核字（2017）第 118015 号

责任编辑：朱 华 / 责任校对：桂伟利
责任印制：赵 博 / 封面设计：范 唯

科学出版社 出版
北京东黄城根北街 16 号
邮政编码：100717
http://www.sciencep.com

保定市中画美凯印刷有限公司印刷
科学出版社发行 各地新华书店经销
*
2013 年 8 月第 一 版 开本：787×1092 1/16
2017 年 8 月第 二 版 印张：18
2024 年 8 月第十七次印刷 字数：415 000

定价：65.00 元

（如有印装质量问题，我社负责调换）

前　言

随着社会的发展和信息技术的快速推进，信息素养教育逐渐得到社会及教育界的广泛关注，信息能力也已成为社会对人才要求的必备能力之一。尤其是近年来随着医学模式发展的变化及随之诞生的《本科医学教育国际标准》《全球医学教育最低基本要求》，更突显出医学生信息素养教育的重要性。

为了担负起大学生信息素养的教育职责，各大高校从20世纪80年代开始，陆续开设了文献信息检索课程。实践证明，此课程在培养大学生信息素养、提升信息技能方面确实发挥了一定的作用；但同时，我们也意识到，信息素养的培养需要一个过程，一门课程的教学是有局限的。因此，在因材施教、分层分类教育观念的指导下，我们进行了大胆探索，结合医学生教育和专业课开设特点，构建了从大学低年级到高年级，本科生、研究生不同层次、不同类型的信息素养教育相关课程。

而教材作为制约课程教学实施的主要因素之一，也就毫无疑问地必须结合具体教学模式、课程设置，有针对性地构建相应内容。因此，我们在借鉴国内同行编著的几十余种不同类型教材的基础上，结合多年的教学实践，总结经验，力求实用，编写了这部教材。

全书内容包括五个方面，涉及检索理论基础、中英文期刊数据库检索、特种文献及网络信息资源检索、文献信息分析与利用及医院信息系统，分十个章节完成。重点突出文献信息检索工具课程的特性，强调信息检索实践与信息利用。

本教材由川北医学院、四川大学、西南医科大学的老师共同编写完成。由肖凤玲、李朝葵主编，具体分工如下：第一、二章，肖凤玲；第三章，邓慧、陶姗、刘玥伶；第四章，李朝葵、游强华；第五章，胡雅凌、李朝葵；第六章，陈巧玉；第七章，蔡濂；第八章，游强华；第九章，肖凤玲、胡雅凌、黄伦东；第十章、附录，李朝葵。全书由李朝葵统稿，肖凤玲审核。

在本教材编写过程中，参阅了大量文献资料，吸收了许多作者的研究成果，在此谨向这些作者表示衷心的感谢！并对大力支持和热情帮助本教材出版的有关人员致以诚挚的谢意！囿于我们的水平，书中难免存在缺点和不足，恳请读者指正和赐教。

肖凤玲

2016年12月18日

目　录

第一章 绪 论

第一节 信息社会与信息素养教育

伴着21世纪钟声的敲响，人类社会正日渐进入一个以知识和信息资源的占有、分配、使用、创造为最主要因素的知识经济时代。信息与物质、能源一道成为社会发展的三大支柱。一个国家的综合国力在一定程度上将体现为信息的拥有量、处理能力和利用水平，亦即信息水平、信息能力、信息素质、信息潜能的总和；国家信息化指标——“NIQ”（national informatization quotient）被形象地称为“国家智商”。

为了适应科学技术高速发展和经济全球化的挑战，发达国家已开始注重培养学生新的能力，尤其要求学生具备迅速地筛选和获取信息、准确地鉴别信息、创造性地加工和处理信息的能力，并把学生掌握和运用信息的能力作为与读、写、算同等重要的终生有用的基础能力。

因此，在人才培育的目标模式中，一个新概念——信息素养（information literacy），正在引起世界各国越来越广泛的重视，并逐渐加入从小学到大学的教育目标与评价体系之中，成为评价人才综合素质的一项重要指标。围绕信息素养的讨论，也日益成为世界各国教育界乃至社会各界关注的重大理论与实践课题。

一、信息社会及其特征

（一）信息社会特征

1. 信息成为重要战略资源　在信息社会中，信息已成为社会各个领域、各个行业不可或缺的重要资源。信息资源的获得、处理和利用直接关系到各项工作的进程和结果。例如，在科学研究中，信息是科研工作的前哨；在商务活动中，信息就是金钱和财富；在现代化战争中，信息资源的获取和利用程度可决定战局的胜负。

2. 信息网络成为社会的基础设施　信息化由信息技术、信息产业、信息资源、信息网络等要素综合组成。信息网络属于硬件部分，相当于高速路，是其他部分发挥效能的物质基础。信息网络的覆盖率和利用率将成为衡量一个国家信息化程度的重要标志。

3. 信息技术广泛应用于社会各个领域　信息技术在资料生产、科研教育、医疗保健、企业和政府管理及家庭生活中得到广泛的应用，对经济和社会发展产生深刻的影响，从根本上改变了人们的生活方式、行为方式和价值观念。信息的“触角”已伸入到社会生活的各个角落，人们主动寻找信息和应用信息的意识不断增强，网络操作日益成为人们日常工作和生活中的一项重要内容。

4. 信息经济逐渐占据社会经济主导地位　在信息社会中，信息成为比物质和能源更为重要的资源，以开发和利用信息资源为目的的信息经济活动迅速扩大，逐渐取代工业生产活动而成为国民经济活动的主要内容。西方发达国家20世纪70年代末信息部门产值约占国内生产总值的40%，信息劳动者约占总劳动人口的35%，某些国家甚至接近或超过50%。目前，西方国家信息部门产值约占国内生产总值的67%，信息人员约占总劳动人口的55%。

（二）信息社会挑战

信息社会给我们带来丰富信息资源的同时，也带来了挑战。

1. 信息数量急剧增长，出现信息爆炸 数据统计表明，在 20 世纪 80 年代，全球信息量每 20 个月就增加近一倍。进入 20 世纪 90 年代，信息量呈几何级数增长，到 90 年代末，伴随互联网的发展，出现了信息爆炸。据国外互联网数据中心（Internet Data Center，IDC）的报告，截止 2006 年全世界创建或捕获的数字信息和复制的信息已经达到 161EB，这一信息量是所有已出版书籍信息总量的 300 万倍，2010 年这个数字增长到 988EB，呈现 57% 的复合年增长率（compound annual growth rate，CAGR），其中个人创建的信息量几乎可以占到数字世界信息总量的 70%。

2. 信息传播监控机制不完善，导致信息迷航 信息的无限扩展、网络传播监控的缺位或失位和网上信息审查机制的不完善，导致网络上产生了大量的虚假信息、无用信息甚至不健康的信息。在网络上任何人都可以自由发表意见，并且发布的成本几乎可以忽略，在某种意义上，"每个人都可成为全球范围的信息制造者"，从而增加了人们利用信息的难度。例如，通过 Google 搜索引擎搜索"信息技术"，结果有几千万条内容，其中有网站、产品、广告、论文、单位、培训，甚至是诈骗信息。这种大量无用甚至不真实的信息很大程度上降低了用户获取信息的效率。

3. 用户信息行为失衡，产生信息危害泛化 网上的信息良莠不齐，一些分辨力不强和意志力薄弱者容易沉迷于网络，患上"网瘾"。导致道德认知模糊，价值取向紊乱。许多青少年网民不是努力利用网络上的信息资源，而是沉迷于网络游戏、聊天等，不仅浪费时间，还给自己的身心带来伤害。同时，学生过分依赖网络，"快餐式"地获取知识，弱化书本阅读和实践，也会导致人的思维能力、表达能力和阅读能力退步。

因此，信息用户能否做到趋利避害，有效利用信息，他们发掘信息的意识如何，利用信息的能力如何，以及在信息伦理道德方面的表现如何，这些都直接体现着他们的信息素养水平。

二、信息素养与医学生信息素养

（一）信息素养的内涵

1. 信息素养的概念 信息素养也被广泛称为信息素质、信息文化、信息能力、资讯素养等。迄今，有关信息素养概念的表述已多达数十种，其中以美国信息产业协会主席保罗·泽考斯基（Paul Zurkowski）和美国图书馆协会 1989 年年会的有关阐述最为知名。保罗·泽考斯基 1974 年在其一份报告中将信息素养定义为："利用大量的信息工具及主要信息源使问题得到解答的技术与技能"，后来又将其解释为"人们在解答问题时利用信息的技术和技能"。而美国图书馆协会在 1989 年的综合报告中将信息素养的概念明确为："个体能够认识到何时需要信息，能够检索、评估和有效地利用信息的综合能力。"

随着时代的发展和不断地研究，人们对信息素养的理解也越来越深。目前，信息素养较多地被定义为：判断何时需要信息，并有效地定位、获取、评价和利用信息的一系列能力的总和，是信息社会劳动者必须掌握的终身技能。

2. 信息素养的内涵 信息素养的内涵主要包括信息意识、信息能力和信息道德三部分。信息意识是人们捕捉、反馈、分析、判断与吸收信息的自觉程度；是从信息的角度去理解、感受和评价自然界、人类社会现象，反映个体对信息的敏感度与注意力、对信息价值的判断力与洞察力。信息能力则是个体搜集、加工、传递、吸收和利用信息的一系列能力。信息道德指个体在信息活动中应遵守的道德规范，它是调节信息生产者、加工者、传递者及使用者之间相互关系的行为规范的总和。三者相辅相成，互为补充。信息意识是前提，对信息素养起着决定性作用，控制着信息行为的发生。信息能力是核心，加强信息能力，才能更好地掌握信息检索技能，提高查找信息的效率，促进开放式信息思维形成，使信息创造力得到更大发挥。信息道德是方向，它保证个体的信息行为遵循正确的方向，从而维护信息社会的正常秩序。良好的信息意识和信息道德培养是一个潜移默化的过程，需要经过长期教育和个体主动认同后才能得以内化。提高信息能力可以有力地强化信息意识，而增强信息意识又可以更有效地促进信息能力的发展。

（二）信息素养能力标准

1. 美国大学生信息素养能力指标体系 2000 年 1 月 18 日，美国高等教育图书研究协会（ACRL）在德克萨斯州召开了全美图书协会会议，会议审议并通过了《美国高等教育信息素质能力标准》，该标准为高等院校的教师、图书馆员、行政管理人员明确了培养学生信息素质的目标，为评价学生是否具有信息素质提供了具体的指标。

标准一：具有信息素养的学生能够明确信息需求的内容和范围。

标准二：具有信息素养的学生能高效并有效地获取所需信息。

标准三：有信息素养的学生能客观、审慎地评价信息与信息源，并将其纳入知识库和评价系统中。

标准四：具有信息素养的学生，能有效地利用信息完成特定的任务。

标准五：具有信息素养的学生能够理解有关信息使用的经济、法律及社会因素，获取与使用信息要符合道德与法律规范。

在这 5 个标准之下，包括 22 个二级指标和 86 个可测评的细目。

2. 北京地区高校信息素养能力指标体系 2005 年由北京高校图书馆学会研究设计的《北京地区高校信息素养能力指标体系》，是我国第一个比较完整、系统的信息素养能力评价指标体系。该体系由 7 个一级指标（称为维度）、19 个二级指标（称为指标）、61 个三级指标（称为指标描述）构成。

维度一：能够了解信息及信息素质能力在现代社会中的作用、价值与力量。

维度二：能够确定所需信息的性质与范围维度。

维度三：能够有效地获取所需要的信息。

维度四：能够正确地评价信息及其信息源，并且把选择的信息融入自身的知识体系中，重构新的知识体系。

维度五：能够有效地管理、组织与交流信息。

维度六：作为个人或群体的一员能够有效利用信息来完成一项具体的任务。

维度七：了解与信息检索和利用相关的法律、伦理和社会经济问题，能够合理、合法地检索和利用信息。

（三）医学教育对医学生信息素养的要求

医学是一个对信息依赖性极高的学科，要想成为一名合格的医生，具备信息素养尤为重要。医学生除了具备通用信息素养外，还应该具备适应医学专业需要的信息能力。

1. 国际医学教育对医学生信息素养的要求 国际医学教育界分别以《本科医学教育国际标准》《全球医学教育最低基本要求》两个标准，从教育过程和教育结果的视角提出了对医学生各方面能力的要求，而医学生信息素养的内涵也应该与国际医学教育界对医学生信息素养能力要求一致。

（1）世界医学教育联合会《本科医学教育国际标准》：2001 年 6 月，世界卫生组织（WHO）和世界教育联合会（WFME）向全球医学教育界推荐《本科医学教育国际标准》。该标准不仅阐明了信息素养的内涵，还特别强调了计算机素养的重要性。它的特点体现在：把医学教育结构和过程分为九大领域，在“教育资源”领域中设置“信息技术”亚领域。其“基本标准”规定，医学院必须有一项政策，使信息和通讯技术能有效地用于教学领域并评估相关状况；师生们应当能够利用信息和通讯技术进行自学、获取信息、治疗患者及开展卫生保健工作；涉及使用计算机、校内外网络及其他信息和通讯技术的政策应包括协调图书馆服务；使用信息和通讯技术还可以是循证医学教育作为医学生准备继续教育和职业培训的内涵。

（2）国际医学教育学会《全球医学教育最低基本要求》：1999 年 6 月，经纽约中华医学基金会（CMB）理事会批准资助，成立了国际医学教育专门委员会（IIME）。2001 年 11 月，该委员会制定并颁布了《全球医学教育最低基本要求》。“基本要求”是指世界各地医学院校培养的医生都必须具备包括医学知识、临床技能、职业态度、行为和职业道德等方面的基本素质。将这些领域所需的能力与信息素养内涵相对应，可以看到信息素养几乎渗透了医学教育的所有领域。

1）涉及信息意识和信息道德的条目：“自我调整的能力，认识到不断进行自我完善的重要性和个人知识和能力的局限性，包括个人医学知识的不足等”“认识有关患者文件、知识产权的权益、保密和剽窃的伦理和医学问题”。

2）涉及信息能力的条目：“注意倾听、收集和综合与各种问题有关的信息，并能理解其实质内容”“建立和妥善保管医疗档案”“能综合并向听众介绍适合他们需要的信息，与他们讨论关于解决个人和社会重要问题的可达到的和可以接受的行动计划”。

3）涉及信息分析与利用的条目：“采集包括职业卫生等在内的相应病史资料”“运用基本的诊断和技术规程，对获得的观察结果进行分析和解释，确定问题的性质”“运用循证医学的原则，在挽救生命的过程中采用恰当的诊断和治疗手段”“进行临床思维，确立诊断和制订治疗方案”“发展独立、自我引导学习的能力，以便在整个职业生涯中更好地获取新知识和技能”。

4）涉及信息管理全过程的条目：“从不同的数据库和数据源中检索、收集、组织和分析有关卫生和生物医学信息”“从临床医学数据库中检索特定患者的信息”“运用信息和通讯技术帮助诊断、治疗和预防，以及对健康状况的调查和监控”“懂得信息技术的运用及其局限性”“保存医疗工作的记录，以便于进行分析和改进”“建立和妥善保管医疗档案”。

5）涉及信息评价和批判性思维的条目：“在职业活动中表现出有分析批判的精神、有根据地怀疑、有创造精神和对事物进行研究的态度”“懂得运用不同信息源获得的信息在确定疾病的病因、治疗和预防中进行科学思维的重要性和局限性”“应用个人判断来分析和评论问题，主动寻求信息而不是等待别人提供信息”“根据从不同来源获得的相关信息，运用科学思维去识别、阐明和解决患者的问题”。

从上述分析可以看出，信息素养在医学教育中具有相当重要的地位。不仅如此，我国也对医学教育中的信息素养教育提出了要求。

2. 中国医学教育对医学生信息素养的要求 2004年9月，我国《本科医学教育标准——临床医学专业》草案发布，该标准包括毕业生应达到的基本要求和医学本科教育办学标准两个方面的内容。

毕业生应达到的基本要求按照思想道德、职业素质、知识目标和技能目标三个方面逐一列出。其中，技能目标项中，第10条“结合临床实际，能够独立利用图书馆和现代信息技术研究医学问题及获取新知识与相关信息”；第12条“具有自主学习和终身学习的能力”。

医学本科教育办学标准的10个领域的“教育资源”项中，“图书及信息服务”要求“医学院校必须拥有并维护良好的图书馆和网络信息设施，必须建立相应的政策和制度，使现代信息和通讯技术能有效地用于教学，使师生能够利用信息和通讯技术进行自学，获得信息，治疗管理患者及开展卫生保健工作”。该项的注释为“学校必须高度重视图书馆的建设和投入，每年图书文献资料购置经费及其占学校当年教育事业经费拨款的比例必须达到国家有关规定的要求”。

（四）医学生信息素养内涵

结合医学教育的基本要求可以认为，医学生信息素养的内涵同样包括信息意识、信息知识、信息能力和信息道德四个方面，并且具体内容上更应体现医学专业教育的特点。

1. 信息意识 医学生信息意识是指主观上对信息具有强烈的知情愿望和高度敏感，具体可理解为：领域意识、前沿意识和线索意识。领域意识是指医学生对其所从事的学科或专业领域的信息的关注程度；前沿意识是对学科或专业领域及其相关学科或专业领域发展前沿的关注程度；线索意识是对学科或专业领域的再现事件保持记忆、及时关联和发现线索的敏感度。

2. 信息知识 医学生信息知识主要包括对信息相关术语的了解；对医学信息源的熟悉；循证医学相关概念、知识的理解与掌握；与医学信息获取、分析、管理与利用相关的语言学知识；信息技术知识、信息分析和管理等知识及技能的掌握。

3. 信息能力 医学生信息能力是信息素养的核心，培养医学生的信息能力至关重要，具体如下。

（1）信息活动能力：主要是指医学生参与各类活动来获取信息的能力。包括：①文献信息能力，即从海量科技文献和新闻信息的常规搜索和快速泛读中发现有价值的信息的能力。②实物信息能力，即从临床诊疗等现场实践中获得有价值的信息的能力。③言语信息能力，即从与各类人员特别是患者交谈、交流中获取信息的能力。

（2）信息积累能力：是指医学生自觉地、有目的地累积、储备信息的能力。应避免“信息积累就是收集和物理储存大量相关信息”的认识误区，力求在物理储存相关信息的同时，将这些信息深刻地记忆在脑海中，并能够在需要时随时提取。

（3）信息表达能力：包括语言表达能力和文字表达能力两个方面。医学生不仅要能够通过课堂讨论、参加学术会议等方式口头交流传播信息，也要能够以书面形式发表期刊论文，还要学会利用互联网传播和交流信息，能让大家一起讨论共同关注的话题。

（4）信息甄别能力：信息甄别应该包括可靠性、可信度和可能性三种。信息可靠性甄别的是信息“有没有”，一般情况下来源于政府报告、备忘录、听证会报告、政府文件、官方网站、机构通报、学术期刊、科学文献等的信息可靠性较大。信息的可信度是指信息的性质是否可信，其甄别是一项极其复杂的工作，常需要分析该信息是在什么背景下出现的，由什么人发布的，在什么场合发布的，通过什么途径传播等。因此信息可信度甄别的是信息“真不真”。信息可能性是指信息内容是否可能，甄别的是信息的科学性，即“对不对”，这就需要医学生具备该学科的坚实基础。

（5）信息利用能力：信息利用是获取信息的终极目的。医学生信息利用能力主要表现在：利用获取的信息提高和弥补个人知识和认识的不足；利用信息技术建立个人信息资料库；利用获取的信息和积累的知识重构个人的知识体系；利用从不同来源获得的信息进行临床医疗决策，解决患者的实际问题；利用医学信息进行医学科研课题研究，对医疗成果进行总结、转化和推广等。

4. 信息道德 医学生信息道德是指个体在信息活动中应遵守的道德规范，简单地说就是要求合理合法地加工、传播和利用信息。对于医学生来说，一方面要了解与信息使用相关的经济、法律和社会因素，如网络信息安全、知识产权保护等问题；另一方面获取和利用信息要符合法律和道德规范的要求，如合理使用图书馆文献，学术论文中引用他人的文献应注明，利用患者信息时要保护患者隐私等。

三、信息素养教育

（一）国外信息素养教育

1. 美国的信息素养教育 信息素养教育起源于美国，前称是图书馆利用教育。早在19世纪初期图书馆利用的观念已在美国大学萌芽。20世纪初，全美约有60所大学提供图书馆研究课程。在20世纪70年代后期，图书馆利用教育进入到一个新的发展阶段，即信息素养教育阶段。具体而言，其信息素养教育可分为以下三个阶段。

（1）萌芽阶段（1980～1989年）：这一阶段主要是信息素养教育委员会的成立和美国图书馆协会信息素养主席委员会总结报告的出台。1987年，信息素养教育委员会成立，目的是明确信息素养在学生学习、终身教育和成为一个良好公民过程中的作用，设计在正式或非正式学习环境下的信息素质教育模型，决定继续教育和教育培养的发展方向。1989年1月，该委员会出版了关于信息素养问题的报告，主要强调了所有人都需要具备信息素养及获取信息的重要性并提出了若干建议。该报告对美国乃至世界范围的信息素养教育产生了巨大的推动作用。

（2）探索阶段（1990～1999年）：这一阶段主要是国家信息素养论坛的成立和几个大学的信息素养教育计划的制订。1990年建立的“国家信息素质论坛”（the National Forum on Information）持续推动着信息素养教育在美国的发展。该论坛的主要作用是支持、发起和监督美国及美国之外的信息素养项目。1993年，华盛顿州和社区学院的32家成员联合制订并通过了一份意见书，支持将“信息能力”纳入它们的核心课程。加利福尼亚大学承诺，对所有学生实施信息素养技能教育，并通过绩效考试测评这些技能。加利福尼亚大学和加利福尼亚社区学院制订了信息能力计划，推动和评估其学生信息素养的发展情况。1994～1995年国家信息素养论坛对2326个大专院校进行了调查，以考察在高等教育中融入信息素养的程度。

（3）发展阶段（2000 年至今）：这一阶段信息素养教育得到突飞猛进的发展，其标志性事件为高等教育中信息素养能力标准的出台。2000 年 1 月，美国大学与研究型图书馆协会（Association of College and Research Libraries，ACRL）通过了《高等教育信息素质能力标准》。2008 年出台了信息通信技术（ICT）素养标准，在信息素养基础上强调了应用计算机的能力。同期，美国大学和研究图书馆协会建立了信息素养研究所（Institute for Information Literacy），其他大学开设了一系列信息素养教育课程，如美国德州大学信息素养教育指南、加利福尼亚大学信息能力计划、纽约州立大学信息素养开创性计划等。

2. 其他国家的信息素养教育

（1）英国：信息素养教育在英国具有悠久的历史，并且在初等教育和中等教育中开展得较好。1981 年在牛津召开的研讨各级各类图书馆用户教育的国际会议上将图书馆用户教育的发展推向新的高度。2002 年，联合信息系统委员会（Joint Information System Committee）在曼彻斯特城市大学图书馆和利兹大学图书馆协助下开展了“THE BIG BLUE”项目，该项目的成果是为英国的高等教育和 16 岁以上社会成员的信息素养教育提出了 14 条建议，并建立了自己的信息素质教育模式。

（2）澳大利亚：被认为是最重视信息素养教育的国家，较早推出了国家信息素养能力标准，为全面开展信息素养教育提供规范和指导。继 2000 年美国 ACRL 出台后，澳大利亚大学图书馆协会（CAUL）即在当年 10 月的堪培拉会议上通过并修改《美国高等教育信息素养能力标准》作为澳大利亚的国家信息素养标准。

（3）新加坡、日本和韩国：1997 年新加坡教育部制定了《信息素养指南》，为学生提供了如何学习和思考的基本框架。同时，教育部在 1997～2007 年间为信息技术教育制定了 10 年总体规划。

日本自 1993 年以来开始在中学的课程中出现信息素质教育的内容。1996 年 7 月，日本中央教育审议会首次咨询报告《展望 21 世纪日本的教育发展趋势》，详细论述了信息化教育，将培养学生“信息综合能力”的必要性放在首位进行论述，并提议把国会教育会馆作为全国信息教育中心。

韩国从 1999 年开始在高中阶段实行信息素质认证制，在全国的 71.6 万名高中一年级学生中，约 38 万人接受了计算机等信息课程教育或取得了相关资格证书。

（二）国内信息素养教育

国内信息素养教育大致可分为文献检索教学阶段和信息素养教育阶段。

1. 文献检索教学阶段 1981 年 10 月，教育部颁发了《中华人民共和国高等学校图书馆工作条例》，第一次以文件的形式将文献检索课规定为高校图书馆工作任务之一。1984 年和 1985 年原国家教育委员会连续 2 年下发了开设文献检索课的通知。在该文件的指导下，第一、第二次全国文献检索课学术研讨会连续召开，使得文献检索课得到了极大推进。1992 年国家教委颁发的《文献检索课教学基本要求》成为全国文献检索课规范的依据。1998 年教育部颁布的《普通高等学校本科专业目录和专业介绍》中包括 249 种专业，其中有 218 种专业在其“业务培养要求”中明确规定“掌握文献检索、资料查询的基本方法”或“掌握资料查询、文献检索及运用现代信息技术获取相关信息的基本方法”，对文献检索课提出了更高的要求，文献检索课逐渐变成了信息检索课，也使其呈现出良好的发展前景。

2. 信息素养教育阶段 随着网络的不断普及，中小学信息技术课程的开设，传统文献检索课的教学内容、教学模式和教学手段等已经无法满足对现代大学生信息知识、信息能力培养的要求，信息素养教育已迫在眉睫。

但是，目前在高等教育领域，严格意义上来说，我国的信息素养教育还处在以研究接受国外信息素养教育、进行信息素养能力评价标准研究的基础上，真正实质性的信息素养教育还处于探索阶段。

第二节 课程的作用、性质与目标

一、课程的作用

随着社会信息化纵深发展，社会对高素质医学人才的知识能力结构提出了新的要求，医学生信息素养教育任重道远。医学文献信息检索课程作为现阶段我国培养医学生信息素养教育的重要载体，其作用日益凸显。

（一）提升医学生综合素质

我国从 20 世纪 80 年代起推行素质教育，素质教育的核心是创新教育，即培养具有创新意识、创新精神和创新能力的人才。而信息素质教育是培养大学生创新素质的基础。原教育部长陈至立曾指出："为了适应科学技术高速发展及经济全球化的挑战，发达国家已开始把注意力放在培养学生一系列新的能力上，特别要求学生具备迅速地筛选和获取信息、准确地鉴别信息的真伪、创造性地加工和处理信息的能力，并把学生掌握和运用信息技术的能力作为与读、写、算一样重要的新的终生有用的基础能力。在知识经济时代，信息素养已成为科学素养的重要基础。"信息素养是创新人才的基础，信息素养教育是素质教育的重要组成部分。因此教育界应对各个层次、各个阶段的教育活动通过改革，加强学生信息意识和运用能力的培养。

1984 年、1985 年原国家教育委员会分别印发了《关于在高等学校开设文献检索与利用课的意见》的通知和《关于改进和发展文献课教学的几点意见》，提出了文献检索课程"要逐步实现分层次连续教育"的教学指导思想。1992 年 5 月，原国家教育委员会印发了《文献检索课教学基本要求》，对文献检索课的课程性质、教学目的要求、课程组织计划、教学检查评估有了更细致且全面的规定，成为各文献检索教学单位制订教材和评估教学效果的参考标准。2002 年 1 月，教育部高等学校图书情报工作指导委员会在黑龙江大学召开全国高校信息素养教育学术研讨会，会议呼吁各高校重视信息素养教育，提出要加快改革以文献课教学为主体的信息素养教育课程，加强教材建设。

培养和提高医学生的信息素养，必须使每位医学生都善于检索和利用信息与知识，实现信息和知识效用的最大化。因此，培养高级医学人才的信息素养，提高医学人才的信息意识、信息检索能力、信息分析能力、信息利用能力等，是我们开展医学文献信息检索课的重要任务。

（二）传授医学生终身教育技能

联合国教科文组织从 20 世纪 60 年代开始，通过开展一系列的国际活动，倡导终身教育思想。当前终身教育、终身学习的观念，受到世界各国的重视，并正在成为世界各国制定教育改革和发展政策的主导思想和指导原则。我国教育部在《面向 21 世纪教育振兴行动计划》中明确提出了建立终身学习体系的目标和方式：到 2010 年在全国建立起终身学习体系。

信息素养是终身学习的前提条件，信息素养能够引发、支持和维系终身学习。图书馆协会信息素养主席委员会 1989 年总结报告描述两者的关系为：从根本上说，具有信息素养的人是那些知道如何学习的人，他们知道如何学习，是因为他们知道如何组织、查找、利用信息。他们能为终身学习做好准备，因为他们总能寻找到为做出决策所需的信息，具备利用各种信息技术和各类信息资源进行学习的能力。

"知识爆炸"及知识向技术转化的速度加快，使学校不可能为学生提供终生享用的知识与技能。学校所能做的而且应该做得很好的是培养学生的信息素质，有了一定的信息素养，大学生才有可能将学习延伸到正规的课堂教学环境之外，才能在离开学校之后，在生活的各种复杂环境中进行独立的开拓研究与发展。因此，医学文献信息检索课程教育意义重大。

（三）培养医学生创新思维能力

创新型医学人才素质要求医学生有很强的洞察力、领悟力和消解力，不断地吐故纳新，开阔视野，广泛学习新技术，率先接受新的医学模式，在不同的领域，从不同的角度和层次认识事物、把握事物、鉴别比较，从而为创新活动寻找多元的信息和证据，激发创新行为的出现。因此，知识结构的立体性和复杂性及思维的批判性和质疑性，要求医学生在掌握基本的专业知识的同时，对于医学相关的边缘学科也要熟悉，要求其所掌握的知识全面、广泛而多层次，对同一种疾病要从不同的角度进行观察和思考，动态地挖掘疾病的真相，并且敢于对原有理论理性地质疑和批判，敢于坚持自己的主张，提出新的设想，完成个体探索，解决临床医疗问题。

医学文献信息检索课程不仅可以培养医学生获取信息、分析甄别信息、管理和利用信息的能力，让医学生有效地获取所需的信息，更新知识，拓宽和完善其知识结构和工作技能；更重要的是，这种能力的培养过程，也会带来思维能力的提升。

二、课程的性质和目标

原国家教育委员会曾分别于 1984 年、1985 年、1992 年 3 次以文件的形式督促各高校开设文献检索与利用课，并指出该课程的目的是"使大学生和研究生增强情报意识，初步掌握利用文献与情报技能"，该课程"对人们不断吸收新知识，改善知识结构、提高自学能力和研究能力，发挥创造才能都具有重要的意义"。在 2002 年新修订的《普通高等学校图书馆规程》中也规定图书馆"通过开设文献信息检索与利用课程及其他手段，进行信息素质教育"。因而，医学文献信息检索课程是一门非常重要的课程。

（一）医学文献信息检索课的性质

文献信息检索是教会医学生查找文献信息，最终使文献信息为我所用，是医学生继续学习、提升自我的有效途径和工具。因此，我们可以说，医学文献信息检索课是一门科学方法课，其宗旨是增强学生信息意识，提高信息能力，掌握信息检索的技能。

（二）医学文献信息检索课的目标

通过教学与实训使医学生掌握文献信息检索的基本理论、基本知识和基本技能，从而提高和培养医学生的检索、筛选、分析、评价、管理和综合利用文献信息的能力。最终，培养他们的信息意识、信息能力和信息道德。具体体现在以下几个方面。

1. 培养信息意识 提高医学生对文献信息的敏感性和关注度，激发医学生的信息需求和潜能。

2. 培养信息能力 使医学生掌握文献信息资源的特点，灵活运用各种检索策略，高效地检索和获取文献信息；通过对获取的文献信息筛选和分析，判断其权威性、可靠性和准确性，培养医学生筛选、分析、评价文献信息的能力；通过实训培养医学生管理和综合利用文献信息的能力，进而激发医学生的创新能力，达到终身学习的目的。

3. 培养信息道德 通过学习与实训，使医学生认识信息道德在信息活动中的重要性，并自觉遵循学术规范、信息道德和信息法规。

（三）课程任务

医学文献信息检索课的主要任务是通过学习文献信息检索的基础知识和基本技能，了解医学及相关专业文献信息的基本知识，掌握常用医学信息资源数据库的使用方法，能够快速、准确地从各种医学信息资源中获取自己所需要的信息，并进行分析、评价和有效利用。

（四）课程内容体系

“医学文献信息检索”课程的内容由绪论、文献信息检索基础、中文期刊数据库检索、外文期刊数据库检索、循证医学及证据检索、特种文献信息检索、引文检索、网络信息资源检索、文献信息管理与利用、医院信息系统 10 个知识模块组成，它们相辅相成，共同构成了理论与实践相结合，全面、系统、科学的教学内容体系。

第二章　文献信息检索基础

第一节　文献信息检索概述

一、文献信息概述

（一）基本概念

1. 信息（information）

（1）信息的定义：信息又称资讯，普遍存在于自然界和人类社会活动中。关于其定义，不同专家、学者站在不同角度有不同的理解。信息论创始人申农认为，信息是用来消除不确定性的东西；控制论创始人维纳从区别与物质、能量的质的角度将信息界定为：信息是我们在适应外部世界所感知的过程中，同外部世界进行交流的内容的名称；信息和计算机专家从信息与数据、知识的关系角度认为，信息是数据处理的最终产品，是经过收集、记录、处理，并以可以检索的形式储存的事实和数据。

国家标准《情报与文献工作词汇基本术语》（GB4894-85）中将信息定义为："信息是物质存在的一种方式、形态或运动状态，是事物的一种普遍属性，一般指数据、消息中包含的意义，可以使消息中所描述事件的不定性减少。"其实，信息就是物质和能量及其自身属性的标识、表现。

从本质上说，信息就是自然界和人类社会不同事物的特征以一定物质形式表现出来的信号与消息，是现实世界的运动、发展和变化状态及规律的表现。

（2）信息的特征：信息的特征体现了信息的属性，主要表现在以下几个方面。

1）客观性：信息的客观性是指信息是客观存在的，它广泛存在于自然界、人类社会各种事物之中，其存在是不以人的意志为条件而改变的。

2）动态性：客观事物本身在不停地运动变化，信息也将不断扩充更新，人们对事物的认识也将不断深入；事物运动状态及方式的效用是会随时间的推移而改变的，因此信息也是动态变化的。

3）依存性：信息本身必须依附于一定的物质形式（如纸张、磁性材料、化学材料、实物等）之上，不可能脱离物质单独存在。信息没有语言、文字、图像、符号等记录手段便不能表述，没有物质载体便不能存储和传播。

4）可传递性：信息是现实客观世界中各种事物运动状态的反映，它可以被人所感知、传递和使用。信息一经信息源发出，经过信息载体的传递，被信息用户接受便可进行处理和使用。

5）共享性：是指同一内容的信息可以在同一时间、或不同时间里被多个信息用户使用。

（3）信息的类型：从本体论和认识论角度分析，包含以下几个方面。

1）从本体论层面分为自然信息和社会信息，自然信息又分为生物信息、非生物信息。一切非生物的运动状态和方式就是非生物信息，如地形、地貌、天气等的运动状态都属于非生物信息。生物信息是指生命世界的信息。植物之间存在信息交换现象，动物之间有着特定的信息联系方式，遗传信息则是生命进化的重要因素。社会信息是指社会上人与人之间交流的信息，包括一切人类社会运动变化状态的描述。按照其活动领域，社会信息又可分政治信息、经济信息、文化信息、科技信息等。

2）从认识逻辑层面上看，信息可分为语法信息、语义信息和语用信息。语法信息是对客观事物存在方式和运动状态的直观描述，表现为一连串的符号和语言，不涉及信息的内容和效用。语义信息不仅要对客观事物的存在方式及其运动状态进行客观描述，还要揭示其内容的真实涵义，即符号、语言结构欲表达的意义。语用信息则不仅要反映事物的存在方式和运动、变化状态，还要关注信息从“信源”发出到被“信宿”接受后所起的效果、作用和价值。

（4）信息的构成：信息由三大要素构成，分别是信源、信宿和媒介（语言符号、载体、信道）。

1）信源：是指信息的主体，可以是各种客观存在。不同的信源所具有的信息量、发出信息的能力和对信息的控制能力是不同的。掌握信息首先要了解信源，不了解信源就不可能掌握信息的内涵。

2）信宿：是指信息的接收者。

3）媒介：信息传递要通过一定的媒介，“语言符号、载体、信道”都属于信息传递的媒介形式。语言符号：任何信息都是通过一定的语言符号来表达的。语言符号可分为自然语言和人工语言。自然语言是在客观事物之间的长期交流和发展中形成的，以不同的形式和符号，按照某种客观存在的规则而构成的，包括人类的语言、表情、动植物和其他客观事物之间交流信息的形式等。人工语言是人类为了表达、交流、传递和理解信息的需要而创造出来的一些符号，如文字、各种符号、编码等。载体：信息必须附着在一定的物质之上，通过这个物质载体进行存储、加工、传递和反馈。信道：指信息在收发双方之间传递的通道。

2. 知识（knowledge） 《韦氏词典》1997 年对“知识”的定义是：通过实践研究、联系或调查获得的关于事物的事实和状态的认识，是对科学艺术或技术的理解，是人类获得关于真理和原理的认识总和。17 世纪英国哲学家洛克给“知识”的定义是：“所谓知识就是人心对任何观念之间的矛盾、排斥和联系、契合的知觉。”我国学者张玲玲认为知识是指人们通过信息对自然界、人类社会及思维活动规律的认识与掌握，是人的大脑通过思维重新组合的系统化信息的集合。卢炳惠则认为广义的知识是指人类认识客观世界及其自然实践经验的总结，它可以通过语言文字、各种媒体长期储存，供后人学习和借鉴；狭义的知识是指个体通过与客观外界环境相互作用所获取的各种信息及其技能。

无论人们如何去剖析定义知识，不难看出，知识属于认识范畴。人类通过信息感知世界、认识世界，通过大脑思维加工，将获取的信息重新序化、组合形成知识，并逐步积累形成知识体系。知识是信息的一部分，是一种特定的信息。存在于人脑中的知识是主观知识，将其记录在物质载体上，就变成可以传递的客观知识。

其实，知识就是人类对客观世界的正确认识，是社会生产实践和科学研究的概括和总结，是人脑加工、整理、序列化的信息。它具有规律性、实践性、渗透性、继承性和信息性等特征。以人类活动的领域为界，可将知识分为自然知识、社会知识、哲学知识。

3. 情报（intelligence） 是与知识和信息密切相关的概念，关于它的定义至今尚无定论。常用的说法："情报就是为了解决某一特定问题而被传递的知识和事实，是被激活了的知识""情报是激活了的，能解决问题的知识""情报是作为存储、传递和转换的对象的知识"等。总之，构成情报的基本要素一般包括三个：知识或信息，要经过传递，要经过用户使用产生效益，即情报具有知识性、传递性、效用性。

情报根据内容可分为科学技术情报、社会科学情报、政治情报、军事情报、经济情报等；按使用目的分为战略情报、战术情报；按传播形式分为口头情报、实物情报、文字情报、音像情报等。目前，情报的概念越来越多地被信息替代。一般理解，情报是一个动态的概念，属于信息范畴，在很大程度上等同信息。

4. 文献（document）

（1）概念：中国国家标准颁布的《文献著录总则》定义为"记录有知识的一切载体"。在中国古代，文献是以书籍和文书为主体的一切历史性的文字材料。现在一般认为，凡属于人类的知识，用文字、图形、符号、声频、视频等手段记录保存下来，并用以交流传播的一切物质的载体，都统称为文献。

（2）要素：文献由三个基本要素构成：一是知识内容，这是文献的实质；二是记录知识内容的手段，即揭示和表达知识内容的标识符号，如文字、符号、声频、视频、代码等；三是载体，即可供记录知识内容的物质材料，如龟甲兽骨、金石泥陶、竹木缣帛、纸张胶片、胶卷磁带、磁盘光盘等。知识是文献的实质内容，载体是文献的外在形式，而记录是联系知识与载体的手段。

5. 信息、知识、情报与文献之间的关系　从以上分析可知，这四个概念既不是同一关系，也不是简单的包含与被包含关系。它们之间既有区别又有联系。如果简单地描述四者间的关系，可以说信息是事物的运动状态和存在方式的反映，是知识的源泉；信息经过加工处理序化后上升为知识，知识是系统化、理论化的信息；情报是活化了的知识、信息，是动态的、传递的知识；而文献是信息、知识和情报通过某种手段记录、储存在某种物质载体上而形成的外在表现形式，是静态的、记录的知识。它们在一定的条件下是可以相互转化的。

6. 信息资源　是随着信息在社会、科技发展中的作用日趋突显而逐步诞生的。信息资源就其本意来讲，就是信息的资源化或资源的信息化，是经过人类加工或处理的，能够传输或传播的，可以对社会生活发挥作用的信息，是指以各种记录形式存在的信息载体。其外延大于文献资源。

但由于"有用的知识多以文献的形式存在"这一客观事实，所以从用户的角度可不必严格区分信息资源与文献资源这两个概念，也可用"文献信息资源"一词涵盖这两个概念。

资源，一般指人类生存与发展所必需的物质，因此，我们可以理解为，文献信息与物质、能量一起成为支撑现代社会文明进程的三大支柱，成为促进知识经济发展最重要的智力资源。

（二）文献信息的类型

文献信息涵盖的范围很广，可以用不同的标准来划分，以下是几种常用的划分方法。

1. 按载体形式分类　可分为印刷型（printed form）与非印刷型（non-printed form）；非印刷型又包括缩微型（micro form）、声像型（audio-visual form）、电子型（electronic form）。

（1）印刷型：以纸张为存储介质，以印刷为记录手段而生产出来的一种传统的文献类型。按印刷方式又分油印、石印、铅印、胶印等几种形式。

（2）缩微型：以感光材料为存储介质，以缩微照相为记录手段而生产的一种文献信息，也称缩微复制品，包括缩微平片和缩微胶卷两种类型。

（3）声像型：以磁性材料和感光材料为存储介质，借助特殊的机械装置，直接记录声音信息或图像信息而生产出来的一种文献信息，包括唱片、录音带、录像带、电影拷贝、激光声频和视频唱片等。

（4）电子型：是以磁性或塑性材料为存储介质，以穿孔或电磁、光学字符为记录手段，通过编码和程序设计，将文字语言变成计算机可识别的机器语言，输入计算机；阅读时再由计算机将其内容输出，主要包括磁带、磁盘、光盘和硬盘。

2. 按内容的表现形式分类

（1）文献型：信息内容是以语言文字形式存储在各种不同载体上的信息资源。主要包括图书、专利文献、会议文献、期刊论文等。文献信息是目前信息内容最丰富、人们使用频率最高的信息资源。

（2）数据型：信息内容是以数据形式出现的，并存储在各种不同载体上的信息集合。

（3）多媒体型：是集文字、声音、图形、图像于一体，多以光盘或 Internet 网上资源形式出现的信息资源。

3. 按出版类型分类

（1）图书（book）：是指记录知识或表达思想著述的载体，以单册出版的正式公开出版物。图书根据功能的不同分为阅读型和工具型两类。

（2）期刊（journal，periodical）：是定期或不定期的连续出版物，有固定名称，用卷、期或年、月顺序编号出版，每期版式基本相同。与图书相比，它具有出版周期短、反映新成果及时、内容新、信息量大且文献类型多样等特点，是科技成果比较快捷的公开形式，因而成为利用率最高的文献信息资源。

（3）特种文献信息（special literature）：是指那些不能归入书刊类的特种文献类型。科技类的特种文献主要包括科技报告、会议文献、专利文献、学位论文、标准文献、政府出版物、产品资料等。

4. 按获取的难易程度分类

（1）白色文献信息：是指已正式出版并在社会上公开流通的文献信息资源，如图书、报纸、期刊等信息资源。

（2）灰色文献信息：是指信息内容没有完全公开的信息资源，主要是非公开发行的内部或限制流通的文献信息资源，如内部刊物、内部技术报告和内部会议资料等。

（3）黑色文献信息：是指信息内容完全不公开的信息资源，主要是处于保密状态的文献信息资源，如政府未解密的文件、内部档案、具有保存价值的个人日记和信件等。

（三）文献信息的级别

根据文献中信息含量的多少、内容按加工深度的差别和功能作用的不同，常分为一次文献、二次文献、三次文献、零次文献。

1. 一次文献（primary document） 是指作者以其本人的研究成果（如实验、观察、调查研究等）为基本素材写成的原始创作。一般指公开发表的期刊论文、图书、科技报告、学位论文、会议文献等。

一次文献所记录的是作者的最新发现或发明及新的见解、新的理论、新的方法等新颖、具体而详尽的知识，因而成为科学研究等工作的最主要信息来源，尤其是期刊论文，已成为科技文献的主体。但因其量大、分散无序，给读者的查找与利用带来极大的不便。

2. 二次文献（secondary document）　是将大量无序、分散的一次文献收集、整理、加工，著录其外部或内容特征，如作者、题名、分类、主题等，并按一定的顺序编排，而形成供读者检索一次文献线索的新的文献形式，包括目录、索引、文摘及相应的数据库。

二次文献是为查找一次文献信息资源提供线索的主要工具。例如，传统的《中文科技资料目录》“*Index Medicus*”；现在网上的 Baidu、Yahoo 及 PubMed 等关于数据库和信息的集合，其功能等同于二次文献，所以称其为网络检索工具。

3. 三次文献（tertiary document）　是科技人员围绕某一专题，借助于二次文献，在充分研究与利用大量一次文献的基础上，经过阅读、分析、归纳、概括、撰写而成新的文献，三次文献可分为综述研究类和参考工具类。例如：综述、述评、进展、百科全书、年鉴、手册等。三次文献信息具有系统性、综合性、知识性和概括性等特点。

4. 零次文献（zero document）　是指未经加工、直接记录在载体上的原始信息，如实验数据、观测记录、调查材料等。这些未融入正式交流渠道的信息或未经公开发表于正式刊物的信息，只为个人或某一团体所用，如私人笔记、会议记录、口头讨论等。

（四）医学文献信息的特点

医学作为自然科学的一个重要分支，具有一般学科的特点，但随着生物医学和信息技术的快速发展，医学文献信息也呈现出许多新特点和发展趋势。

1. 数量庞大、增长迅速　随着生物医学和信息技术的迅速发展，生物医学信息量急剧增长和膨胀。据统计，全世界每年出版的期刊约 12 万种，并以每年 2000 种速度递增，其中生物医学期刊 2 万～3 万种，是所有学科中比例最高的，全世界平均每 2～3 秒就有一篇学术论文发表。网络上的医学资源增长速度更加惊人。

2. 内容交叉、质量参差不齐　随着生物医学高度分化与综合，使得医学学科越分越细，分支越来越多；同时表现为学科间互相渗透，相互交叉，形成许多边缘学科。这种现象导致医学信息内容交叉和相互渗透，使得某一学科的重要文献信息不仅刊载在本学科核心期刊上，还大量刊载在一些综合性期刊和其他相关学科的期刊上。一稿多投、一书多版、转载互译等不良学术风气，更使得专业信息大量重复、无用信息增多，降低了信息质量。据研究统计，约有 35%的期刊论文问世后从未被人引用过，有 49%的文献仅被引用过一次。

3. 加工便捷、传播快速　随着计算机和网络技术在社会各个领域的广泛应用，信息的生产加工和传播速度发生了巨大变化。学术论文或著作的撰写、修改、编辑和出版发行周期由于信息技术的运用而大大缩短；网络的出现使得科研人员之间的信息交流和传递更加便捷；对某种疾病新的治疗方法或药物的信息在报刊上一经发表，立刻就会在世界各地传播。

4. 载体丰富、信息类型多样化　科学技术的发展使信息资源的载体也发生了革命性的变化。目前生物医学信息的载体从除传统的纸本资源外，还有各种磁性材料为载体的声视频资源、以光盘为载体的多媒体资源、以网络为载体的电子资源。信息类型除传统书刊外，还包括各种电子书刊、多媒体数据库、医学工具书、图谱、循证医学证据、实践指南、病理标本等。

5. 信息容量增大、语种增多 现代信息资源特别是非印刷型信息资源加大了知识信息的存储密度。一张重量不足 20g 的光盘可存 35 万张纸上的文字信息或 10 张图形信息。《人民日报》10 年的全部内容，只需一张光盘就可全部储存。同时世界医学信息报道、交流、传递的语种也不断增多。过去世界上科技文献大多数只用英、德、法几种文字出版，而现在各国出版的科技期刊连续出版物所采用的文种就有 70～80 种，仅 PubMed 收录文献的语种就有数十种。

6. 更新频繁、老化加快 文献老化是指随着文献年龄的增长，其内容日益陈旧，其价值不断降低，越来越少被人们利用的过程。据统计，18 世纪，文献知识老化周期为 80～90 年；19 世纪至 20 世纪初为 30 年；20 世纪下半叶为 10 年。据苏联《发明问题》杂志统计，各类文献信息的平均寿命：图书为 10～20 年，科技报告为 10 年，学位论文为 5～7 年，期刊及其他边缘出版物为 3～5 年。生物医学学科半衰期为 3 年，我国医学文献信息的半衰期为 7.68 年。

二、文献信息检索概述

（一）文献信息检索的概念

文献信息检索有广义和狭义之分。广义地讲，就是将大量无序的文献信息按照一定的方式组织和存储起来，并能根据用户的需求找出其中相关文献的过程和技术。即把检索提问标识与存储在信息系统中的信息标引标识进行比较与匹配，两者一致或信息标引标识包含提问标识，就输出命中信息。因此，信息检索的过程实际涉及信息的存储与检索两个过程，即文献信息检索全称又称“文献信息存储与检索”（document information storage and retrieval）。

信息的存储主要指面向来自各种渠道的海量的文献信息而进行的高度组织化的存储，即文献信息的“存”；文献信息的检索，则意味着面向随机出现的各种用户信息需求所进行的高度选择性地查找，即信息的“取”。从“存”与“取”的关系上，两者是相互依存的，存储是检索的前提和基础，检索是存储的目的。

通常，人们讲到“文献信息检索”时，一般只涉及“取”，也就是指采用一定的方法与技术从信息系统中查找出所需文献信息的过程，是存的逆过程，也是对文献信息检索的一种狭义理解。

（二）文献信息检索的类型

文献信息检索的类型，可以根据不同的标准来划分。

1. 按检索手段的不同分类

（1）手工检索（manual retrieval）：起源于图书馆的参考咨询与索引工作，主要是利用各种手工信息存取系统（如各类纸本式目录、文摘和索引等）检索文献信息的过程。手工检索简单直观，不需要辅助设备，但速度慢，漏检严重，查全率受信息资源储备数量的限制。

（2）计算机检索（computer retrieval）：是指利用计算机技术进行信息存储和检索的过程。计算机检索使用的是检索系统，检索系统包括计算机设备、通信网络、数据库和其他辅助设备。与手工检索相比，计算机检索速度快，效率高，查全率高，不受时空限制，检索结果输出的方式多样，但查准率与网络及数据库质量的高低直接相关。计算机检索主要包括光盘检索、联机检索和网络检索。

2. 根据数据格式和信息组织方式的不同分类

（1）文本信息检索：是指利用计算机化的数据库（二次文献数据库或全文数据库），以机器可读的字符代码或文献页面扫描图像形式来存储文献的正文内容，以便用户根据自己的特定需要检出有关的章节、句段和字词等信息或整本图书或整篇文章的检索。

（2）多媒体检索：是一种以集文字、图像、声音等多媒体信息为一体的检索对象的检索活动。多媒体检索是网络技术、计算机技术与信息技术快速发展的产物，检索主要借助搜索引擎在 Internet 上搜索；检索结果是以特定的多媒体形式反映特定信息的文字、图像、声频、视频等，如音乐检索、音频检索、交互电视等检索。

（3）超文本及超媒体检索：是一种按信息之间关系非线性地存储、组织、管理和浏览信息的检索。用户可以沿着交叉链接选择自己感兴趣的部分阅读。超文本早期多为文字信息，现在已经容纳包括文本、图像（形）、视频、声频等各种多媒体信息，则称为超媒体。

（三）文献信息检索原理

从文献信息检索的广义获悉，信息检索全过程包括信息存储与信息检索两个环节。信息存储是一种信息集合的形成过程；而信息检索就是针对用户需求集合，将信息用户的每一项信息请求同信息集合中的信息单元进行匹配与选择的过程。这个过程所遵循的检索原理就是利用共同一致的标识特征获取有效信息的原理，并涉及信息系统原理、数据库原理、检索语言构成原理等。将文献信息检索基本原理加以细化，就可以得到如图 2-1-1 所示的信息存储与检索过程的示意图。

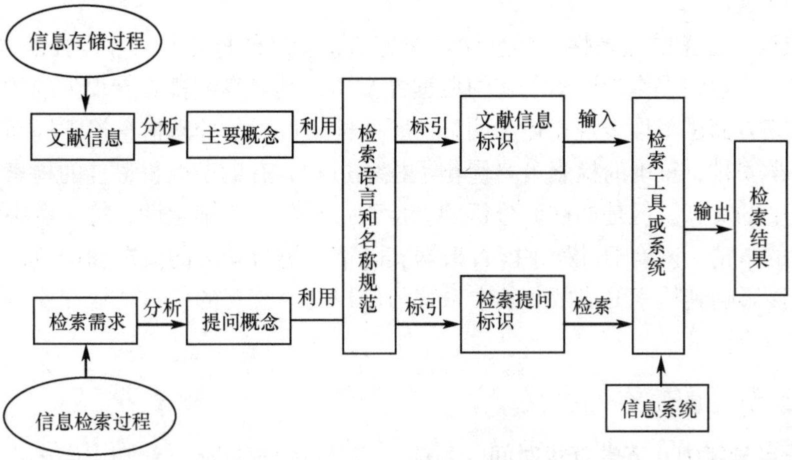

图 2-1-1　信息存储与检索过程

信息存储时，信息著录和标引人员首先对各种原始信息单元从外表到内容进行分析，将原始信息中的主题内容提取出来，形成若干能代表原始信息主题的概念，并转换成预先约定的检索语言（即标引标识，如主题词、分类号等）或名称规范标引出来，然后将这些文献信息标引标识按一定规则、方式存入信息系统，即形成手工检索工具（或检索系统）。

信息检索时，信息用户首先对检索课题进行内容分析，提炼出检索提问信息；然后根据信息存储过程中所采用的同一种检索语言，将检索提问信息转换成检索提问标识（如主题词、分类号等）；将检索提问标识输入信息系统，并与信息系统中已有的文献信息标识进行比较、匹配和选择，最后找出匹配度高的文献信息单元作为检索结果传递给用户，满足用户特定的信息需求。

通过分析得出，信息检索的实质就是将信息检索提问与信息系统中的特征标识进行比较匹配，使信息的存储与检索两过程所采用的特征标识最终达到一致。

同时，从信息检索的基本原理不难看出，检索语言在信息传递的全过程中起到了非常重要的作用，它是信息集合与信息需求匹配与选择的标准；是联系信息存储和检索两个过程的桥梁和纽带；它的正确使用决定信息系统的检索效率和效果。

（四）文献信息检索的特征

1. 文献信息检索的相关性 前苏联情报学家切尔内认为：所谓相关性，是指信息检索时规定的一篇正文与表示信息提问的另一篇正文的符合程度。福克斯把相关性定义为属于不拘泥于提问词的论文方面或主题领域的，并由该领域的人们一致确认的文献。国内信息界则认为：相关性表明用户是否认为文献与提问吻合。在信息检索中广泛地存在着相关性的问题。

2. 文献信息检索的不确定性 信息检索系统并没有直接处理原始文献和原始用户需求，它提供的只是文献表示和查询之间的关系，这就涉及标引和检索词选用的准确度问题。而实际上，在标引和检索词的选用中都存在不确定性。标引的不确定性是指不同标引在给同一篇文献进行标引时会选用不同的标引词，即标引词选用的不一致性。检索词选用的不确定性是指候选检索词集不止一个，而是多个，检索过程具有试探性，系统依次选用词集进行检索，直到检出或在失败中放弃查找。上述两种不确定性作用于检索系统，使得信息检索具有不确定性。

3. 文献信息检索的逻辑性 信息检索作为信息管理的核心具有非常强的逻辑性。在检索语言方面，检索词表作为检索语言的典据性文本，其自身编排具有很强的逻辑性。在检索策略的研究方面逻辑性表现得更为明显。所谓检索策略是处理信息检索提问的逻辑与查找步骤的科学安排，正确的检索策略优化了检索过程，有助于取得最佳的检索效果，获得具有高相关度的文献。但是如前面分析的，检索过程具有不确定性，这一点决定了检索不是一蹴而就的事情。在检索过程中能否根据实际情况进行动态的反馈和调节以尽量减少检索失误，直接影响到检索的成败。其中系统与用户之间交互的接口功能和检索策略的逻辑性更为关键。

（五）文献信息检索的意义

1. 增强自学能力、节省查找时间 当前，信息量急速膨胀，新知识层出不穷，各类学科相互渗透，内容重复交叉频繁。如何耗费尽可能少的宝贵时间，从浩瀚的信息海洋中，快速、准确地查找到所需要的文献信息呢?这就必须学习、掌握文献检索的基本方法和技巧，只有熟悉文献信息源，通晓文献信息检索方法，掌握文献信息检索策略与技巧，才有可能用较少的时间，迅速、准确地查寻并获得所需文献。

2. 减少语言障碍、方便信息交流 目前，全世界科学文献的表述文种达数十种，一个人穷尽毕生的时间，也无法掌握如此众多的语言。但许多文献检索工具和数据库虽都收集了许多语种的文献，却以一个语种报道，他们将非英语文献的题名全部译成英语，还提供英文文摘，如 PubMed 系统，这样就扩大了使用者检索和阅读文种的范围，将语言的障碍减少到最低限度，便于世界各国的科技信息进行广泛通畅的交流。

3. 有效地继承和发扬科学研究　科学发展具有继承性、借鉴性和创新性，没有继承就没有发展。科学信息的传播呈现纵向、横向互伴互随的发展规律。纵向交流为不同时代科学信息的交流，主要表现为将过去有效储存的信息快速、准确地获取，为今人所用的过程；横向交流为同时代科学信息的交流，主要表现为将当代人创造的科学信息全面、快速、准确地获取的过程。科技文献具有强烈的时效性，因此，快速、准确地查找文献资料是信息时代的基本要求，而掌握文献信息检索技能是解决这个问题的唯一途径。

4. 把握学科发展状态、减少重复劳动　科研工作者在从事科学研究或科学创造时，必须充分地占有资料，大量地阅读文献，才能有效地提高自己的工作进程和工作效率。因而，课题研究时，我们有必要先从纵向和横向对科研课题进行摸底调查，弄清学科发展现状，前人已取得了哪些成功的经验，目前已达到什么样的水平，有哪些关键性的问题有待解决，当前学科发展的趋势、动向如何等。文献信息掌握得越充分，就越能做出正确的决策，选定正确的科研方向，制订有效的科研计划，少走弯路，避免重复劳动，将人力物力资源的浪费减少到最低限度。

在信息时代，及时地获取信息，获得他人成功的经验、启发自己的思路，提高自己的悟性，那就变得十分重要了。约翰·邓普顿（John Templeton）曾说过："为成功而做准备的人，都是些图书馆的常客。成功的秘诀都是从他人处学来的。在你开展一门事业时，书变得尤为重要。"

第二节　检索语言

一、检索语言概述

（一）检索语言的概念

检索语言（retrieval language）就是用于描述信息系统中信息的内容特征（如分类、主题）、外部特征（题名、作者等）和表达信息用户检索提问的一种专门的标识系统。它是协调统一信息标引人员与检索人员检索用语一致性的规范，是沟通信息存储与信息检索过程的桥梁。

检索语言的基本构成单元是检索词（索引词、标引词）。检索词不仅包括名词术语、专业词汇，也包括符号、代码等。检索语言除表达事物的不同概念外，有时还要揭示概念间的逻辑关系。概念间的逻辑关系主要有以下几种。

1. 等同关系　指两个或两个以上的词所表达的概念完全相同或基本相同，它包括同义关系和准同义关系。完全相同是指同义关系，常用同义词表达，如规范词与俗称（如火柴与洋火）、全称与简称（如美利坚合众国与美国）、新词与旧词（如斯里兰卡与锡兰）等；基本相同是指准同义关系，常用近义词表达，它们所表达的概念基本相同或相近，如实验与试验，法律制度与司法制度等。

2. 从属关系　指两个概念中，一个概念完全被包含在另一个概念的外延里，二者间是上下位关系，如医学-内科学-传染病。

3. 相关关系　指概念间关系密切，且不同于等同关系和从属关系的一种关系，如交叉关系、矛盾关系、对立关系、并列关系等。

（二）检索语言的功能与类型

1. 检索语言的功能

（1）信息描述与表达功能：存储信息时，对信息内容进行分析，概括出代表信息主要内容的若干主题概念，用检索语言对这些概念标引，再存入信息系统中；检索信息时，对课题进行分析，形成能代表信息需求的若干语词，并根据检索语言转换为提问标识，然后在信息系统中匹配出标识相同的文献信息。

（2）词汇或术语控制功能：对标引、检索用词进行控制和管理，便于将标引用语和检索用语相符性比较，保证标引和检索用词的一致性；使同一主题概念的信息或与主题相关的信息，能集中或得到揭示，表述其同一性或相关性。

（3）信息组织功能：使同一主题概念的信息或与主题相关的信息有序集中或得到揭示，保证信息存储系统化和组织化。

2. 检索语言的类型　根据标准的不同可以分为很多类，但目前常用的有规范的人工语言、非规范的自然语言；描述文献信息外表特征与内容特征的语言。

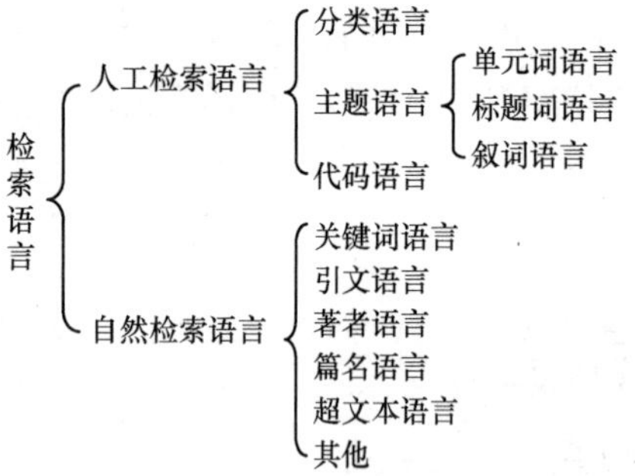

图 2-2-1　检索语言类型

（1）按检索词的规范化程度分类：分为规范的人工语言、非规范化的自然语言（图 2-2-1）。

规范语言（controlled language）又称受控语言、人工语言（artificial language），是一种采用经过人为控制和规范化的词语或符号作为检索标识，来专指或网罗相应概念的一种检索语言。这些规范化的检索标识能较好地对检索用语中的同义词、近义词、同物异名词等进行规范化处理，使意义相近的概念只能用唯一的检索标识标引。

非规范语言（uncontrolled language）又称非受控语言、自然语言（natural language），自然语言与受控语言相反，它是采用未经人工控制的词语或符号作为检索标识的一种检索语言。检索中常用的关键词语言、著者语言等就属此类范畴。一般当某些特定概念无法用规范词准确表达或新出现的词还未来得及被规范时，就需使用非规范词。

（2）按描述信息的特征分类：分为描述文献信息外表特征的语言、描述文献内容特征的语言（图 2-2-2）。

描述文献信息外表特征的语言是采用文献信息的外表特征，如题名、责任者、编号、机构名称和引文等作为信息存储和检索标识的索引语言。

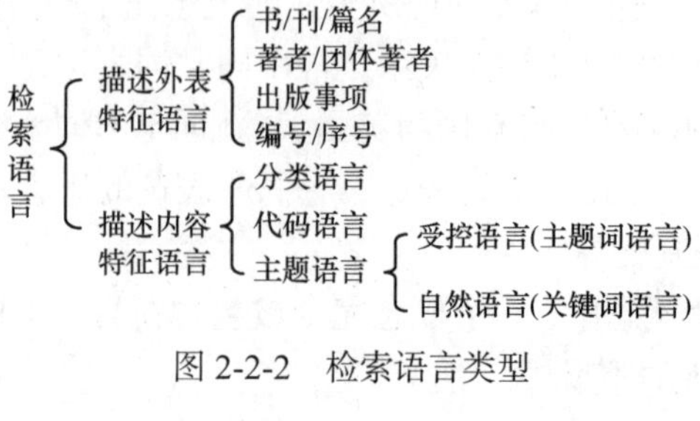

图 2-2-2　检索语言类型

描述文献信息内容特征的语言与外部特征语言相比，在揭示信息特征与信息提问方面更具有深度。按其构成原理又分为分类语言、代码语言和主题语言。

二、分 类 语 言

（一）分类语言的构成

分类语言属于人工语言，是一种描述文献内容特征的语言，是按学科范畴划分而构成的一种语言体系。它用类目将各种概念按学科性质进行分类和系统排列。分类检索语言可分为等级体系型分类语言（体系分类法）和分析-综合型分类检索语言（组配分类法）。

体系分类法是一种以线性序列组织和揭示文献信息的方式，可直接反映学科的系统性及学科间的相关、从属、派生等关系。它运用逻辑分类原理，按文献信息所属学科性质、专业性质及特征，对文献信息进行系统化组织；采用概念划分与概括的方法，将反映文献信息内容的各种概念进行层层划分、逐级产生许多不同级别的类目，层层隶属，从而形成从总到分，从上到下，从一般到个别，从抽象到具体，从简单到复杂的等级结构体系。

分类语言一般用类目（由“类号”+“类名”构成，如 R3 基础医学）作为标识表达各种概念，构成一个完整的分类类目表，如《中国图书馆分类法》（简称《中图法》）、《国际专利分类表》等都是典型的分类语言。

（二）分类表

体系分类表是图书分类法的主体，它决定分类号的含义，是分类标引的标准。国内目前广泛使用的分类法是《中国图书馆分类法》，简称《中图法》。

《中图法》以各门学科的特点和规律为基础，按知识门类的逻辑次序，将学科划分为 5 个基本部类、22 个基本大类。5 个基本部类：马克思主义、列宁主义、毛泽东思想、邓小平理论；哲学；社会科学；自然科学；综合性图书。采用汉语拼音字母与阿拉伯数字相结合的混合制号码，用一个字母标志一个大类，以字母的顺序反映大类序列，在字母后用数字表示大类下类目的划分。基本大类的类号及类目如表 2-2-1～表 2-2-3。

表 2-2-1　《中图法》基本大类表

A. 马列主义、毛泽东思想、邓小平理论	N. 自然科学总论
B. 哲学、宗教	O. 数理科学和化学
C. 社会科学总论	P. 天文学、地球科学
D. 政治、法律	Q. 生物科学
E. 军事	R. 医药、卫生
F. 经济	S. 农业科学
G. 文化、科学、教育、体育	T. 工业技术
H. 语言、文字	U. 交通运输
I. 文学	V. 航空、航天
J. 艺术	X. 环境科学、安全科学
K. 历史、地理	Z. 综合性图书

表 2-2-2 《中图法》R 医药、卫生类目简表

R1 预防医学、卫生学	R74 神经病学与精神病学
R2 中国医学	R75 皮肤病学与性病学
R3 基础医学	R76 耳鼻咽喉科学
R4 临床医学	R77 眼科学
R5 内科学	R78 口腔科学
R6 外科学	R79 外国民族医学
R71 妇产科学	R8 特种医学
R72 儿科学	R9 药学
R73 肿瘤学	

表 2-2-3 《中图法》R5 内科学类目

R51 传染病
R52 结核病
R53 寄生虫病
R54 心脏、血管（循环系系统）疾病
R55 血液及淋巴系系统疾病
R56 呼吸系系统及胸部疾病
R57 消化系系统及腹部疾病
R575 肝及胆疾病
R575.6 胆囊疾病
R575.61 胆囊炎
R575.62 胆石症
R58 内分泌腺疾病及代谢病
R59 全身性疾病
R599 地方病学

体系分类法是目前文献信息检索中使用的一种重要的检索语言。它具有按学科和专业集中系统揭示文献信息内容的功能，能体现学科的系统性，便于按学科、专业角度检索文献信息，族性检索效果好，能获得较高的查全率。但体系分类法也存在着不少缺点，一是分类表的类目缺乏专指性，影响查准率，不利于特性检索；二是分类表不能随时修改、补充，对边缘学科和新兴学科不能及时有效地反映。

三、主题语言

（一）主题语言的概述

1. 主题语言的定义 主题语言，又称主题法，是以文献信息的主题内容为依据，用语词作为概念标识，将概念标识按字顺排列而形成的一种检索语言。具体地说，就是以规范化或未经规范化的名词术语为基本词汇，以概念间的形式逻辑作为语法和构词法形成的词语为检索标识的一种人工语言。

2. 主题语言的类型　在其发展历程中出现过标题词、关键词、单元词和叙词。目前应用较多的是叙词和关键词。

（1）关键词（keyword）：一般是指那些出现在文献的题名、摘要或正文中对表达文献主题具有一定实质意义的词和词组。几乎所有有意义的信息单元都可作关键词，而那些无意义的虚词（如冠词、介词、连词、副词、系动词等）均不能作关键词。由于关键词选词非常灵活，对自然语言中大量存在的等同、同义等关系未加规范统一，因而检索时，必须用表达该主题的许多等同关系词多处检索，才能尽可能查全，否则漏检率非常高。

（2）叙词（thesaurus）：国内又称为主题词（subject headings），是经过规范化处理的，以基本概念为基础的表达文献信息主题的词和词组。叙词语言是以从自然语言中精选出来的经过规范化处理的语词作为主题标识，通过概念组配方式表达文献信息主题的主题语言，是一种人工控制语言。叙词语言充分具备了概念性、描述性和组配性的特点，尤其是灵活的组配性，为检索提供了多途径、多因素检索，增强了信息系统的适应能力，特别适合计算机检索，已成为目前受控语言的主流。

（二）主题词表

1. 概念与类型　叙词语言是目前国内外信息界广泛采用的一种人工标引和检索的主题语言。叙词语言的主体是叙词表。叙词表，又称主题词表，它是叙词的总汇，是从自然语言中优选出来的语义相关、族性相关的科学术语所组成的一种规范化词典，如《汉语主题词表》《中国中医药学主题词表》《医学主题词表》等。

在生物医学领域，国际上使用最为广泛的主题词表是美国国家医学图书馆（National Library of Medicine，NLM）编制的《医学主题词表》（medical subject headings，简称 MeSH）及一体化医学语言系统（unified medical language system，UMLS）中的超级叙词表。我国对医学信息的主题标引采用中国医学科学院信息研究所翻译的 MeSH 中译本。中医药文献采用中国中医研究院编制的《中国中医药学主题词表》。

2. 医学主题词表

（1）MeSH 词表

1）概念：MeSH 词表是 NLM 对生物医学信息进行主题分析、标引的权威性词表，是目前最具代表性、使用最为广泛的受控医学叙词表，有印刷版与电子版。

2）构成：MeSH 词表从 1962 年开始出版，每年再版一次。MeSH 词表选用一定数量的词和词组，通过注释、参照系统和树状结构等反映主题词的族性类别、历史变迁和属分逻辑关系等规律，揭示词与词之间的语义关系。MeSH 词表主要由主题词变更表、字顺表、范畴表和副主题词表四个部分构成（表 2-2-4 和表 2-2-5）。

表 2-2-4　MeSH Alphabetical List

Hemostasis，Endoscopic
E2.520.425
92
X　Endoscopic Hemostasis
XR　Gastrointestinal Hemorrhage

表 2-2-5　MeSH Tree Structure

Digestive System [A03]
Biliary Tract [A03.159]
Biled Ducts　[A03.159.183]
Bile Ducts，Extrahepatic[A03.159.183.079]
Common Bile Duct [A03.159.183.079.300]
Ampulla of Vater [A03.159.183.079.300.950]
Sphincter of Oddi [A03.159.183.079.300.95.600]

（2）MeSH Browser（医学主题词浏览器）：MeSH Browser（https：//www.nlm.nih.gov/mesh/MBrowser.html，）是 MeSH 词表的网络版，提供了两种查询方式，见图 2-2-3。

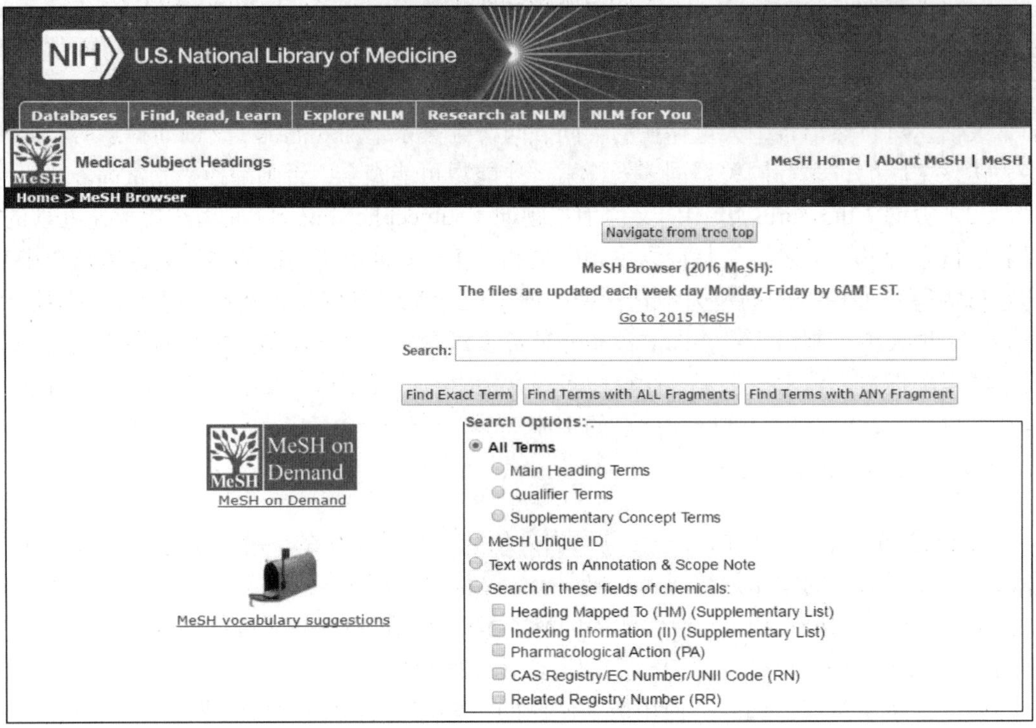

图 2-2-3　MeSH Browser 查询界面

1）树状结构导航查询（navigate from tree top）：用户可从树状结构体系入手查询主题词信息。

2）输入词语查询（enter term or the beginning of any root fragments）：直接在检索框中输入词语进行查询。

利用 MeSH Browser 可获取完整的 MeSH 记录（包括 MeSH 主题词数据“MeSH Descriptor Data”）和 MeSH 树状结构（MeSH Tree Structures）。其中前者主要包括词义范围注释（Scope Note）、编目标引注释（Annotation）、树状结构号（Tree Number）、款目词（Entry Term）、历史注释（History note）、允许组配的副主题词（Allowable Qualifiers）等，见图 2-2-4。

（三）一体化医学语言系统

1.《中国分类主题词表》 是在《中图法》（第 3 版）和《汉语主题词表》的基础上编制的分类法主题法一体化词表。使用该词表不仅可以使分类标引和主题标引一次完成，而且能降低主题标引的难度，提高标引的一致性；同时有利于在检索中实现分类号与主题词的相互转换，提高检索效率。词表结构分两卷六册，第一卷为“分类号-主题词对应表”（共两册），第二卷为“主题词-分类号对应表”（共四册）。

2. 一体化医学语言系统（unified medical language system，UMLS） 又称为 UMLS 知识源（UMLS knowledge sources），是一种生物医学检索语言集成系统和机读信息资源指

南系统。它不仅可以克服不同系统检索语言的差异性，还可以实现跨库检索的词汇转换。作为一种检索语言，在检索应用时，系统可以通过自动转换功能将用户输入的检索词转换为数据库所采用的规范语言，以保证查全率和查准率。

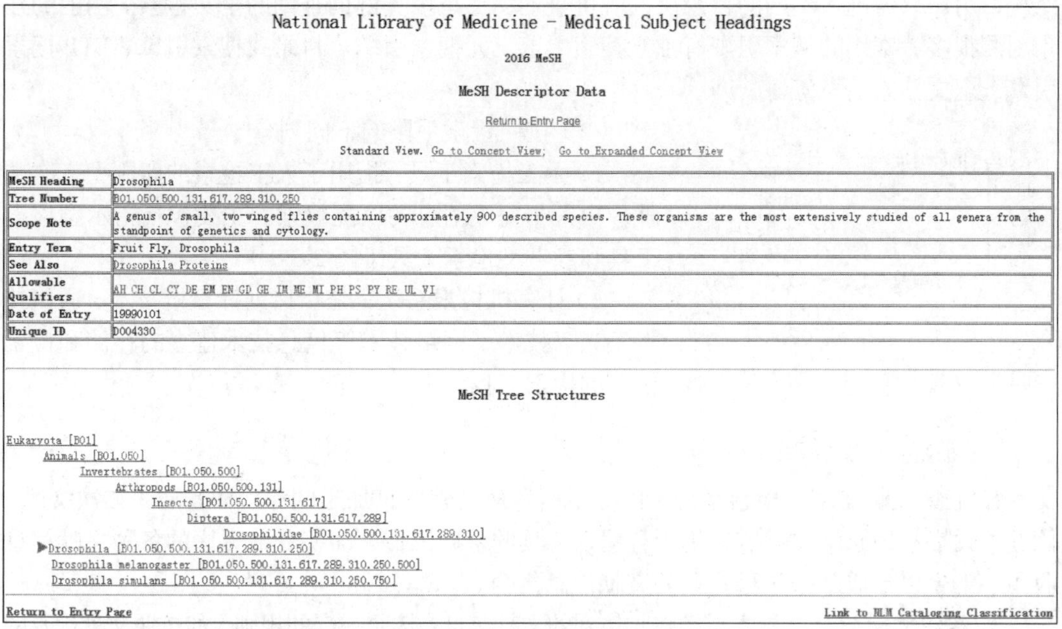
National Library of Medicine - Medical Subject Headings

2016 MeSH

MeSH Descriptor Data

Return to Entry Page

Standard View. Go to Concept View; Go to Expanded Concept View

MeSH Heading	Drosophila
Tree Number	B01.050.500.131.617.289.310.250
Scope Note	A genus of small, two-winged flies containing approximately 900 described species. These organisms are the most extensively studied of all genera from the standpoint of genetics and cytology.
Entry Term	Fruit Fly, Drosophila
See Also	Drosophila Proteins
Allowable Qualifiers	AH CH CL CY DE EM EN GD GE IM ME MI PH PS PY RE UL VI
Date of Entry	19990101
Unique ID	D004330

MeSH Tree Structures

Eukaryota [B01]
Animals [B01.050]
Invertebrates [B01.050.500]
Arthropods [B01.050.500.131]
Insects [B01.050.500.131.617]
Diptera [B01.050.500.131.617.289]
Drosophilidae [B01.050.500.131.617.289.310]
▶Drosophila [B01.050.500.131.617.289.310.250]
Drosophila melanogaster [B01.050.500.131.617.289.310.250.500]
Drosophila simulans [B01.050.500.131.617.289.310.250.750]

Return to Entry Page　　Link to NLM Cataloging Classification

图 2-2-4　主题词记录

UMLS 结构由超级叙词表（metathesaurus）、语义网络（semantic network）、专家词典（specialist lexicon）、信息源图谱（information sources）组成。UMLS 作为一种一体化语言系统，实现了不同检索语言的综合性兼容。UMLS 的作用已在 PubMed 系统的检索中得到体现。

第三节　检 索 系 统

一、检索系统概述

（一）检索系统的概念与种类

1. 检索系统的概念　广义而言，检索系统（retrieval system）是用于系统搜集、报道、存储和查找文献信息的一种检索工具，具有报道、存储、检索方面的功能。

2. 检索系统的种类　检索系统的类型，可以根据不同的标准来划分。

（1）按著录信息的特征与检索功用划分

1）参考型：指提供某方面的经集成加工浓缩的文献信息检索的特定类型的工具，包括字典、词典、百科全书、类书、政书、年鉴、手册、年表、历表、名录、图册等。

2）指示型：指通过对一次文献信息进行外部特征和内容特征的分析、提取、标引而形成的工具，主要提供获取一次文献的线索，如目录型、题录型、索引型、文摘型手工检索工具及提供题录、摘要的数据库。

3）全文型：指能直接提供一次文献信息源的工具，它们主要以图书、期刊、学位论文、科技报告等类型的文献原文为报道、存储主体，通过检索可直接获取相应的原文，如维普科技期刊数据库、超星电子图书数据库、博硕论文数据库等。

4）搜索引擎：是指一种利用网络自动搜索技术采集、索引 Internet 上的各种信息资源，并为用户提供检索服务的工具。一般有两种方式供用户检索，一是将信息分类管理的树状结构，用户只需进入不同的目录层次既可查询；二是按关键词查询的全文检索。网上的搜索引擎很多，常用的搜索引擎有独立搜索引擎、元搜索引擎、目录式搜索引擎、FTP 搜索引擎、全文搜索引擎等。

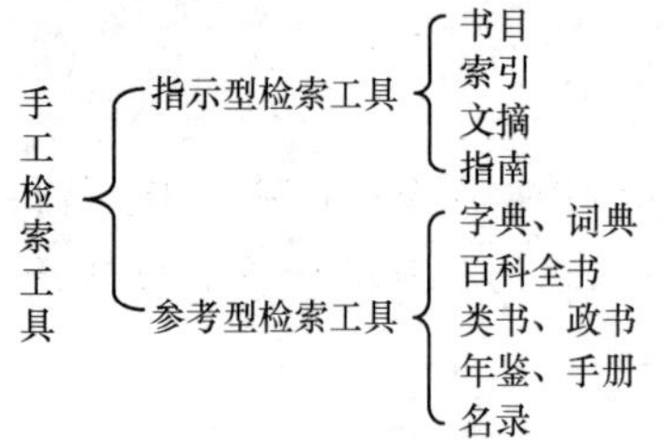

图 2-3-1　手工检索工具的主要类型

（2）按照检索手段的不同划分

1）手工检索工具：指用于人工检索的印刷型二次文献，由人工完成信息的匹配检索。主要包括指示型检索工具和参考型检索工具（图 2-3-1）。

2）计算机检索系统：是指借助计算机技术、通信技术、光盘技术、网络技术等信息技术建立的存储和检索信息的检索工具。

（二）检索系统的功能

1. 汇集文献信息　检索系统中的文献信息从文献信息加工的深度而言属于二次文献，因此，收集整理原始文献信息是所有检索工具的基础工作，即将分散无序的各种文献信息收集、汇聚以形成某一学科专业的文献信息集合。

2. 组织文献信息　检索系统将收集到的文献信息，按照一定的规则，如按照文献论及的主题内容或是按照其所属的学科体系，重新加工整理组织成一种井然有序的文献信息集合。

3. 检索文献信息　通过对无序的文献信息整序组织后，赋予每则信息以多维检索标识，从而使检索系统具有检索的功能。

以上三项功能，存在着内在的逻辑关系：收集文献信息是基础、组织文献信息是手段、检索文献信息是目的。

二、计算机检索系统

（一）计算机检索系统的构成

计算机检索系统由硬件和软件组成，硬件主要包括计算机主服务器、检索终端、数据输出设备等；软件主要包括检索程序和数据库等。

检索软件负责管理数据库和处理检索提问，它决定检索系统的能力。

数据库是检索系统的信息源和信息存储仓库，一般由文档、记录、字段三个自上而下的层次构成。

（二）计算机检索系统的类型

1. 光盘检索系统　是指利用计算机、光盘驱动器和光盘数据库及其检索软件建立起来的信息检索系统，由计算机、光盘数据库与检索软件构成。

目前，随着硬盘技术和网络化信息共享技术的不断发展，一般是将光盘数据库的内容镜像或缓存到硬盘中，然后通过本地局域网提供光盘检索服务。

2. 联机检索系统　是指用户利用本地终端设备，通过国际（卫星）通信网络，与远程联机检索中心的计算机检索系统的主机连接进行的文献信息检索。这种检索系统一般设有较多的数据库，而一个数据库可以包括几十万、几百万条文献信息。

联机检索系统主要提供回溯检索、定题检索、联机订购与电子邮件等服务。目前，许多大型的国际联机检索服务系统，如DIALOG、STN等不断推出基于Internet平台和Intranet网络产品，并在新环境下注入了新的功能，增加新的服务项目。

3. 网络检索系统 是指利用Internet获取网上文献信息的检索系统。一般由计算机服务器、用户终端、通信网络、网络数据库等组成。其特点是方法简单、灵活、方便、时效性强、费用低。

网络检索系统的主要服务方式有远程登录（telnet）、文件传输服务（FTP）、电子邮件（E-mail）、电子公告栏（BBS）、新闻组（USNET）、Archie、WAIS、Gopher查询及WWW检索。目前，网络检索的主要方式是搜索引擎。

三、数据库结构与类型

（一）数据库结构

1. 从组成的层次划分 一个数据库划分为若干个文档；一个文档存储一定数量的记录；每一条记录由若干个字段组成。

（1）文档（file）：是组成数据库的子库，是数据库多层结构中的一级组成部分。一个数据库可按所属学科专业的不同或按年代时间范围的不同，划分为若干个文档。

（2）记录（record）：每个文档是由许多的记录构成，每一条记录都代表着经过加工处理的一篇文献或一则信息，它揭示了文献的内容特征和外表特征。记录是构成数据库的最基本数据单元。

（3）字段（field）：每个记录一般由若干个描述性字段所组成。每个字段描述文献信息的某一内容或外表特征，即数据项，并且有唯一的供计算机识别的字段标识符，如题名字段（TI）、作者字段（AU）、主题词字段（MH）等。

2. 从组成的方式划分 信息在数据库内的组织形式不同形成了具有不同功能作用的文档形式。

（1）顺排文档：文档中的全部记录按一定顺序依次存储于磁带或磁盘等介质所构成的存储器中，并且有一个唯一性的物理位置标识即顺序号。该文档中存储的是替代一则信息、一篇文献的完整记录，它构成数据库的主体，因此，顺序文档又称为主文档。

（2）倒排文档：将具有检索意义的特征（如题名、作者、主题、出处等）一一抽出并附带其在主文档中的位置标识，并按照一定顺序重新排列形成一种新的文档。一个数据库只有一个主文档，但可根据需要编制若干个倒排文档供用户检索使用。

（二）数据库类型

数据库类型以收录内容及功能的不同可以分为：书目型数据库、事实数值型数据库、全文型数据库。

1. 书目型数据库（bibliographic database） 主要指二次文献数据库，包括各种供计算机检索的题录型、文摘型数据库，如《图书馆书目数据库》。它们提供了用户所需文献的各种特征，如文献题名、作者、摘要、出处等。

2. 事实数值型数据库（fact-data database） 主要为用户提供有关事物、人物、机构等方面的事实性信息和数值型数据，如CNKI数据库中的《工具书》《中国科研机构数据库》等。

3. 全文型数据库（full-text database） 是将文献全文的内容转化为计算机可识别、处理的信息单元而形成的数据集合，如《维普科技期刊数据库》《万方学术期刊数据库》及《OVID-LWW期刊数据库》等。用户可直接检索、阅读与下载文献全文。

第四节 检索方法与途径

一、检索方法

检索方法是为实现检索计划或方案及达到检索目的，结合检索系统的功能而采取的具体操作方法或手段的总称。根据检索手段的不同，检索方法有以下几种。

（一）手工检索工具的方法

1. 常用法 指利用检索工具查找文献的方法。根据检索文献信息的时间顺序又可分为顺查法、倒查法和抽查法，是一种系统、高效的手工检索方法。

2. 追溯法 又名引文法，是查找某一篇文献被哪些文献所引用，或利用文献后面所附参考文献为线索进行追溯查找原始文献信息的方法。一般是在缺少检索工具或检索工具不齐备的情况下，作为查找文献信息的一种辅助方法使用。

3. 浏览法 是指为了及时获取有关领域的最新信息，经常性地直接浏览与该领域相关的主要刊物、报纸获取信息的方法。由于检索工具报道原始文献信息通常存在时差，为了获得有关方面的最新信息，直接浏览尚未采集到检索工具中的期刊信息是十分必要的。

（二）计算机检索系统的方法

1. 浏览法 指通过跟踪信息节点之间的链路，通过逐层浏览的方式在计算机检索系统中查找与检索概念相关的信息。一般检索系统中的分类导航、期刊导航、Browse、相关链接等就是浏览法的使用。

2. 搜索法 是指通过输入相关检索词，利用查询的方式在计算机检索系统中查找与检索概念相关的信息。一般检索系统中的主题检索、基本检索、高级检索、二次检索、Search等就是搜索法的运用。

3. 技术法 是指利用计算机检索技术有限制性地在计算机检索系统中查找与检索概念相关的信息，如布尔逻辑检索、截词检索、加权检索、短语检索、位置检索等。

二、检索途径

检索途径，即检索点、检索入口。针对检索系统在信息存储过程中所使用的检索语言（标引语言）的差异，各种检索系统的检索途径也略有不同。但一般来讲，检索途径是由反映文献信息的内容特征与外表特征而形成的，所以检索途径可以从反映文献信息内容特征与外表特征角度分类，主要分为以下几种。

（一）内容特征途径

主题途径和分类途径是从文献信息内容特征检索文献信息的主要途径。代码途径只是一种辅助途径。

1. 分类途径　是一种按照文献信息所属学科类别，以分类语言的标识（类目）为检索点进行文献信息检索的途径。

2. 主题途径　是按文献信息的内容主题，以主题语言的检索标识（主题词、关键词等）为检索点进行文献信息检索的途径。

3. 代码途径　指通过各种专用符号代码直接或间接查找文献信息的途径，如化学分子式、结构式、化学物质登记号等。

（二）外表特征途径

1. 题名途径　是以文献信息的题名为检索标识来查找文献信息的途径，文献信息的题名包括书刊名、论文名称、专利名称等。

手工检索依据检索工具编排的书名索引、论文名称索引、刊名索引等，按一定顺序检索所需文献信息。计算机检索系统通过选择题名检索入口进行检索。

2. 作者途径　是按文献作者或团体名称、译者和编者的姓名查找文献信息的途径。手工检索依据作者索引、团体作者索引、专利权人索引等，按作者的姓名字顺进行查找即可获取所需文献信息，不同国家姓名的表达习惯略有不同，检索时可参考工具书介绍。计算机检索时，一般以字段限定的方式实现作者检索。

3. 机构名途径　根据机构名称检索该机构发表的文献信息情况，以了解和统计该机构的学术和科研成果。手工检索工具中的团体作者索引提供了由机构名称检索文献的途径。计算机检索系统一般提供了责任者所在机构的检索入口。

4. 编号途径　根据文献信息出版或发布时给出的编号来检索文献信息的途径。一般包括图书 ISBN 号、连续出版物 ISSN 号、专利申请号、专利号、标准编号、报告合同号和论文存取号等。手工检索依据编制的相关索引进行文献信息检索，计算机检索选择相关检索入口进行检索。

有些检索工具还具有一些特殊索引，可以通过特殊途径查找所需特殊文献信息，如引文索引、会议索引等。

第五节　检索技术与策略

一、检 索 技 术

信息检索的实质是“匹配运算”，手工检索的匹配过程是人工完成的，计算机检索的匹配运算过程是由检索系统程序软件自动完成的。计算机检索时，检索者须把检索提问变成计算机能识别的检索表达式，由计算机自动对数据库中各文档进行扫描、匹配。检索表达式就是利用各种检索技术与检索表达式构成规则进行检索词组配而形成的。目前常用的基本检索技术有以下几种。

（一）布尔逻辑检索

布尔逻辑检索（Boolean logic retrieval）指采用标准的布尔逻辑运算符表达检索词之间的关系而进行特定信息需求检索的技术。布尔逻辑表达式能把一些具有简单概念的检索词组配成一个具有复杂概念的检索式，用以表达信息用户的检索需求。常用的布尔逻辑运算符有逻辑“与”(AND)、逻辑“或”(OR)、逻辑“非”(NOT)。

1. 逻辑“与” 运算符“AND”或“*”。用于交叉关系或限定关系的组配，实现检索词概念范围的交集，表示它所连接的两个检索词必须同时出现在检索结果中才满足检索条件（图 2-5-1）。使用逻辑“与”，可以缩小检索范围，提高检索的专指度，如乙型肝炎的预防，表达式：乙型肝炎 AND 预防或乙型肝炎*预防。

2. 逻辑“或” 运算符“OR”或“+”。用于并列关系的组配，实现检索词概念范围的并集，表示它所连接的两个检索词中任意一个或同时出现在检索结果中就满足检索条件（图 2-5-2）。使用逻辑“或”，可以扩大检索范围，提高检索的查全率，如脑梗死的病理学研究，表达式：（脑梗死 OR 脑梗塞 OR 脑血栓）AND（病理学 OR 病因学）。

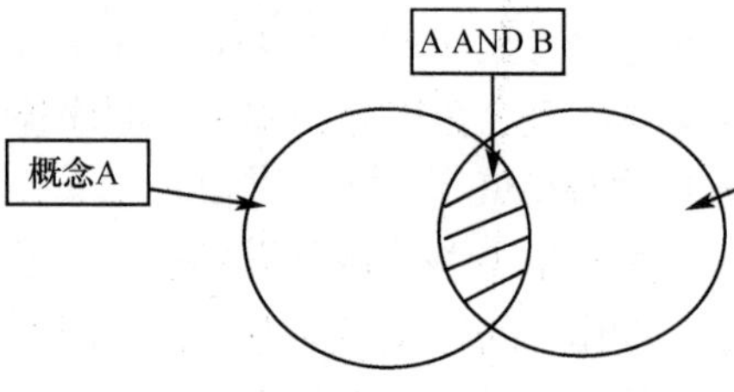

图 2-5-1 逻辑“与”

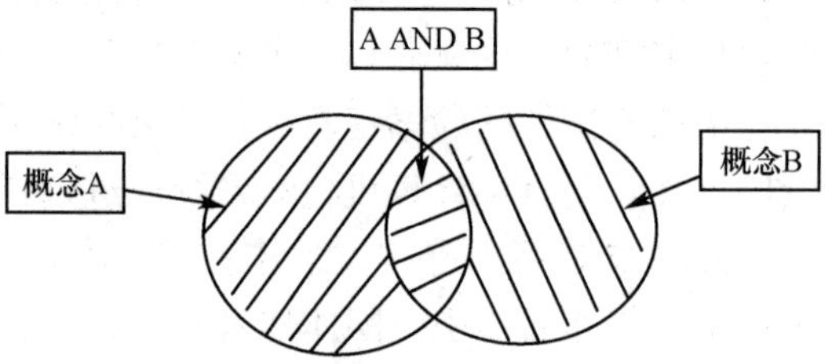

图 2-5-2 逻辑“或”

3. 逻辑“非” 运算符“NOT”或“–”。逻辑“非”是一种排斥关系的组配，指从原来的检索范围中排除不需要的概念，表示它所连接的两个检索词应从第一个概念中排除第二个概念（图 2-5-3）。使用逻辑“非”，可将检索中不希望出现的检索词排除。它和逻辑“与”作用类似，能提高检索的查准率。例如，检索糖尿病的药物疗法，但不包括中药疗法，表达式：糖尿病 AND 药物疗法 NOT 中药疗法。

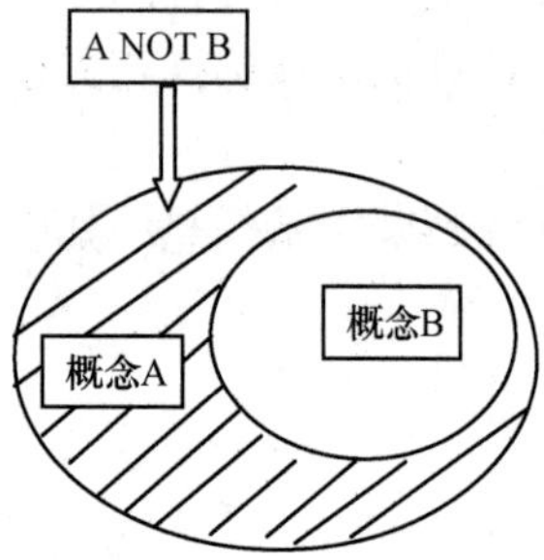

图 2-5-3 逻辑“非”

4. 需要注意的问题

（1）不同检索系统所使用的运算符形式不完全一致，如 CBM 数据库用“AND”表示逻辑“与”，维普数据库用“*”表示逻辑“与”，PubMed 用“空格”或“AND”表示逻辑“与”。

（2）有的检索系统部分支持布尔逻辑关系，如“Yahoo”尚不支持逻辑“非”。

（3）三种运算符在检索时，如果同时用上，计算机会按优先顺序自动完成算符运算，如 CBM 数据库中 NOT 优先级最高，AND 次之，OR 最低，PubMed 系统按照从左到右的顺序运行。如果要改变优先级可在检索式中添加优先算符——( )。

（二）限定检索

限定检索又称字段检索，是将检索词限定在文献特定字段中的检索。限定字段检索的目的是为了进一步减少输出结果，缩小检索范围，提高检索结果的查准率。几乎所有计算机检索系统均支持限定检索。

限定字段检索可以通过两种方式实现，其一是通过系统提供的字段下拉菜单或字段列表，选择所需字段名，输入检索词，表示只有在该字段中出现该检索词的记录才是命中文献记录；其二是采用字段限定符的方式执行限定检索，如检索“题名中含有细胞的文献”，在 PubMed 基本检索界面中需键入：cell[TI]；在 EBSCO 系统中则需键入：TI cell。

（三）截词检索

截词检索（truncation/wildcats retrieval）是使用特定截断符对检索词进行截断后，对检索词的局部进行检索的一种技术，即凡满足这个词截断部分中的所有字符（串）的信息，都为命中信息。常用的截词方式有多种，按截断的位置分前截断、中截断、后截断三种。

1. 前截断　又称后方一致检索，是将截断符放在一个字符串的左方，截去字符串前面部分，使词的后方保持一致的检索技术。检索时，只要数据库中具有与截词符后面部分字符串相同的信息，即为命中信息。例如：?electronic，可以检索出 interelectronic、isoelectronic、microelectronic 等。

2. 中截断　也称两边一致检索，是将截断符放在一个检索词的中间，使词的两边保持一致的检索技术，又称“内嵌字符截断”。中截断只允许有限截断。例如：wom?n 表示含有词 woman 或 women 的信息都为命中信息，offen?e 表示含有检索词 offence 或 offense 的信息都为命中信息。

3. 后截断　也称为前方一致检索，是将截断符放在检索词词尾，使词的前方保持一致的检索技术。检索时，数据库中只有截词符前面部分字符串相同的信息，即为命中信息。后截断又分有限截断与无限截断。例如：sing*（无限截断），可检索出 singe、singer、singh、single、singing 等；computer?（有限截断），可检出 computer、computers 等词语。

4. 需要注意的问题

（1）表示截断一个词所用的截断符号，各检索系统有不同的规定，没有统一标准。例如：PubMed 用“*”，DIALOG 系统用“？”，CBM 用“？”为单一字配符、“%”为任意字配符，Orbit 系统使用“#”，而 BRS 系统使用“$”。

（2）截词必须适可而止，截去部分过多会大大增加误检率。

（3）按截断的字符数量可分：有限截断和无限截断。

（4）使用截词检索时，要注意截断的词干不能太短，词干一般应在 3 个字符以上。

（四）位置检索

位置检索（proximity retrieval），又称邻近检索，是指利用位置算符表达各个检索词之间的顺序与相对位置关系而进行文献信息检索的技术。使用布尔逻辑检索时，配合位置检索，可减少检索误差。常用的有（W）与（*n*W）、（N）与（*n*N），主要用于外文数据库。

1.（W）算符与（*n*W）算符

（W）——With：表示由该算符连接的检索词之间除允许有空格或标点符号外，不得有其他任何的字或词，而且顺序不能颠倒。例如：acute kidney（W）injury，可以用来检索有关 acute kidney　injury 的文献信息。

（*n*W）——*n*Word：算符是从（W）算符引申出来的，它与（W）的唯一区别是，允许在连接的两个词之间最多插入 *n*（*n*=1，2，3，…）个词。

2.（N）算符与（*n*N）算符

（N）——Near：表示由该算符连接的检索词必须相连，不得插入其他词，但词序可以颠倒。例如：Information（*n*）Retrieval，表示可检出含有 Information Retrieval 或 Retrieval Information 的文献信息。

（*n*N）——*n*Near：表示算符连接的检索词间最多可插入 *n*（*n*=1 2 3……）个词，且顺序可以颠倒。例如：prediabetes(2)Diagnosis，表示可检出“prediabetes diagnosis”和“diagnosis of the prediabetes”。

短语检索（或词组检索）也属于特殊的位置检索，用引号将多个检索词作为一个整体进行检索。

（五）加权检索

加权检索是某些检索系统中提供的一种定量检索技术。加权检索的侧重点不在于判定检索词或字符串是不是在数据库中存在、与别的检索词或字符串是什么关系，而是在于判定检索词或字符串在满足检索逻辑后对文献命中与否的影响程度。

加权检索的基本方法：在每个检索词后面赋一个值表示其重要程度，这个值称为权。检索时，先查找这些检索词在数据库记录中是否存在，然后计算存在的检索词的权值总和。权值之和达到或超过预定的阈值，该记录即为命中记录。运用加权检索可以命中核心概念的文献信息，因此它是一种缩小检索范围、提高查准率的有效技术方法。但并不是所有系统都能提供加权检索这种检索技术，而能提供加权检索的系统，对权的定义、加权方式、权值计算和检索结果的判定等方面，又有不同的技术规范。

除上述主要检索技术外，个别检索系统还有“精确与模糊检索”“二次检索”及“反馈检索”等。

二、检索程序与策略

（一）检索程序

检索程序就是利用手工检索工具或计算机检索系统进行文献信息检索的步骤，一般来说，有以下基本程序。

1. 分析检索需求　信息需求是人们索取文献信息的出发点，也是检索时选择手工检索工具（或计算机检索系统）、数据库、确定检索策略及评价检索效果的依据。在分析检索需求时，必须明确四个基本问题：一是用户信息检索的目的；二是检索课题的主要内容及学科范围；三是所需文献信息的类型、语种、年代及文献信息量；四是对文献信息新颖性和查准率、查全率的指标要求。

2. 选择检索工具或数据库　根据用户信息需求，在充分了解各个手工检索工具与计算机检索系统功能的前提下，选择相应的手工检索工具或数据库进行文献信息检索。

3. 确定检索方法或途径　结合信息需求与手工检索工具或计算机检索系统的特点、功能，选择相应的检索方法或检索途径。

4. 编制提问式　这是一个非常重要的步骤，在完成了前面三个步骤后，可根据手工检索工具或计算机检索系统及检索途径的选定，拟定检索标识，再根据需求编制提问式。

检索提问式就是要求计算机检索系统执行的检索命令，所以，只有选择计算机检索系统才考虑编制检索提问式。提问式就是检索表达式，即根据检索需求，利用各种检索技术，科学地将检索标识构建成提问式。

5. 获取文献线索与原文

（1）计算机检索：将编制好的提问式输入计算机检索系统，系统将自动将符合检索提问式的文献信息作为命中信息输出，如果计算机系统中存储文献信息的数据库是全文型数据库，将直接获取原文，否则，只能首先获取文献信息线索，再根据线索提供的文献信息出处获取原文。

（2）手工检索：根据拟定的检索标识，通过手工检索工具提供的检索途径，人工完成信息标识的匹配，人工完成信息的筛选，获取文献信息线索，再根据线索提供的文献出处获取原文。

如果对检出的文献信息满意，则整个检索程序结束；如对检出的文献信息不满意，则根据情况调整检索策略，再次检索，直至满意为止。

（二）检索策略

1. 制订检索策略　检索策略（information retrieval strategy）是指为实现检索目标而制订的全盘计划与方案，即指在分析课题的基础上，确定手工检索工具或计算机检索系统、数据库、检索途径和检索词，并科学安排各检索词间位置关系和逻辑关系及检索步骤。

制订检索策略是检索成功与否的关键所在，尤其在计算机检索时，对如何提高查准率、查全率及检索效率将产生积极作用。

为了尽可能不失真地把用户信息需求转换成计算机检索系统允许接受的形式，首先必须了解用户的检索目的和要求，对用户提出的检索课题进行全面的分析研究，为确定检索数据库、检索词、编写提问式做好准备，然后根据检索需求选择合适的手工检索工具或计算机检索系统，检索时，根据检索的具体情况实时调整检索策略，直至检索结果符合用户的信息需求。

2. 调整检索策略　在信息检索时，常常出现文献信息过多，或过少甚至为零的情况。为了使检索结果达到令人满意的效果，检索过程中，检索人员应根据检索结果随时调整策略。调整检索策略的措施可以概括为两类。

（1）扩大检索：执行检索策略后，如检出的信息量过少或为零时，需要扩大检索，具体操作为：①用关键词检索时，增加同义词与相关词，并用逻辑“或”将它们连接起来，增加网罗度。②用主题词检索时，使用扩展检索，选用所有副主题词或扩展下位副主题词。③增加相关主题词或下位词。④采用截词检索技术。⑤去除某些限制。⑥减少逻辑“与”的运算，去掉一些次要的或专指度高的概念词。⑦调整位置算符，由严变松。

（2）缩小检索：执行检索策略后，如检出的信息量过多时，需要考虑缩小检索范围，具体操作为：①采用主题词检索，不用或少用关键词检索。②采用下位词或更专指的词组配检索。③减少同义词与同族相关词。④增加限制检索技术，如用“”进行短语限定检索。⑤使用逻辑“非”，排除无关概念。⑥增加 AND 连接概念组面。⑦调整位置算符，由松变严。

三、检索效果评价

（一）评价标准

检索效果是衡量检索系统提供信息检索的有效程度，它反映了计算机检索系统或手工检索工具的能力。评价检索效果的指标有数量指标、质量指标、时间指标和经济指标等，但主要是检出文献信息的数量、质量指标，即查全率和查准率。

1. 查全率（recall ratio）　是指用户利用检索系统进行某课题检索时，检出的相关信息量与该信息系统中存储的相关信息总量的比率，即

$$查全率=\frac{检出的相关信息量}{数据库内相关信息的总量}\times 100\%$$

2. 查准率（precision ratio） 是指用户利用检索系统进行某课题检索时，检出的相关信息量与检出信息总量的比率，即

$$查准率=\frac{检出的相关信息量}{检出的信息总量}\times 100\%$$

以上两个指标查准率是容易计算的，查全率的计算比较困难。查全率和查准率之间存在着互逆相关性。如果追求过高的查全率，就可能降低查准率；反之也是如此。

（二）影响检索效果的因素

对用户来说，最关心的是检索效果，衡量检索效果的主要指标是查全率与查准率，因而，影响检索效果的因素也是从影响查全率与查准率的角度分析的。查准率和查全率与文献信息存储及文献信息检索两方面是直接相关的，即与检索系统的范围与功能、索引语言、标引工作和检索工作质量等关系密切。

1. 影响查全率与查准率的因素 从索引语言的角度看，影响查全率与查准率的主要因素有信息标引的广泛性和用户检索标识的专指性。标引的广泛性是指标引时揭示文献信息主题概念的广度，是支配查全率的重要因素；检索标识的专指性是指检索标识表达检索需求主题概念的专指度，是支配查准率的重要因素。

从检索系统角度来讲，系统内文献信息存储不全，检索系统收录文献信息遗漏严重；索引词缺乏控制和专指性；词表结构不完善；词间关系模糊或不正确；标引缺乏详尽性与一致性；标引人员遗漏了原文的重要概念或用词不当；检索系统功能不完善，检索时不能全面地描述检索需求等；这些都是影响查全率与查准率的客观因素。

从信息检索的主观角度而言，影响查全率和查准率的因素有：检索需求不明确，检索策略过于简单；检索工具选择不恰当；检索词和检索技术选用不当；检索途径和方法太少；检索人员业务能力欠缺等。

2. 提高检索效果的措施 要提高检索效果，可以结合影响查全率与查准率的因素，从以下几个方面加以思考。

（1）增强检索系统功能：提高检索系统信息存储质量，使它的收录范围更全面，更符合相应学科或专业的需要；文献信息品质高，著录内容详细准确；标引规范一致，用词恰当，组配合理。

（2）提高索引语言的专指性和词表质量：加强对索引词汇、词表的控制，使索引语言具有一定的专指度和泛指度；完善词表的结构及参照关系，正确控制同义词和多义词，及时反映新学科、新技术的术语等。

（3）提高检索人员的技能：检索人员必须具备较高的信息检索技能，熟练掌握检索技术的运用，恰当制订与调整检索策略，正确灵活地使用检索语言与检索方法；才能更好地与检索系统协调、配合，从而大大提高检索效率。

总之，在信息检索过程中，要根据不同的检索需求与检索结果，适时调整检索策略，合理调节查全率与查准率，做到动态分析与调节，才能达到最佳的检索效果。

（肖凤玲）

思考练习题

1. 信息社会的特征与挑战是什么？
2. 简述信息素养的概念与内涵。
3. 简述医学生信息能力的内容。
4. 简述信息、知识、情报与文献的区别与联系。
5. 简述文献信息的类型。
6. 简述医学文献信息的特点。
7. 简述文献信息检索的概念与类型。
8. 如何理解信息检索原理？
9. 简述检索系统的概念与类型。
10. 简述检索语言的种类与功能。
11. 简述主题语言与分类语言的区别。
12. 简述检索系统的概念与类型。
13. 常用的计算机检索技术有哪几种？
14. 如何制订和调整检索策略？
15. 影响检索效果的因素与提高检索效果的措施有哪些？

第三章　中文期刊数据库检索

第一节　中国生物医学文献服务系统

一、概　　述

中国生物医学文献服务系统（SinoMed）是由中国医学科学院医学信息研究所开发研制的综合性医学文献数据库。该系统整合了中国生物医学文献数据库（CBM）、西文生物医学文献数据库（WBM）、北京协和医学院博硕学位论文库等多种资源，是集检索、个性化定题服务、全文传递服务于一体的生物医学中外文整合文献服务系统。其中，中国生物医学文献数据库是该系统的主要数据库，收录1978年以来1800余种中国生物医学期刊，是检索国内医学文献的权威数据库。

SinoMed系统的网址为http：//sinomed.imicams.ac.cn，其主页如图3-1-1所示，该系统需要购买才能使用。

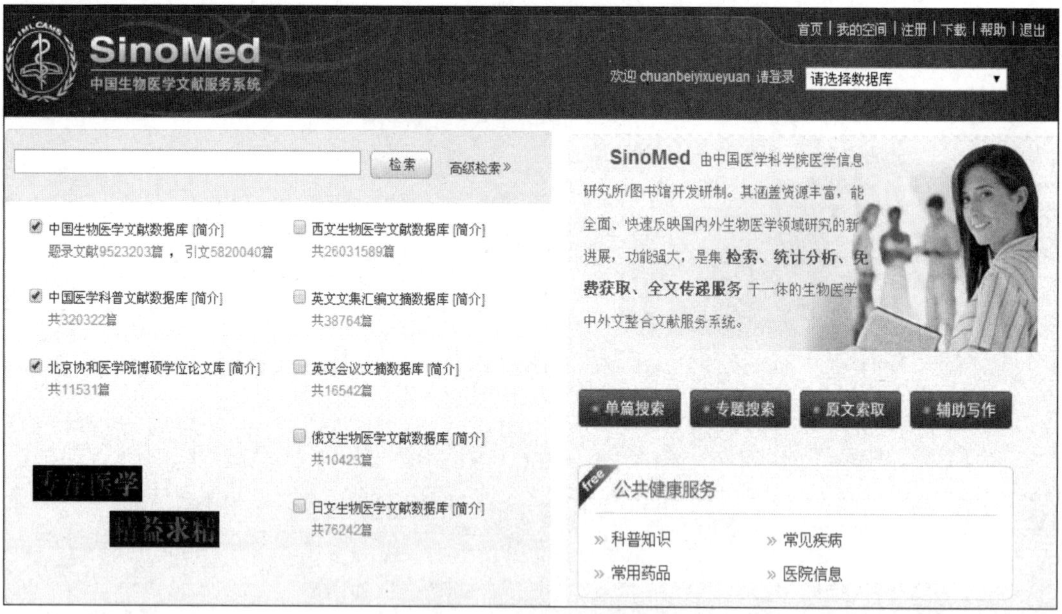

图3-1-1　SinoMed系统主页

SinoMed与PubMed检索系统具有良好的兼容性，CBM、WBM和北京协和医学院硕博学位论文库所有题录均严格依据美国国立医学图书馆《医学主题词表（MeSH）》（中译本）、中国中医研究院中医药信息研究所《中国中医药学主题词表》及《中国图书馆分类法·医学专业分类表》进行主题标引和分类标引，文献内容揭示更加全面、准确。

二、检 索 功 能

SinoMed提供跨库检索与单库检索。跨库检索即系统对多个数据库同时进行检索，用户查看检索结果时，可以选择浏览几个库的合并检索结果，也可以只选择某个感兴趣的数据库进行浏览。单库检索则只在某个选定的数据库内进行检索，显示该数据库的检索结果。二者的检索方法基本相同，本章节以 CBM 为例进行介绍。

CBM 提供快速检索、高级检索、主题检索、分类检索、期刊检索和作者检索等 9 种检索模式。用户不仅可以选择对检索结果进行限定（限定检索），也可以在当前检索结果中进行检索（二次检索），还可以随时查看或组合已执行的检索策略（检索历史）。

（一）快速检索

快速检索是系统的默认检索模式。用户在检索框中输入检索词或检索式（图 3-1-2），系统默认在全部字段执行智能检索。例如：输入“艾滋病”，点击【检索】按钮，系统将自动用“艾滋病”“获得性免疫缺陷综合征”等表达同一概念的一组词在全部字段中进行检索。

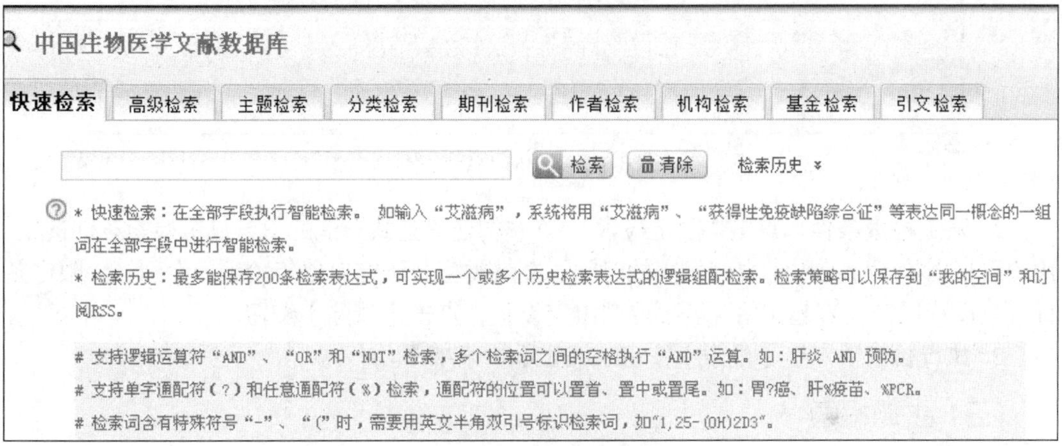

图 3-1-2　CBM 快速检索

（二）高级检索

与快速检索相比，高级检索提供的功能更多（图 3-1-3），不仅可以选择检索字段，还可以限定检索条件。具体操作步骤如下。

1. 构建表达式

（1）选择检索字段。CBM 提供常用字段、全部字段、中文标题、英文标题、摘要、关键词、主题词、作者、刊名等 18 个检索字段。其中，常用字段是中文标题、摘要、关键词、主题词的组合。

（2）输入检索词。每次只能输入一个检索词。

（3）根据检索需要，勾选是否需要智能检索、精确检索。

智能检索：自动实现检索词及其同义词（含主题词）的同步扩展检索。

精确检索：是检索结果等同于检索词的一种检索，适用于关键词、主题词、作者、刊名等字段。

（4）点击【发送到检索框】按钮，检索词及字段标识将出现在上面的检索框中。

（5）若需要构建复杂的表达式，重复以上（1）～（3）步骤，再选择检索词间的布尔逻辑关系（AND、NOT、OR），点击【发送到检索框】按钮。

（6）修改表达式。表达式构建好后，其运算顺序跟构建先后顺序有关，因此用户需要根据实际检索需要修改其运算顺序。例如：用户需要检索高血压的诊断与治疗方面的文献，如果依次输入“高血压”“诊断”“治疗”，先后选择运算符为“AND”“OR”，那么系统构建的表达式为“(高血压 AND 诊断)OR 治疗”。用户需要修改括号位置，构建表达式为“高血压 AND (诊断 OR 治疗)”。

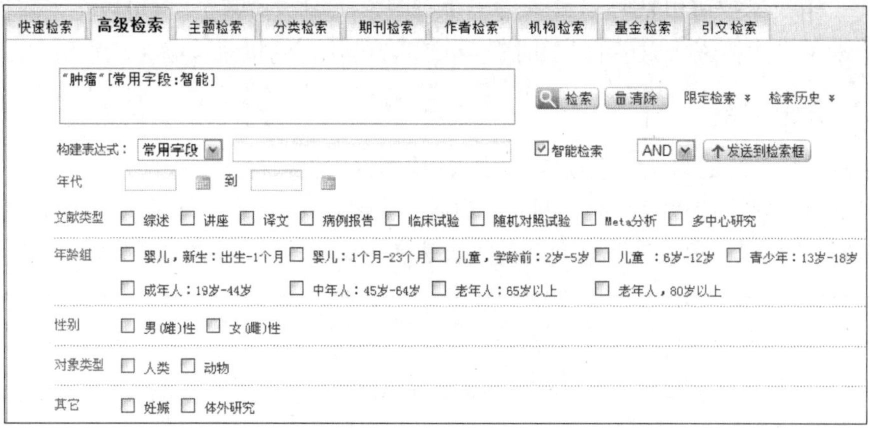

图 3-1-3　CBM 高级检索

2. 限定检索条件　点击“限定检索”，在“构建表达式”框的下方显示检索条件选项。用户可根据检索需要限定文献发表的时间、文献类型、研究对象年龄组、性别等。限定条件一旦设置后会一直起作用，若要取消限定设置，点击【清除】按钮。

3. 执行检索　点击【检索】按钮系统显示检索结果。

（三）主题检索

主题检索是指采取规范化的主题词基于主题概念进行检索。CBM 主题检索页面如图 3-1-4 所示，检索操作步骤如下。

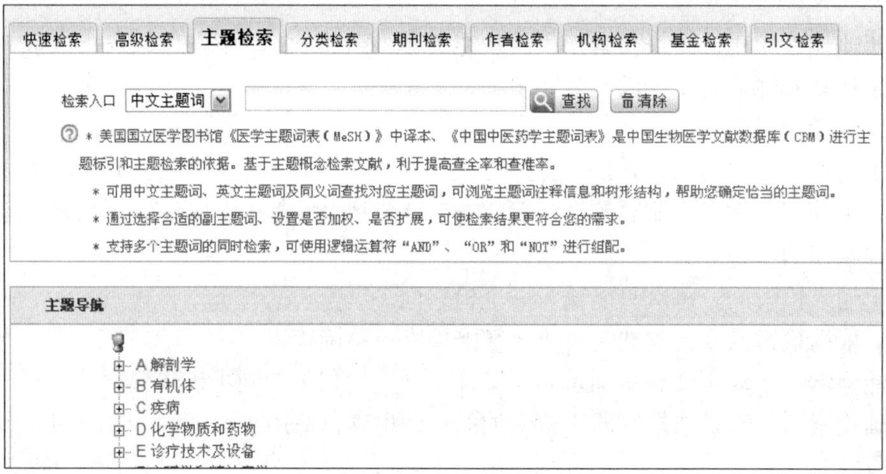

图 3-1-4　CBM 主题检索

1. 主题词查找　系统提供两种主题词查找方式。

（1）输入式查找：如果用户检索目标明确，可以在检索框中输入主题词或其同义词，点击【查找】按钮，系统显示主题词轮排表（图 3-1-5）。页面中栏显示规范的主题词，左栏显示的是该主题词的款目词（主题词的同义词），右栏显示的是该主题词在此数据库中的命中文献数。用户点选主题词即可进入到该主题词注释页面（图 3-1-7，图 3-1-8）。

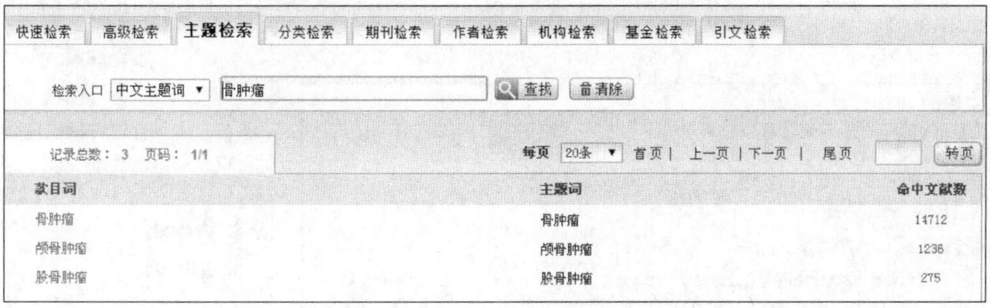

图 3-1-5　CBM 主题词轮排表

（2）浏览式查找：如果用户对于所要查找的主题词拼写形式不确定，可以根据主题词的层次关系，利用“主题导航”，层层点击浏览选择主题词（图 3-1-6）。例如：用户通过浏览方式查找有关“骨肿瘤”的文献，其主题层次应该是“疾病→肿瘤→肿瘤，各部位→骨肿瘤”；或者是“疾病→肌肉骨骼疾病→骨疾病→骨肿瘤”。

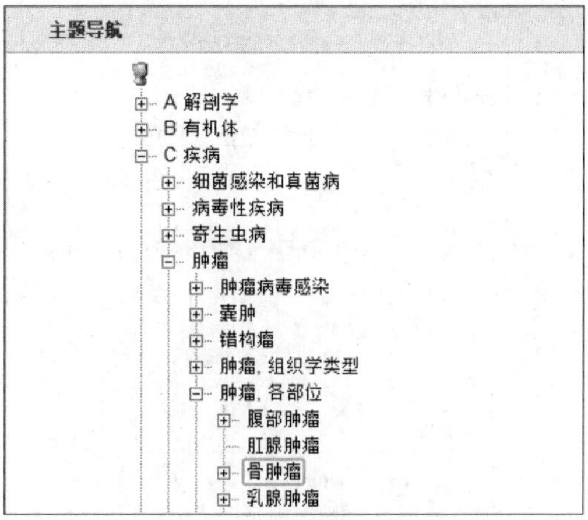

图 3-1-6　CBM 主题导航

2. 主题词与副主题词组配检索　选中主题词进入该主题词注释及副主题选择页面，用户不仅可以在此浏览该主题词的中英文名称、标引注释、主题词详解、树形结构等信息（图 3-1-7），还可以选择一个或多个副主题词与该主题词进行组配检索（图 3-1-8）。此外，系统还提供有加权检索、扩展检索等选项，满足用户不同的检索要求。

（1）浏览主题词注释：主题词注释信息有助于用户全面了解该主题词。例如，树形结构表列出了该主题词的上、下位主题词（主题词后面有“+”表示该主题词有下位主题词），有助于用户选择更准确的主题词，以及是否需要进行主题词扩展检索。

扩展检索，即对当前主题词及其下位主题词进行检索，非扩展检索则仅限于对当前主题词进行检索。例如：对主题词“骨肿瘤”，扩展检索指对该主题词及其所有 11 个下位主题词进行检索，不扩展检索则只检索主题词为“骨肿瘤”的文献。

（2）副主题词组配检索：系统列出可以与该主题词进行组配的副主题词列表（图 3-1-8），用户可选择一个或多个副主题词（多个副主题词的词间关系默认为逻辑“或”；点击副主题词时，列表下方将显示其注释，以便准确选取），依次添加到右栏中。然后点击【发送到检索框】按钮。最后浏览（修改）检索框中的检索式，点击【主题检索】按钮完成检索。

副主题词支持扩展检索，即对当前副主题词及其下位副主题词进行检索。副主题词后若有符号“+”，则表示该副主题词包含有下位副主题词。例如：检索“骨肿瘤/诊断”方面的文献，选择副主题词“诊断”并选择“扩展”后，系统自动对所有“诊断”方面的副主题词进行检索，包括诊断、病理学、放射摄影术、放射性核素显像、超声检查等（图 3-1-8），检索式为“骨肿瘤/诊断/病理学/放射摄影术/放射性核素显像/超声检查”[不加权：扩展]。

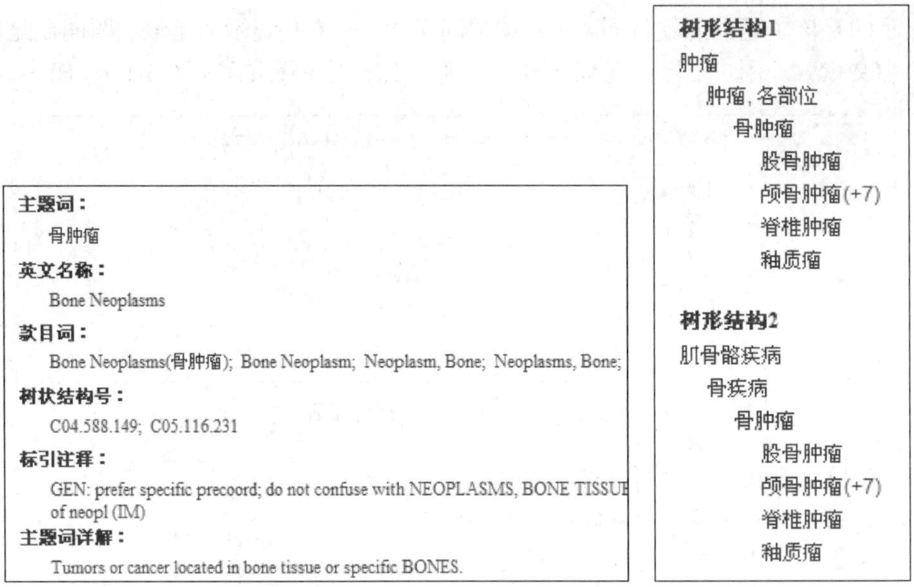

图 3-1-7　CBM 主题词注释信息

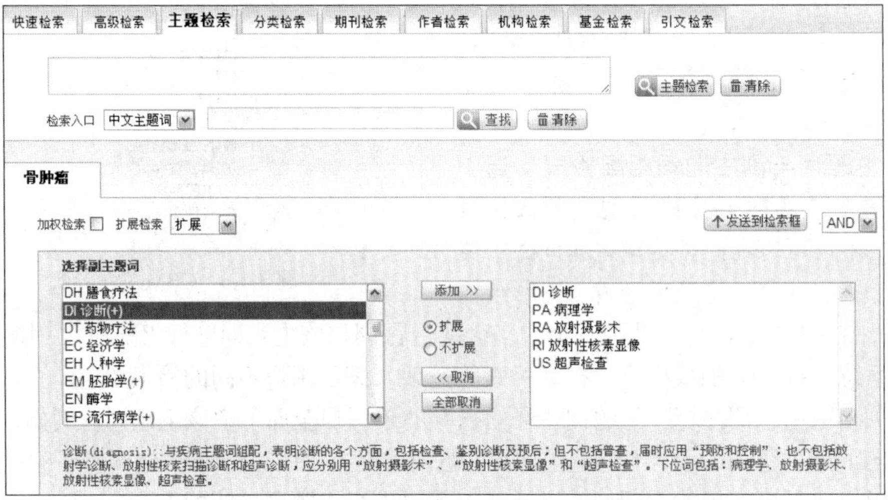

图 3-1-8　CBM 副主题词列表

（3）加权检索：如果主题检索的结果数量太多，用户可以考虑对该主题词进行加权检索。加权检索表示仅对文献的主要概念主题词（加星号的主题词）进行检索。为了准确揭示某一篇文献的内容特征，标引人员根据文献的内容，给出多个主题词，其中最能反映文献主要内容的主题词会用星号加以标识。

（四）分类检索

分类检索，即从文献所属的学科角度进行检索。分类检索单独使用或与其他检索方式组合使用，可发挥其族性检索的优势。分类检索具体操作如下。

（1）在分类检索主页面（图 3-1-9），通过类名、类号检索入口或分类导航，查找到合适的类目。

（2）在类目注释页面（图 3-1-10），查看该类目的分类树（上下位类目），根据需要，选择是否扩展检索；对于可复分的类号，选择复分号进行组配检索（可选择多个复分号）。

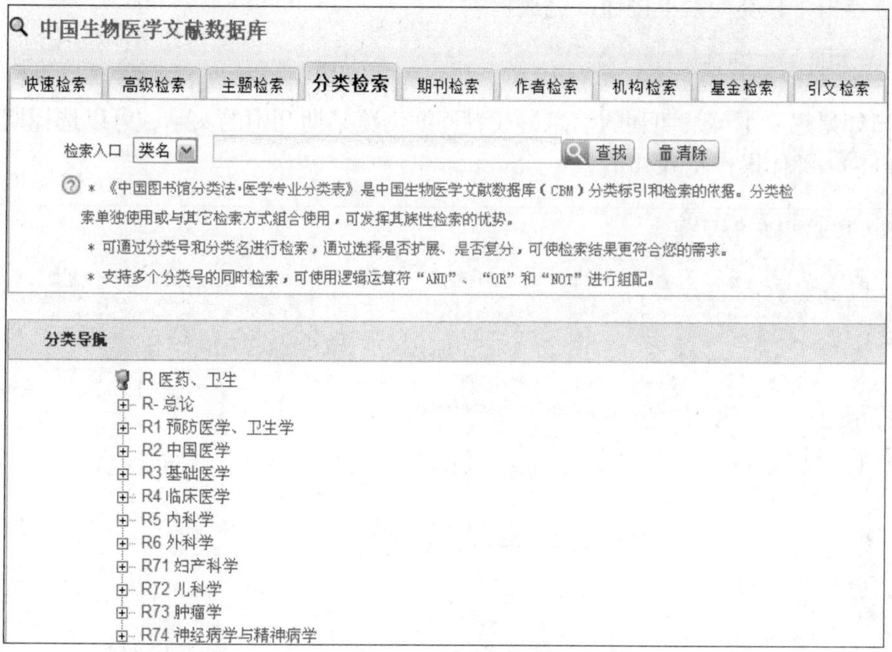

图 3-1-9　CBM 分类检索

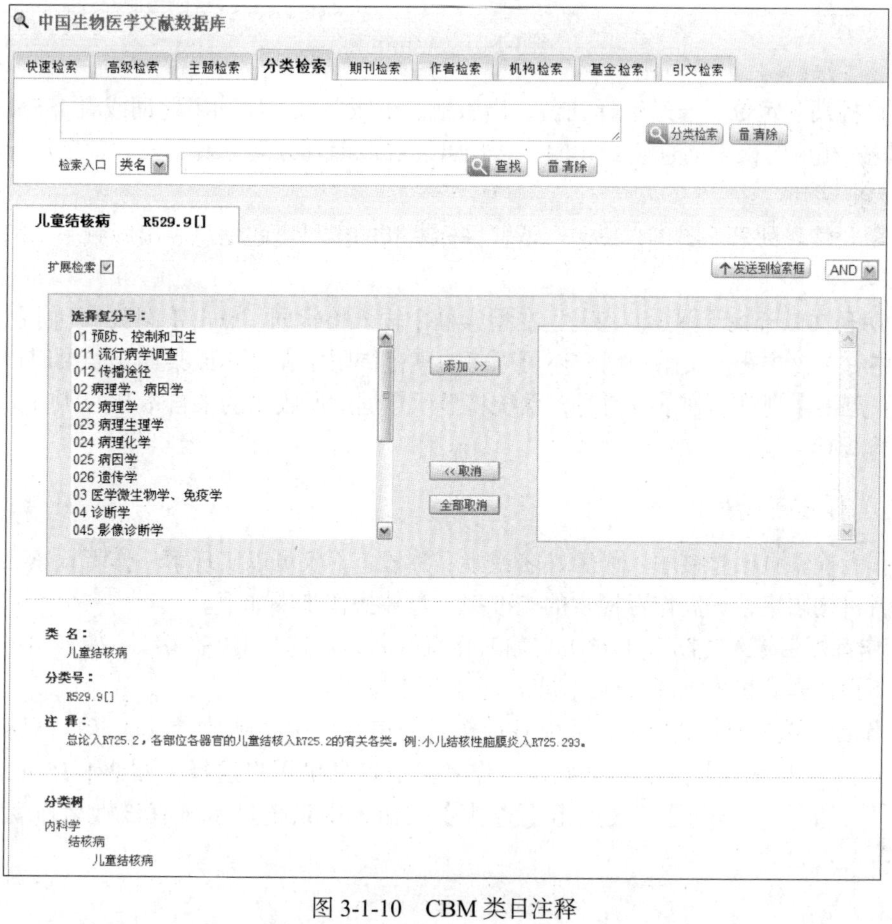

图 3-1-10　CBM 类目注释

（3）点击【发送到检索框】按钮，系统会自动产生相应的检索式。

（4）点击【分类检索】按钮，完成检索。

（五）期刊检索

用户如果想要了解某期刊的信息，或者逐期浏览某期刊中的文献，可以选择期刊检索（图 3-1-11）。具体操作步骤如下。

图 3-1-11　期刊检索

1. 目标期刊定位　通过选择刊名、出版地、出版单位、期刊主题词或者 ISSN 等检索入口，输入相应的检索词直接查找期刊；也可通过“期刊分类导航”或“首字母导航”逐级浏览选中期刊。

2. 期刊信息列表（图 3-1-12）　了解目标期刊的学科主题信息、出版频率、编辑部联系方式等，辅助投稿。

3. 期刊文献查找（图 3-1-12）　在检索框中输入检索词，点击【浏览本刊】按钮，查找本刊中有关该主题的文献；用户还可以将检索范围限定在某年或某期。如果用户未输入检索词，点击【浏览本刊】按钮时，系统将显示数据库所收录的来自本刊的所有文献或指定年期的所有文献。

（六）作者检索

在作者检索页面直接输入作者姓名或姓名片段，不仅可以实现第一作者检索，还可以进行作者机构限定，提高作者检索的查准率。具体操作步骤如下。

1. 作者姓名输入（图 3-1-13）　输入作者姓名，勾选“第一作者”（如未勾选第一作者，则不提供作者机构选择页面），点击【查找】按钮。

2. 作者勾选（图 3-1-14）　系统显示作者列表及命中文献数量，选择自己感兴趣的作者，点击【下一步】按钮，系统显示作者单位信息供用户选择（图 3-1-15）；如果不点击【下一步】按钮而是直接点击【查找】按钮，则系统显示所有该姓名作者所发表的文献。

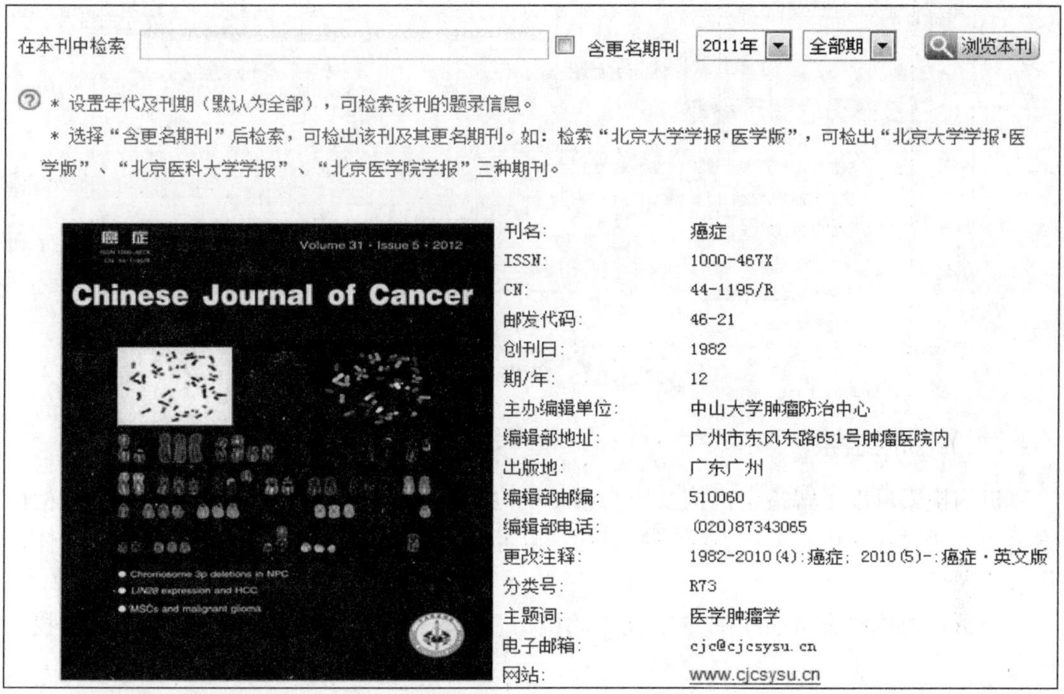

图 3-1-12　期刊信息列表

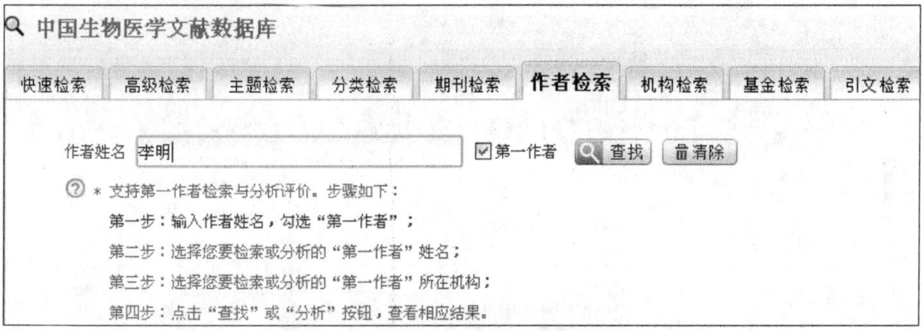

图 3-1-13　作者检索主页面

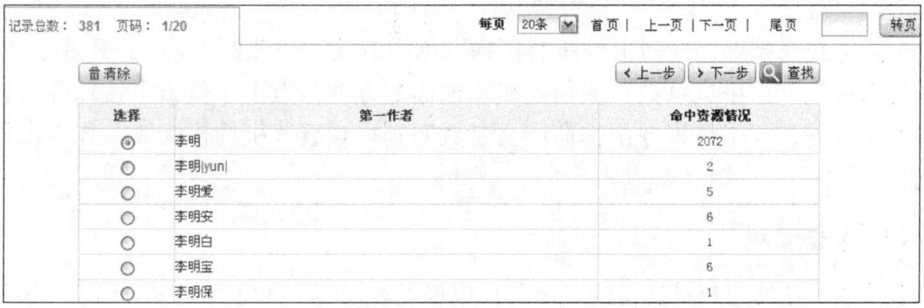

图 3-1-14　作者列表

3. 作者机构勾选（图 3-1-15）　从系统显示的作者机构列表中选择自己感兴趣作者所在的机构，点击【查找】按钮，系统显示该机构该作者所发表的文献。

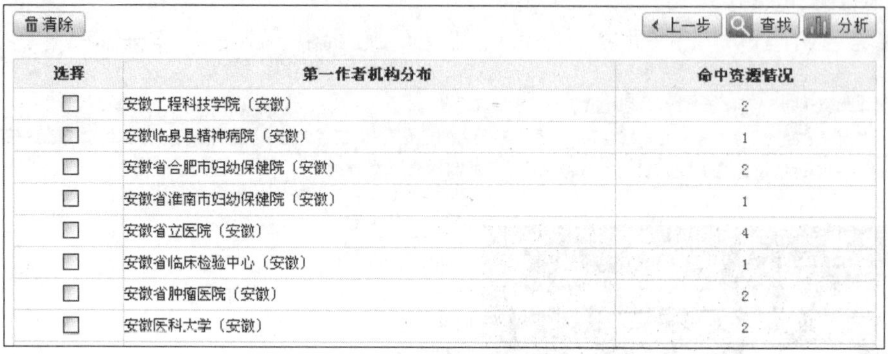

图 3-1-15　作者机构列表

（七）机构检索

机构检索可以了解指定机构及作为第一机构时论文发表情况和被引用情况。在机构检索页面可通过输入机构名称直接查找机构，也可通过分类导航逐级查找所需机构。具体操作步骤如下。

（1）在机构检索页面（图 3-1-16）的机构名称处输入“川北医学院”，点击【查找】按钮。

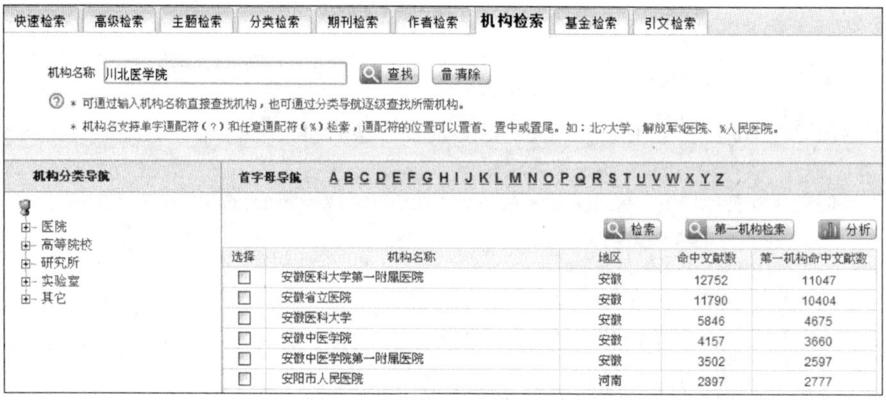

图 3-1-16　机构检索页面

（2）浏览查找结果，在列出的所有机构名称中查找“川北医学院”（图 3-1-17）。点击“机构名称”、“命中文献数”或勾选机构前面的方框再点击【检索】按钮即可查看该机构的发文情况，点击“第一机构命中文献数”则可查看该机构作为第一作者机构的发文情况。

（八）基金检索

基金检索可帮助用户查找特定基金项目成果发表情况。在基金检索页面，可通过输入基金名称或者基金项目（“项目名称”或“项目编号”）直接查找基金，也可通过分类导航逐级查找浏览。以查找教育部资助的“长江学者奖励计划”基金的发文情况为例，具体操作步骤如下。

（1）在 CBM 基金检索界面，选择检索入口“基金名称”，输入“长江学者奖励计划”，点击【查找】按钮（图 3-1-18）。

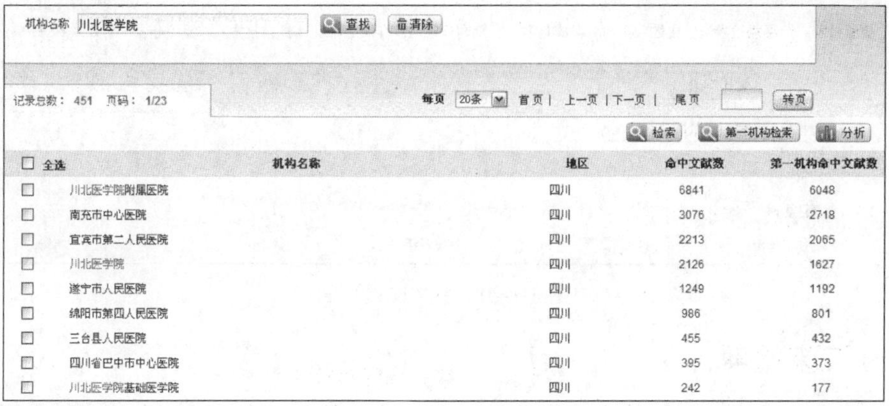

图 3-1-17　机构列表页面

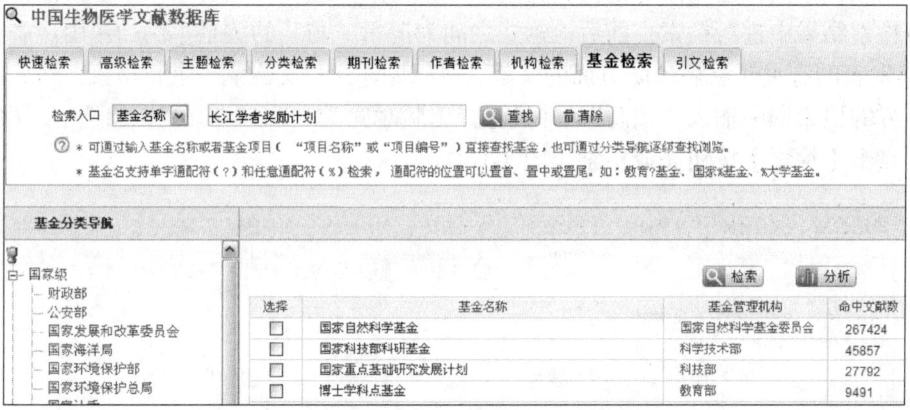

图 3-1-18　基金检索页面

（2）浏览基金查找结果，在列出的所有基金名称中选择“长江学者奖励计划”。点击“基金名称”“命中文献数”或勾选基金前面的方框再点击【检索】按钮均可查看该基金资助项目的成果发表情况（图 3-1-19）。

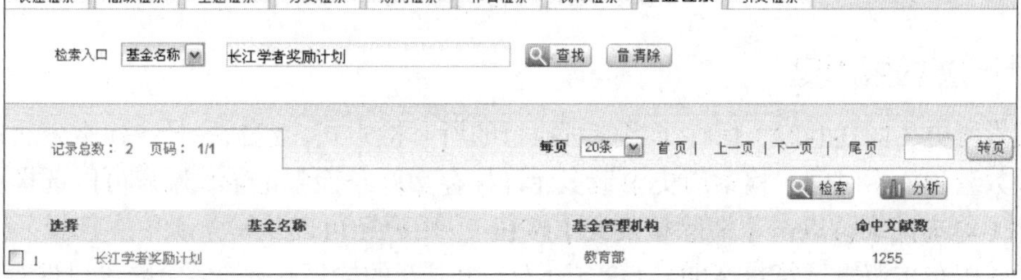

图 3-1-19　基金列表

（九）引文检索

引文检索支持从被引文献题名、主题、作者/第一作者、出处、机构/第一机构、资助基金等途径查找引文，帮助用户了解感兴趣文献在生物医学领域的引用情况（图 3-1-20）。

图 3-1-20　引文检索页面

（十）二次检索

系统执行检索后，如果检索结果数量过多，可以考虑二次检索。在检索结果页面，输入检索词或检索式，选定限定条件，勾选“二次检索”选项，点击【检索】按钮，系统将在现有检索结果中进行检索，前后检索式之间为逻辑“与”的关系。例如：用户需要检索2010年发表的有关艾滋病预防方面的文献，可以先输入“艾滋病”进行检索，然后在检索结果上方的检索框中输入“预防”，并且选择出版时间为“2010-2010”，勾选“二次检索”选项，点击【检索】按钮完成检索（图 3-1-21）。

图 3-1-21　二次检索页面

（十一）检索历史

检索历史（图 3-1-22）保存了当前所执行的所有检索式，包括序号、检索表达式、检索结果数量和检索时间。检索历史中最多允许保存 200 条检索记录，用户可以选择性地进行清除（勾选记录再点击【清除检索式】按钮）。用户还可以从检索历史中选择一个或多个检索式用布尔逻辑运算符 AND、OR 或 NOT 组成新的检索式。检索策略可以保存到“我的空间”和订阅 RSS。

三、检 索 结 果

系统执行检索后，显示检索结果（图 3-1-23）。勾选记录前面的方框选中需要的文献记录（如果不选，系统默认为对所有记录进行操作），对选中记录可设置显示格式并进行保存处理，还可以对检索结果进行统计分析。

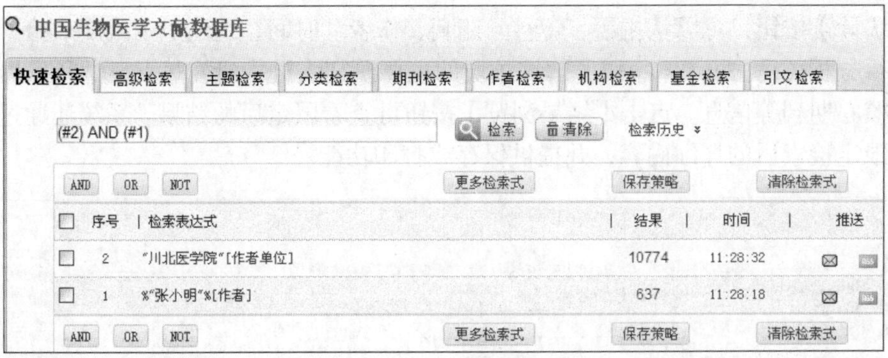

图 3-1-22　检索历史

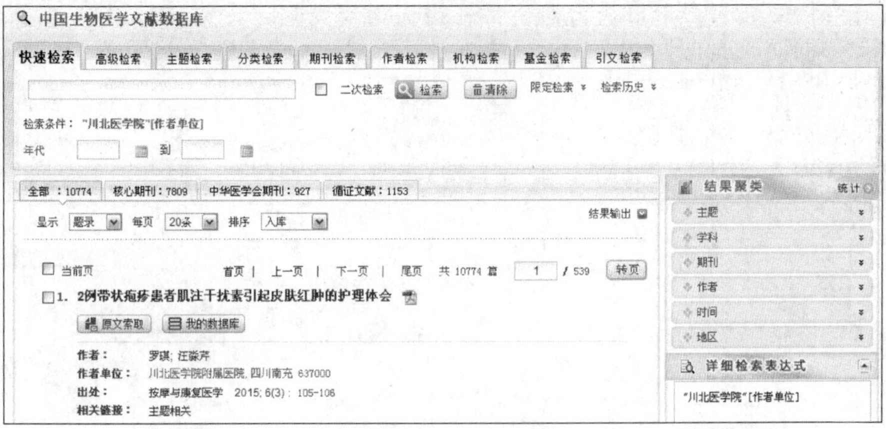

图 3-1-23　检索结果

（一）检索结果的显示

1. 检索结果分组　系统不仅显示检索式命中的所有文献数量（全部），同时也显示分别来自核心期刊、中华医学会期刊及循证医学的文献数量。用户点击相应的标签即可分组浏览。

2. 检索结果显示格式　系统默认显示"题录格式"，即只显示文献标题、作者、作者单位、出处、相关链接等信息，用户也可以选择"文摘格式"。还可以设置每页显示的记录数及题录的排序方式（入库时间、年代、作者、期刊、相关度）。

（二）检索结果的输出

点击"结果输出"下拉菜单（图 3-1-24），可以将指定的记录（选择输出范围：标记记录、当前页记录、全部记录）以特定的格式（选择保存格式：题录、文摘、自定义）输出（选择输出方式：保存、打印、E-mail）。

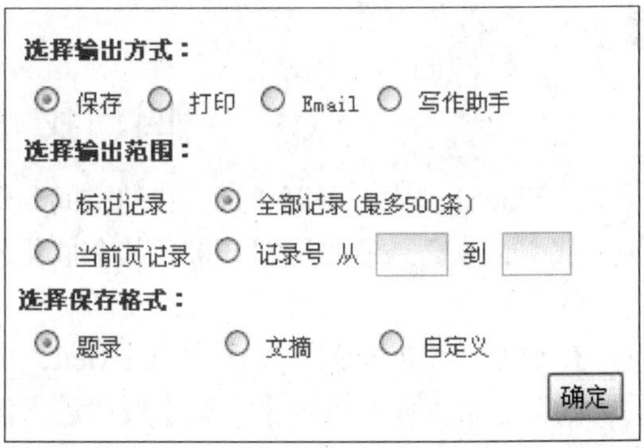

图 3-1-24　检索结果输出

（三）检索结果分析

SinoMed 提供强大的检索结果分析功能，在检索结果页面右侧，点击结果统计处的【统计】按钮，可以从主题、学科、期刊、作者、时间、地区六个维度对检索出来的文献进行分析（图 3-1-25），以了解该领域的主要研究人员、研究热点、学科发展轨迹和趋势、核心期刊等信息。点击【结果浏览】按钮可查看限定后的结果。系统还通过统计图来展示限定检索后的详细内容，并提供保存或打印功能。

图 3-1-25　检索结果分析

（四）全文阅读与下载

点击题录标题后面的图标，可以下载该篇文献的 PDF 格式全文。对于部分未提供图标的文献，用户可以点击标题下方的【原文索取】按钮，通过文献传递的方式获取全文。

四、我 的 空 间

在 SinoMed 中，可以通过“我的空间”保存一个或多个检索策略、定期跟踪某领域最新文献和储存感兴趣的检索结果。其个性化服务主要通过“我的空间”来实现，需要进行简单的注册。

1. 注册“我的空间”　登录 SinoMed，点击页面右上方的【我的空间】按钮，进入“我的空间”登录页面；点击【注册】按钮进入注册页面，按系统提示设置个人用户名和登录密码并提交即可。

2. 保存检索策略

（1）进入检索历史页面，勾选需要保存的检索策略序号，点击【保存策略】按钮。

（2）在“策略名”后输入此次保存的策略名称，点击【存储】按钮。系统提示“策略保存成功”。

（3）激活检索策略：进入“我的检索策略”，勾选定制的检索策略，并选择需要的检索操作（“重新检索”或“最新文献检索”）。点击【策略名称】按钮进入策略详细页面，可对策略内的检索表达式进行“重新检索”“删除”“推送到邮箱”和“RSS 订阅”。通过策略详细页面的“重新检索”，可以查看不同检索时间之间新增的数据文献。

3. 在线保存检索结果 在登录了“我的空间”的前提下，完成检索后，在检索结果页面，单击每条题录下方的【我的数据库】按钮，便可将该条题录在线保存到“我的数据库”里，最多可以保存 500 条题录。“我的数据库”不仅可以在线保存检索结果，还可以从“标题”“作者”“标签”三个字段对保存的检索结果进行检索。

五、检索技巧与实践

（一）检索技巧

1. 智能检索 自动实现检索词及其同义词（含主题词）的同步扩展检索。用户可以通过检索结果页面右侧的“详细检索表达式”查看系统对检索词的转换结果。例如：在快速检索模式下输入检索词“癌症”，系统提示详细检索表达式为：（“癌症”[全字段]OR“肿瘤”[全字段] OR“瘤”[全字段]OR“肿瘤”[主题词]）。

2. 字段限定检索 用户可以利用高级检索模式下的字段选择下拉菜单将检索词限定在特定的字段，也可以在检索词后面加上字段标识符指定检索词出现的位置，格式为：检索词[字段标识符]，如张明[作者]。常用字段是中文标题、摘要、关键词、主题词的组合。

3. 布尔逻辑检索 系统支持布尔逻辑检索，运算符为 AND、OR、NOT，运算顺序为（）＞NOT＞AND＞OR。

4. 精确检索 如果检索词含有特殊字符，或者检索结果等同于检索词（而不是包含检索词），需要将其用英文半角双引号引起，如“1，25-（OH）$_2D_3$”、“张明”[作者]。

5. 截词检索 检索词可使用单字通配符“?”、任意通配符“%”，通配符的位置可以置首、置中或置尾。例如：胃?癌、肝%疫苗、%PCR。

6. 加权检索 在“主题检索”模式下，可以对主题词进行加权检索，即只对文献的主要概念主题词进行检索。

7. 扩展检索 在“主题检索”模式下，如果主题词（或副主题词）有下位词，可以对当前主题词（或副主题词）及其下位词同时进行检索。

（二）检索示例

例 3-1 检索“曲美他嗪治疗冠心病临床疗效”方面的文献。

（1）分析课题：根据课题内容，可以分别从药物和疾病出发，提取“曲美他嗪”和“冠心病”两个检索词，两个检索词之间的布尔逻辑关系为逻辑“与”。

（2）检索方式：主题检索。

（3）检索标识：①曲美他嗪/治疗应用；②冠心病/药物疗法。

（4）检索提问式：①AND②。

（5）操作步骤

1）在主题检索页面的检索词输入框中输入“曲美他嗪”，点击【查找】按钮，系统显示“曲美他嗪”为主题词，点击该主题词，进入“曲美他嗪”的注释页面，然后选择并添加副主题词“治疗应用”，点击【发送到检索框】按钮。

2）选择检索入口“中文主题词”，输入“冠心病”，点击【查找】按钮，系统显示“冠心病”为主题词，点击该主题词，进入“冠心病”的注释页面，选择并添加副主题词“药物疗法”后，选择布尔逻辑关系“AND”，点击【发送到检索框】按钮。

3）点击【主题检索】按钮完成检索。

（6）检索结果：检出 317 篇文献题录。

例 3-2 检索“食管癌术后并发肺部感染病原学及耐药性分析”方面的文献。

（1）分析课题：根据课题内容，肺部感染是食管癌手术后的一种常见并发症，因此两者为逻辑“与”的关系；病原学与耐药性是针对肺部感染而言，因此两者与肺部感染为逻辑“与”的关系，病原学与耐药性为逻辑“或”的关系。

（2）检索方式：高级检索&检索历史。

（3）检索标识：①食管癌；②肺部感染；③病原学；④耐药性。

（4）检索提问式：①AND②AND（③OR④）。

（5）操作步骤

1）在高级检索页面，选择“常用字段”，输入检索词“食管癌”，点击【发送到检索框】按钮；输入检索词“肺部感染”，选择布尔逻辑关系“AND”，点击【发送到检索框】按钮。点击【检索】按钮，得到检索式 1 的结果为 969 条。

2）回到高级检索页面，选择“常用字段”，输入检索词“病原学”，点击【发送到检索框】按钮；输入检索词“耐药性”，选择布尔逻辑关系“OR”，点击【发送到检索框】按钮；点击【检索】按钮，得到检索式 2 的结果为 63537 条。

3）打开“检索历史”（图 3-1-26），勾选检索式序号 1、2，选择运算符“AND”，检索框中显示检索式“（#2）AND（#1）”。

4）点击【检索】按钮执行检索。

（6）检索结果：检出 6 篇文献题录。

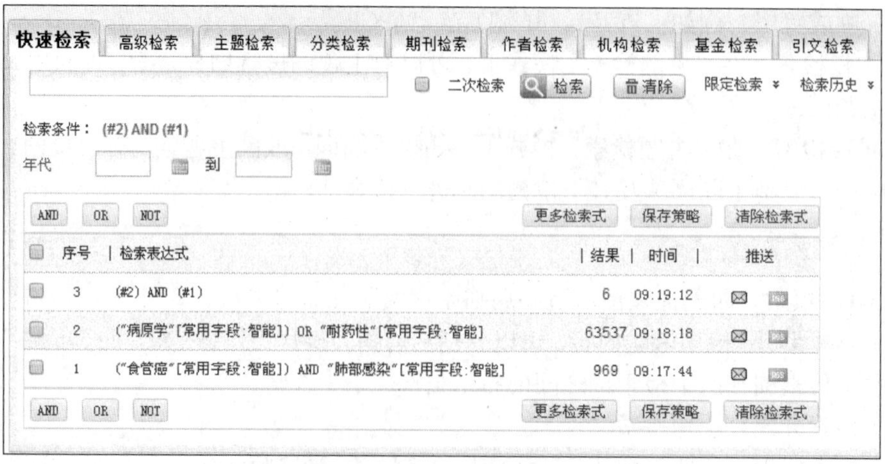

图 3-1-26 检索示例

第二节　中国知网

一、概　　述

中国知识基础设施工程（China National Knowledge Infrastructure，CNKI），又称为中国知网，以实现全社会知识资源传播共享与增值利用为目标，由清华大学、清华同方发起，始建于 1999 年 6 月。

CNKI 文献总库包括中国学术期刊网络出版总库（CAJD）、中国博士学位论文全文数据库（CDFD）、中国优秀硕士论文全文数据库（CMFD）、中国专利全文数据库、中国年鉴网络出版总库、中国图书全文数据库、中国引文数据库等。其中中国学术期刊网络出版总库（CAJD）为其主要数据库，截止 2016 年 11 月，共收录 1915 年至今出版的国内 8212 种学术期刊，内容覆盖自然科学、工程技术、农业、哲学、医学、人文社会科学等各个领域。数据每日更新。

CNKI 的网址为 http：//www.cnki.net/，主页如图 3-2-1 所示。

图 3-2-1　中国知网主页

二、检 索 功 能

CNKI 系统提供有简单检索和高级检索，其中“高级检索”包含有高级检索、专业检索、作者发文检索等多种检索模式。任何检索模式下，用户既可以同时检索多个数据库（数据库标签显示为“文献”，默认检索范围包括期刊、学位论文、会议文献、报纸等多个数据库，点击“跨库选择”可以勾选数据库），也可以只选择单个数据库进行检索。本章节以“期刊”数据库（全称“中国学术期刊网络出版总库”，简称 CAJD）为例介绍其检索功能。

（一）简单检索

在首页的检索框前选择检索字段，然后输入检索词，在检索框上方选择“期刊”数据库，点击【检索】按钮，系统显示检索结果。

（二）普通检索

在首页选择“期刊”数据库，点击【高级检索】按钮，或者点击检索框下方的“期刊”数据库，进入期刊“检索”页面（图 3-2-2）。

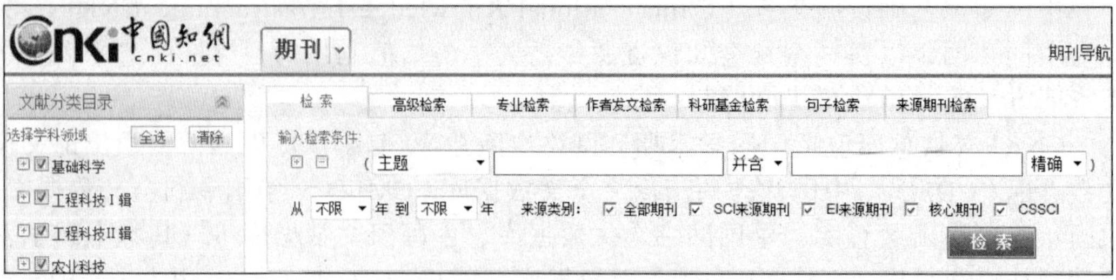

图 3-2-2　CAJD 普通检索

在该检索模式下，用户可以完成词语组配检索，也可以进行发表时间和期刊类别的限定，还可以进行学科范围的限定。操作步骤如下。

1. 输入检索条件

（1）选择检索字段。系统提供主题、篇名、关键词、作者、单位、刊名、摘要、全文、参考文献、中图分类号等 14 个检索字段。其中，主题字段是篇名、摘要、关键词的组合。

（2）输入检索词，每栏一个。用户如果要实现不同字段组配检索，如张明发表的有关胃肿瘤的文献，可以通过点击“+”或“-”号来添加或删除检索行，最多可以增加到七行。

（3）选择词间布尔逻辑关系及匹配度（模糊或精确）。

（4）选择发表年代和来源类别（全部期刊、SCI 来源期刊、核心期刊等）。

注意：检索式的执行顺序为从上到下，同行优先。

2. 选择学科范围　在页面左侧的“文献分类目录”下方勾选学科领域。系统默认为“全选”，用户点击学科专辑名称前面的“+”可展开其下位类目以供勾选。如果未输入检索词直接点击学科名称，可以浏览该学科下的文献题录。

3. 点击【检索】按钮。

（三）高级检索

高级检索（图 3-2-3）与普通检索功能相近，二者的不同点主要表现如下。

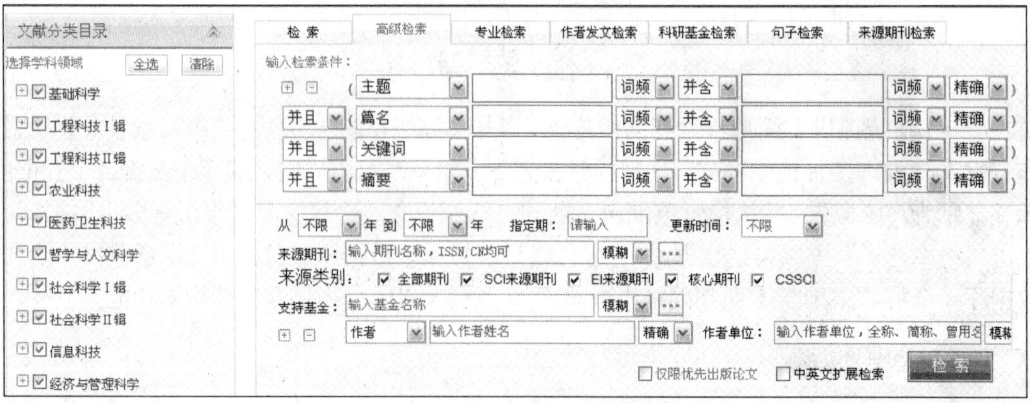

图 3-2-3　CAJD 高级检索

（1）增加了“词频”功能选项。词频指检索词在相应检索项中出现的频次。词频为空，表示至少出现 1 次，如果为数字，如 3，则表示至少出现 3 次，以此类推。例如，输入“糖尿病”选择全文途径，词频选择 6，则表示“糖尿病”在文章中必须至少出现 6 次。

（2）增加了“更新时间”选项。通过该选项，可以只检索最近时间段（一周、一个月、半年、一年）新入库的相关文献。

（3）将期刊、基金、作者及单位选项作为控制条件单独列出，而在普通检索模式中它们以字段形式作为内容条件存在。

（4）新增了“仅限优先出版论文”和“中英文扩展检索”选项。

（四）专业检索

专业检索（图 3-2-4）需要用户根据系统的检索语法编制检索式进行检索。每个库的专业检索都有说明，详细语法可以点击右侧“检索表达式语法”参看详细的语法说明。CAJD 的检索语法包括：

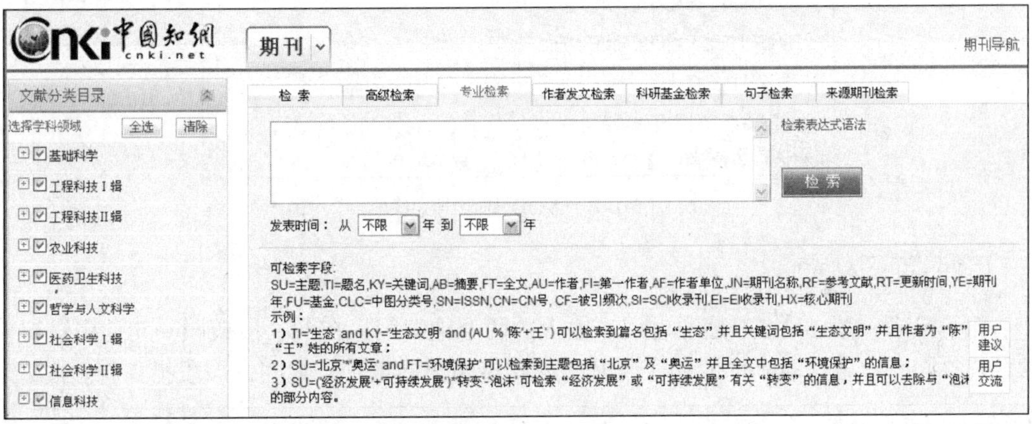

图 3-2-4　CAJD 专业检索

布尔逻辑运算符用 AND、NOT、OR 表示，分别代表逻辑“与”、逻辑“或”、逻辑“非”，三种逻辑运算符的优先级相同，可以使用英文半角圆括号（ ）改变运算顺序。例如：检索钱伟长在清华大学期间发表的题名或摘要中都包含“物理”的文章，检索式为：AU =钱伟长 AND AF=清华大学 AND（TI =物理 OR AB = 物理）。

（五）作者发文检索

作者发文检索（图 3-2-5）是通过作者姓名、单位等信息，查找作者发表的全部文献。

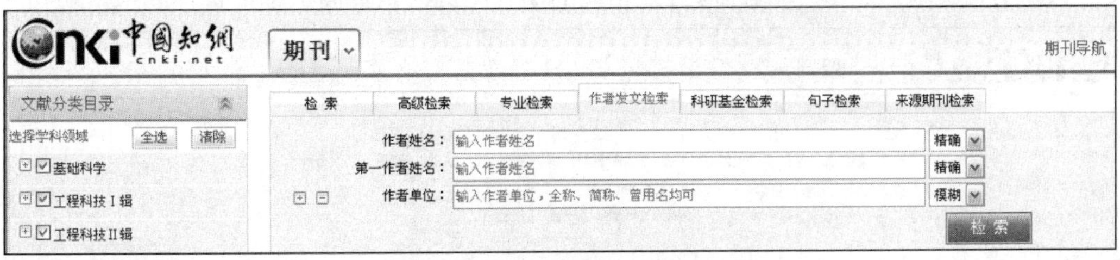

图 3-2-5　CAJD 作者发文检索

（六）科研基金检索

科研基金检索（图 3-2-6）是通过科研基金名称，查找科研基金资助的文献。用户可以点击…图标打开相应的基金浏览检索页面（图 3-2-7），辅助选择或检索基金项目。

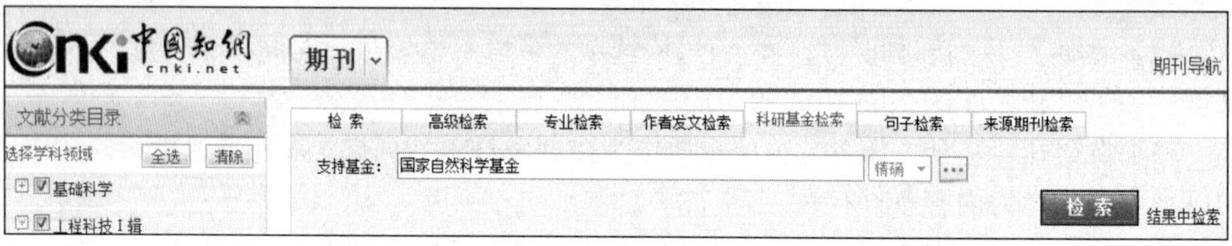

图 3-2-6　CAJD 科研基金检索

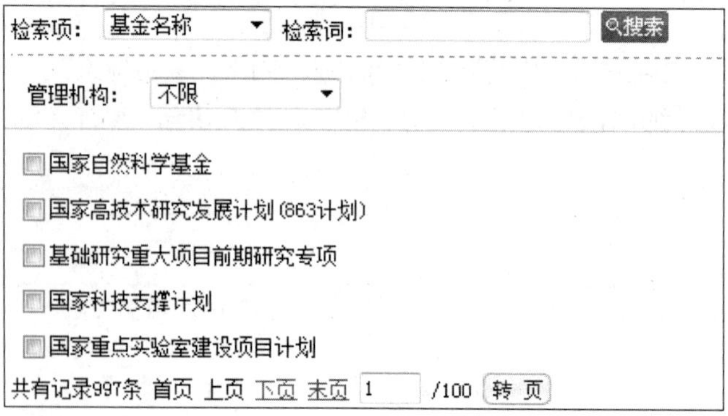

图 3-2-7　CAJD 基金浏览检索

（七）句子检索

句子检索（图 3-2-8）是通过用户输入的两个检索词，在同一段或同一句话中进行检索，查找同时包含这两个词的句子。其中同句指两个标点符号之间，同段指 5 句之内。

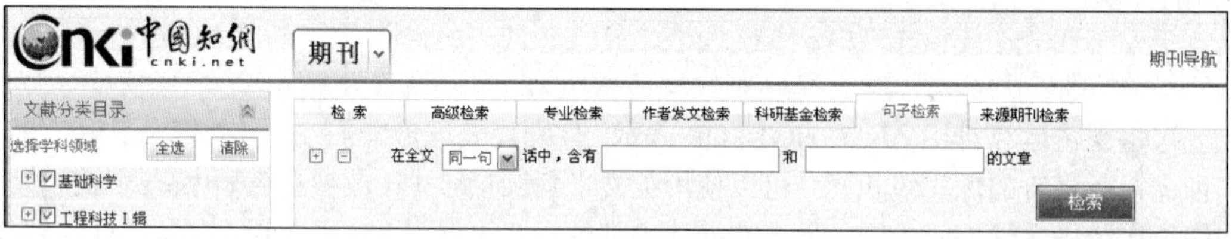

图 3-2-8　CAJD 句子检索

（八）来源期刊检索

来源期刊检索（图 3-2-9）是通过输入来源期刊的名称、类别和年期等信息，查找包含相关信息的期刊文献。点击…图标可打开相应的期刊浏览检索页面，辅助选择或检索期刊。

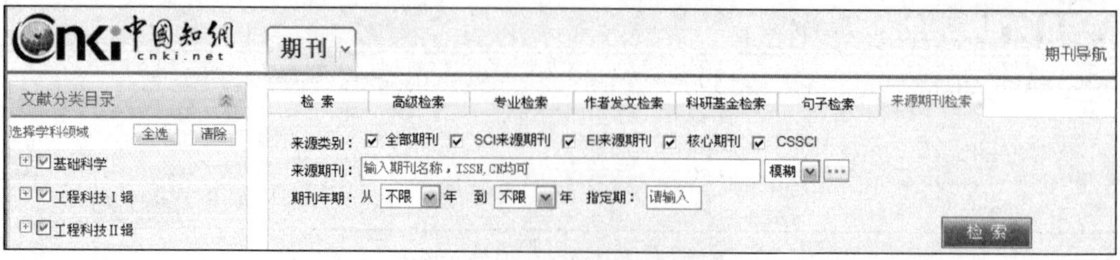

图 3-2-9　CAJD 来源期刊检索

（九）二次检索

系统执行检索后，会在【检索】按钮后面出现“结果中检索”超链（图 3-2-6），如果用户需要对检索结果进行再检索，可以输入检索词，点击“结果中检索”，系统将在现有检索结果中进行检索，前后检索式之间为逻辑“与”的关系。

（十）期刊导航

期刊导航展现了 CAJD 收录的全部期刊，用户不仅可以直接浏览期刊的基本信息，还可以浏览期刊上刊载的文献。

为了满足不同用户的需要，期刊导航提供有刊名或刊号检索、首字母导航、学科专辑导航、核心期刊导航等多种途径（图 3-2-10）。例如：用户要浏览有关临床医学的期刊，可以在“医药卫生科技”专辑中点击“临床医学”，系统将以图形方式（图 3-2-11）显示本学科的 103 种期刊，每种期刊都标有复合影响因子和综合影响因子。系统还提供有列表、详细显示方式及多种排序方式供用户选择。

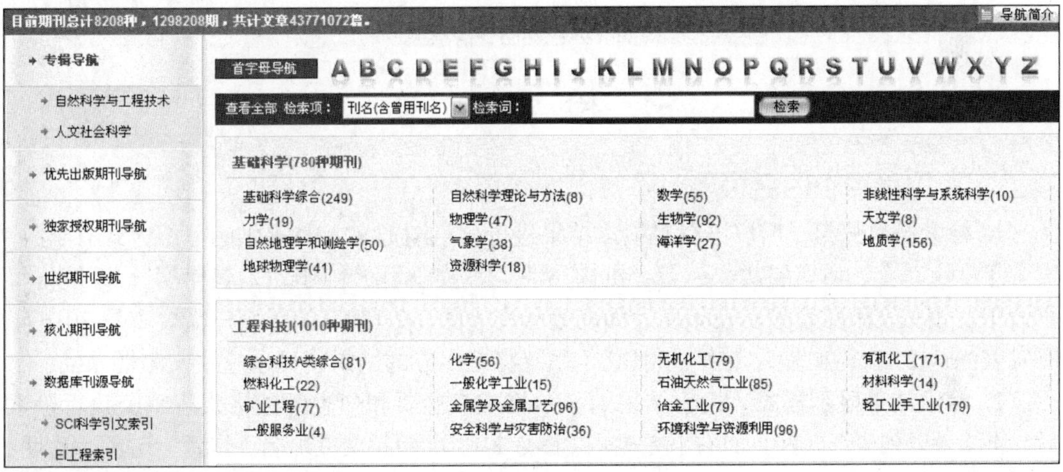

图 3-2-10　CAJD 期刊导航

图 3-2-11　CAJD 期刊列表

点击用户对于自己感兴趣的期刊（图 3-2-12），不仅可以了解该刊的主办单位、出版周期、编辑部联系方式等信息，也可以在本刊中检索文献，还可以逐年逐期浏览期刊文献。

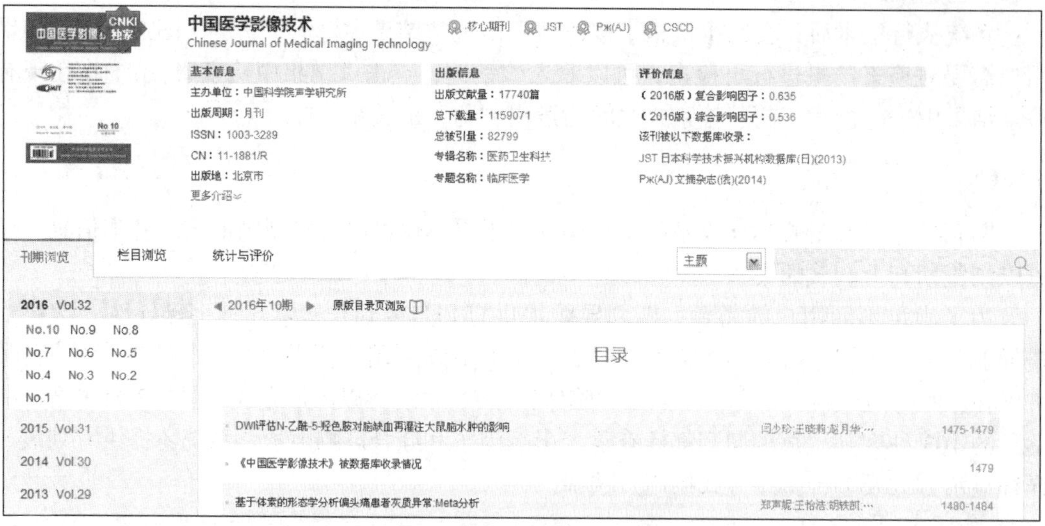

图 3-2-12　期刊信息

三、检 索 结 果

（一）检索结果的显示

1. 检索结果分组　用户可以对检索结果进行分组浏览。CAJD 提供的分组方式有学科、发表年度、基金、研究层次、作者、机构 6 种。例如，用户点击“发表年度”，系统将每年命中的相关文献数量显示在年度后面的括号中（图 3-2-13），如果用户需要查看 2016 年所发表的这 2952 篇文献，点击“2016”，系统将在下方的结果区显示这些文献题录。

2. 检索结果显示格式　检索结果的显示格式有摘要和列表两种格式。系统执行检索后，将结果以列表形式在页面右下方显示（图 3-2-13），包括文献篇名、作者、刊名、年/期、被引频次、下载频次等信息。对于显示的结果，用户可以设置每页显示的记录数（10、20、50）及题录的排序方式（主题排序、发表时间、被引频次、下载频次）。

图 3-2-13　CAJD 检索结果

3. 检索历史　用户每执行一次检索（或者浏览、下载一篇文献），系统都会在页面左侧生成相应的检索历史（或者浏览历史、下载历史）记录（图 3-2-14）。用户点击相应的检索策略可以再次查看其检索结果；点击【检索痕迹】按钮则查看最近检索条件、检索方式及数据库信息（图 3-2-15）；点击【清空】按钮会清除全部记录。

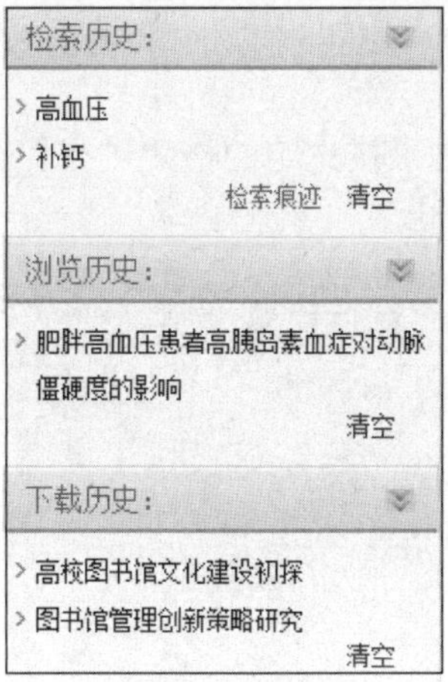

图 3-2-14　检索历史

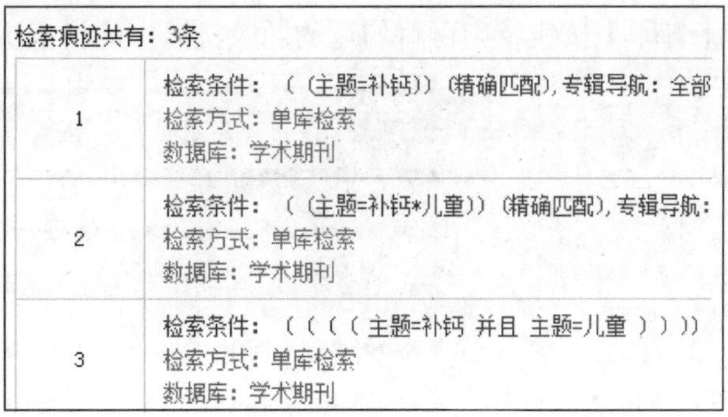

检索痕迹共有：3条

1	检索条件：（（主题=补钙））（精确匹配），专辑导航：全部 检索方式：单库检索 数据库：学术期刊
2	检索条件：（（主题=补钙*儿童））（精确匹配），专辑导航： 检索方式：单库检索 数据库：学术期刊
3	检索条件：（（（（主题=补钙 并且 主题=儿童）））） 检索方式：单库检索 数据库：学术期刊

图 3-2-15　检索痕迹

4. 结果详细信息（知网节）　点击任何一篇文献的标题，可以进入这篇文献的“知网节”（图 3-2-16），查看该文献的节点信息，包括篇名、作者、作者单位、摘要、关键词、基金、文献出处、本文的引文网络图示、引证文献、参考文献、相似文献、同行关注文献、相关作者文献、相似机构文献等。

图 3-2-16　CAJD 文献知网节

(二) 检索结果的输出

(1) 勾选题录，点击【导出/参考文献】按钮，进入“文献管理中心”。

(2) 再次筛选需要下载的题录，点击【导出/参考文献】按钮，进入“文献管理中心-文献输出”页面（图 3-2-17）。

(3) 选择题录格式，点击【doc】按钮，可将勾选的题录按选定的格式进行保存；点击【打印】按钮，则可将勾选的题录按选中的格式进行打印。

图 3-2-17 文献输出页面

(三) 全文下载

CAJD 允许授权用户下载、阅读文献全文。用户在检索结果页面点击图标可以在线预览全文及本刊本期目录，点击图标直接下载 CAJ 格式全文，点击图标将文献分享到微博。

在文献知网节页面，系统提供 CAJ 和 PDF 两种全文格式。下载时可以根据需要选择“CAJ 下载”或“PDF 下载”。两种不同的全文格式，需要安装不同的阅读器才能阅读全文，两种阅读器都可以在 CNKI 中国知网下载。

1. CAJ 格式 CAJ 是中国知网所特有的文件格式，需要使用中国知网的专用全文阅读器 CAJViewer 进行阅读，CAJViewer 阅读器可以在 CNKI 站点免费下载。

2. PDF 格式 PDF（portable document format）文件格式是电子发行文档的事实上的标准，目前国内外的数据库大多采用 PDF 格式，Adobe Reader 或 Acrobat Reader 是查看、阅读和打印 PDF 文件的最佳工具，可以在网上免费下载。

四、检索技巧与实践

(一) 检索技巧

1. 字段限定检索 CNKI 中的“主题”字段并不是主题词，而是篇名、关键词、摘要三个字段的组合。

2. 词频检索 CNKI 的“高级检索”模式设置了词频检索功能。词频为空，表示至少出现 1 次，如果为数字，如 3，则表示至少出现 3 次，以此类推。

3. 运算顺序 CNKI 的“检索”和“高级检索”两种检索模式的运算顺序为从上到下，同行优先。

4. 句子检索 CNKI 的“句子检索”将两个检索词的位置限定在同一段或同一句话中。其中同句指两个标点符号之间，同段指 5 句之内。

（二）检索示例

例 3-3 检索 2013～2015 年发表的 2 型糖尿病诊治方面的文献，要求是国家自然科学基金课题，同时发表在核心期刊上。

（1）分析课题：根据检索内容，分析该课题包含“2 型糖尿病”“诊断”“治疗”三个主要概念，时间范围为 2013～2015 年，支持基金限定为“国家自然科学基金”，期刊范围限定为“核心期刊”。

（2）检索方式：高级检索。

（3）检索标识：①2 型糖尿病；②Ⅱ型糖尿病；③诊断；④治疗。

（4）检索提问式：（①OR②）AND（③OR④）。

（5）操作步骤

1）在输入检索控制条件中，设置期刊年期为：从 2013～2015 年；期刊来源类别为：核心期刊；支持基金为：国家自然科学基金。

2）输入内容检索条件。选择检索项“主题”，然后在后面的两个文本框中分输入“Ⅱ型糖尿病”和“2 型糖尿病”，选择词间关系为“或含”。

3）点击检索项前 ⊞ 增加逻辑检索行，选择检索项“主题”，然后在后面的两个文本框中分别输入“诊断”和“治疗”两个检索词后，选择词间关系为“或含”，点击【检索】。

（6）检索结果：检出 248 篇文献题录。图 3-2-18 和图 3-2-19 所示检索结果一样，因为运算顺序为从上到下，同行优先。

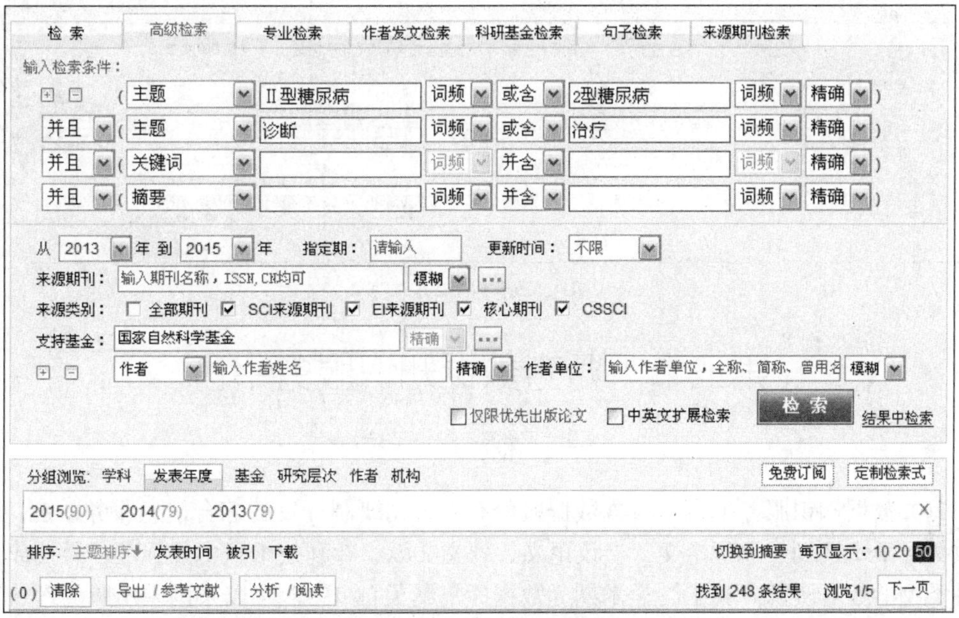

图 3-2-18 检索示例

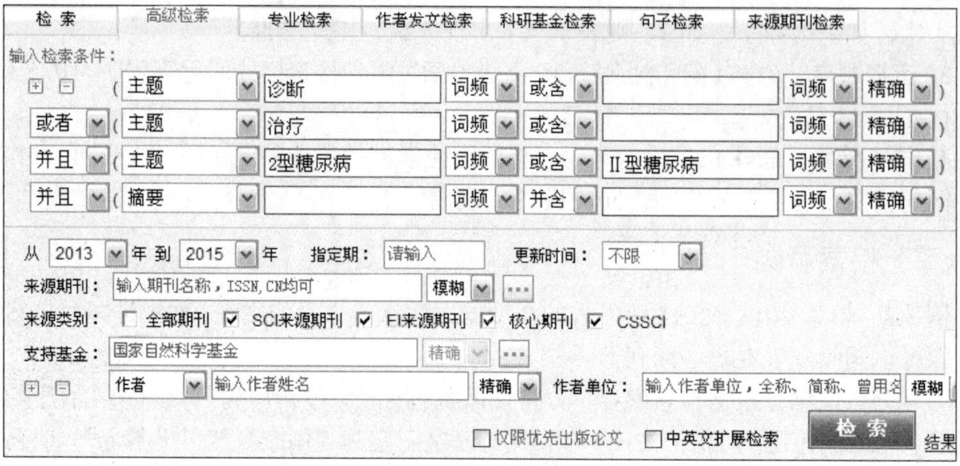

图 3-2-19 检索示例 1

例 3-4 检索川北医学院师生发表的有关类风湿关节炎的文献。

（1）分析课题：类风湿关节炎又称类风湿性关节炎，课题限定条件为作者单位（川北医学院），二者之间为逻辑与的关系。

（2）检索方式：普通检索。

（3）检索标识：①类风湿关节炎；②类风湿性关节炎；③川北医学院（作者单位）。

（4）检索提问式：（①+②）*③。

（5）操作步骤（图 3-2-20）

1）选择检索项“主题”，然后在后面的两个文本框中分别输入“类风湿关节炎”和“类风湿性关节炎”两个检索词，选择词间布尔逻辑关系“或含”。

2）在下一行选择“单位”，输入“川北医学院”，选择“模糊”。两行之间选择“并且”。

3）点击【检索】按钮完成检索。

（6）检索结果：检出 91 篇文献题录。

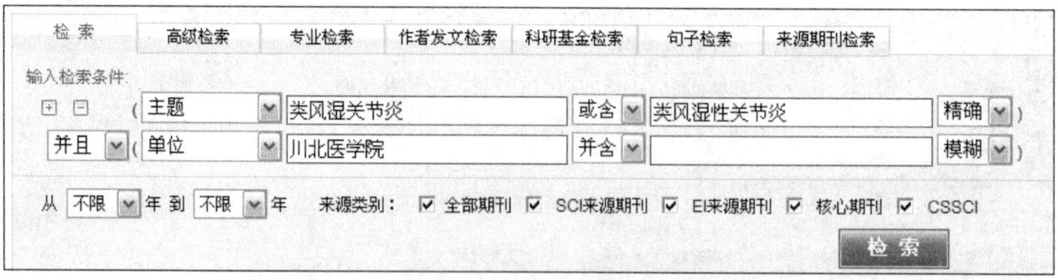

图 3-2-20 检索示例 2

第三节 万方数据知识服务平台

一、概 述

万方数据知识服务平台是万方数据股份有限公司研制开发的综合信息服务系统。该系统收集了学术期刊、学位论文、会议论文、外文文献、专利技术、中外标准、科技成果等各种类型的数据资源。其中，学术期刊数据库集纳了自 1998 年以来国内出版的理、工、医、农、哲学、人文、社会科学、经济管理、教科文艺等学科的近 7600 余种期刊，其中包括中华医学会主办且享有版权的 100 余种医学期刊。

万方数据知识服务平台的网址为 http：//www.Wanfangdata.com.cn，主页如图 3-3-1。

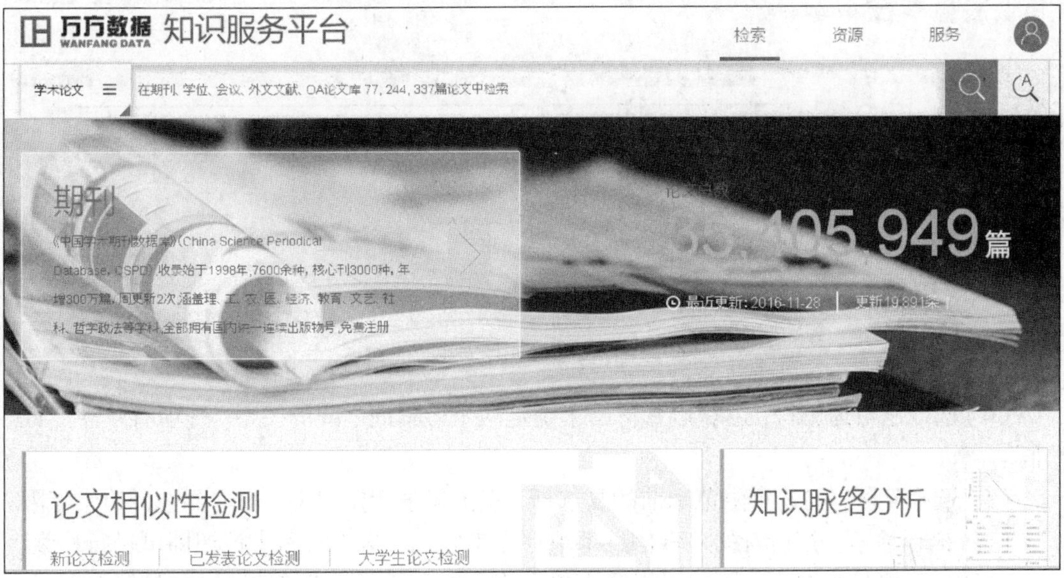

图 3-3-1　万方首页

二、检 索 功 能

万方数据知识服务平台提供有简单检索、高级检索、专业检索三种检索模式，用户既可以同时检索多个数据库，也可以只选择单个数据库进行检索或浏览。

（一）简单检索

在首页的检索框中，直接输入检索词或布尔逻辑检索式，在检索框上方选择数据库（系统默认的检索范围为“学术论文”，包括“期刊”“学位”“会议”等所有数据库；如果用户只检索期刊文献，点选“期刊”即可），点击【检索】按钮，系统显示检索结果。

（二）高级检索

在首页点击“高级检索”，进入“查新/跨库检索”服务平台（图 3-3-2）。在窗口的左侧，用户可以进行文献类型（或数据库）的选择限定。该检索模式提供了分栏式检索词输入方式，并可选择检索字段、匹配条件（模糊或精确）及逻辑运算关系，还可以进行检索年代限定。检索词输入框默认为三组，可以通过点击“+”或“–”号来添加或删除检索行，最多可增加至五组。具体操作步骤如下。

（1）选择文献类型：在页面左侧文献类型中勾选“期刊论文”“学位论文”等。

（2）选择检索字段：万方数据知识服务平台提供全部、主题、题名、关键词、摘要、创作者等 22 个检索字段，其中主题字段是题名、关键词、摘要的组合。点击检索项的下拉列表，可根据需要选择任意一个字段。与此同时，注意选择检索框中的“模糊”或“精确”限定。

（3）输入检索词：在文本输入框中输入检索词。例如：在第一组中输入“脑梗死”，在第二组中输入“诊断”。

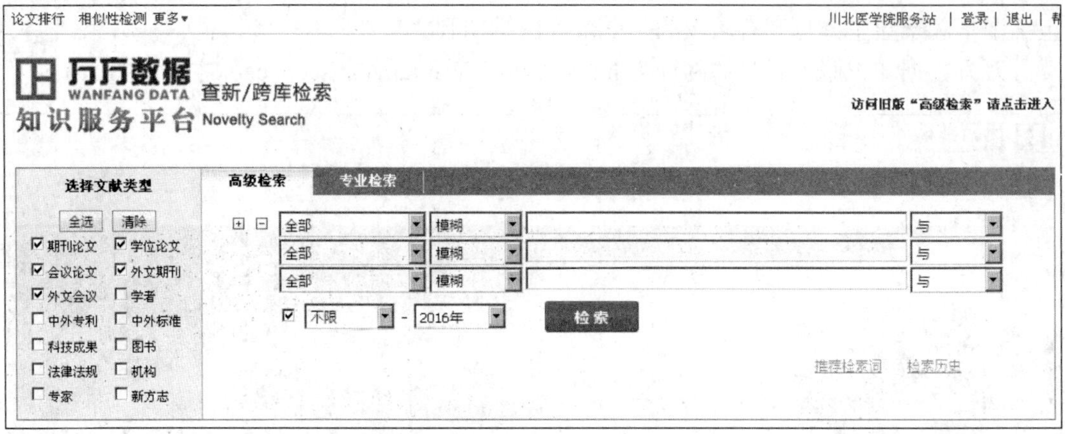

图 3-3-2 查新/跨库检索服务平台

（4）选择逻辑运算符：逻辑运算符用于确定两个检索词之间的关系。选项有“与”“或”“非”。

（5）选择年限：勾选年限范围前的复选框，点击年限下拉列表，按需要选择检索年限。

（6）执行检索：当所有的检索信息都填写完毕后，点击【检索】按钮即可进行检索。

注意：高级检索框中，不仅可以输入单个检索词，还可以直接输入布尔逻辑检索式，逻辑运算符可以是 AND、OR、NOT，也可以是“*”“+”“–”；使用逻辑运算符时，运算符左右需各空一格，运算顺序为从左到右、从上到下。

(三）专业检索

专业检索比高级检索功能更强大，但需要用户根据系统的检索语法组织检索式输入检索框中进行检索，适用于熟练掌握检索技术的专业检索人员（图 3-3-3）。

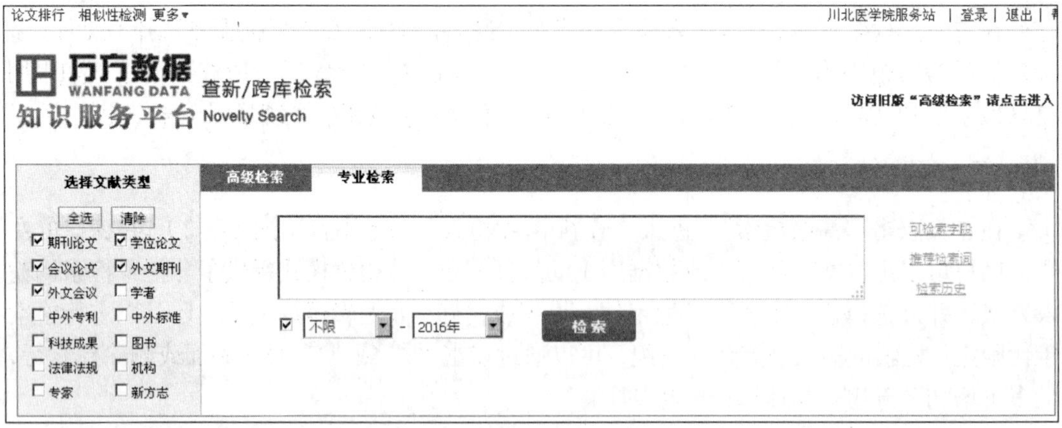

图 3-3-3 专业检索

(四）期刊检索与浏览

直接点击检索框上面的“期刊”选项进入期刊数据库（图 3-3-4）。

1. 论文检索 输入检索词或检索式，点击【检索论文】按钮。

2. 期刊检索 在检索框中输入期刊刊名（或刊名部分词）或者 ISSN 号，点击【检索刊名】按钮即可查找到相应的期刊信息。此外，系统还提供有本周更新期刊、期刊学科分类及最新上网期刊，还可以按期刊出版地和刊名首字母浏览期刊。

图 3-3-4　期刊导航

3. 期刊细览　对于每一种期刊（以《中国心理卫生杂志》为例，图 3-3-5），系统不仅提供了“论文阅读”（点选年期整本阅读）、“统计分析”（逐年影响因子、发文量、总被引频次曲线图）、“关于本刊”（期刊简介、主要栏目、期刊信息）等栏目供用户对其进行全方位揭示，用户还可以输入检索词在本刊范围内（或全部期刊中）进行检索，或者逐期浏览期刊文献。

图 3-3-5　期刊细览

三、检 索 结 果

（一）检索结果的显示

通过高级检索、专业检索等模式执行检索后，系统将显示检索结果页面（图 3-3-6）。

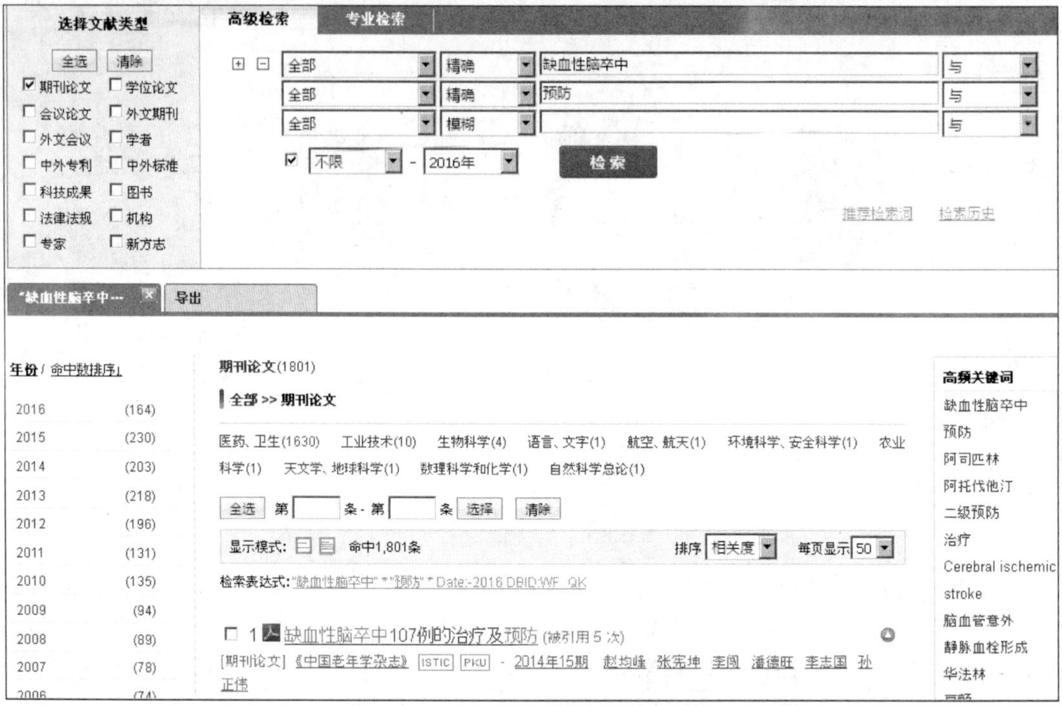

图 3-3-6 结果显示

1. 检索结果分组 系统显示命中结果总数，同时在题录上方显示各类型数据库命中数量，在左侧显示各年度命中文献数量，也按组别进行浏览。

2. 检索结果显示格式 系统默认显示模式为文献详细格式（包含题名、文献类型、出处、作者、文摘片段、关键词等信息，如图中第一条），可以通过点击"显示模式"或图标，切换到精简模式（仅显示题名、文献类型和出处），也可以设置每页显示题录条数。

3. 检索历史 每执行一次检索，系统都会在检索框与题录显示区之间产生检索标签（图 3-3-6），可以选择执行过的检索标签浏览相应检索结果；也可以打开"检索历史"窗口（图 3-3-7）查看已执行检索的检索策略、检索数据库及检索时间；可以点击相应的检索策略，浏览其检索结果。检索历史可以单条删除，也可以统一删除，还可以将其导出。退出系统后，检索历史自动清除。

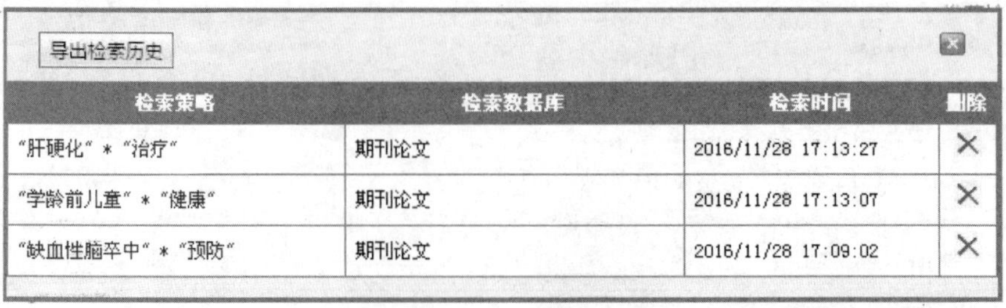

图 3-3-7 检索历史

4. 结果详细信息　点击检索结果的题名，超链接进入论文的详细信息页面（图 3-3-8）。页面提供论文相关的各项详细资料，如摘要、关键词、作者及单位信息、分类号、基金项目、参考文献、相关学者和相关检索词等，同样也提供论文的查看、下载、题录导出和引用通知。

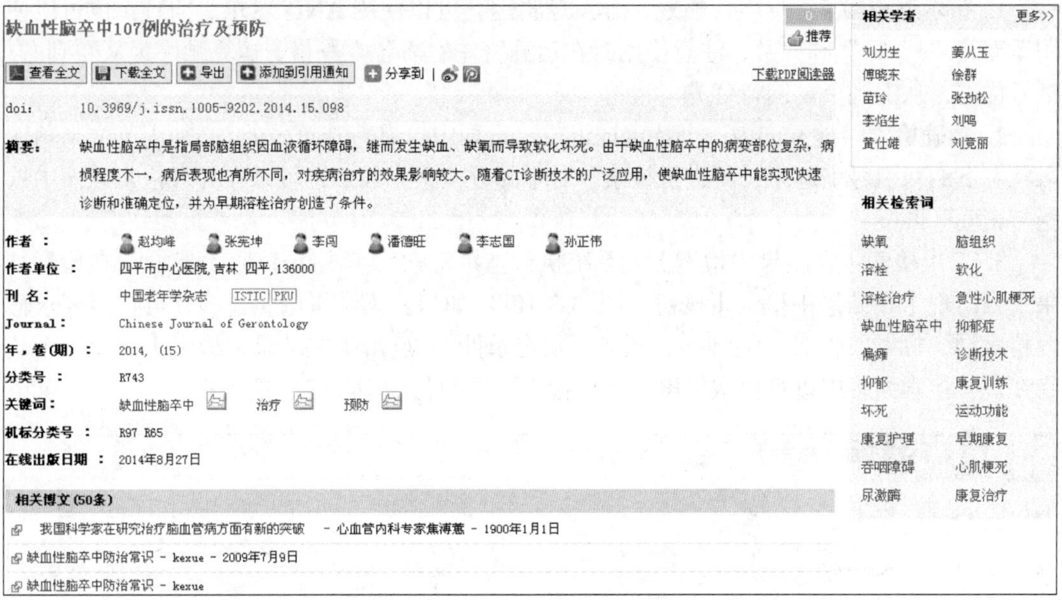

图 3-3-8　单篇文献详细信息

（二）检索结果的输出

勾选所需要的文献题录，点击【导出】按钮，进入相应的导出结果页面（图 3-3-9）。选择一种输出格式，点击【复制】或【导出】按钮，将其复制到剪贴板或下载到指定位置。

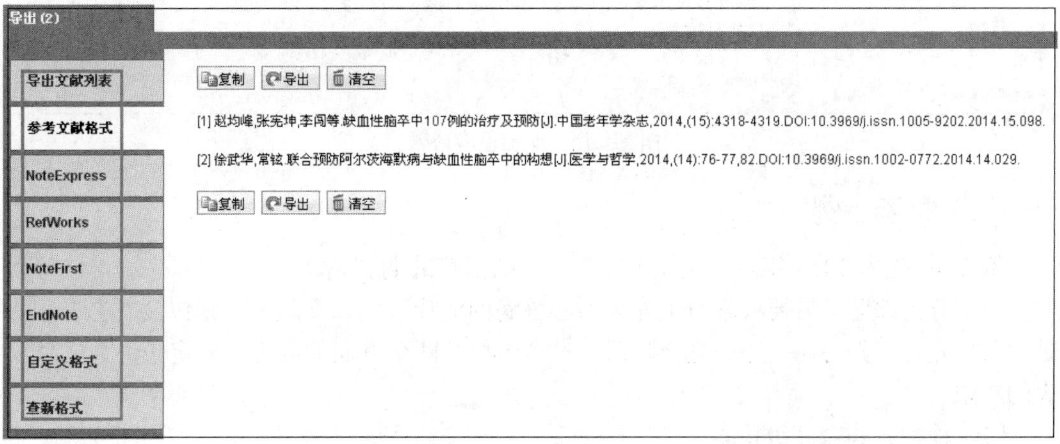

图 3-3-9　结果导出

（三）全文的下载

万方数据提供了全文查看和下载功能，点击题录信息下面的“查看全文”或“下载全文”即可。期刊全文的文件格式为 PDF 格式，阅读全文需安装相应的阅读软件。同时还可以查看文献的“引用通知”。

四、检索技巧与实践

（一）检索技巧

1. 布尔逻辑检索 “与”“或”“非”逻辑运算可以使用AND、OR、NOT，也可以使用运算符“*”“+”和“–”，注意使用时在运算符左右需各空一格，运算顺序为从左到右，括号优先，从上到下，同行优先。

2. 精确检索 检索词为一个特定词组或检索词中含有特殊符号的，必须用英文半角输入状态下的双引号引起来，再进行检索。对于部分检索字段，也可以在高级检索界面中选择“精确”匹配。

3. 二次检索（在结果中检索） 系统执行基本检索后（高级检索无此项），在检索结果上方出现【在结果中检索】按钮（图 3-3-10）。如果检索结果数量过多，可按照要求输入检索词（标题、作者、关键词、刊名等限定条件），点击【在结果中检索】按钮，系统将在现有检索结果中进行再次检索，前后检索式之间为逻辑“与”的关系。

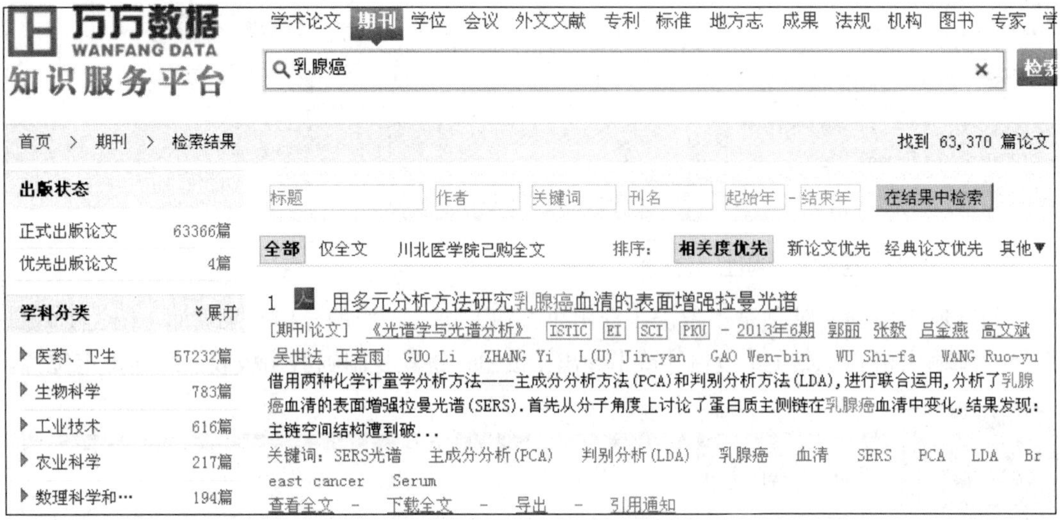

图 3-3-10　在结果中检索

（二）检索示例

例 3-5 检索2015年内有关先天性心脏病的治疗的期刊论文。

（1）分析课题：需要检索有关先天性心脏病的治疗方面的文献，课题包含“先天性心脏病”（先心、先心病、心脏先天畸形），“治疗”两个方面的内容，限定条件为文献发表的年限。

（2）检索方式：高级检索。

（3）检索标识：①先天性心脏病；②先心；③先心病；④心脏先天畸形；⑤治疗。

（4）检索提问式：（①OR②OR③OR④）AND⑤。

（5）操作步骤

1）点击【高级检索】按钮进入“查新/跨库检索”的高级检索页面，在左侧勾选“期刊论文”。

2）在第一、二、三、四、五行选择“主题”字段，分别输入检索词“先天性心脏病”“先心”“先心病”“心脏先天畸形”“治疗”，并选择匹配度为“精确”。

3）选择逻辑关系：第一、二、三、四行之间为“或”，第四行与第五行间为“与”。

4）选择出版年为“2015-2015”，点击【检索】按钮。

（6）检索结果：共627条期刊论文。

例3-6 检索《中华肿瘤杂志》2015年第5期上徐建明发表的文章。

（1）分析课题：课题包含期刊刊名、发表时间和作者姓名三个主题，限定在一种期刊范围内。

（2）检索方式：期刊检索。

（3）检索标识：①刊名=中华肿瘤杂志；②出版年=2015；③期=5；④作者=徐建明。

（4）检索提问式：①AND②AND③AND④。

（5）操作步骤

1）在基本检索页面，勾选“期刊论文”。

2）输入检索刊名“中华肿瘤杂志”，点击“刊名检索”。

3）选择对应期刊，及其对应期刊的出版年2015年、刊期第5期。

4）在对应期刊卷期中的目录中找到作者名为徐建明的文章“胃癌的耐药机制和分子分型的探讨”。

（陶 姗）

第四节 中文科技期刊数据库

一、概 述

维普《中文科技期刊数据库》由重庆维普资讯有限公司开发的综合性文献数据库。收录了1989年至今中国境内出版发行的中文期刊12 000余种，部分期刊回溯至1955年，覆盖核心期刊1957种，文献总量3000余万篇，囊括了理、工、农、医、文、史、哲的全部学科专业。该数据库提供镜像访问和远程访问两种方式。镜像访问数据需定期进行更新和维护，仅供该镜像站点范围内的用户访问使用。远程访问数据每日更新，提供免费查询文献、查看文献题录和文摘，若需阅读全文可通过用户名登录（个人用户）或者IP登录（团体用户）两种模式获取使用权限。

《中文科技期刊数据库》位于“维普期刊资源整合服务平台”上，该平台网址为http://lib.cqvip.com/，或者在www.cqvip.com界面点击“高级检索”进入（图3-4-1）。本章节以维普期刊资源整合服务平台“期刊文献检索”模块为例介绍该数据库使用。

二、检 索 功 能

“期刊文献检索”模块提供基本检索、高级检索、传统检索、期刊导航等检索模式，并支持多种检索功能。

（一）基本检索

基本检索为系统默认的检索模式，支持逻辑检索、限定检索（时间、期刊、学科、字段）等检索功能。具体操作步骤如下。

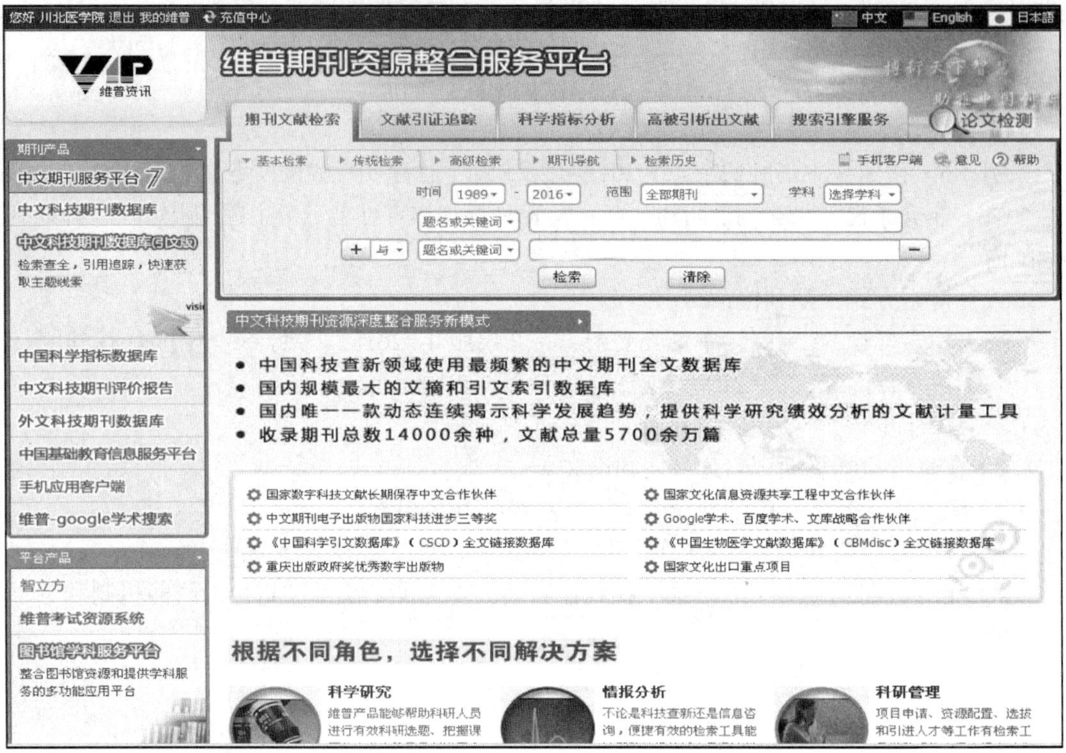

图 3-4-1 “维普期刊资源整合服务平台”期刊文献检索界面

1. 选择检索入口 有 14 种检索入口，包括：任意字段、题名或关键词、题名、关键词、文摘、作者、第一作者、机构、刊名、分类号、参考文献、作者简介、基金资助、栏目信息，系统默认为题名或关键词。

2. 输入检索词 输入题名、关键词、作者、刊名等检索内容条件。

3. 选择逻辑运算关系 每个检索框可输入检索词。检索框之间的逻辑运算顺序为从上到下进行组配检索。同时检索三个或三个以上的检索词，可以点击检索框前后的“+”按钮增加检索项，在检索框中分别输入检索词；需减少检索项点击最末一行检索框后的“–”按钮即可。

4. 限定检索条件 可以限定文献出版时间（逐年选择，1989 年至今）；期刊范围（全部期刊、核心期刊、EI 来源期刊、SCI 来源期刊、CAS 来源期刊、CSCD 来源期刊、CSSCI 来源期刊等，系统默认为检索全部期刊）；学科范围（包括管理学、经济学、图书情报学、教育学、心理学等共 45 个学科，学科可单选也可多选，系统默认为检索全部学科）。

（二）高级检索

高级检索分为向导式检索和直接输入检索式两种检索方式（图 3-4-2）。

1. 向导式检索 可支持限定检索、逻辑组配检索、查看同义词、同名或合著作者、分类表、相关机构、期刊导航等功能。

检索框内可输入检索词或检索表达式。检索框之间运算顺序为从上到下，行内运算优先。检索框内“*”表示逻辑“与”、“+”表示逻辑“或”、“–”表示逻辑“非”，括号内运算优先。

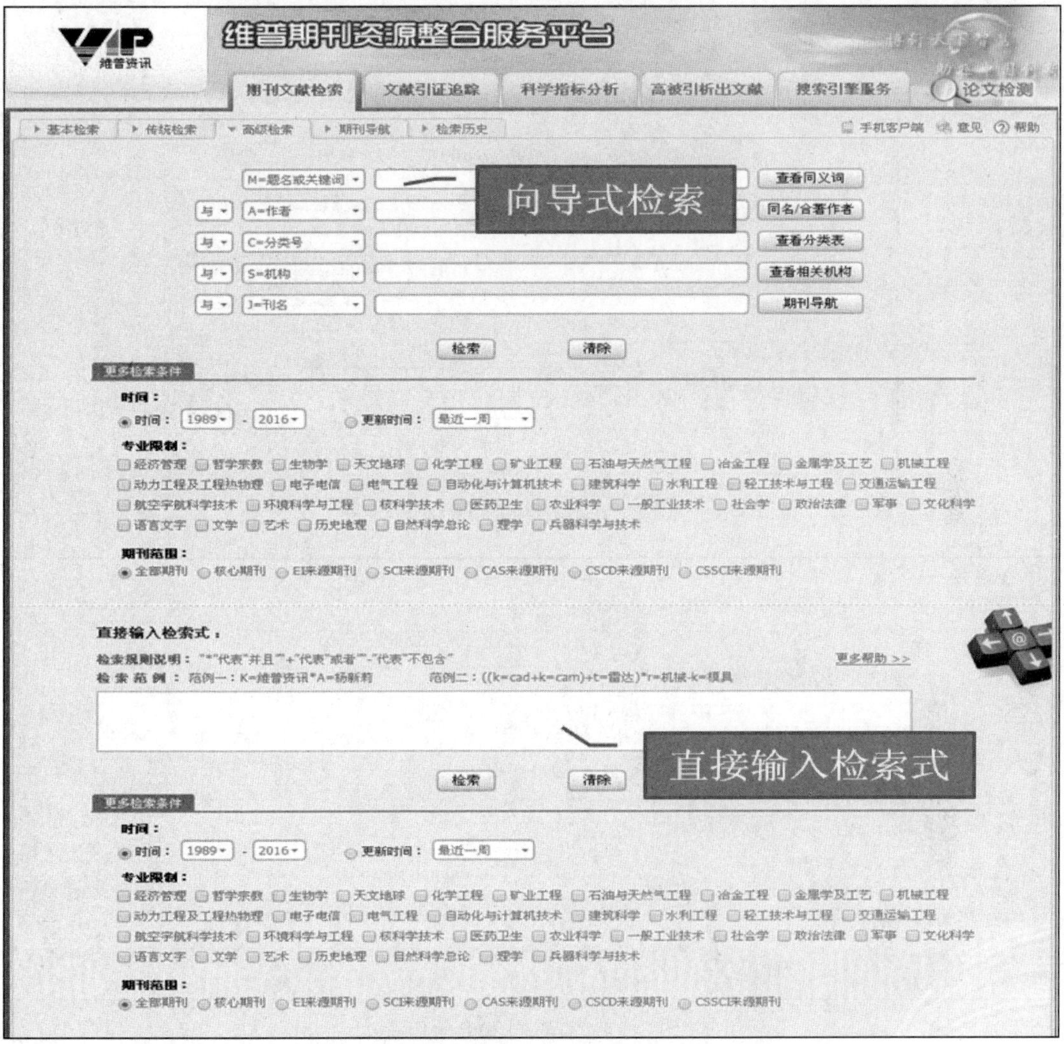

图 3-4-2　高级检索界面

（1）查看同义词：当检索入口为“关键词”“题名”或“题名或关键词”时，该功能自动打开，输入检索词，点击【查看同义词】按钮，系统弹出该检索的同义词列表，用户可以根据需要点击勾选部分或全部同义词，选中的同义词和输入的检索词以逻辑“或”的关系进行检索，以扩大检索范围。如查找“土豆”相关的文献（图 3-4-3）。

（2）同名/合著作者：当检索入口为“作者”或“第一作者”时，该功能自动打开，用户可输入作者姓名，点击【同名/合著作者】按钮，即可弹出该同名作者的不同单位列表，可在列表中勾选（可多选，勾选的多个单位之间逻辑关系为逻辑“或”）作者单位来限制同名作者范围，系统将选中的作者单位以逻辑“与”的关系与作者姓名进行组配检索。如查找作者“张敏”发表的文章（图 3-4-4）。

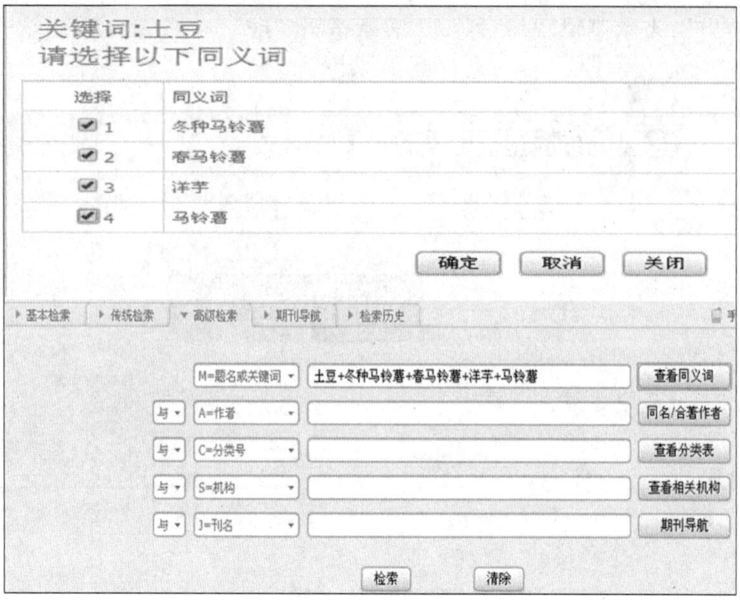

图 3-4-3　查看同义词

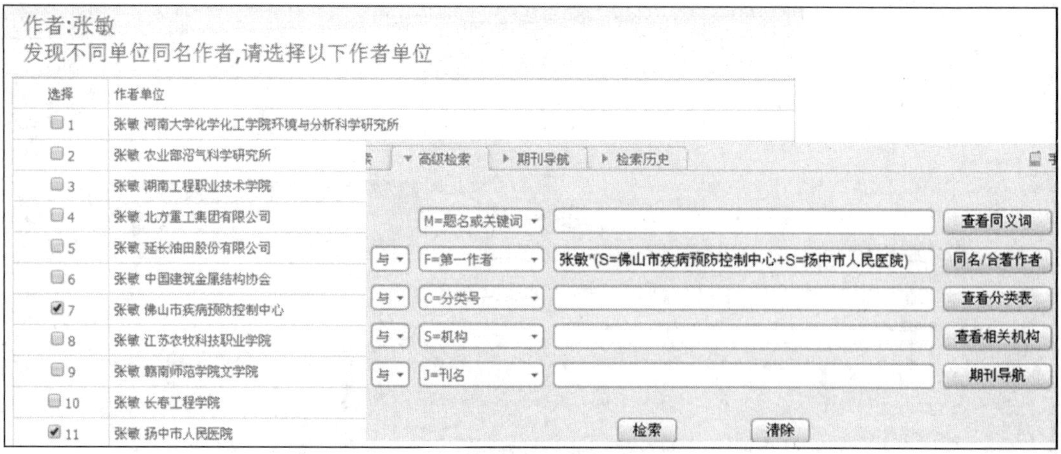

图 3-4-4　查看同名/合著作者

（3）查看分类表：当检索入口为“分类号”时，直接点击【查看分类表】按钮，系统弹出“分类表”窗口，在分类表中逐层点击学科分类类目，或者点击类目前面的“+”号，即可打开查看其下级分类目录，再次点击该类目或前面的“–”号，该类目收回。点击所需类目前端的方框，方框内出现“√”即表示选中（再次点击方框可取消选中的类目），再点击“分类表”与“所选分类”之间的【>>】按钮，将选中的类目添加到右侧“所选分类”框中。若要删除所选中的分类，点击【取消】按钮，或者在“所选分类”中双击类目即可删除。选定需检索的分类后，点击【确认】按钮即可获得相关文献。如检索“新生儿疾病”，分别勾选“R272.1 新生儿疾病”和“R722 新生儿、早产儿疾病”添加至“所选分类”，点击【确定】按钮，系统自动将所选中的 2 个类目以逻辑“或”进行组配检索（图 3-4-5）。

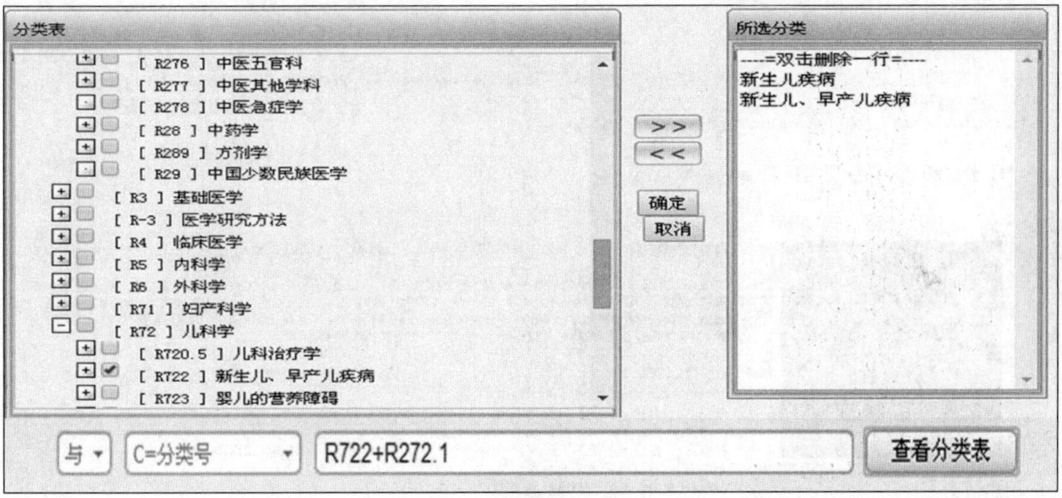

图 3-4-5　查看分类表窗口

（4）查看相关机构：当检索入口为“机构”时，可以输入机构名称，点击【查看相关机构】按钮，即可显示机构名称中含有该检索词的机构名称列表。在列表中进行勾选（可多选）并确定和检索。如查看“中华医学杂志”（图 3-4-6）。

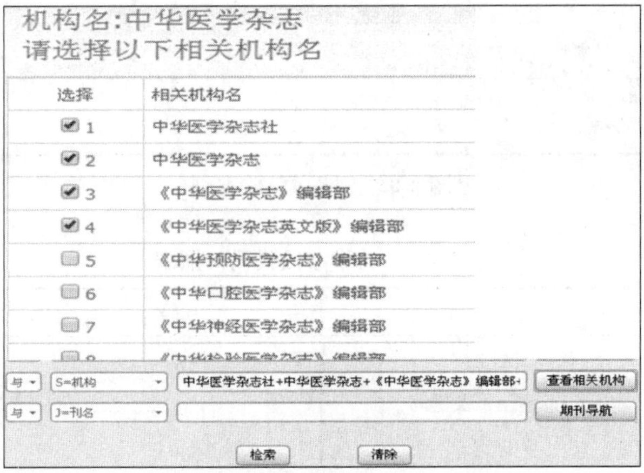

图 3-4-6　查看相关机构

（5）期刊导航：当检索入口为“刊名”时，输入刊名，并点击【期刊导航】按钮，可弹出期刊检索结果页面，点击刊名链接，可查询该刊名、期、目录及刊载的文献，并且可查看该刊简介、主管（办）单位、主编、地址、联系电话、刊号、价格等详细信息，以及期刊评价和引证报告，便于投稿和订购。如查看“川北医学院学报”（图 3-4-7）。

2. 直接输入检索式　检索框内可输入检索词或检索提问式。逻辑运算符“*”表示逻辑“与”，“+”表示逻辑“或”，“–”表示逻辑“非”，( ) 内逻辑运算优先。检索字段代码见检索字段代码对照表（表 3-4-1）。

（三）传统检索

传统检索支持分类导航、同义词、同名作者、限定检索、精确或模糊检索、逻辑检索（检索框内可输入检索词或检索表达式）、二次检索等功能（图 3-4-8）。

图 3-4-7　期刊导航查询

表 3-4-1　检索字段代码对照表

代码	字段	代码	字段
U	任意字段	S	机构
M	题名或关键词	J	刊名
K	关键词	F	第一作者
A	作者	T	题名
C	分类号	R	文摘

1. 分类导航　库中收录的文献按照《中国图书馆分类法》进行分类，分为 22 大类。可以点击“分类导航”中的分类名逐层打开各级学科分类，并选中某一学科，然后选择检索入口，在“检索式”后的方框内输入检索词或者检索表达式，点击“检索”进行查询。

2. 同义词　“同义词”功能选中后，在“检索入口”为“关键词”“题名或关键词”2 项时，输入检索词，点击【检索】按钮，系统可自动提示该检索词的同义词。

3. 同名作者　“同名作者”功能选中后，在“检索入口”为“作者”，输入作者姓名，点击【检索】按钮，系统可自动提示该同名作者的不同单位。

4. 精确或模糊检索　在“检索入口”为“关键词”“作者”“第一作者”“分类号”4 项时，该检索功能自动打开，用户可在“精确”和“模糊”中任选其一。

5. 二次检索　在前一次检索结果基础上，用户可输入新的检索条件（限定检索入口、输入检索词、选定逻辑关系），并进行再次检索。

图 3-4-8　传统检索页面

（四）期刊导航

期刊导航分期刊检索和浏览两种方式（图 3-4-9）。

1. 期刊检索　输入刊名或 ISSN 号进行期刊搜索。

2. 期刊浏览　可按照刊名字顺、期刊学科分类导航、核心期刊导航、国内外数据库收录导航、期刊地区分布导航进行期刊浏览。

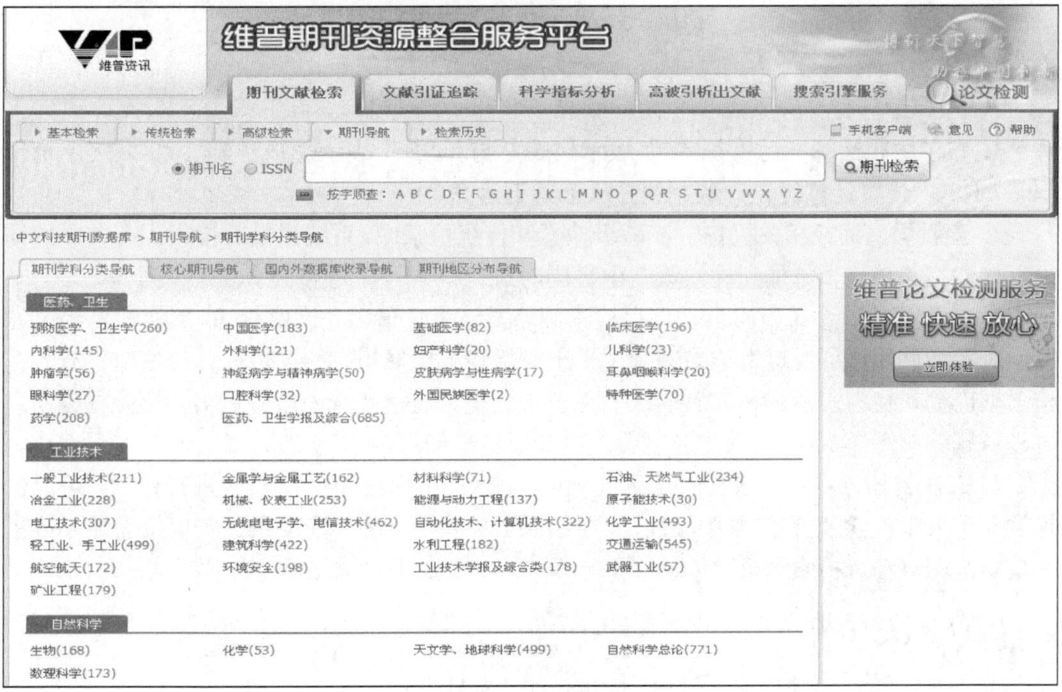

图 3-4-9　期刊导航页面

三、检 索 结 果

1. 显示信息　检索式、检索结果记录数、检索结果的题名、作者、出处、基金、摘要，其中出处字段增加期刊被国内外知名数据库收录最新情况的提示标识，与基金字段一起帮助判断文献的重要性。

2. 按时间筛选 限定筛选一个月内、三个月内、半年内、一年内、当年内发表的文献。

3. 导出题录 选中检索结果题录列表前的复选框，点击【导出】按钮，可以将选中的文献题录以文本、参考文献、XML、NoteExpress、Refworks、EndNote 的格式导出或自定义格式导出。

4. 查看细览 点击文献题名进入文献细览页，查看该文献的详细信息和知识节点链接。

5. 获取全文 点击选择“在线阅读”或“下载全文”可在线阅读感兴趣的文献或下载保存到本地磁盘。如果不能直接阅读和下载全文的文献，可使用“文献传递”服务功能，通过委托第三方社会公益服务机构提供快捷的全文传递。

6. 检索 可以进行重新检索或者二次检索。

7. 整合服务 切换标签到“被引期刊论文”等，链向“文献引证追踪”功能，快速检索到最有影响力的相关研究论文。

8. 链接检索 在检索结果页面中，检索词呈红色字体，有链接的词呈蓝色字体，可查看文献名、作者、出处和摘要。点击文献题名链接，可获取该文的作者机构、中英文文摘、关键词、分类号、相似文献等详细信息。同时提供作者、机构、刊名、关键词、分类号、相似文献等链接。若点击作者姓名链接，可查看该作者发表的其他文献；点击期刊刊名链接，可查看该刊刊登的其他文献。此外，增加了高影响力的作者、机构和期刊按钮，以供用户参考，拓展检索结果，提高检索效率。

四、检索技巧与实践

（一）检索技巧

1. 布尔逻辑运算 运算符“*”表示逻辑“与”，“+”表示逻辑“或”，“–”表示逻辑“非”，( ) 内逻辑运算优先，从左到右从上到下运算。

2. 查看同义词或相关机构 在高级检索和传统检索中，系统提供与检索词有关联的词语或检索相关单位，添加到检索策略中，同时进行检索，提高查全率，减少漏检率。

3. 检索历史 系统暂时自动保存检索策略及结果（最多允许保存 20 条检索表达式），以便查看和调用，可对检索结果进行逻辑组配检索（选择相应的逻辑运算符按钮，或者在检索框内输入检索表达式，如#1*#2）。无意义的检索表达式选中后，点击“删除检索史”可进行删除（图 3-4-10）。系统退出后，检索历史自动清除。

4. 二次检索 在前一次检索结果基础上，输入新的检索条件，再次进行检索。可以选择“在结果中检索”“在结果中添加”“在结果中去除”三种匹配关系，实现按需缩小或扩大检索范围、精炼检索结果。

（二）检索示例

例 3-7 检索尼卡地平治疗高血压相关的中文期刊文献。

检索步骤：

（1）分析课题：该课题检索的是一种临床降压药物尼卡地平，对高血压的治疗方法、疗效和不良反应等，查找相关的中文期刊文献。

（2）选择检索工具：维普中刊库。

（3）确定检索方式和途径：基本检索、高级检索。

检索词：高血压、尼卡地平。

检索式：高血压*尼卡地平。

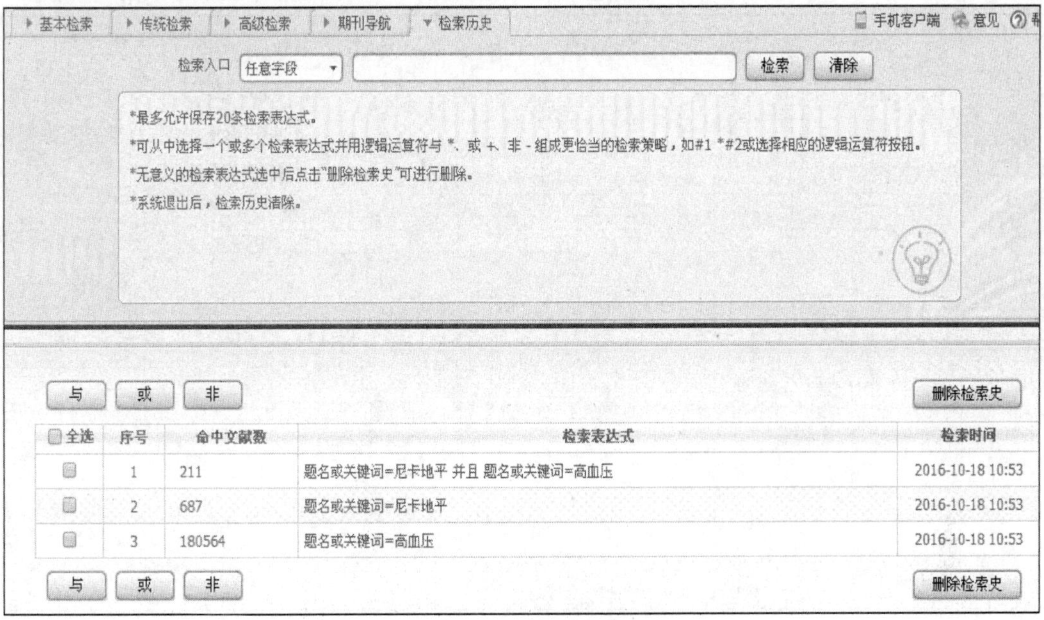

图 3-4-10　检索历史页面

（4）查找相关文献线索。

方法一：在基本检索中，逻辑组配检索。选择检索入口“题名或关键词”，检索框内分别输入检索词“高血压”“尼卡地平”，选择逻辑符“与”，点击【检索】按钮。

方法二：在基本检索中，选择检索入口“题名或关键词”，直接在检索框中输入检索式“高血压*尼卡地平”，点击【检索】按钮。

方法三：基本检索的检索结果中搜索。选择检索入口“题名或关键词”，输入检索词“高血压”，点击“检索”，在检索结果页面中选择检索入口“题名或关键词”，输入检索词“尼卡地平”，选中“在结果中搜索”，再点击【检索】按钮（图 3-4-11）。

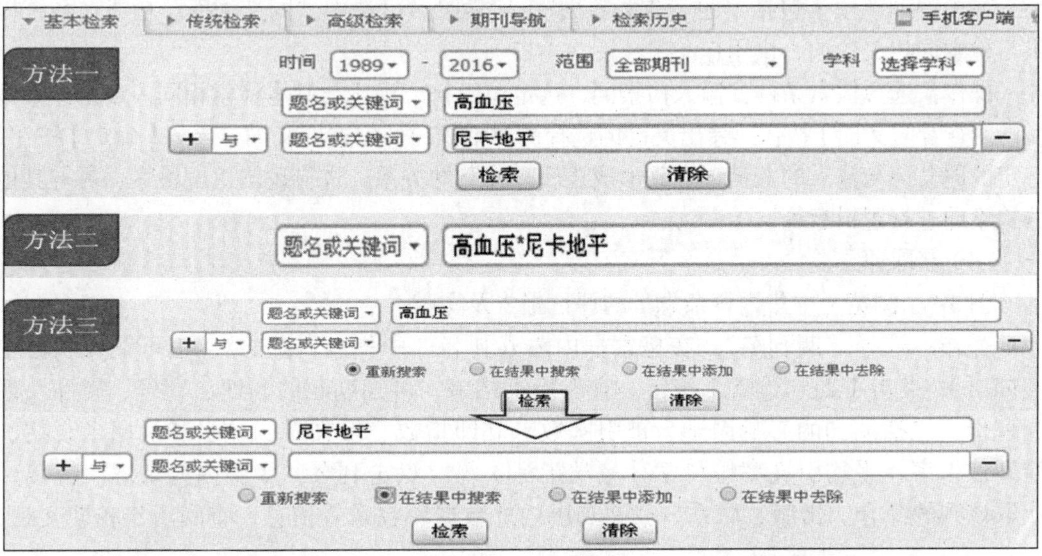

图 3-4-11　基本检索“尼卡地平治疗高血压”的三种方法

方法四：高级检索“尼卡地平治疗高血压”（图 3-4-12）。

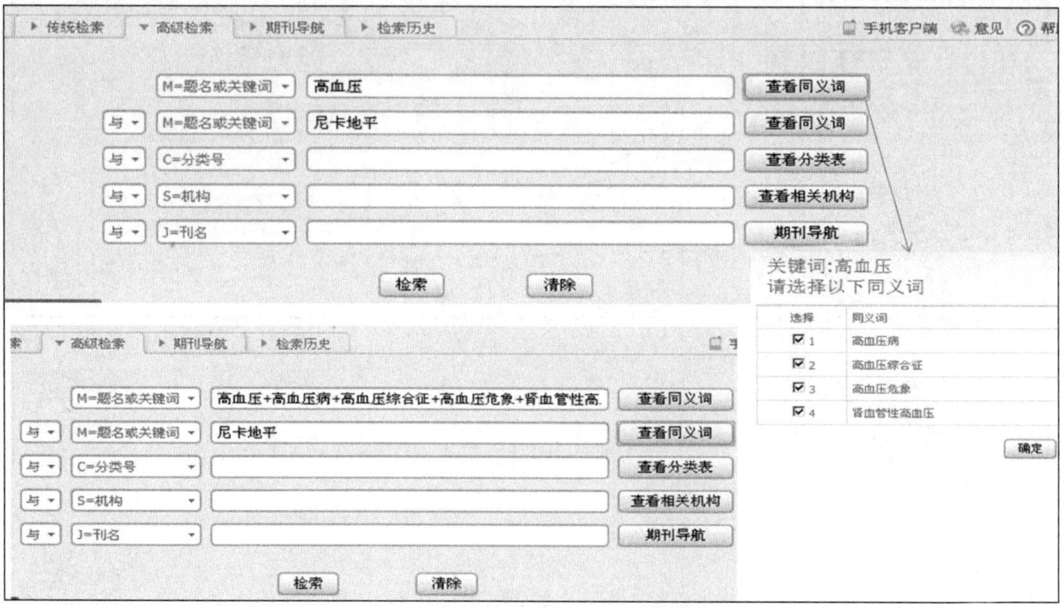

图 3-4-12　高级检索“尼卡地平治疗高血压”

（5）获取原文。

例 3-8　检索肺癌的诊断和治疗的相关文献。

（1）分析课题：“诊断”和“治疗”是并列关系限定“肺癌”的两个研究方向。

（2）选择检索工具：维普中刊库。

（3）确定检索方式和途径：高级检索。

（4）检索词：肺癌、肺肿瘤、诊断、治疗。

检索式：（肺癌+肺肿瘤）*（诊断+治疗）。

（5）查找相关文献线索。

在关键词字段（包括“题名或关键词”）检索时，可选中“同义词库”功能，系统提供与检索词相关的词，供用户参考（图 3-4-13）。

操作：选择检索条件，输入检索词，选定逻辑符，操作与基本检索相同。点击检索框后的【查看同义词】按钮，弹出关键词选择的对话窗口，勾选同义词，点击【确定】按钮，选定的同义词与输入的关键词之间形成逻辑“或”的关系，进行逻辑组配检索，再与其他的检索词进行逻辑运算。

（6）获取原文。

例 3-9　浏览《中华内科杂志》的评价报告及文献。

操作：选择“期刊名”，在检索框内输入刊名“中华内科杂志”（也可输入刊名中的词语），点击【期刊检索】按钮。查看检索结果，可知期刊的刊期、刊号、属性及期刊评价（包括期刊的影响因子、被引次数、立即指数、发文量、被引和引用半衰期、期刊他引率、平均引文率等科学计量学指标）等。点击刊名“中华内科杂志”链接，获取该刊的简介、出版、联系、获奖和国内外数据库收录等信息，查阅历年各期文献，提供本刊文献检索、期刊引证报告、引文版期刊索引、高影响力期刊和相关期刊链接等功能（图 3-4-14）。

图 3-4-13　高级检索及查看同义词

例 3-10　检索全国英语四级考试文献（图 3-4-15）。

操作：在“分类表”中逐层点击“H 语言文字”“H3 常用外语”“H31 英语”“H310.4 英语水平考试”“H310.42 中国”，选中“H310.42 中国”，并点击【 >> 】按钮，添加到“所选分类”中，点击【确定】按钮。选择检索入口“K=关键词”输入检索词“四级”，点击【检索】按钮。

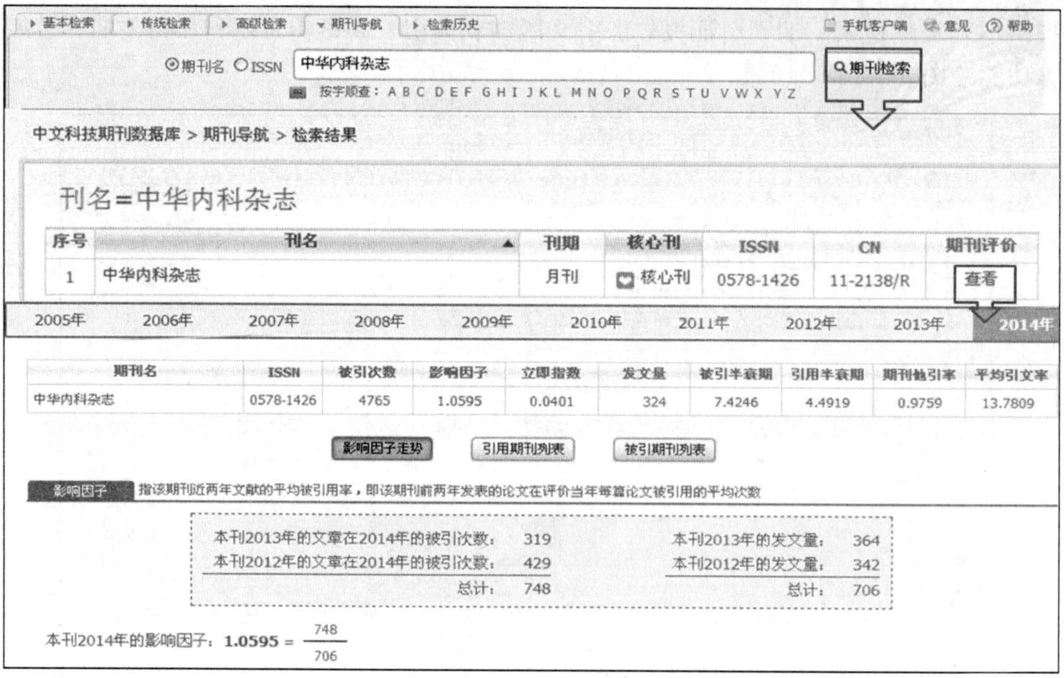

图 3-4-14　期刊导航查找《中华内科杂志》

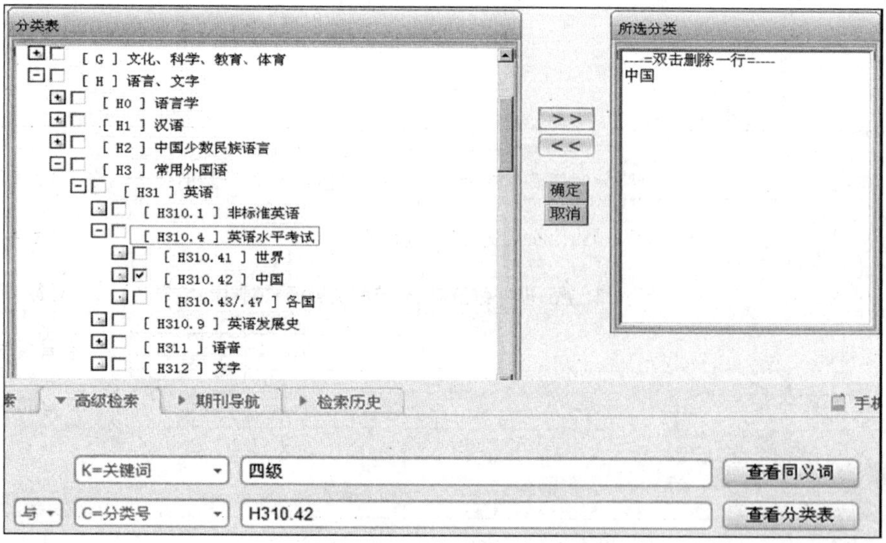

图 3-4-15　分类检索全国英语四级考试

第五节　中国人民大学复印报刊资料数据库

一、概　　述

中国人民大学复印报刊资料数据库是人大数媒科技（北京）有限公司以中国人民大学书报资料中心的复印报刊资料为基础形成的人文科学、社会科学资料库（图 3-5-1）。该库收录了从 1995 年至今 100 多个专题的全文复印资料，所有全文都是由 100 多位专家、教授从国内公开出版的 3000 余种核心报刊中精选出来的，其门类覆盖了全部社会科学和人文科学领域，包括政治学与社会学类、哲学类、法律类、经济学与经济管理类、教育类、文学与艺术类、历史学类、文化信息传播类及其他类。其分为全文数据库、报刊摘要库、报刊索引库、目录索引库、专题研究库、数字期刊库，网址为 http：//ipub.exuezhe.com/index.html 或 http：//ipub.zlzx.org/。

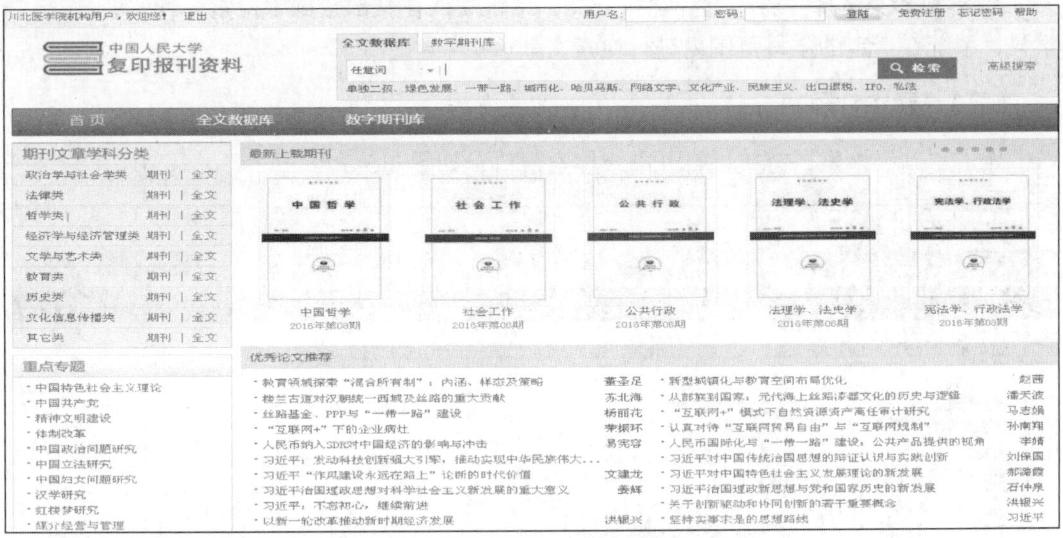

图 3-5-1　中国人民大学复印报刊资料主页

二、检 索 功 能

中国人民大学复印报刊资料数据库平台全文数据库提供有简单检索、高级检索和分类浏览三种检索模式。

（一）简单检索

1. 选择检索入口　包括任意词、标题、副标题、作者、作者简介、作者单位、关键词、正文、摘要、参考文献、原文出处、分类名称、分类号 13 个检索入口，系统默认是任意词（图 3-5-2）。

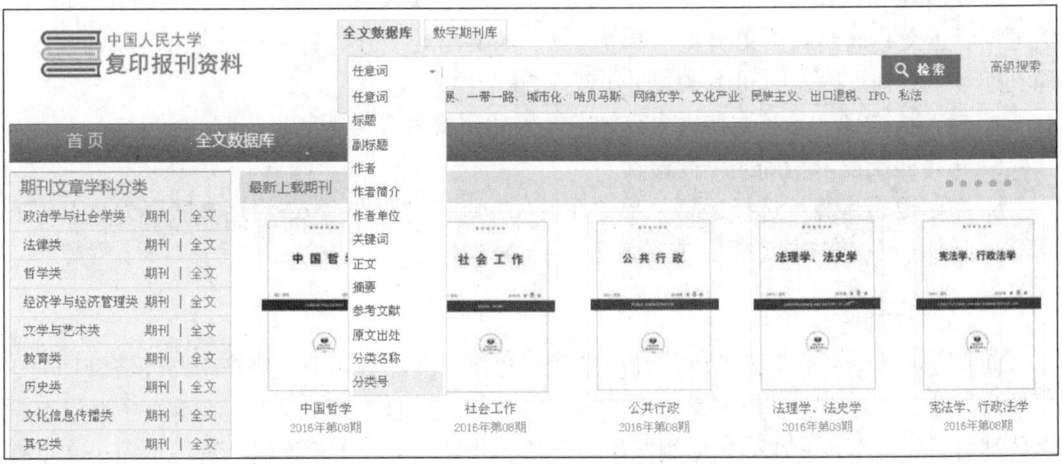

图 3-5-2　检索入口下拉菜单

2. 输入检索词 系统可将输入的检索词自动拆分，并查找含有检索词中任何一部分词的相关文献。

3. 二次检索 在当前结果中检索，进一步限定文献出版的年份（从某年到某年），另输入检索词，选定检索入口，进行再次检索。缩小检索结果范围。

4. 学科分类选择 若不选择学科分类，系统默认在全部数据中检索。若“√”选部分学科，系统在选定的学科范围内进行检索文献。

（二）高级检索

点击“高级检索”链接，打开高级检索窗口，如图 3-5-3。

图 3-5-3 高级检索界面

1. 选择数据库 可选择全文库、专题库、报刊索引库、报刊摘要库、目录索引库、数字期刊库中任何一项。

2. 选择时间范围 1995 年至今，可选取其中的某一年或几年进行查找。

3. 选择检索入口 包括任意词、标题、副标题、英文标题、作者、作者简介、译者、关键词、正文、摘要、英文摘要、参考文献、原文出处、分类名称、分类号、原刊地名、原刊期号、原刊页码、期刊代号、期刊名称 20 个检索入口。

4. 输入检索词 系统支持输入简体字或繁体字检索。

5. 选择匹配度 精确或模糊检索。

6. 布尔逻辑运算 选择运算关系“并且”“或者”“除非”，逻辑运算顺序为从上到下运算。点击“+”增加检索框，或者点击“–”减少检索框。

（三）分类检索

期刊文章按学科分为政治学与社会学类、法律学类、哲学类、经济学与经济管理类、文学与艺术类、教育类、历史类、文化信息传播类、其他类共 9 大类。在首页中逐层点击学科类目，勾选学科，在列表中浏览相关文章。并且，可输入检索词，进一步缩小文章查找范围。期刊浏览可按期刊学科、期刊首字母、期刊分类号、期刊属性查找文章。全文浏览中可限定文章出版年份和检索入口，输入检索词进行文章检索。

三、检 索 结 果

（一）检索结果的显示

检索结果有列表和文摘两种格式显示。列表中只显示文章题目、作者和时间（文章发表的年份和期号）；文摘格式显示文章题目、作者、来源期刊与原发刊刊名（含年、期信息）、部分文章提供有内容提要和关键词。

（二）全文阅读与打印下载

直接点击文章题目链接，即可打开阅读全文及获取相关文章信息。可选择文章正文显示的字号大小（有大、中、小三种选项），并可选择“打印”“下载”和“收藏”文章。文章打印时，可对页码、份数、页边距、单双面、背景颜色等进行打印设置。收藏功能须在用户注册登录后才能使用。

四、检索技巧与实例

（一）检索技巧

1. 检索词自动拆分　系统自动将输入的检索词进行拆分检索。

2. 二次检索　在当前结果中检索，进一步限定文献出版的年份（从某年到某年），另输入检索词，选定检索入口，进行再次检索。缩小检索结果范围。

3. 布尔逻辑检索　运算关系“并且”“或者”“除非”，逻辑运算顺序为从上到下运算。

（二）检索示例

例 3-11　查找我国医疗保障体系相关文章。

（1）分析课题：检索包括两个要素“医疗保障体系”和“中国”相关文献。

（2）检索方式：简单检索（图 3-5-4）。

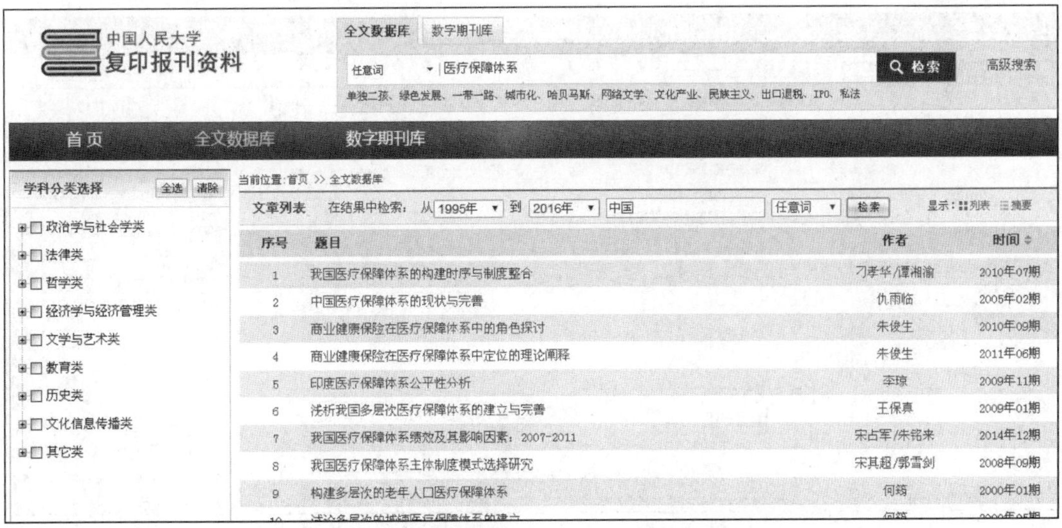

图 3-5-4　简单检索“中国医疗保障体系”

（3）检索词：①医疗保障体系；②中国。

（4）操作步骤：在检索框内输入“医疗保障体系”，点击【检索】按钮。在检索结果页面中，“在结果中检索”后的检索框中，输入“中国”，再点击【检索】按钮。

例 3-12 查找习近平总书记关于“十八届三中全会”的讲话。

（1）分析课题：检索作者为“习近平”，内容是“十八届三中全会”相关文献。

（2）检索方式：高级检索（图 3-5-5）。

（3）检索词：①习近平；②十八届三中全会。

（4）操作步骤：在第一行检索入口选择“正文”，输入“十八届三中全会”，在第二行检索入口下拉菜单中选择“作者”，检索框内输入“习近平”，选择“精确”，点击【检索】按钮。

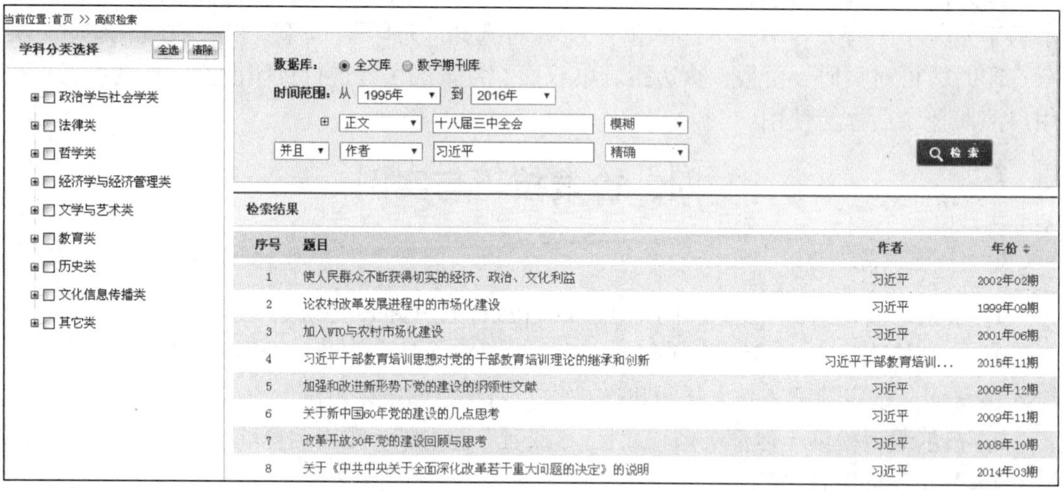

图 3-5-5 高级检索“习近平总书记关于十八届三中全会的讲话”

例 3-13 浏览有关依恋教育方面的文献。

（1）分析课题：查找的内容为“教育类”中与“依恋”有关的文章。

（2）检索方式：分类检索（图 3-5-6）。

图 3-5-6 分类检索“依恋教育方面的文献”

（3）检索词：依恋。

（4）操作步骤：在首页点击“全文数据库”，“学科分类选择”中勾选“教育类”，在文章列表中可查看教育学方面的文章。在结果中检索，输入“依恋”，选择“关键词”，点击【检索】按钮即可。

（刘玥伶）

思考练习题

1. 乳铁蛋白对口腔癌细胞中 VEGF 和 bFGF 表达的影响。
2. 结核性与肿瘤性胸腔积液中多种细胞因子的表达及其对鉴别诊断的作用。
3. 氯胺酮对发育期海马神经元促炎性因子白细胞介素 1β、白细胞介素 6 和肿瘤坏死因子 α 表达的影响。
4. 阿司匹林对人骨肉瘤细胞 MG63、U2OS 的生物学作用。
5. 西咪替丁对小儿轮状病毒肠炎的临床疗效分析。
6. 检索肺癌患者脑转移或骨转移的治疗相关中文期刊文献。
7. 检索与新生儿科有关的核心期刊。
8. 检索放射治疗影响癌组织中 Caspase-3 蛋白表达的文献。
9. 检索 X 线与 CT 对髌骨横断性骨折和粉碎性骨折的鉴别诊断文献。
10. 检索马利兰、二溴甘露醇、氮芥治疗慢性粒细胞白血病的文献。
11. 查找“儿童孤独症心理干预”方面的文献。
12. 查找“图书馆的信息分析与知识服务”相关文章。
13. 查找“中国经济体制改革”方面的文章。
14. 查找“文化信息传播中网络舆情”方面的文章。

第四章　外文期刊数据库检索

当今世界上最权威的生物医学文献数据库当数MEDLINE。它收录了1946年以来世界上5600多种生物医学期刊的文献题录和文摘，库中92%的文献原文是英文（或有英文摘要），涉及的主要学科领域有基础医学、临床医学、护理学、口腔医学、兽医学、卫生保健及预防医学等。

MEDLINE数据库最大的特色是其数据记录严格按照医学主题词表（Medical Subject Headings，简称MeSH）进行标引。MeSH是目前最具权威性、规范化、可扩充的动态性医学主题词表。它是美国国立医学图书馆（National Library of Medical，简称NLM）建立MEDLINE数据库的标引依据，也是用户利用MEDLINE检索文献的重要辅助工具。

到目前为止，全世界有多家出版商获准转换MEDLINE数据库，发行MEDLINE的光盘产品，其中包括SilverPlatter、Cambridge、Dialog、Ebsco、Ovid等公司。

第一节　PubMed

一、概　　述

PubMed是美国国立医学图书馆（NLM）所属的生物技术信息中心（National Center for Biotechnology Information，简称NCBI）于1997年6月开始在Internet上提供的免费检索数据库，隶属于NCBI的统一检索平台Entrez系统，并与该平台上的其他数据库建立了无缝链接，可实现跨库检索。

PubMed以MEDLINE数据库为核心内容，具有报道速度快（每天更新）、访问免费、检索功能强大、外部链接丰富等优势。其网址为https：//www.ncbi.nlm.nih.gov/pubmed，用户输入www.pubmed.gov、www.pubmed.org或www.pubmed.com均可打开网站主页。

（一）PubMed的收录范围及来源

PubMed收录的文献除了MEDLINE数据库外，还包括PreMEDLINE数据库和出版商直接提供的文献数据库。PreMEDLINE数据库中的是没有主题标引的MEDLINE数据，每天更新；这些数据经过规范标引后添加到MEDLINE数据库中，记录标记[indexed for MEDLINE]在文摘格式或MEDLINE格式显示状态可见。

（二）PubMed 常用字段标识符（表 4-1-1）

表 4-1-1　PubMed 常用字段标识符

Affiliation [AD]　作者地址	MeSH Terms [MH]　主题词
All Fields [ALL]　全部字段	MeSH Subheadings [SH]　副主题词
Author[AU]　作者姓名	Pagination [PG]　起始页码
Corporate Author [CN]　团体作者	Place of Publication [PL]　出版地
Entrez Date [EDAT]　文献入库日期	Publication Date [DP]　出版日期
First Author Name [1AU]　第一作者	Publication Type [PT]　文献类型
Full Author Name [FAU]　作者全名	Subset [SB]　子集
Grant Number [GR]　资助合同编号	Supplementary Concept [NM]　物质名称
Investigator [IR]　项目负责人	Text Words[TW]　文本词
Issue [IP]　期	Title [TI]　文献题名
Journal Title [TA]　期刊名称	Title/Abstract [TIAB]　题名/文摘
Language [LA]　原文语种	Transliterated Title [TT]翻译题名
Last Author [LASTAU]　最末作者	UID [PMID]　编号
MeSH Major Topic [MAJR]　主要主题词	Volume [VI]　卷

二、检索功能

PubMed主页面见图4-1-1。页面上方为检索区，包括基本检索框和高级检索（Advanced）按钮；下方有使用方法（Using PubMed）、检索工具（PubMed Tools）和更多资源（More Resources）三组栏目。

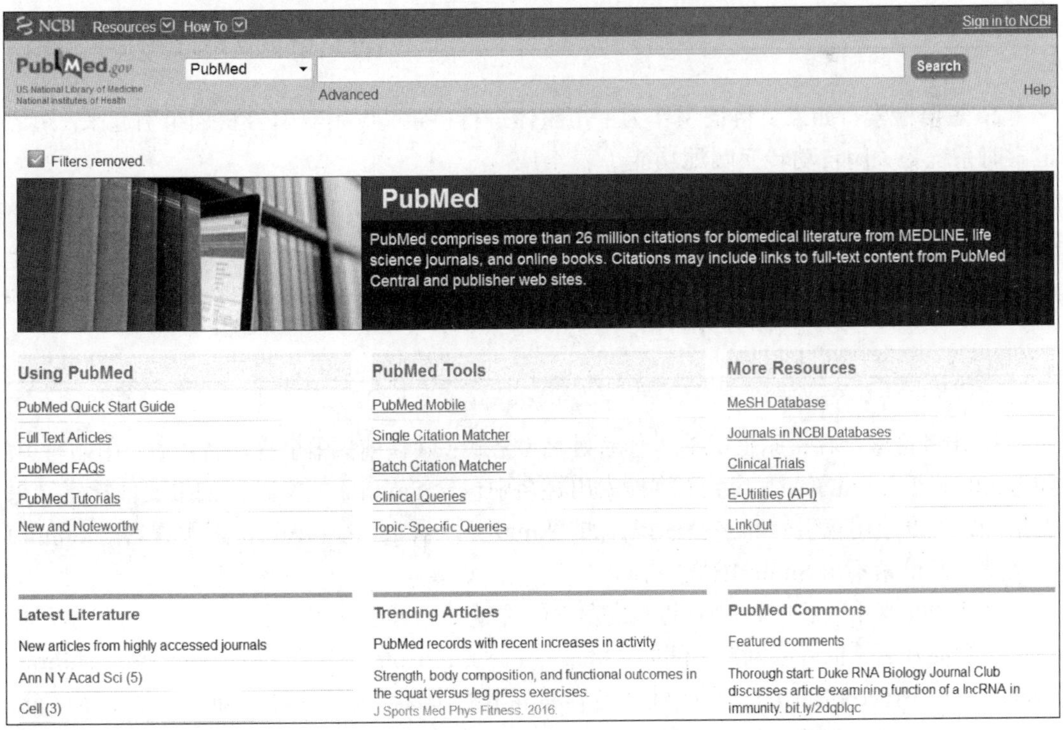

图 4-1-1　PubMed 主页面

（一）基本检索

在检索框中输入检索词或布尔逻辑检索式，点击【Search】按钮，系统执行检索并显示检索结果。

1. 自动转换匹配检索（Automatic Term Mapping） 当一个未加任何限定的检索词或词组被输入到检索框后，系统将按一定的词表顺序对其进行分析、匹配、转换和检索。其顺序为：MeSH 转换表、期刊转换表、作者姓名转换表。如果在以上词表中找不到相匹配的词语，PubMed 就将词组拆开，重复以上的顺序分别进行查找，直到找到相匹配的词。若仍找不到，则用单个词在所有字段中查找。转换的结果可以在检索结果页面右下侧的“Search details”框中查看（表 4-1-2）。

表 4-1-2 词汇自动转换匹配示例表

User query	Translations
somnambulism	somnambulism [MeSH Terms] OR somnambulism [All Fields]
sleepwalking	somnambulism [MeSH Terms] OR somnambulism [All Fields] OR sleepwalking [All Fields]
therapy	therapy [Subheading] OR therapy [All Fields] OR therapeutics [MeSH Terms] OR therapeutics [All Fields]
sleep walking	somnambulism [MeSH Terms] OR somnambulism [All Fields] OR（sleep [All Fields] AND walking [All Fields]）OR sleep walking [All Fields]
molecular biology of the cell	Mol Biol Cell [Journal] OR（molecular [All Fields] AND biology [All Fields] AND of [All Fields] AND the [All Fields] AND cell [All Fields]）OR molecular biology of the cell [All Fields]
Smith J	Smith J [Author] OR Smith J[Investigator]
sleeper walking	sleeper [All Fields] AND（walking [MeSH Terms] OR walking [All Fields]）

2. 短语检索 如果要将词组作为一个整体进行检索，可用双引号将词组引起来。短语检索时系统将关闭自动转换匹配功能（表 4-1-3）。

表 4-1-3 短语检索对照示例

User query	Translations	Result
cell core	（cells [MeSH Terms] OR cells [All Fields] OR cell [All Fields]）AND core[All Fields]	83 306
“cell core”	“cell core” [All Fields]	156

3. 作者检索 在检索框中输入作者姓名（格式：姓在前，用全称；名在后，用缩写），如 Smith J 或 Smith J[AU]，系统将检索出姓名中包含 Smith J 的文献；如果要使检索结果更精确，可以使用双引号和字段标识，如“Smith j” [AU]，这样就只检索出作者是 Smith J 的文献，而检索不出 Smith JH 的文献。

对于 2002 年以后作者以全名形式发表的文献，也可以采用姓名全称来进行检索。格式可以名前姓后，也可以倒置。例如：检索 Bruce J. Herron 发表的文章，可以输入 Herron, Bruce J、或 Bruce J Herron。有些姓和名容易混淆的作者，最好在姓后面加逗号以示区分，名后面的圆点必须省略（表 4-1-4）。

表 4-1-4　作者检索示例

User query	Translations	Result
smith j	Smith J[Author] OR Smith J[Investigator]	23 469
smith j[AU]	Smith j[Author]	22 985
“smith j” [AU]	“Smith j” [AU]	4290
smith，Janet	Smith，Janet[Full Author Name] OR Smith，Janet[Full Investigator Name]	189
janet smith	Smith，Janet[Full Author Name] OR Smith，Janet[Full Investigator Name]	189

4. 刊名检索　在检索框中输入期刊全称、NLM 所规定的标准刊名缩写或国际标准刊号（ISSN 号），系统会自动在期刊转换表中查找，从而检索出来自这种期刊的文献。

当一个期刊的名字同时也是一个 MeSH 词汇时，如 gene Therapy 或 Cell，PubMed 会将其作为 MeSH 词汇进行自动转换匹配检索，由此会检索出许多不符合要求的结果，为此用户必须在刊名后加字段标识，如 cell[ta]。当期刊名中含有特殊字符时应该将其省去，如刊名简称为 j hand surg [am]的期刊，应该输入 j hand surg am（表 4-1-5）。

表 4-1-5　期刊检索示例

User query	Translations	Result
the Journal of cell biology	J Cell Biol [Journal] OR（the [All Fields] AND journal [All Fields] AND of [All Fields] AND cell [All Fields] AND biology [All Fields]）OR the journal of cell biology [All Fields]	21 024
j cell biol	J Cell Biol [Journal]	21 006
0021-9525	J Cell Biol [Journal]	21 006
nature[ta]	Nature [Journal]	107 564
nature	nature [MeSH Terms] OR nature [All Fields]	459 020

5. 截词检索　为了检索以某词根开始的系列单词，可以在该词根后面加“*”，用以代表任意个字符，如在检索框中输入 flavor*，可以检索出包含 flavored、flavorful、flavoring 等词的文献。

PubMed 最多只检索出前 600 种不同形式的同根词，如果超过 600 种，系统将提示用户在词根后面追加字母。

使用截词符时，系统将关闭自动转换匹配功能。

6. 布尔逻辑匹配检索　PubMed 支持布尔逻辑运算功能，并可指定字段。逻辑运算符为大写的 AND、OR、NOT（词间空格默认为逻辑“与”），运算顺序为从左到右，括号优先。如 asthma[mh] AND review[pt] AND child[mh]。

（二）高级检索（Advanced）

高级检索是 PubMed 于 2008 年新推出的一种检索模式，主要由检索式构建器（Builder）和检索历史（History）两部分组成（图 4-1-2）。

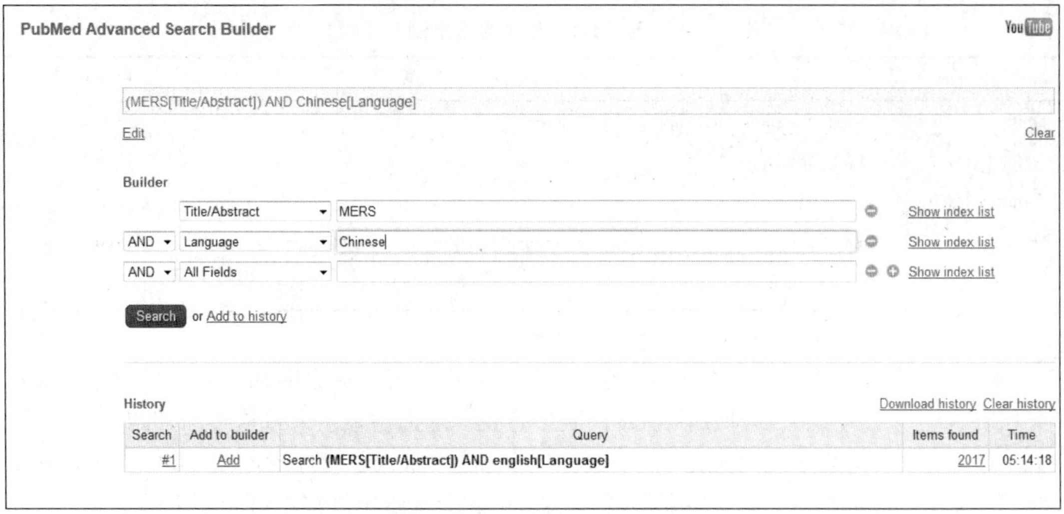

图 4-1-2　Advanced 检索页面

1. 检索式构建器（Builder）　应用检索式构建器可以轻松地实现多个字段的组合检索。操作步骤：①在左侧的下拉菜单中选择字段名（默认为 All Fields）。②输入检索词（在输入的过程中系统会给予智能提示）。③选择布尔逻辑运算符 AND、OR 或 NOT。④检查页面上部检索框中的检索式（用户所输入的检索词、限定字段及逻辑运算符会被自动添加到检索框中）。⑤点击【Search】按钮，出现检索结果页面。

如果用户只想知道检索结果数量，则点击“Add to history”，页面不会跳转，只是在检索历史栏中增加一条检索记录。

如果用户在执行检索前对于检索框中的检索式不满意，可点击检索框下面的“Edit”编辑修改当前检索式。

用户选择好检索字段并输入检索词后，点击右侧的“Show index list”可以显示该检索词的相关索引词及命中结果数量，从而可以辅助用户选词。点击检索输入框后面的“–”或“+”可以删除本行或增加一个检索行。

2. 检索历史（History）　用于查看已执行的检索策略和检索结果数量，并可利用已有的检索历史记录序号组配新的检索式。History 最多可以存储最近 100 条检索历史记录，所有记录将在停止检索 8 小时后自动清除；用户也可以对检索历史记录进行下载（Download History）或清除（Clear History）操作。

（三）主题词检索（MeSH Database）

在 PubMed 主页或者高级检索左上角的“More Resources”下拉菜单中选择“MeSH Database”，系统进入主题词检索页面（图 4-1-3）。主题词、副主题词匹配检索操作步骤如下。

（1）在检索框中输入检索词（如 foot and mouth disease），点击【Search】按钮，系统列出与该主题概念相关的主题词及相应的注释列表，选择最相关主题词；如果命中主题词唯一，直接显示该主题词相关信息（图 4-1-3）。从上到下依次为：主题词及其注释、副主题词列表（Subheadings）、限定为主要主题词选项（Restrict to MeSH Major Topic）、不扩展主题词选项（Do not include MeSH terms found below this term in the MeSH hierarchy）、主题词的同义词（Entry Terms）、主题词的上下位主题词（树状结构）。

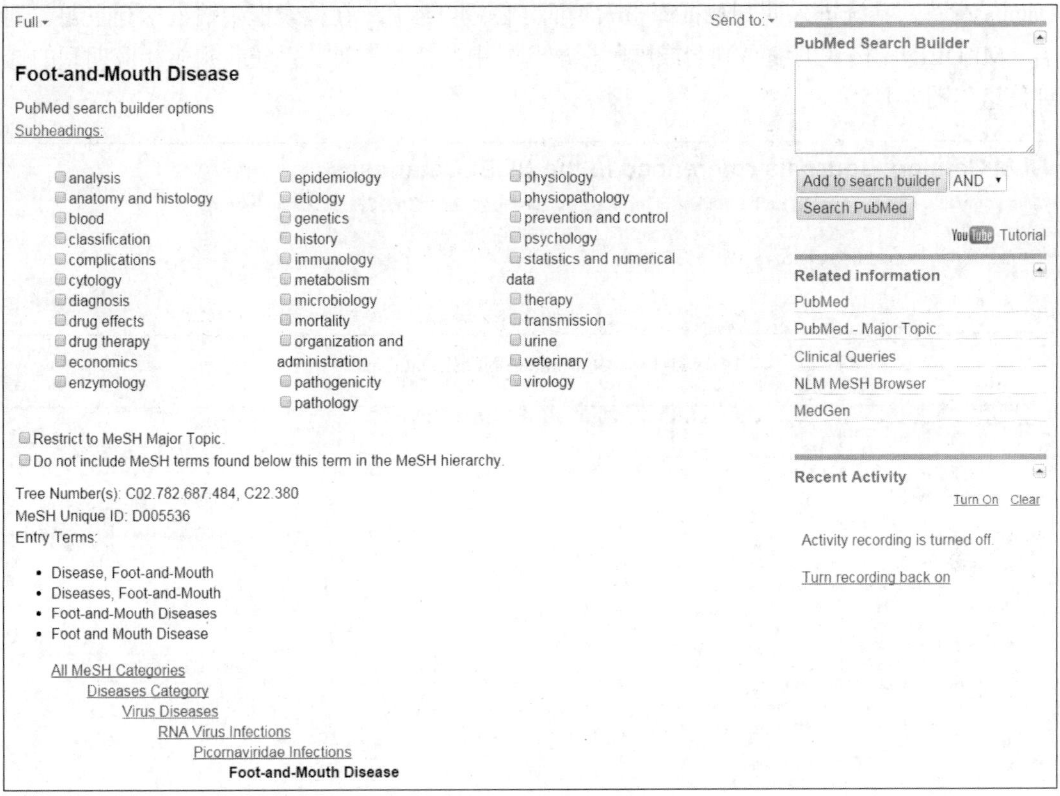

图 4-1-3　主题词检索

（2）勾选副主题词前面的方框选中一个或多个副主题词（选择多个副主题词时，系统默认其逻辑组配关系为“OR”）。

（3）选择是否将该主题词作为主要主题词（Restrict to MeSH Major Topic）。

（4）选择是否禁止该主题词进行扩展检索（Do not include MeSH terms found below this term in the MeSH hierarchy）。

（5）点击右上方检索式构建框下的【Add to search builder】按钮，将所组配的主题词副主题词加入到框中。

（6）查看框中的检索式，满意后点击【Search PubMed】按钮，显示检索结果页面。

（7）如果用户需要将多个主题词及副主题词进行组配检索（如高血压及糖尿病的预防），可以重复第（1）～（5）步操作组配成一个完整的检索式；也可以分别检索出结果，然后利用检索历史记录进行组配检索。

注意：主题词检索只能检索到数据库中经过标引的数据，PreMEDLINE 数据库和出版社直接提供的部分未经主题标引的文献不能被检索出来。

（四）其他检索服务

1. 期刊检索（Journals in NCBI Databases）　在 PubMed 数据库中输入期刊全称、NLM 所规定的标准刊名缩写或国际标准刊号，将检索出来自这种期刊的文献。但是如果用户想要了解有关期刊的信息，则要利用专门的 NCBI 期刊数据库（Journals in NCBI Databases）。

在 PubMed 主页或高级检索页面的“More Resources”栏中选择“Journals in NCBI Databases”，系统进入期刊数据库检索页面（图 4-1-4）。在检索框中输入期刊主题、刊名、MEDLINE 格式的缩写刊名或国际标准刊号中的任意一种，系统将提供相应期刊的详细信息（图 4-1-5）。

图 4-1-4　Journals in NCBI Database

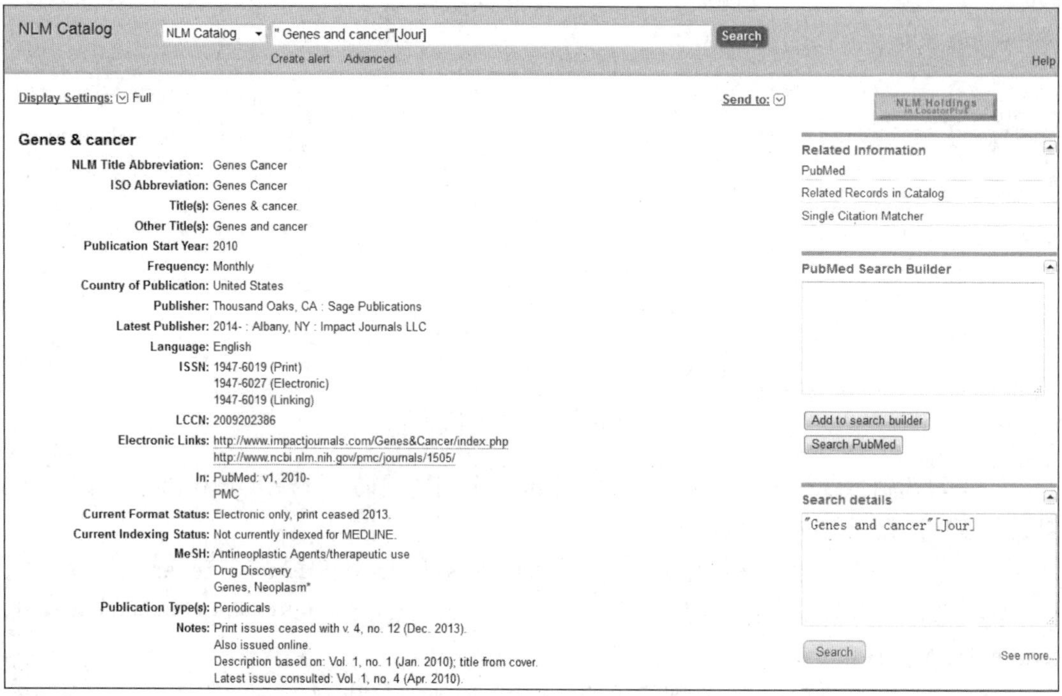

图 4-1-5　Journals in NCBI Database 检索结果

在此页面下，如果用户需要查看来自该刊的文献，可以先点击右上方检索式构建框（PubMed search builder）中的【Add to search builder】按钮，将刊名添加到检索式构建框中，然后点击【Search PubMed】按钮进行检索；也可以点击右侧中部相关信息栏（Related information）的“PubMed”链接，系统将在 PubMed 数据库中检索来自该期刊的文献。

2. 单篇引文匹配器（Single Citation Matcher）　在 PubMed 主页的“PubMed Tools”栏或者高级检索的“More Resources”下拉菜单中选择“Single Citation Matcher”（图 4-1-6），输入文献的部分信息，如期刊名称（Journal）、出版日期（Date）、卷（Volume）、期（Issue）、起始页码（First page）、作者姓名（Author name）或者文献题名词（Title words），便能快速地把特定文献检索出来。

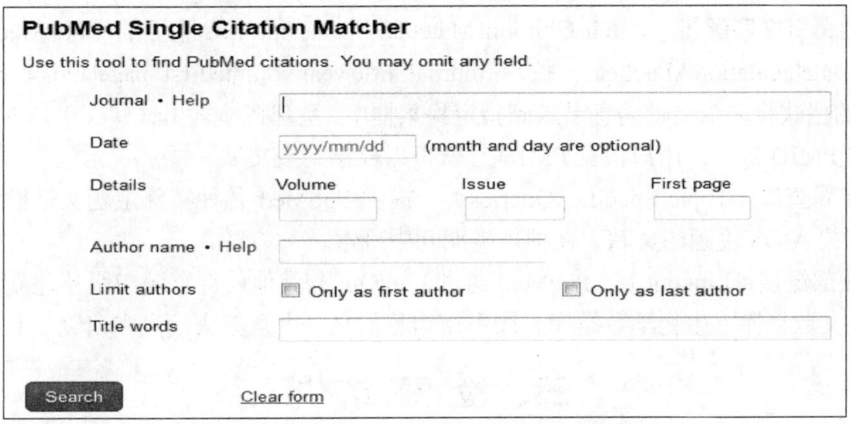

图 4-1-6　Single Citation Matcher 检索页面

3. 临床查询（Clinical Queries）　在 PubMed 主页的“PubMed Tools”栏或者高级检索的“More Resources”下拉菜单中选择“Clinical Queries”，进入临床查询页面（图 4-1-7）。此页面设有三类检索：Clinical Study Categories、Systematic Reviews 和 Medical Genetics，专为临床医生设置。

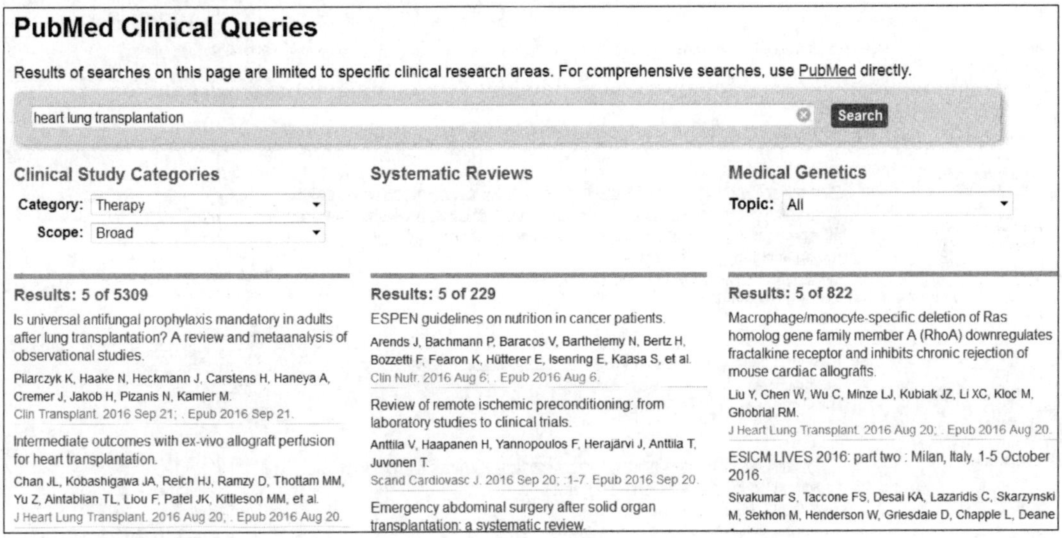

图 4-1-7　Clinical Queries 检索页面

“Clinical Study Categories”用于查找疾病的病因（Etiology）、诊断（Diagnosis）、治疗（Therapy）、预后（Prognosis）和临床预测指南（Clinical prediction guides）五个方面的内容，同时还设置了查全率优先（Broad）或查准率优先（Narrow）选项。

“Systematic Reviews”用于检索系统评价、Meta 分析、临床试验综述、临床指南等循证医学文献信息。

“Medical Genetics”用于查询疾病的遗传学方面的文献，设有全部（All）、诊断（Diagnosis）、鉴别诊断（Differential Diagnosis）、临床描述（Clinical Description）、处理（Management）、遗传咨询（Genetics Counseling）、分子遗传学（Molecular Genetics）、遗传测试（Genetic Testing）等主题选项。

4. 批量引文匹配器（Batch Citation Matcher） 在 PubMed 主页的“PubMed Tools”栏点击“Batch Citation Matcher”，按（“journal_title|year|volume|first_page|author_name|your_key|”）的格式将多篇文献信息录入到指定检索框中，系统将检索出这些文献的 MEDLINE 编号（即 PMID 号），用户根据 PMID 号就可以检索到该文献。

5. 专题查询（Topic-Specific Queries） 提供 PubMed 各种特殊主题文献检索指南，如检索有关 AIDS 主题的文献、在护理类期刊中检索。

6. 外部链接（Linkout） PubMed 通过 LinkOut 与其他外部资源与服务建立链接，包括在线全文数据库、生物学数据库、图书馆馆藏信息、大众健康信息和研究工具等。

三、检 索 结 果

系统执行检索后，显示检索结果（图 4-1-8）。勾选记录前面的方框选中需要的文献记录（如果不选，系统默认为对所有记录进行操作），对选中记录可设置其他显示格式（Format）并进行保存处理（Send to）。页面左侧的“Show additional filters”可以辅助用户对检索结果进行筛选。

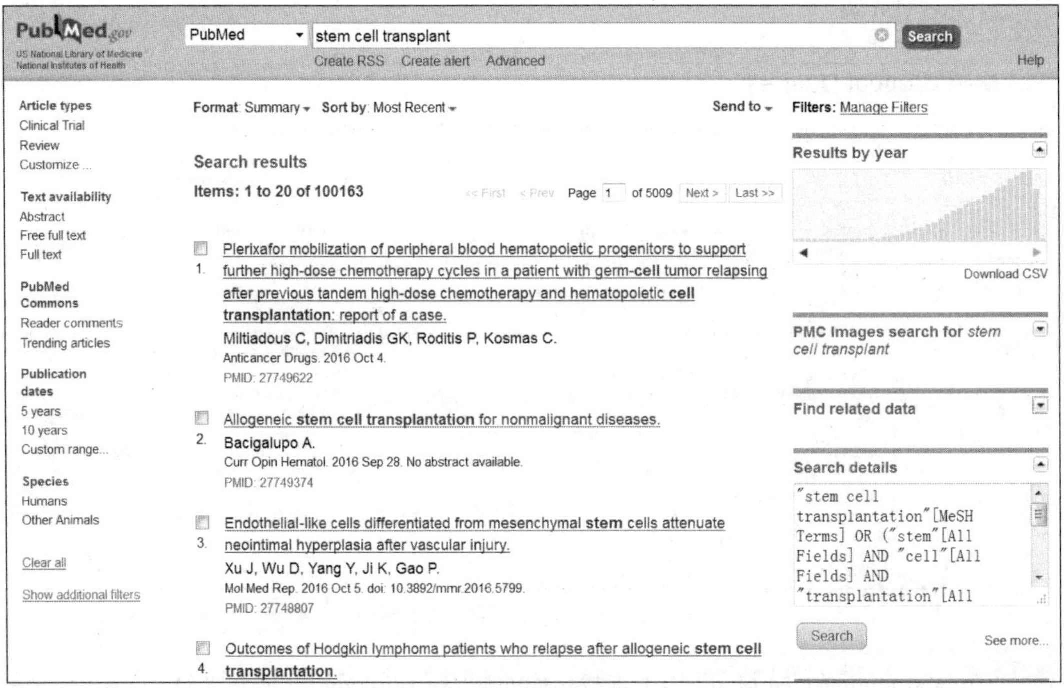

图 4-1-8 检索结果

（一）检索结果筛选

页面左侧的“Show additional filters”可以辅助用户对检索结果进行筛选，如用户点击“Publication dates”下的“5 years”，系统将显示最近 5 年的命中文献记录。筛选条件包括以下 11 项（其中前两项为系统默认显示项），用户点击“Show additional filters”进行设置。

1. 文献类型（Article types）　临床实验（Clinical Trial）、Mete 分析（Meta-Analysis）、综述（Review）、系统评价（Systematic Reviews）等。

2. 文献出版时间（Publication dates）　最近 5 年出版的文献（5 years）、最近 10 年出版的文献（10 years），或者用户自定义文献出版时间（Custom range）。

3. 可获取的文献形式（Text availability）　可获取文摘的记录（Abstract）、可获取免费全文的记录（Free full text）或者可获取全文的记录（Full text）。

4. 文献研究对象种类（Species）　人（Humans）或者动物（Other Animals）。

5. 原文语种（Languages）　英语（English）、法语（French）、汉语（Chinese）等。

6. 研究对象性别（Sex）　男或雄性（Male）、女或雌性（Female）。

7. 来源期刊类别（Journal categories）　核心临床期刊（Core clinical journals）、牙科类期刊（Dental journals）、护理类期刊（Nursing journals），MEDLINE 数据库等。

8. 研究对象年龄（Ages）　18 岁以下（Child：birth-18years）、23 个月内（Infant：birth～23months）、19 岁以上、19～44 岁、65 岁以上等。

9. 文献主题（Subsets）　艾滋病（AIDS）、癌症（Cancer）、毒理学（Toxicology），等。

10. 检索字段（Search fields）　指定检索词出现的字段位置，如题名（Title）、作者（Author）等，通过下拉菜单选好以后点击【Apply】按钮确认。

11. PubMed 评论文献（PubMed Commons）　有读者评论的文献（Reader comments）、热门文献（Trending articles）。

系统会将用户所设置的筛选条件显示在检索结果数量的下方（图 4-1-9）。用户进行下一次检索前必须点击“Clear all”清除当前筛选条件，否则系统默认在该条件下进行检索。

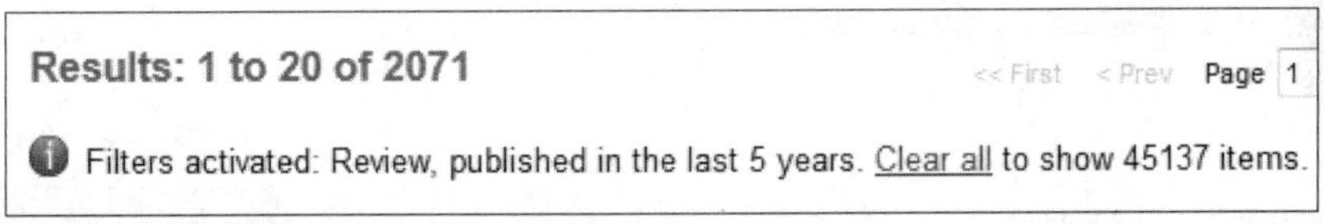

图 4-1-9　筛选条件显示

（二）设置记录显示格式（Format）

系统默认为 Summary 格式（图 4-1-10），显示的有文献序号、题名、作者、出处（包括刊名缩写、出版时间、发表年卷期页等）、PMID 编号、相似文献（Similar articles）链接等信息；如果该篇文献可以免费获取全文，则有“Free Article”链接。如果该文献的原文是非英文文献，该记录的英译题名被方括号括起，并在文献出处后面表明文献原文语种。

点击文献题名可以查看该篇文献的文摘（图 4-1-11，如果检索结果仅有一篇文献记录，系统直接以文摘格式显示）。与 Summary 格式相比，Abstract 格式不仅可查看文献的英文文摘（Abstract），还提供有作者信息（Author information）和记录来源（MEDLINE）、主题词（MeSH Terms）等。如果需要批量显示文献文摘，勾选文献记录（不勾选则默认对所有结果记录进行操作），点击“Format”下拉菜单中的 Abstract 格式。如果还需要了解文献更详细的信息（如作者全名、期刊全称和 ISSN 号），可以选择 MEDLINE 格式查看（图 4-1-12）。

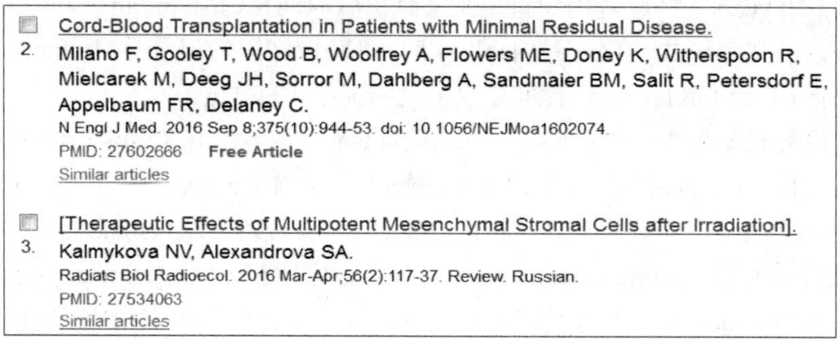

图 4-1-10 检索结果（Summary 格式）

图 4-1-11 检索结果（Abstract 格式）

“Sort by”下拉菜单用于设置检索结果记录排序方式（图 4-1-13）。系统默认按入库时间倒序排列（Most Recent），用户可选择按相关度（Best Match）、出版时间（Publication Date）、作者姓名（First Author 或 Last Author）、期刊刊名（Journal）、文献题名（Title）进行排列。

（三）检索结果的输出（Send to）

点击检索结果显示页面的“Send to”下拉菜单(图 4-1-14)，可以将选定记录存盘(File)、发送至粘贴板（Clipboard）或指定的电子邮件（E-mail）、添加到 My NCBI 的收藏夹（Collections、Citation manager 或 My Bilbiography）等。

```
PMID- 25268527
OWN - NLM
STAT- MEDLINE
DA  - 20141001
DCOM- 20160113
LR  - 20141001
IS  - 1539-0713 (Electronic)
IS  - 0884-741X (Linking)
VI  - 32
IP  - 9
DP  - 2014 Oct
TI  - Electronic cigarettes: a safer alternative or potential poison?
PG  - 532-5
LID - 10.1097/NHH.0000000000000138 [doi]
AB  - Electronic cigarettes have been marketed as a safer alternative to cigarettes,
      and their use is expanding exponentially. However, there is a severe lack of
      scientific data about the ingredients in the liquid used in the device and the
      health consequences of using electronic cigarettes. As technology has outpaced
      regulations, the production and sale of electronic cigarettes are, as yet,
      unregulated and do not fall under the purview of the Food and Drug
      Administration. This article will review the mechanism of action and what is
      currently known about the safety of electronic cigarettes. The risk of poisoning
      for children will also be identified, as well as the implications for home
      healthcare clinicians.
FAU - Smith, Janet E
AU  - Smith JE
AD  - Janet E. Smith, MBA, MSN, RN, is an Instructor, School of Nursing and Health
      Sciences, La Salle University, Philadelphia, Pennsylvania.
LA  - ENG
PT  - Journal Article
PL  - United States
TA  - Home Healthc Nurse
JT  - Home healthcare nurse
JID - 8403379
RN  - 0 (Poisons)
SB  - N
MH  - Electronic Cigarettes/*adverse effects/mortality
MH  - Humans
MH  - Poisons/adverse effects/standards
MH  - Safety/standards
MH  - Toxicology/*standards
MH  - United States
MH  - United States Food and Drug Administration/standards
EDAT- 2014/10/01 06:00
MHDA- 2016/01/14 06:00
CRDT- 2014/10/01 06:00
AID - 10.1097/NHH.0000000000000138 [doi]
AID - 00004045-201410000-00005 [pii]
PST - ppublish
SO  - Home Healthc Nurse. 2014 Oct;32(9):532-5. doi: 10.1097/NHH.0000000000000138.
```

图 4-1-12　检索结果（MEDLINE 格式）

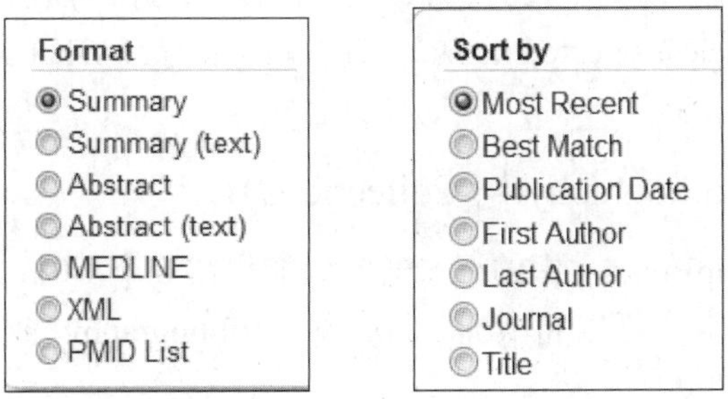

图 4-1-13　检索结果显示设置

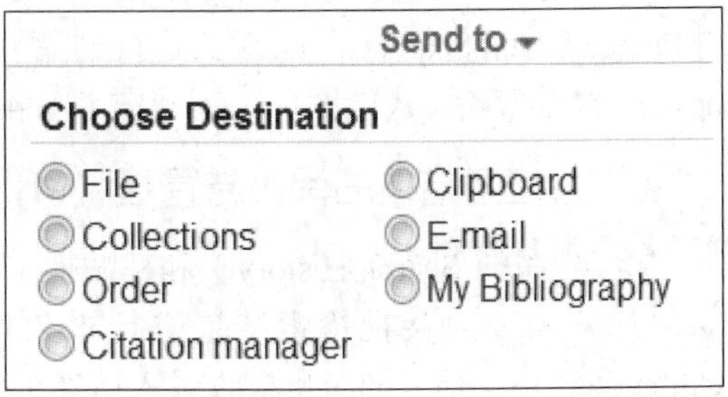

图 4-1-14　检索结果输出方式

（四）Results by year 与 Search details

系统在检索结果页面的右侧栏设置了一些便捷工具，其中“Results by year”以直方图的形式将检索结果按出版年代进行标记，以便用户了解该领域的发展趋势，用户双击代表某年的柱体即可显示当年的文献题录。

"Search details" 栏目显示了当前所执行的检索策略，用户可以在此修改检索策略，点击左下方的【Search】按钮重新检索；还可以点击右下方的【See more...】按钮查看更多细节。

四、个性化服务

提供保存检索策略和检索结果、设置常用筛选条件、文献传递等个性化服务（My NCBI）。

（一）注册/登录（Register/Sign in）

初次使用该功能必须先免费注册申请一个账号和密码。操作步骤：点击"Sign in to NCBI"，再点击"register for an account"，输入自己设定的账号（3 个以上字母或数字）和密码（6 个以上字母或数字，密码大小写敏感），选择密码提示问题并输入答案（以备必要时找回密码），按系统提示输入验证码，指定一个接收信息的 E-mail，点击【Register】按钮，系统将发送一封确认信息邮件到该 E-mail 中。用户打开邮件按提示激活账号。

如果用户已经成功注册了账号和密码，以后使用时点击"Sign in to NCBI"，输入账号和密码点击【Sign in】按钮登录即可。

（二）检索策略的保存与管理（Saving and Managing Searches）

保存特定检索策略以便随时检索，还可以将所保存的检索策略的更新数据定期发送到指定邮箱，轻松实现专题定制检索。

保存检索策略的操作步骤：①登陆 My NCBI 后执行某项检索（有具体时间限定的检索策略不宜保存），点击检索框下方的"Create alert"，系统提示保存。②用户为该检索策略命名（Name of search），并点击【Save】按钮确认。③系统提示用户选择是否通过 E-mail 接收更新检索结果及更新时间间隔（每月/每周/每天）、记录格式、最多发送数量、没有新结果是否发送信息等。④选好以上信息，点击【Save】按钮，该检索策略将被保存到 My NCBI 的"Saved Searches"中。

系统将已保存的检索策略集中在 My NCBI 的"Saved Searches"栏目中，用户点击"Manage Saved Searches"可对其进行删除（Delete selected items）、查看新增记录（What's new）、修改策略（齿轮图标）等操作（图 4-1-15）。

（三）检索结果的保存与管理（My Bibliography 与 Collections）

检索历史（Search History）和粘贴板（ClipBoard）中的记录通常只能保留 8 个小时，如果用户需要对某批检索结果进行永久保存，可以将其加入到 My Bibliography 或 Collections 中（前者同时也被收录入后者）。

保存检索结果的操作步骤：①选中检索结果记录。②点击"Send to"下拉菜单中的"Collections"。③为这批结果命名，将其保存到 My NCBI 的 Collections 中。如果 Collections 中已保存有数据，系统将询问用户是否将这批记录添加到某项已存在的 Collection 中（Append to an existing collection）。

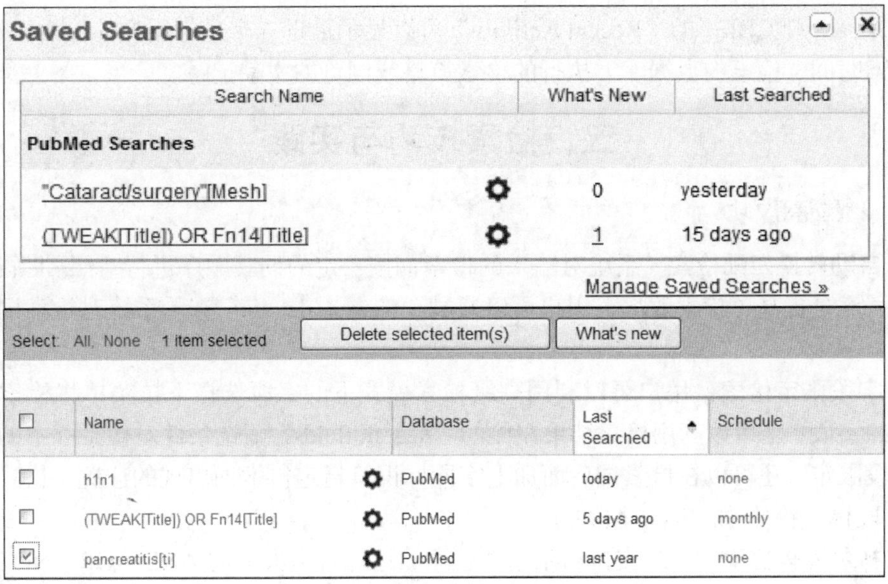

图 4-1-15　检索策略的管理

用户可以通过“Manage Saved Collections”（图 4-1-16）对所收藏的项目进行删除（Delete）或者将多个项目进行合并（Merge）；还可以对单个项目进行编辑（edit），如对记录进行重新排序、精选、变更名称及属性（Private/Public）等。

图 4-1-16　检索结果的管理

（四）检索结果分类显示设置（Filters）

用户可以根据自己的使用偏好将自己感兴趣的检索结果类型筛选条件进行保存，如临床试验、综述文献、免费全文等。操作步骤：①登陆 My NCBI，点击“Filters”下方的“Manage Filters”。②选择 PubMed 数据库。③选择“Popular”，并在其下方的方框中勾选筛选条件，系统会自动将其加入到页面左侧的“Your PubMed filter list”。④更多的筛选条件可以通过“Properties”设置。

设置好以后，只要在登录状态下检索 PubMed，检索结果显示页面右侧会显示已设定的筛选结果（图 4-1-17），方便用户选择浏览。

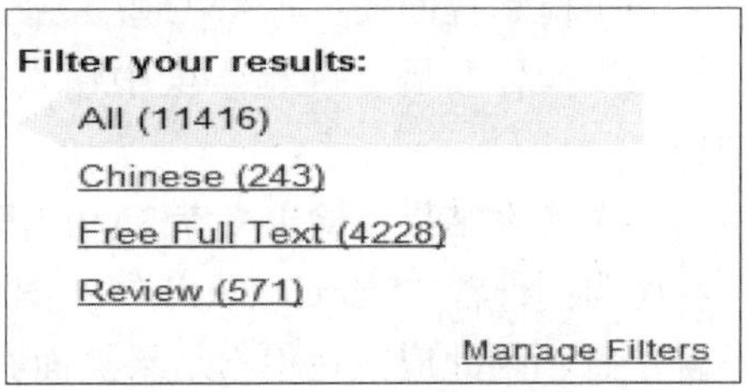

图 4-1-17　常用筛选结果

此外，My NCBI 下的“Recent Activity”可以显示最近 6 个月内用户的检索操作记录，包括检索时间、检索的数据库、执行的检索策略或浏览的文献记录。

五、检索技巧与实践

（一）检索技巧

1. 自动转换匹配检索 系统对输入的检索词按一定的词表顺序进行对照、匹配、转换和检索，充分提高了检索效率；用户可以通过“Search details”查看系统对检索词的转换结果。

2. 字段限定检索 用户可以利用高级检索模式下的字段选择下拉菜单将检索词限定在特定的字段，也可以利用检索结果左侧的“Search fields”筛选条件对检索框中的检索词进行字段限定，还可以在检索词后面加上字段标识符指定检索词出现的位置，格式为：检索词[字段标识符]，如 Zhang A[AU]。

3. 布尔逻辑检索 系统支持布尔逻辑检索，运算符为大写的 AND、OR、NOT，运算顺序为从左到右，( ) 内的优先。

4. 短语精确检索 如果希望两个或多个检索词作为整体词组出现，不希望系统对其进行拆分匹配，则将该词组用双引号引起，如“single cell”。通常系统对于作者和刊名执行模糊匹配检索（即检索出包含该检索词的文献），如果用户需要执行精确检索，则需要用双引号，如“smith T”不会检索出 Smith TB 写的文献，“Gene”[TA]不会检索出“*Gene Therapy*”上的文献。

5. 截词检索 单词后面的星号（*）可以替代 0 到任意个字符，如输入 child*，可以检索出 child、children、childish 等。但是词组后面的星号（*）则会被认为是短语标识。

6. 智能提示及自动拼写检查 用户在向检索框输入检索词时，系统会提示包含该词的常用词汇供用户参考选择。同时系统还具有自动拼写检查功能，如果用户所输入的检索词命中结果为零或数量太少，系统会识别可能拼写错误的单词并给予提示，如输入 sten cell，系统提示“Did you mean：stem cell（321347 items）”。

（二）检索示例

例 4-1 检索有关脑死亡（brain death）诊断的相关文献。

方法一

（1）分析课题：“脑死亡”与“诊断”之间为逻辑“与”的关系。

（2）检索方式：基本检索。

（3）检索标识：①brain death；②diagnosis。

（4）检索提问式：①AND②。

（5）操作步骤：在检索框中输入检索式 brain death AND diagnosis，点击【Search】按钮。

（6）检索结果：检出文献 36 983 篇。

说明：查看“Search details”（图 4-1-18），结合题意可知，brain death 如果被拆分就不合题意，因此应该在检索结果页面右侧的“Search details”栏中修改检索策略——删除（“brain”[All Fields] AND “death”[All Fields]）OR，重新检索得到的检索结果为 1921 篇。

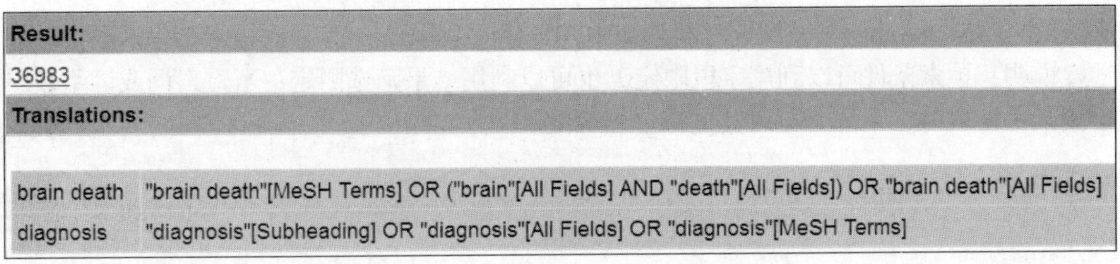

图 4-1-18　自动转换匹配检索明细

方法二

（1）分析课题：本课题中，“诊断”是“脑死亡”的一个方面。

（2）检索方式：主题检索。

（3）检索标识：brain death/diagnosis。

（4）检索提问式：brain death/diagnosis。

（5）操作步骤：在主题检索（MeSH Database）页面下输入检索词 brain death，勾选副主题词“diagnosis”，点击【Add to Search Builder】按钮，点击【Search PubMed】按钮，得到 7666 条文献记录。

说明：同一课题，不同的检索方式所得的检索结果数量有时会不一致。对于本课题而言，主题检索所得结果更精确，但是可能漏检 MEDLINE 库之外的数据。方法一中的检索策略还可以进一步修改，还可以将主题检索与基本检索结合使用。在实际检索过程中，用户需要根据自己的检索目的灵活调整检索策略。

例 4-2　检索 2010～2014 年 Respiratory care 上发表的题名中含有急性哮喘（acute asthma）的文献。

（1）分析课题：需要检索有关急性哮喘的文献，并且来自某一特定期刊。筛选条件为文献发表年限。

（2）检索方式：高级检索或基本检索。

（3）检索标识：①acute asthma[TI]；②respiratory care[TA]。

（4）检索提问式：①AND②。

（5）操作步骤及结果

1）方法一：高级检索。按照图 4-1-19 所示选择各字段并输入相应的检索词，确定好词间逻辑关系（AND），点击【Search】按钮执行检索。得到检索结果 8 条。

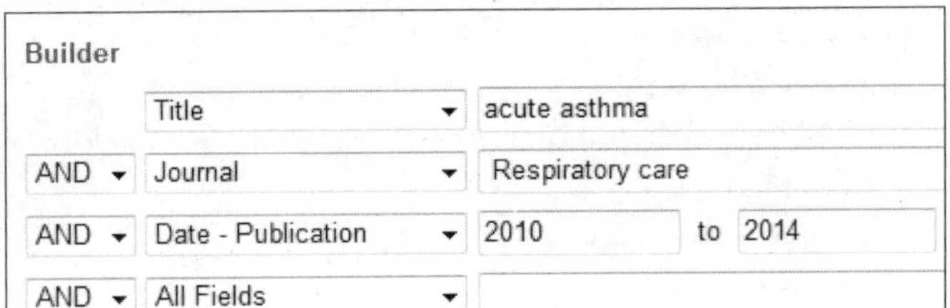

图 4-1-19　高级检索

2）方法二：基本检索。①在检索框中输入 acute asthma[TI] AND respiratory care[TA]，点击【Search】按钮执行检索。得到检索结果 11 条。②点击结果页面左侧“Publication dates”

下方的“Custom range”，设置时间为 2010/01/01～2014/12/31，得到检索结果 8 条。

说明：检索条件可以利用字段限定，也可以利用结果筛选限定；当检索词或词组被限定到某一字段时，系统不再对其进行自动匹配。

（李朝葵）

第二节　EBSCOhost

一、概　　述

EBSOhost 是美国 EBSCO 公司的数据库检索系统平台，有近 60 个数据库，其中全文数据库 10 余个。涵盖商业、学术、教育、医学等各个学科领域。

用户输入网址 http：//search.epnet.com，选择“EBSCO 学术检索大全”进入数据库基本检索页面（图 4-2-1）。

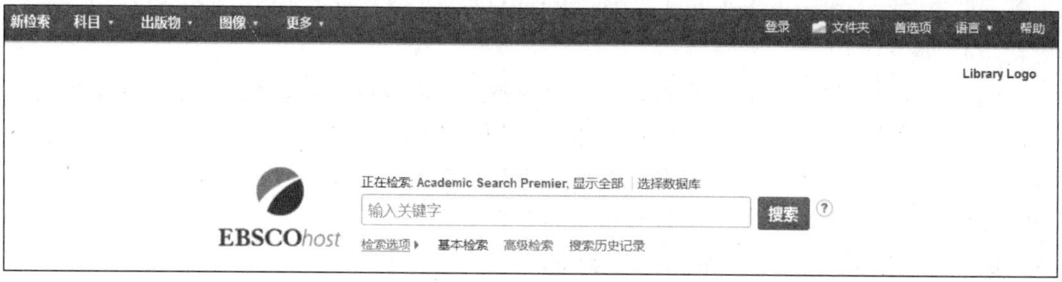

图 4-2-1　EBSCOhost 基本检索页面

系统提供多语种页面，点击页面右上角“语言”下拉菜单进行选择。系统默认检索所有数据库。本教材以 MEDLINE 数据库为例进行介绍，因此点击检索框上方的“选择数据库”，在浮动窗口勾选 MEDLINE（图 4-2-2），点击【确定】按钮，回到检索主页面。

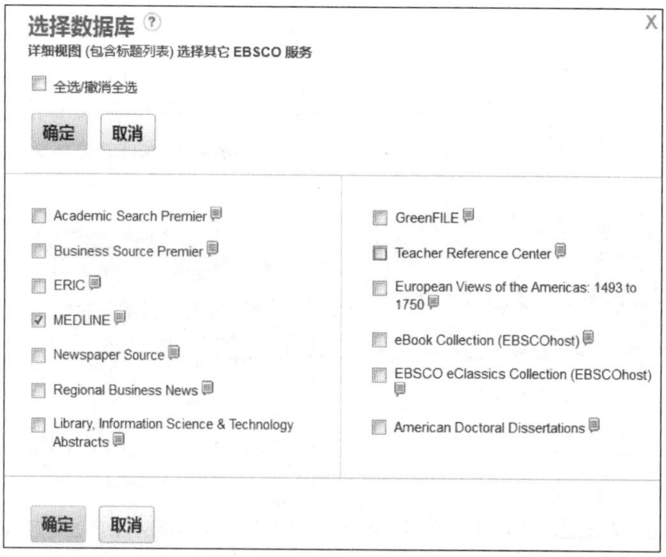

图 4-2-2　数据库选择

二、检 索 功 能

EBSCOhost MEDLINE 提供有基本检索（Basic Search）、高级检索（Advanced Search）、主题词检索（MeSH 2016）、出版物检索（Publications）、引文匹配检索（Citation Matcher）、索引检索（Indexes）共六种检索模式。

（一）基本检索（Basic Search）

在检索输入框内输入检索词、词组或布尔逻辑检索式，点击【搜索】按钮即可执行检索。逻辑运算顺序为 AND 和 NOT 比 OR 优先。系统支持通配符?、*和位置算符 n、w（详见“检索技巧”）。用户可以通过打开检索框下方的“检索选项”（Search Options）对检索式或检索结果进行进一步限定。

（二）高级检索（Advanced Search）

有三个检索框可输入三组检索词，可为每组检索词限定检索字段，指定各组检索词之间的逻辑运算关系，逻辑运算顺序为 AND 和 NOT 比 OR 优先。如果检索词多于三个，可以点击“⊕”添加行（图 4-2-3）。

图 4-2-3　EBSCOhost 高级检索页面

如果用户输入检索词而未选择字段名，勾选“建议主题语”后点击【搜索】按钮，系统会提示与该检索词相关的主题词及包含该词的主题词。

（三）主题词检索（MeSH 2016）

在主题词浏览框中输入检索词，点选主题词列表选项（系统默认相关性排序，用户也可选择“词语的开始字母”或“词语包含”)，点击【浏览】按钮，进入主题词列表。

如果用户需要了解该主题词的树状结构，可点击该主题词超链；勾选主题词左边的方框，系统显示副主题词列表。系统将用户所勾选的主题词和副主题词自动添加到右侧框中（图 4-2-4）。

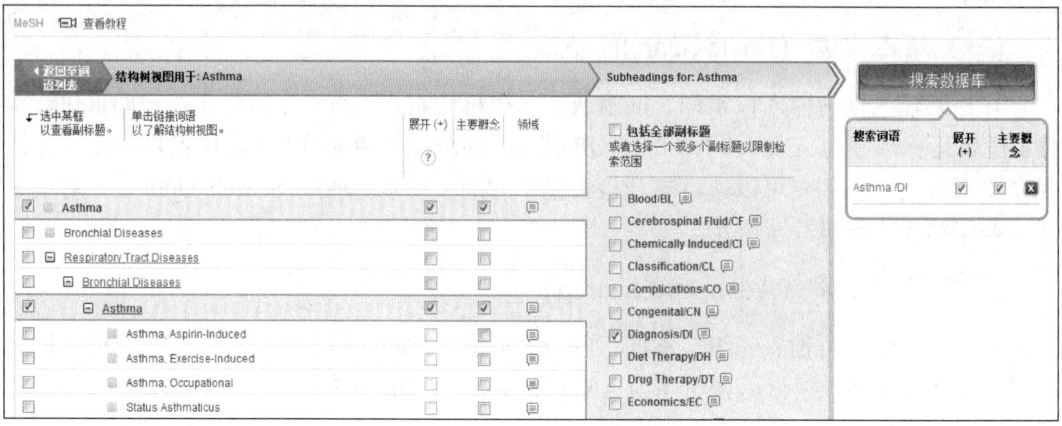

图 4-2-4　EBSCOhost MeSH 检索页面

选中一个或多个主题词及副主题词，确认是否需要“展开”（扩展下位主题词）和作为“主要概念”，点击【检索数据库】按钮，完成检索（如果有多个主题词，需要选择词间关系）。

(四) 出版物检索 (Publications)

输入刊名的部分词，点击【浏览】按钮，系统将含有该词的期刊列表显示出来（包括刊名全称、缩写及 ULM 编号）。

勾选刊名左边的方框（可多选，各期刊之间默认为逻辑“或”的关系），点击【添加】按钮，将选中期刊添加到页面上方的搜索框（图 4-2-5），点击【搜索】按钮即可检索出 MEDLINE 收录的来自这（些）期刊的文献。

图 4-2-5　EBSCOhost 出版物检索页面

点击刊名超链，系统将显示该刊的详细情况，点击“在此出版物内检索”，也可检索出 MEDLINE 收录的来自这种期刊的文献。

（五）引文匹配检索（Citation Matcher）

输入文献的部分信息，如出版物、日期、卷、开始页面、作者、标题或入藏编号（图 4-2-6），以便查找特定文献。其中出版物、作者和标题字段支持通配符和截词符，但不支持布尔逻辑运算符和字段标记。

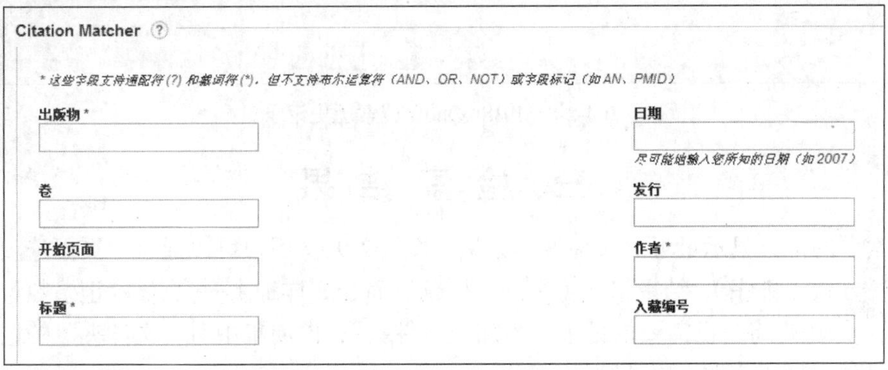

图 4-2-6　EBSCOhost 引文匹配检索页面

（六）索引检索（Indexes）

在“浏览索引”后面的下拉菜单中选择需要索引的字段，如“country”；输入检索词，点击【浏览】按钮，系统显示包含该词的词语索引（图 4-2-7）。勾选所需要的词语，以选定的逻辑关系将其“添加”到检索框中进行检索。

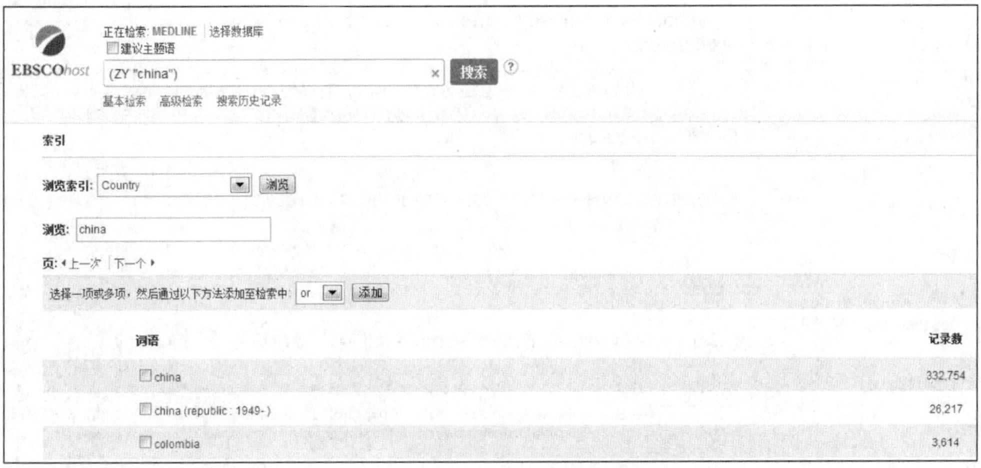

图 4-2-7　EBSCOhost 索引检索页面

（七）检索历史记录

用户可以查看已执行的检索策略和检索结果数量、编辑修改检索策略，并可利用已有的检索历史记录序号组配新的检索式（图 4-2-8）。

图 4-2-8 EBSCOhost 搜索历史记录

三、检 索 结 果

检索框的下方显示最近一次检索的结果（图 4-2-9）。用户可以通过“页面选项”设定记录排序方式（排序）、结果格式（标准、标题、简介或详细）、每页显示记录数量（默认为 10 条）。用户将自己需要的记录“添加至文件夹”，以便集中对“文件夹”的记录进行精选、保存、打印或发送电子邮件。

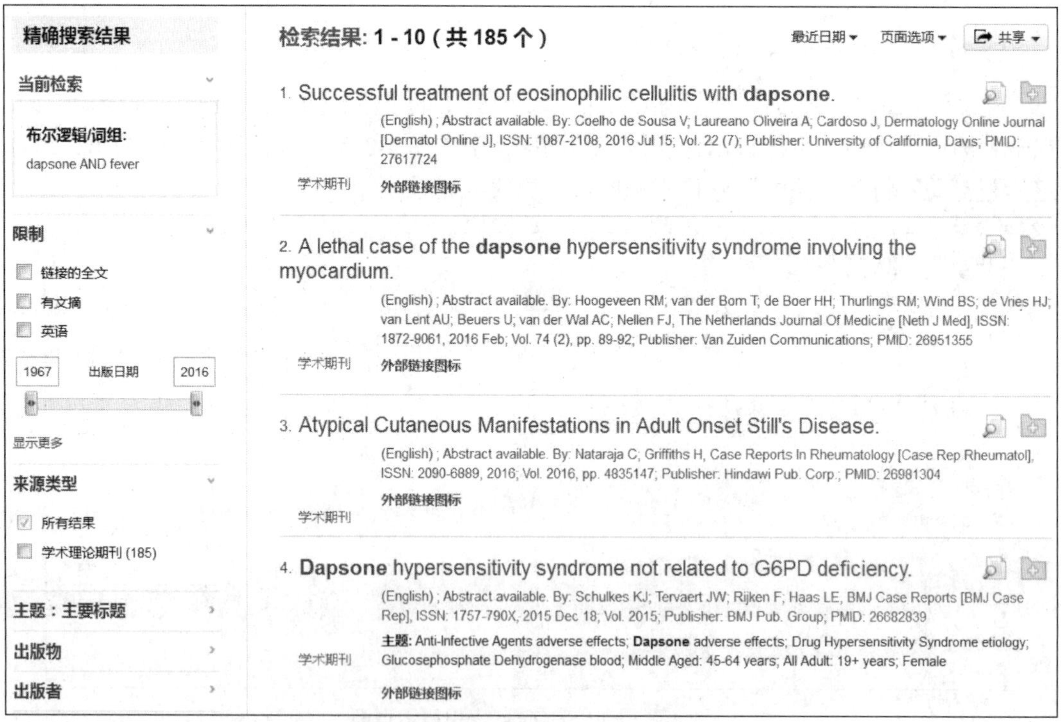

图 4-2-9 EBSCOhost 检索结果页面

检索结果左侧设有筛选条件（精确搜索结果）提示用户对检索结果进行分类显示。

四、个性化服务

EBSCOhost 2.0 系统提供个性化服务“我的 EBSCOhost”（首次使用需要注册）。利用个人账号登陆后，系统能够为用户提供一系列的个性化服务，包括保存首选项、使用文件夹组织搜索、与其他人共享文件夹、查看其他人的文件夹、保存并检索历史记录、创建电子邮件快讯（Alert）和 RSS 源及远程访问用户保存的搜索。

五、检索技巧及实践

（一）检索技巧

1. 字段限定检索　利用索引检索或高级检索模式下的下拉菜单将检索词限定在特定的字段，也可以在检索词后面加上字段标识符指定检索词出现的位置。格式为：字段标识符缩写检索词，如 AU Zhang A。

2. 布尔逻辑检索　系统支持布尔逻辑检索，运算符为 AND、OR、NOT，无论是基本检索还是高级检索界面，运算顺序均为（）＞NOT＞AND＞OR。

3. 截词检索

?　替代一个字符，如 ne?t，可以检索出 neat、nest、next 等，但不能检索出 net。

*　替代任意个字符，如 comput*，可以检索出 computer、computing 等。

4. 位置检索

N 算符：表示两词相邻，顺序任意；加上一个数字表示词间最多可以相隔的单词数。例如：tax N5 reform 表示在 tax 和 reform 之间最多可以加入 5 个任意词，可以检索出：tax reform、reform of income tax 等。

W 算符：表示两词相邻，且顺序不能交换。加上一个数字表示词间最多可以相隔的单词数。例如：tax W8 reform 可以检索出 tax reform，但不能检索出 reform of income tax。

5. 短语检索　如果希望多个检索词作为词组出现，需要将该词组用双引号引起，但是如果含有停用词（stop word）则检索不出结果。

（二）检索示例

例 4-3　在 MEDLINE 数据库中检索有关氨苯砜（dapsone）引起发热（fever）的文献。

（1）分析课题：该课题涉及两个概念——氨苯砜（dapsone）与发热（fever），前者是一种药物，后者是其不良反应之一。二者之间为逻辑“与”的关系。

（2）检索方式：基本检索，高级检索，主题词检索。

（3）检索标识：①dapsone；②fever。

（4）检索提问式：①AND②。

（5）操作步骤及结果：点击“选择数据库”，勾选“MEDLINE”数据库。

方法一：基本检索。

在检索框中输入 dapsone AND fever，得检索结果 185 条。

方法二：高级检索。

1）在第一行检索框中输入 dapsone，选择“AB”字段。

2）在第二行检索框中输入 fever，选择“TI”字段。

3）行间逻辑关系选择“AND”，点击【Search】按钮执行检索。

4）检索结果 3 条。

方法三：主题词检索。

1）检索标识：①dapsone/adverse effects；②fever/chemically induced。

2）检索提问式：①AND②。

3）操作步骤：①在主题词检索（MeSH 2016）页面输入检索词 dapsone，点击【浏览】按钮，系统显示相关主题词列表；勾选 dapsone 前面的方框，系统显示可组配的副主题词列表；勾选副主题词“adverse effects/AE”，页面右方显示“搜索词语 dapsone/AE”（图 4-2-10）；点击【搜索数据库】按钮，系统返回检索结果 700 条。②重复步骤①，得到“fever/CI”的检索结果 4462 条。③点击【搜索历史记录】按钮，勾选 S1 和 S2 前面的方框（图 4-2-11），点击【AND 检索】按钮执行检索。④检索结果 13 条。

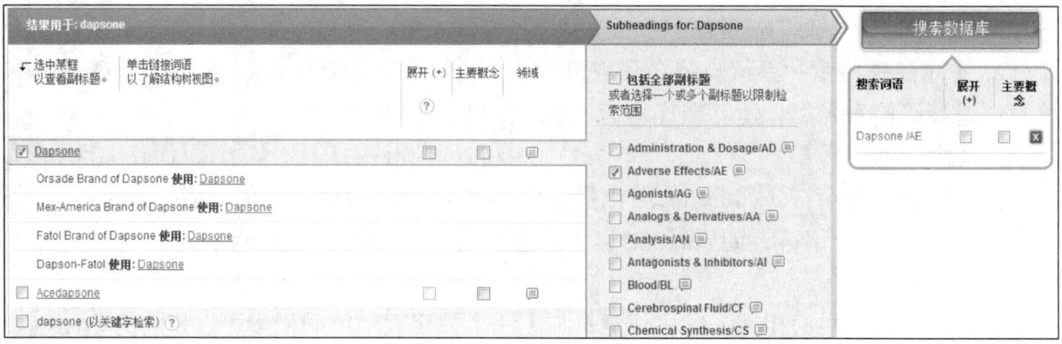

图 4-2-10　主题词检索页面

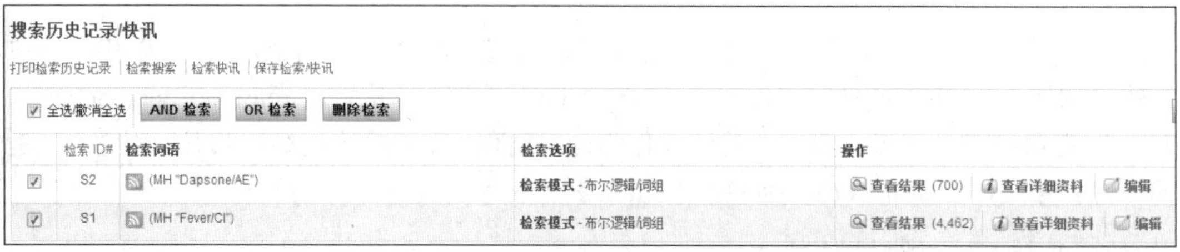

图 4-2-11　搜索历史记录页面

（李朝葵）

第三节　其他外文期刊数据库

一、ScienceDirect 数据库

（一）概述

荷兰 Elsevier（爱思唯尔）公司是跨国科学出版公司，出版的期刊大多数为核心期刊。其网络检索平台是 ScienceDirect 全文文献数据库，该数据库涵盖数学、物理、化学、生命科学、计算机、医学、环境科学等众多学科，收录全文文章总数已超过 1100 万篇。

ScienceDirect 的访问方式可分为 SDOS（ScienceDirect OnSite）和 SDOL（ScienceDirect OnLine）两种。SDOS 是访问国内的镜像站点，只有订购授权的用户才能访问。SDOL 访问的是国外镜像站点，其网址是 http：//www.sciencedirect.com/，可以免费检索并查看题录、摘要和部分原文。

ScienceDirect 数据库首页可以分为快速检索、高级检索、注册登陆、分类浏览等几个区域，如图 4-3-1 所示。

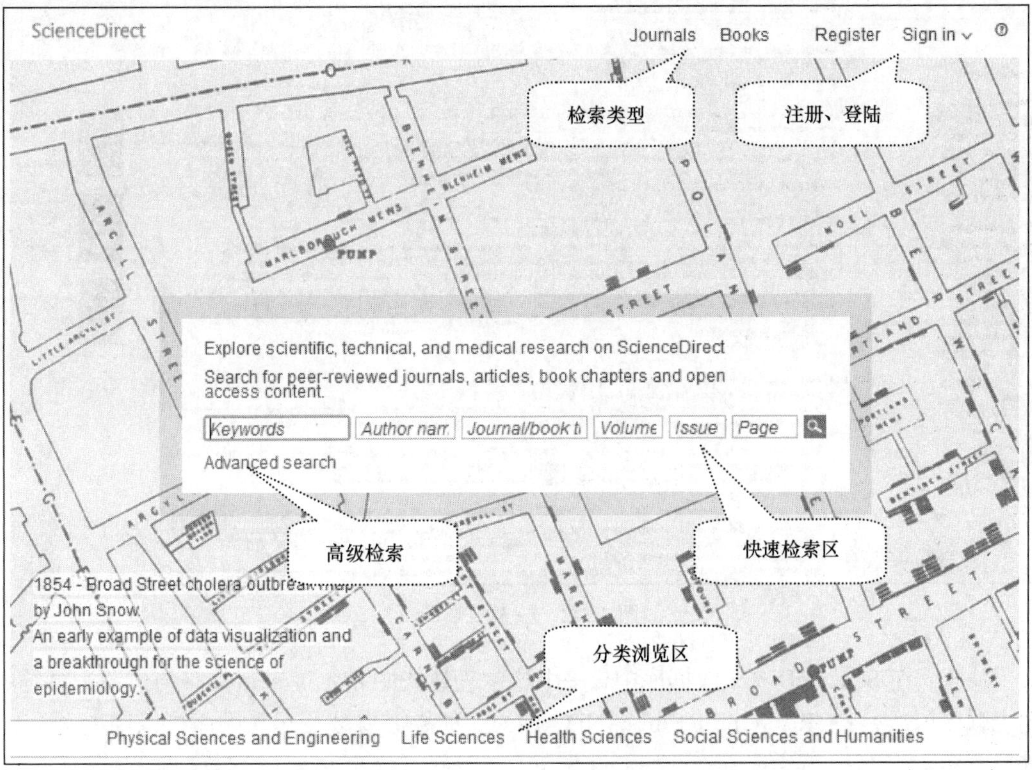

图 4-3-1 ScienceDirect 数据库首页

（二）检索功能

ScienceDirect 提供了多种检索模式，其中：快速检索能对关键词、作者、期刊名/书名、文献的卷期页码进行查询；高级检索（Advanced search）可以限定更多检索字段的进行检索，并能对出版物类型和所属学科进行限定。

（三）检索结果

检索结果页面如图 4-3-2。对于输入的关键词，系统会在结果页面以高亮显示。用户可以通过结果分组区（左侧）对结果进行新的筛选。对于检索结果提供按相关性（Relevance）或时间（Date）进行排序。如果想保存题录信息，可以通过题录的复选框进行勾选，然后点击【Export】按钮，在新弹出的页面中选择保存的格式即可。

（四）检索技巧与实践

1. 检索技巧

（1）系统支持布尔逻辑检索，运算符为 AND、OR、NOT。

（2）位置检索

“W/*n*”：用于限定两个检索词之间相对距离的运算符，该运算符不限定两个检索词的前后顺序位置。

“PRE/*n*”：同样是用于限定两个检索词之间相对距离的运算符，但是该运算符限定两个检索词的前后顺序位置。

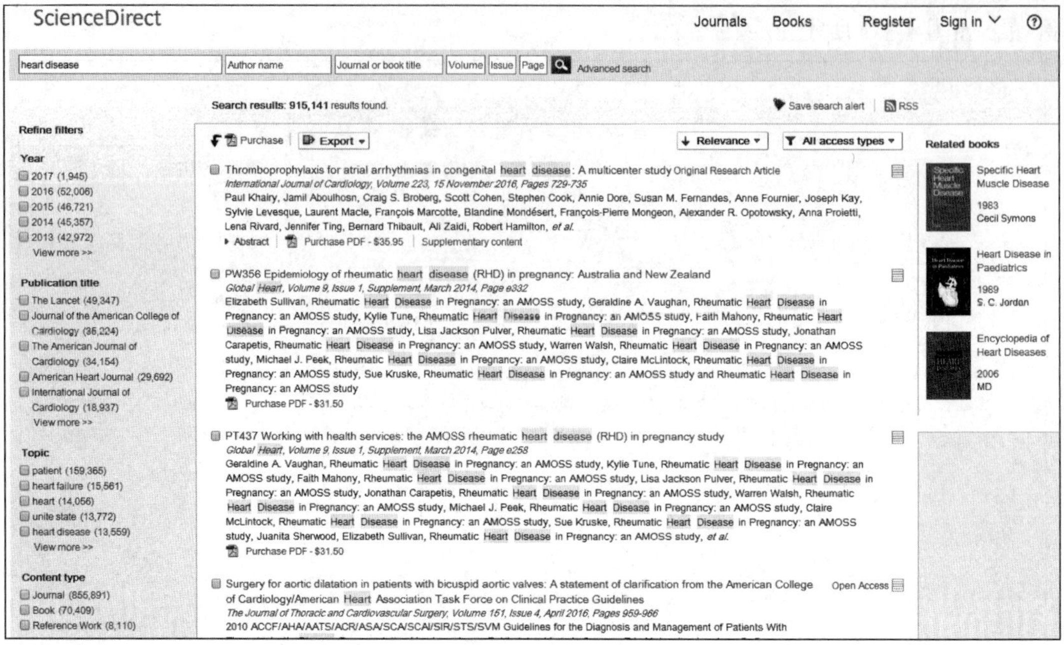

图 4-3-2 检索结果页面

注意：在 ScienceDirect 数据库中，一个检索表达式中布尔逻辑运算符与位置运算符的优先顺序依次是：OR、W/n|PRE/n、AND、NOT，如果需要改变运算顺序可以用英文（ ）进行改变。

（3）截词检索

星号“*”：在一个检索词中代替任意个字母（包括 0 个），如检索表达式 h*r*t 可以检索到包含“heart”“harvest”“homograft”“hypervalent”等单词的文献。

问号“?”：在一个检索词中代替一个字母，如检索表达式 gro?t 可以检索到包含“grout”或“groat”单词的文献，但是不能检索出仅包含“groundnut”或“grommet”单词的文献。

（4）短语检索：英文半角双引号表示把引号中的内容作为一个整体进行检索，而不是拆分检索，其有别于 AND 运算符。

2. 检索示例

例 4-4 检索题名中包含 heart disease 的文献。

（1）分析课题：该课题只涉及一个概念【heart disease】，限定条件为文献的题名。

（2）检索标识：heart disease。

（3）其操作步骤见图 4-3-3。

（4）检索结果：共 18 273 条记录。

二、SpringerLink 数据库

（一）概述

德国斯普林格（Springer-Verlag）出版社通过 SpringerLink 网上出版系统提供学术期刊、电子图书、电子工具书、电子丛书的在线服务。目前，Springer Link 提供 3300 多种同行评议的学术期刊和 222 000 多本在线电子书，涉及领域：生命科学、医学、数学、化学、

环境科学、地球科学、物理学等学科。

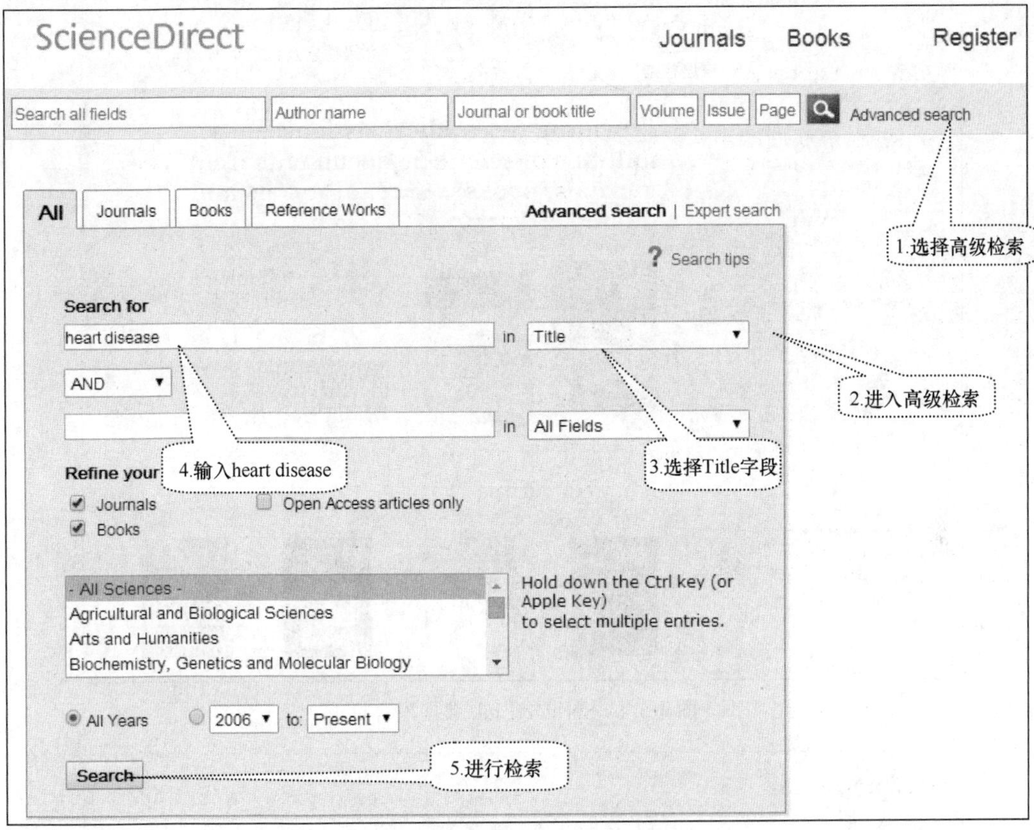

图 4-3-3　利用高级检索方法检索示例 1

SpringerLink 的中国镜像站是 http：//springer.lib.tsinghua.edu.cn，订购用户才可以使用；德国站点 http：//link.springer.com/，提供免费浏览、检索、题录和文摘。

SpringerLink 数据库首页可以分为注册登陆、快速检索、高级检索及检索帮助、快速浏览、学科浏览等几个区域，如图 4-3-4 所示。

(二) 检索功能

系统提供了多种检索模式，包括以下几种。

简单检索：能对文献题名、摘要、全文字段进行统一检索。

高级检索：除了具有简单检索的基本功能，还可以对文献的题名、摘要、全文、作者、出版物名称、卷、期、页码字段进行单独检索，同时还能对出版类型及出版时间进行限定。

多类型浏览：提供了按出版物类型（期刊、书籍、实验指南等）浏览、按学科分类浏览、按出版物名称浏览。

(三) 检索结果

用户可以通过左侧的“Refine Your Search”对结果进行新的筛选。对于检索结果，系统提供按相关性、时间进行排序（Sort by）。文献标题旁如果标有红色的“Open Access”小方框，表示此文献可以免费获取全文（图 4-3-5）。

图 4-3-4　SpringerLink 数据库首页

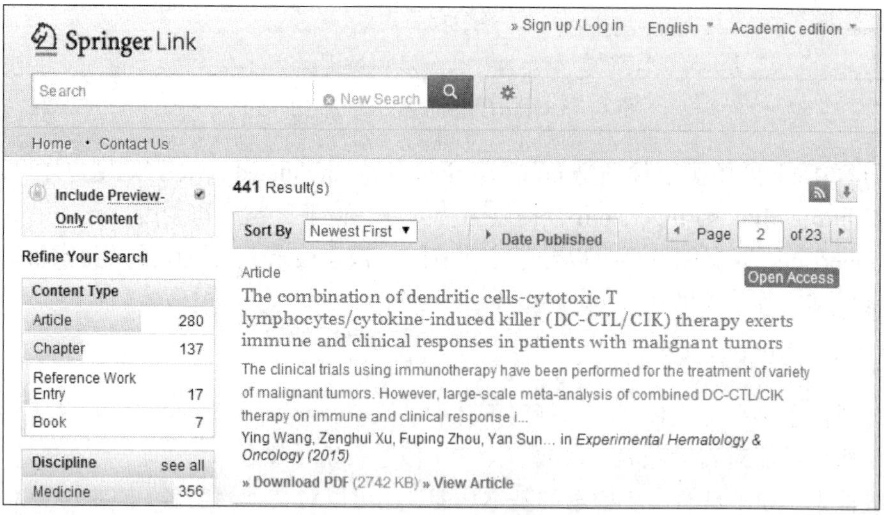

图 4-3-5　检索结果页面

(四) 检索技巧及实践

1. 检索技巧

(1) 布尔逻辑检索，运算符为 AND、OR、NOT。

(2) 位置检索

“NEAR/*n*”：用于限定两个检索词之间相对距离的运算符，该运算符不限定两个检索词的前后顺序位置。

“ONEAR/*n*”：同样是用于限定两个检索词之间相对距离的运算符，但是该运算符限定两个检索词的前后顺序位置。

（3）截词检索

星号“*”：在一个检索词中代替任意个字母（包括 0 个），如检索表达式 hea* 可以检索到包含“head”“heats”“health”“heated”“heating”等单词的文献。

问号“?”：在一个检索词中代替一个字母，如检索表达式 hea?可以检索到包含“head”“heat”“heal”等单词的文献。

2. 检索示例

例 4-5　检索 2005～2015 年之间发表的题名中包含 malignant tumors 的文献。

（1）分析课题：该课题只涉及一个概念——malignant tumors，限定条件为文献的题名和文献发表的年限；可以选择高级检索进行检索。

（2）检索标识：malignant tumors。

（3）操作步骤

1）选择高级检索。

2）在“where the title contains”下的框中输入 malignant tumors。

3）输入年份 between 2005 and 2015。

4）点击【Search】按钮执行检索。

（4）检索结果：共 441 条记录。

三、Dialog 国际联机检索系统

美国 Dialog 联机检索系统于 1963 年建立，于 1972 年正式开始提供商用联机服务。Dialog 现有全文、题录、事实及数据型数据库 900 多个，其内容涉及广泛，包括综合性科学、自然科学、社会科学、工程技术、人文科学、时事报道及商业经济等各个领域。其数据来源于各种不同的图书、报纸、杂志期刊、技术报告、会议论文、专著、专利、标准、报表、目录、手册等。

Dialog 的 900 多个数据库中，有许多极具代表性的和常用的数据库，著名的数据库如 CA（化学文摘）、INSPEC（英国科学文摘）、MEDLINE（医学文献数据库）、BA（生物学文摘）、NTIS（美国政府报告）等都加入到 Dialog 系统中；还有著名的几大检索数据库，如 SCI（科学引文索引）、EI（工程索引）、ISTP（科技会议录索引）、SSCI（社会科学引文索引）、AHCI（艺术与人文科学引文索引）等也都可从 Dialog 系统中检索；再有世界著名的 DERWENT 专利数据库及美国专利、欧洲专利、日本专利等数据库也都可在 Dialog 中查询。2010 年，Dialog 被 ProQuest 公司收购，而后 ProQuest 推出新的检索平台 ProQuest Dialog，其中文检索平台是 http：//www.proquest.com/APAC-CN/。

四、EMBASE 数据库

EMBASE 数据库全称 Excerpta Medica Database，由荷兰爱思唯尔（Elsevier）公司出版，是印刷型检索工具 Excerpta Medica（荷兰《医学文摘》）的电子版。其在线访问网址是 http：//store.elsevier.com/embase，它是 EMBASE 与 MEDLINE 联合而成的生物医学与药理学信息专业检索引擎。

EMBASE 将 1974 年以来的 EMBASE 生物医学记录与 1966 年以来的 MEDLINE 记录相结合，囊括了 70 多个国家/地区出版的 8500 多种期刊，覆盖各种疾病和药物信息，内容涵盖了整个临床医学和生命科学的广泛范围。EMBASE 现在包含将超过 200 万条会议摘要。

（游强华）

第四节　外文期刊文献传递平台

一、NSTL 国家科技图书文献中心

国家科技图书文献中心（National Science and Technology Library，简称 NSTL；网址 www.nstl.gov.cn）是一个虚拟的科技文献信息服务机构，组建于 2000 年，由中国科学院文献情报中心、中国科学技术信息研究所、机械工业信息研究院、冶金工业信息标准研究院、中国化工信息中心、中国农业科学院农业信息研究所、中国医学科学院医学信息研究所、中国标准化研究院标准馆和中国计量科学研究院文献馆组成。按照统一采购、规范加工、联合上网、资源共享的原则，采集、收藏和开发利用理、工、农、医各学科领域的中外文资源。

NSTL 是目前中国最大的科技文献资源收藏实体，外文印本科技文献品种数、外文文献文摘加工量和回溯数据库居全国首位。在全国范围内布局建设了以中心站为核心、以 8 个镜像站和 22 个服务站为节点的科技文献资源服务保障体系。在构建印本科技信息资源保障体系的同时，加强结构性缺失的回溯数字资源建设，初步建立了全国开通、部分单位开通、NSTL 成员单位开通的三级数字资源保障体系，面向全国用户提供网络化、集成化的文献信息服务。

（一）文献检索

1. 快速检索　NSTL 首页设置有快速检索框（图 4-4-1）。在检索框中输入检索词或布尔逻辑检索式，选择检索的文献范围（外文期刊会议、中文期刊会议、学位论文、专利、标准、文集汇编、科技丛书、科技报告、全部资源），点击“快速检索”按钮即可。快速检索不能选择检索字段，但是可以利用检索结果页面的“二次检索”限定检索字段。

2. 普通检索　单击主页导航栏中的“文献检索”，即可进入普通检索页面（图 4-4-2）。或者点击主页快速检索框下面某一数据库名称，也可进入普通检索页面，区别是后者已限定在所选数据库中进行检索。

普通检索包括 3 个步骤：首先选择数据库（系统提供 3 大类共 21 个数据库可供选择，可以单选、多选或全选数据库）；其次根据需要设置查询条件（包括记录形式、时间范围、查询方式和馆藏范围）；然后选择检索字段（检索字段是随所选数据库的不同而变化的，多库查询时所列出的字段是所选数据库共有的字段），并在检索框中输入检索词或检索式（检索框之间可进行“与”“或”“非”的逻辑关系组配），点击【检索】按钮执行检索。

图 4-4-1　NSTL 主页

图 4-4-2　普通检索

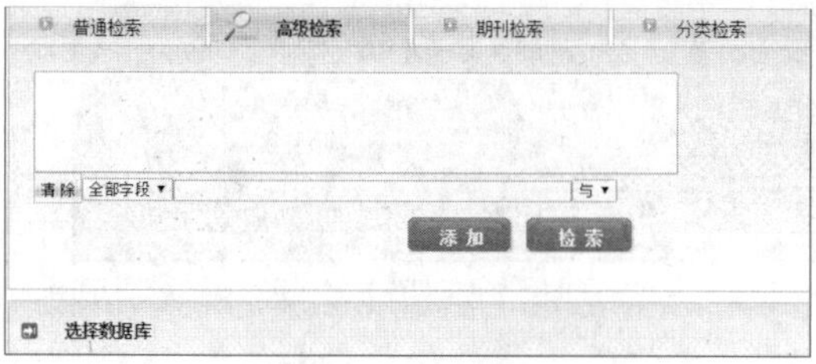

图 4-4-3　高级检索

3. 高级检索　在“文献检索”界面点击【高级检索】按钮即可进入高级检索界面（图 4-4-3）。

高级检索数据库选择和查询条件设置与普通检索相同，检索式构建更为专业。用户既可以选择检索字段、输入检索词、选择词间关系（“与”或“非”）的方式逐个将检索词“添加”到检索文框中构建一个完整的检索表达式；也可以直接在检索式构建框中输入带字段标识符的检索表达式，如 TITLE = cell and AUTHOR = zhang。如果不加字段标识符则表示在所有字段中进行检索。

4. 分类检索　在“文献检索”界面点击【分类检索】按钮即可进入分类检索界面（图 4-4-4）。分类检索是在普通检索的基础上，增加了学科范围的浏览和选择。用户可以在系统提供的 21 个学科大类中任意选择一个学科检索文献。检索界面提供的数据库选择、查询条件设置等，检索方法与“普通检索”相同。

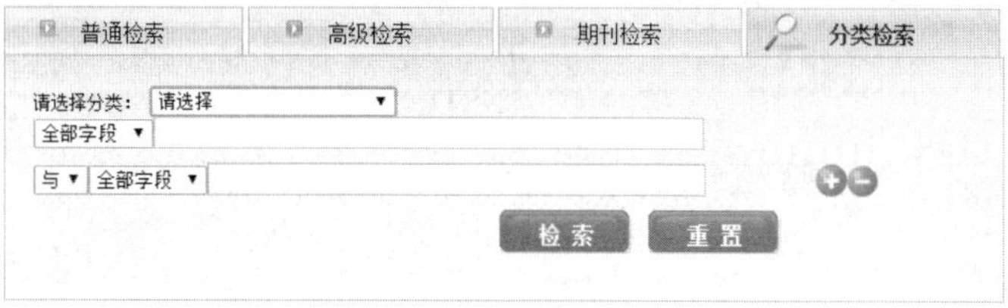

图 4-4-4　分类检索

5. 期刊检索　在“文献检索”界面点击【期刊检索】按钮即可进入期刊检索界面，或者在首页左下方也设有“查找期刊”框。期刊检索可按刊名、ISSN、EISSN 和 CODEN 字段检索相关期刊信息。系统返回结果为相应的期刊信息（刊名、ISSN 号及出版者）。用户可以对单一期刊的文献进行检索，也可以浏览所选期刊的目次信息。

（二）期刊浏览

用户可以在网站首页左侧或者导航栏中选择按刊名字顺或学科分类浏览期刊。

1. 字顺浏览　先选择期刊语种（西文、日文、俄文），再点击刊名首字母，如“L”，系统列出刊名以 L 开头的期刊 360 种，系统显示“字顺浏览方式：TITLE=&L#”；如果此时再点击字母“N”，系统显示“字顺浏览方式：TITLE=&L# N#”，列出的 3 种期刊分别是 *Lens Newsletter*、*Laboratory news* 和 *Lancet Neurology*，即刊名前两个单词的首字母依次是 L 和 N 的期刊。用户如果需要清除当前字顺，必须点击“重置”。

2. 分类浏览　系统将所有期刊分成 21 个大类，每个大类又分成若干小类（鼠标置于大类名时在其右侧打开小类列表），用户单击相应的类名即可浏览该学科类别下的期刊。同时还可以与刊名字顺浏览结合精选期刊，如图 4-4-5 中所示为“医药、药学、卫生”大类下的“临床医学”类以字母“H”开头的期刊列表。

（三）检索结果

1. 期刊检索或浏览结果　包括刊名、ISSN 号和出版者（图 4-4-5），点击刊名链接，可在新窗口中按年卷期浏览期刊目次（图 4-4-6）。用户还可以选择将所勾选的期刊“加入我的期刊”（需要先注册登录）。

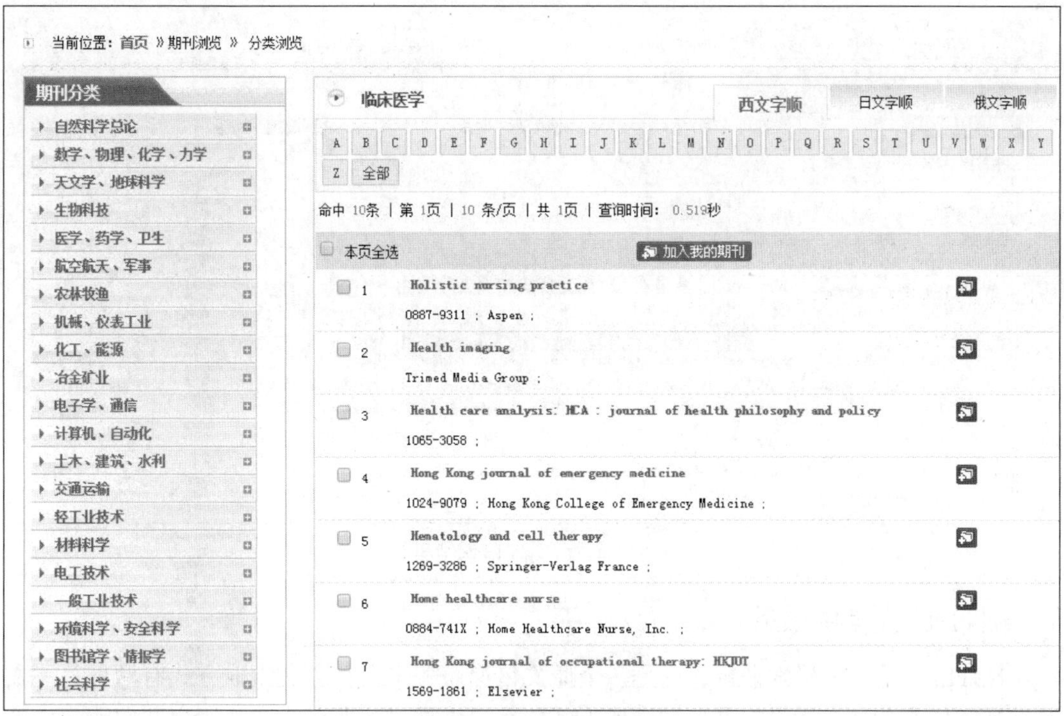

图 4-4-5　期刊分类浏览

图 4-4-6　期刊目次浏览

2. 文献检索结果　文献检索结果列表的每条记录包括题名、作者和文献出处三项（图

4-4-7）。用户可以单击题名查看某文献的详细信息，也可以勾选题录批量查看文献详细信息、加入申请单或加入收藏夹。如果对检索结果不满意，还可以进行二次检索。

图 4-4-7　文献检索结果

(四) 原文提供服务

NSTL 既是一个检索平台，更是一个原文传递服务平台。原文索取方式有两种——文献传递和代查代借。无论选择哪种索取方式，都要先通过注册成为合法用户并向账户中充值后才能操作。

1. 文献传递 对于能够在系统中浏览或检索到的文献题录，用户可以通过文献传递的方式自助订购。具体步骤：①用户选中自己需要的文献题录，点击“加入申请单”图标（如果此时用户未登录，系统会提示用户登录）；②打开登录信息右边的购物车图标查看申请单，再次选中需要购买的文献标题，点击【下一步】按钮；③再次确认申请文献（图 4-4-8），选择服务单位、传递方式（自助获取、普通信函、挂号、特快专递、传真或电子邮件）、备用投递方式及是否加急，点击【下一步】按钮；④核实用户注册时的个人信息，点击【确认申请】按钮。

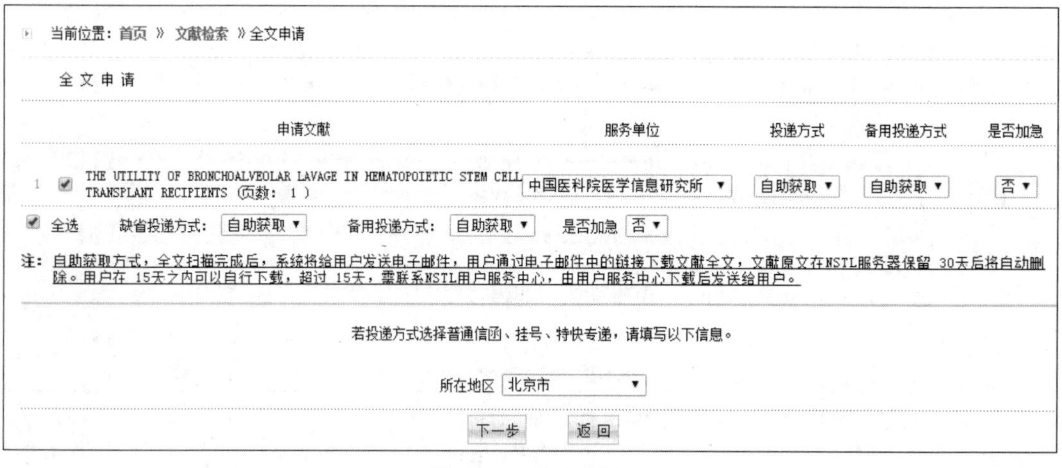

图 4-4-8　全文申请

2. 代查代借　当用户在 NSTL 网站未能检索到自己所需要的文献时，可以选择“代查代借”委托 NSTL 在更广的范围内（国内、国际）代为复制传递该文献全文。具体步骤：①点击首页导航栏的“代查代借”，打开“代查代借请求申请表”（图 4-4-9）；②填写文献信息表单，并选择查找范围、服务单位、投递方式等条件，点击【提交】按钮，生成申请。一张“代查代借请求申请表”只能请求 1 篇文章，一次最多可填写 5 张“代查代借请求申请表”。

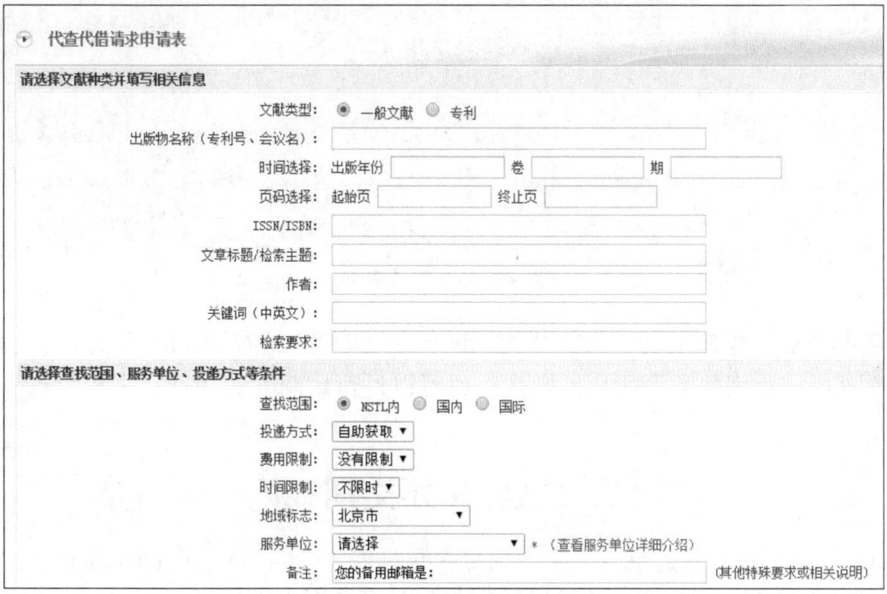

图 4-4-9　代查代借申请表

3. 查询申请或取消　NSTL 一般会在接收到用户全文申请后两个工作日内按照用户所请求的方式发送原文。如果用户选择的是“自助获取”方式接收原文，那么系统将给用户发送电子邮件，用户通过电子邮件中的链接下载文献全文，文献原文在 NSTL 服务器保留 30 天后将自动删除；用户在 15 天之内可以自行下载，超过 15 天，需联系 NSTL 用户服务中心，由用户服务中心下载后发送给用户。首页导航栏的“用户热线”列出了 NSTL 各服务单位的联系方式，方便用户直接联系。

用户可以进入“自助中心”的“申请查询”界面（图 4-4-10），随时查询全文传递或代查代借订单的处理状态（未处理、处理中、已发送或代查代借范围超限）。如果申请尚处于“未处理”状态，用户可以自行取消。

（五）其他资源与服务

1. 全文文献　NSTL 将其购买的国外网络版期刊资源提供给用户使用（部分可获取免费全文），分设有全国开通文献、部分单位开通文献、开放获取期刊、试用期刊、NSTL 研究报告五个栏目。

2. 参考咨询服务　解答用户在科技文献查询与获取过程中遇到的问题，包含实时咨询和非实时咨询，另外，“已回答问题”和“常见问题”栏目汇集了有价值或有代表性的用户提问及其答复，以便浏览和检索。

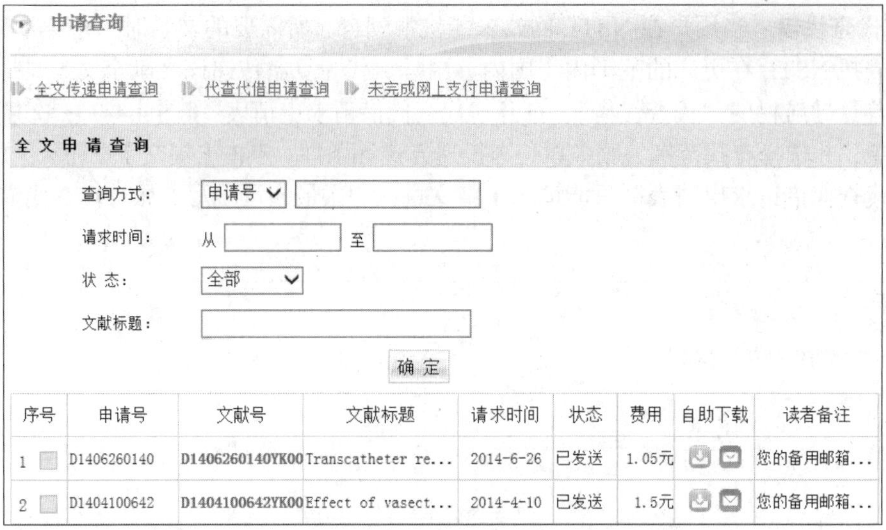

图 4-4-10 申请查询

3. 自助中心 用户不仅可以通过“自助中心”进行申请查询，也可以修改注册信息、进行账户充值、查询账务等账户类操作；还可以进行定制推送文献、收藏期刊等个性化操作。

二、CALIS 外文期刊网

《CALIS 外文期刊网》原名西文期刊目次数据库（CALIS Current Contents of Western Journals，简称 CCC），是 CALIS 推出的一个集各高校图书馆馆藏西文期刊，引进目次数据库和全文数据库为一体的综合服务体系，报导期刊目次和馆藏详细信息，提供文献传递与电子全文链接。目前该系统共收录高校图书馆馆藏的印刷版及电子期刊约 13 万种，每种期刊都标记高校图书馆收录状况，帮助读者最大可能地查到所需文献，数据每周更新一次。

系统网址为 http：//ccc.calis.edu.cn/。

（一）检索功能

CALIS 外文期刊网利用“查找文章”“期刊浏览”“数据库导航”“图书馆馆藏”全方位揭示文献资源。

1. 查找文章 系统提供有快速检索和高级检索两种检索方式。快速检索（图 4-4-11）通过选择篇名、作者、刊名、ISSN 等字段，输入检索词，即可进行相关文章的检索。高级检索（图 4-4-12）提供了四个检索词输入框，可以输入多个检索词进行多字段组合检索，同时还提供字段之间的逻辑运算关系选择（AND、OR）、检索词匹配度选择（包含、完全匹配、前方一致），以及出版时间和收录范围限制。

2. 期刊浏览（图 4-4-13）

（1）期刊检索：选择刊名、刊名缩写或期刊首字母缩写字段，输入相应的检索词，可以检索并浏览相应期刊。同时可以选择检索词匹配度（包含、完全匹配、前方一致），也可以限定期刊载体形态（纸本期刊、电子期刊），还可以限定期刊所属数据库或学科范围（左侧期刊导航栏）。

图 4-4-11　CALIS 外文期刊网

图 4-4-12　高级检索

（2）期刊导航（图 4-4-14）：系统也提供按期刊所在文摘库、刊名首字母或者所属学科浏览某类期刊。例如：用户需要找到刊名以“G”开头的“医学”类期刊，系统不仅会按刊名字顺列出命中期刊列表，而且在左侧的期刊导航栏相应的数据库和学科类名左侧的括号中显示各自命中的期刊数量。

（3）期刊信息列表：对于用户所检索到的期刊，系统列出刊名、ISBN 号、收藏情况等信息，部分期刊还有卷期信息，本馆有购买的期刊显示有“全文库链接”以便用户直接跳转到相应的数据库查看或下载 PDF 格式的全文。

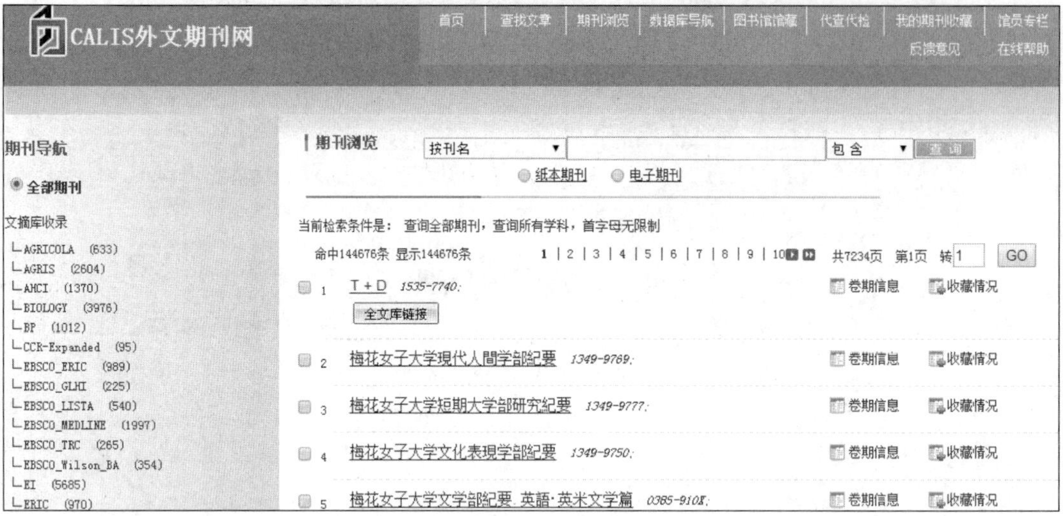

图 4-4-13　期刊浏览

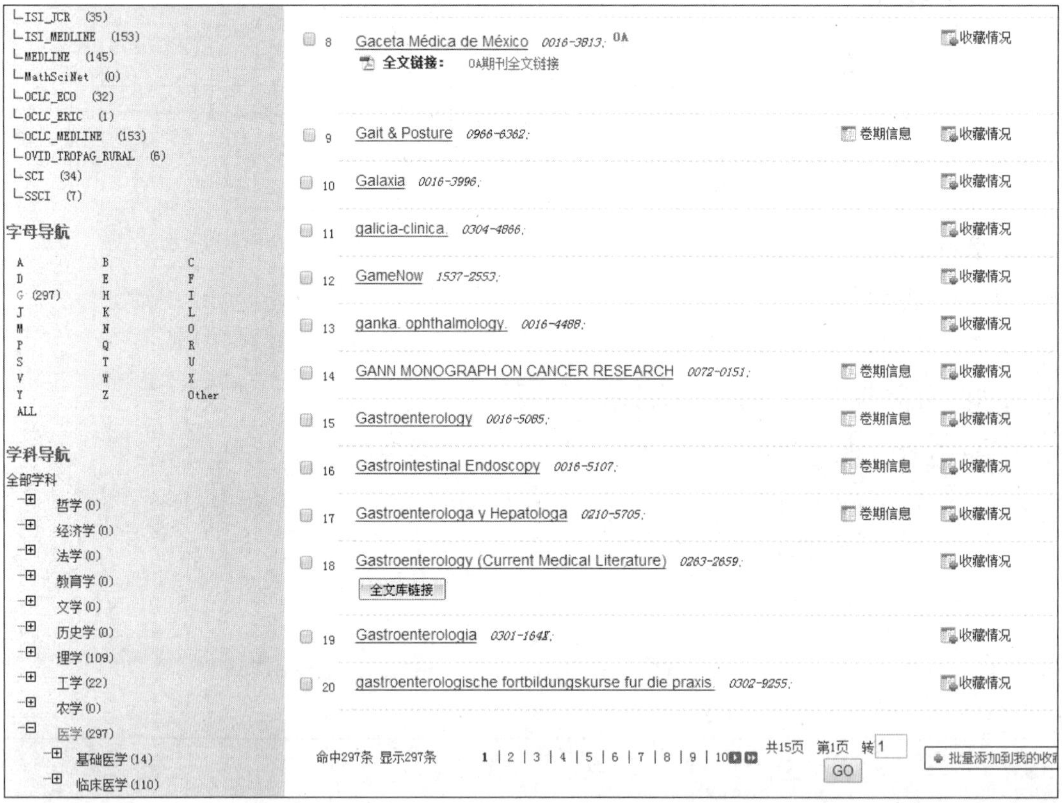

图 4-4-14　期刊导航

3. 数据库导航（图 4-4-15）　系统按库名字顺列出数据库中英文名称、所含期刊种数、目次覆盖刊覆盖率及数据库类型等信息。鼠标置于数据库名称时可以在浮窗中查看数据库详细介绍；点击数据库名称或期刊种数数字可以在新窗口中显示其中所含期刊列表，包括刊名、收藏情况、卷期信息及全文链接等信息。用户也可以通过选择数据库名起始字母查询数据库，或者按数据库类型（全文库或文摘库）浏览数据库列表。

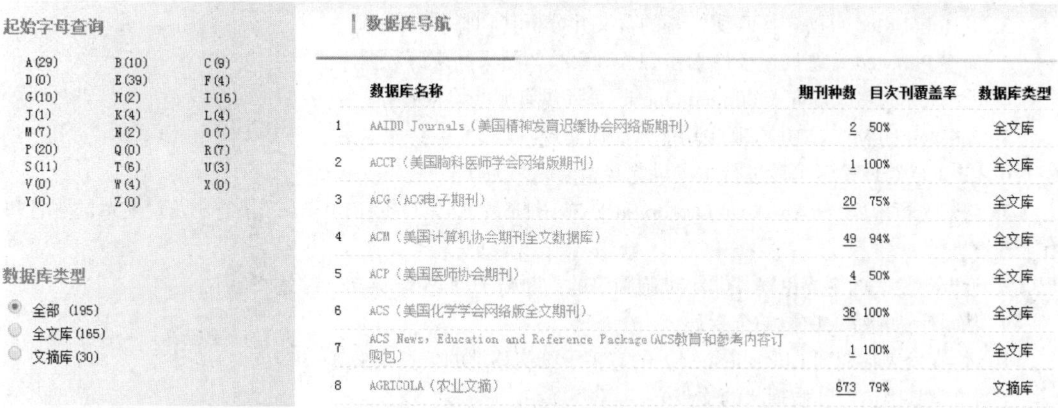

图 4-4-15　数据库导航

4. 图书馆馆藏（图 4-4-16）　系统将两千多个大学图书馆按馆名字顺列出，部分图书馆可以直接链接到其主页。用户也可以通过左侧的导航栏选择性地浏览某类图书馆资源（如 CALIS 全国中心、某省的高校图书馆）。

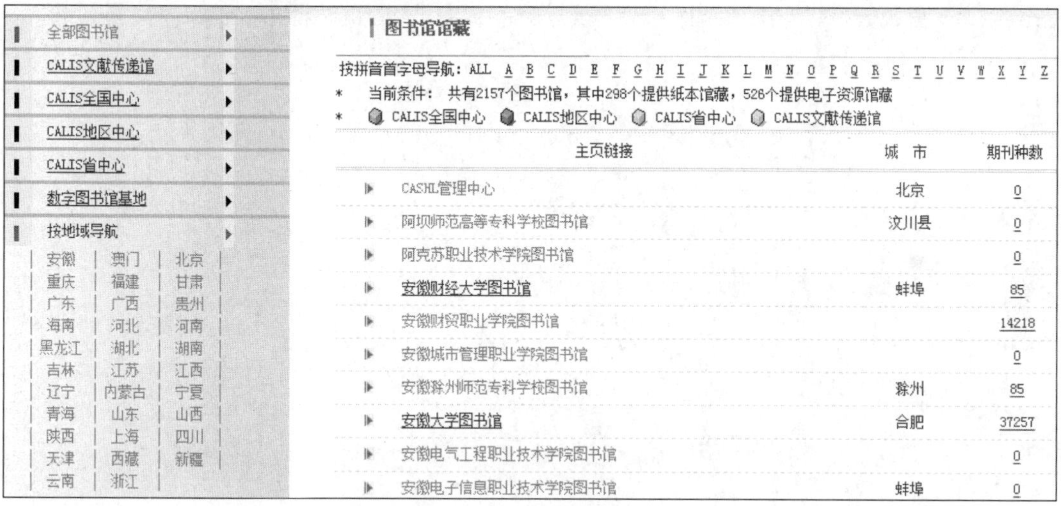

图 4-4-16　图书馆馆藏

（二）全文获取

1. 文献传递　系统连接了 CALIS 馆际互借系统，读者可以把查找到的文章信息直接发送文献传递请求获取全文（有的高校需要通过单位图书馆）。

2. 代查代检　当用户通过该网站没有检索到自己需要的期刊文献时，可以通过“代查代检”发送文献传递请求，请图书馆馆际互借员代为查找。具体操作：按系统提示登录后，在文献申请表单上录入自己所需要文献的相关信息，点击【提交】按钮发送文献传递申请。前提是本单位图书馆与 CALIS 签订有文献传递合约。

（李朝葵）

思考练习题

1. 简述 PubMed 的文献收录范围。

2. 简述 PubMed 自动转换匹配检索的含义并分析其利弊。

3. 简述 PubMed 主题词途径检索步骤，观察检索结果的来源数据库。

4. PubMed 的临床查询（Clinical Queries）提供有哪些检索服务？

5. PubMed 的 My NCBI 有哪些功能？如何实现？

6. EBSCO 跨库检索可以进行主题词途径检索吗？为什么？

7. 已知文章出处：J Am Acad Orthop Surg. 2016 Nov；24（11）：e148-e162.请查出这篇文章的题名和作者全名。

8. 近五年发表的主要论述“非小细胞肺癌的诊断与护理”（限英文、综述文献）。

9. 基因疗法治疗大白鼠帕金森病。

10. 检索发表在期刊 Life sciences 上的有关干细胞移植的免费全文。

11. 检索基因治疗肿瘤现状的文献。

12. 候选转移抑制基因（MTSS1）与肿瘤关系的文献。

13. 在 SpringerLink 数据库中检索并下载 *The Gene Ontology Handbook* 图书。

14. 在 SpringerLink 数据库中，期刊 *International Journal of Implant Dentistry* 是否能免费阅读全文？

第五章 循证医学及其证据检索

循证医学是20世纪90年代以来医学界最炙手可热的话题，西方媒体称它为一项震荡世界的构想，一场发生在医学实践里的革命，循证医学正在改变着沿袭千古的基于经验的医学实践模式。

第一节 循证医学概述

一、循证医学的概念

（一）循证医学的定义

循证医学（evidence-based medicine，EBM）即遵循证据的医学，是国际临床领域近年来迅速发展起来的一种新的医学模式。著名流行病学家David Sackett教授将循证医学定义为“任何医疗决策的确定都应基于客观的临床科学研究依据；任何临床的诊治决策，必须建立在当前最好的研究证据与临床专业知识和患者的价值相结合的基础上”。这句话定义了临床医学的新模式，强调最佳证据、医生的专业知识和经验、患者需求三者的结合，并且指出三者缺一不可，相辅相成，共同构成循证思维的主体，这三者也构成了循证医学的“三要素”。其核心思想是：医疗决策应尽量以客观研究结果为依据。医生开具处方、制订医疗方案或实践指南、政府机构制定卫生政策或医疗卫生决策等，都应根据现有的、最好的研究结果来进行。

（二）循证医学的基本原则

Gordon guyatt 在 2007 年第二版“Users'Guides”中强调循证医学的两个基本原则：①证据必须分级以指导临床决策。②仅有证据，不足以做出临床决策。

（三）循证医学的临床实践基础

1. 医生 系循证医学实践的主体。作为实践循证医学的医生，首先要具备良好的医学理论基础和过硬的临床经验和技能，同时还要有不断进取和革新精神及全心全意为患者服务的精神，这样才可能去发现患者的临床问题，并充分地应用自己的智慧和能力去解决患者的问题，促进循证医学实践，以提高自己的临床学术水平。

2. 患者 系循证医学实践服务的主体。实践循证医学，务必要取得患者的合作，具备对诊疗措施良好的依从性。为此，应关心体贴患者，构建良好的医患关系，否则，任何有效的方法与措施，若无患者的合作，都难以成功。

3. 最佳证据 是实践循证医学的“武器”，是解决患者临床问题的手段，是来源于现代临床医学的研究成果，而这种证据的获取，则依赖于应用科学的方法来检索、分析与评价，结合具体的临床问题择优采用。

4. 医疗环境 循证医学实践都要在具体的医疗环境下推行。不同级别的医院，设备条件和医务人员的水平各异，即使某一最佳措施和方法对某疾病疗效很好，可是当医疗环境条件受限时，也难以实现。因此，循证医学实践应结合具体的医疗环境，讲求实事求是。

以上四个部分是循证医学实践的基础，缺一不可，是一个对临床患者科学诊治的复杂系统工程。

二、传统医学与循证医学的区别

循证医学的兴起和发展固然是由它优于传统医学模式的特点而决定的，但它的出现不是、也不能否定和取代所有的经验医学，而是两种模式互相依存、互相补充、共同发展。经验医学解决不了的问题，循证医学若能解决，则会提供高质量证据予以证实；若解决不了，则还需经验医学和循证医学研究并行探索。

因此，它们之间的区别是相对的，主要体现在以下几个方面。

（一）临床证据的来源不同

传统模式用以动物实验为主要研究手段的病理生理学成果，解释疾病的发病机制和生化指标等，并用这些指标评价临床疗效；循证医学模式认为，掌握疾病发病机制和观察各种临床指标的变化是必要的，但来自临床随机对照试验及 Meta 分析的数据是最佳证据。经验医学的证据来源于教科书和零散的临床研究，而循证医学的证据则完全来源于临床研究，且多为前瞻性研究。传统医学模式收集的证据常常不系统、不全面；循证医学则是系统全面地收集证据。

（二）评价结果的指标不同

传统医疗模式则注重中间指标（如单纯的实验室检测指标）；而循证医学强调终点指标，即患者的生存能力、生活质量和工作能力，因而更接近患者的需求。传统医学不重视评价证据；循证医学则非常重视评价证据。

（三）对临床医生的要求不同

传统模式主要是以医生的知识、技能和临床经验积累为临床实践基础。循证医学除此以外，还强调掌握临床科研方法，强调利用现代信息技术手段，不断学习和掌握医学证据，利用科学方法正确评价和使用证据。传统医学很难做到系统与全面，而循证医学则要求系统与全面。

（四）临床决策依据不同

传统模式重视专业知识和个人临床经验，循证医学模式既重视临床经验，又特别强调利用最好的临床研究证据，认为“有权威的医学”是专业知识、临床经验和最佳证据的结合。传统医学并无要求评价证据，而循证医学则要求对证据进行严格评价，而且有一套严格的评价方法。

（五）医疗模式不同

传统模式以疾病和医生为中心，患者一般不参与治疗方案的选择。循证医学模式强调以患者为中心，强调患者本身的期望值，将最好的研究证据与医生的技能经验和患者自己的愿望、选择三者之间完美结合起来。

（六）卫生资源配置和利用不同

传统模式很少考虑“成本—效益分析”问题，循证医学则将“成本—效益分析”作为临床决策的一个重要证据。“成本—效益分析”是指分析成本消耗后得到的效果。成本一般通过货币单位表示；效果是指某种医疗措施产生的具体效果，如延长患者生命的具体时间，避免发病或死亡的数字等。通过分析达到以尽可能少的投入来满足患者对医疗保健的需求，使有限的卫生资源得到合理的配置和利用。

三、循证医学实践的目的与意义

（一）循证医学实践的目的

循证医学实践有着强烈的临床性，解决临床医疗实践中的难题，充分地应用医学研究的最佳成果，指导临床医疗实践，促使永葆国际一流水平，以最有效地服务于患者，保障人民健康，同时也培养高素质的临床医务人员，促进临床医学发展等为其根本的目的。

1. 加强临床医生的临床训练，提高专业能力，紧跟先进水平　循证医学要求临床医生要具有过硬的临床能力、敬业和创新上进精神，同时要有高尚的道德情操，并以患者为中心和尊重患者本身价值取向的服务热情，通过具体的循证医学时间，提高医学教育水平并培训高素质的临床医生。

2. 弄清疾病的病因和发病的危险因素　弄清了有关疾病的病因或危险因素的证据，有利于指导健康者预防发病的一级预防；对于已发病而无并发症的患者，也有利于做好预防并发症的二级预防；对于有并发症的患者，也有利于指导三级预防达到降低病死率或病残率的目的。

（二）循证医学实践对临床医学与预防医学的意义

循证医学实践对临床医学及预防医学的影响可大致概括为以下几个方面。

（1）促进医疗决策科学化避免乱防乱治，浪费资源，因而可提高临床医疗及预防医学水平，促进临床医学与预防医学的发展。

（2）促进临床与预防医学教学培训水平的提高，培训素质良好的人才，紧跟科学发展水平。

（3）发掘临床与预防难题，促进临床医学、预防医学与临床流行病学科学研究。

（4）提供可靠的科学信息，有利于卫生政策科学化。

（5）有利于患者本身的信息检索，监督医疗，保障自身权益。

四、循证医学证据的分类和分级

证据是循证医学的核心。研究证据的分类与分级是认知、评价、理解和应用循证医学的基础。全球 23 000 余种生物医学期刊每年发表数百万篇文献，其质量良莠不齐，要从中快速准确的找出自己所需的有用信息，必须依赖相应的技术、方法和手段。循证医学证据分类、分级与推荐的标准和方法，就是帮助读者快速处理海量信息的手段之一。

（一）证据分类

临床研究证据种类繁多，根据研究和应用的不同特点和需求可分为 4 类，见表 5-1-1。

表 5-1-1 临床研究证据的分类

按研究方法分类	按研究问题分类	按用户需要分类	按获得渠道分类
原始临床研究证据	病因临床研究证据	系统评价	公开发表的临床研究证据
二次临床研究证据	诊断临床研究证据	临床实践指南	灰色文献
	预防临床研究证据	临床决策分析	在研的临床研究证据
	治疗临床研究证据	临床证据手册	网上信息
	预后临床研究证据	卫生技术评估	
		健康教育资料	

其中，临床研究证据按研究方法分类可分为原始研究证据与二次研究证据两类。

1. 原始研究证据（primary research evidence） 指直接在受试者中进行单个有关病因、诊断、预防、治疗和预后等试验研究所获得的第一手数据，进行统计学处理、分析、总结后得出的结论。主要包括：

（1）观察性研究（未向受试者施加干预措施）：队列研究、病例对照研究、描述性研究、病理系列、个案报道等。

（2）试验性研究（给予受试者一定的干预措施）：随机对照试验、交叉试验、自身前后对照试验、非随机同期对照试验。

2. 二次研究证据（secondary research evidence） 指尽可能全面地收集某一问题的全部原始研究证据，进行严格评价、整合、分析、总结后所得出的综合结论，是对多个原始研究证据再加工后得到的证据。主要包括以下几点。

（1）系统评价（systematic review，SR）/Meta 分析。

（2）临床实践指南（clinical practice guidelines，CPG）。

（3）临床决策分析（clinical decision analysis）。

（4）临床证据手册（handbook of clinical evidence）。

（5）卫生技术评估（health technology association，HTA）。

（6）实践参数（practice parameter）。

（二）证据分级

20 世纪 60 年代末，美国两位社会学家 Campbell 和 Stanley 首次提出了研究证据分级的思想，并引入内部真实性和外部真实性的概念。

要实现科学高效的决策，使用者不必花费大量时间和精力去检索和评价证据质量（quality of evidence），只需充分利用研究人员预先确立的证据分级标准和推荐意见，参考各种高质量证据帮助科学决策。

因此，研究人员在创建和推广证据分级标准和推荐意见时，必须力图避免偏倚和多变，以减少误导和滥用。但海量的研究证据质量良莠不齐，而证据级别（level of evidence）和推荐强度（strength of recommendations）标准也大相径庭。

1979 年，加拿大定期体检特别工作组（Canadian Task Force on the Periodic Health Examination，CTFPHE）首次对研究证据进行分级并给出了推荐意见。此后多个机构和组织分别对证据质量和推荐强度进行了规范。

国际上较有代表性的 11 种证据分级标准，见表 5-1-2。

表 5-1-2　11 种证据分级一览表

时间	制定者	分级	特点	适用于
1979	加拿大，CTFPHE	三级	第一次基于试验设计对研究证据分级	预防体检
1986	加拿大，Sackett	五级	考虑证据质量	临床用药
1992	美国，AHCPR	四级	纳入 Meta 分析	临床指南
1996	英国，NEEBGDP	三级	纳入系统评价	临床指南
2001	英国，SIGN	八级	同时将系统评价、Meta 分析与 RCT 作为最高证据	临床指南
2001	美国，SUNY Down-state Medical Center	九级	纳入动物实验和体外研究	临床指南
2001	英国，CEBM	五级	引入分类概念	卫生保健
2004	国际，GRADE	四级	考虑研究的设计、质量、结果一致性和证据的直接性	卫生保健
2004	中国，CEBMC※	五级	非医药领域分级	科学研究
2005	美国，Aragon	四级	针对动物研究分级	基础研究
2006	中国，CEBMC※	五级	决策与管理领域分级	政府决策

CEBMC※：中国循证医学中心。

我们从以上 11 个证据分级标准中遴选出最具代表性的 3 种证据分级标准，进行重点介绍。

1. SIGN 标准　1996 年，英格兰北部循证指南制定项目（North of England Evidence Based Guidelines Development Project，NEEBGDP）发布了其制定的证据分级标准和推荐强度，将 RCT、Meta 分析和系统评价共同作为最高级别的证据，这是英国继加拿大和美国之后较系统全面发布自己的分级标准。2001 年，苏格兰院际指南网络（the Scottish Intercollegiate Guidelines Network，SIGN）发布了更详细的证据分级和推荐强度。荷兰、新西兰、澳大利亚等国先后在临床指南中也引入或修订了各自的证据分级和推荐标准，见表 5-1-3。

表 5-1-3　2001 年 SIGN 证据分级及推荐强度

证据水平	定义	推荐级别	定义
1++	随机对照试验的高质量 Meta 分析、系统评价，或偏倚可能性很小的随机对照试验	A	直接适用于目标人群的 1++或 1+证据
1+	随机对照试验质量较高的 Meta 分析、系统评价，或偏倚可能性很小的随机对照试验		
1-	随机对照试验的 Meta 分析、系统评价，或出现偏倚可能性大的随机对照试验		
2++	病例对照或队列研究的高质量系统评价，或出现混杂、偏倚和机遇可能性很小而反映因果关联可能性大的、高质量病例对照或队列研究	B	直接适用于目标人群的 2++及证据或 1++或 1+级证据的外推证据
2+	出现混杂、偏倚和机遇可能性小而反映因果关联可能性较大的、较高质量的病例对照或队列研究	C	直接适用于目标人群的 2+级证据或 2++级证据的外推证据
2-	出现混杂、偏倚和机遇可能性大而反映因果关联可能性明显不足的病例对照或队列研究		
3	非分析性研究，即病例报告、系列病例报告	D	3 或 4 级证据，或 2+级证据的外推证据
4	专家意见		

2. 牛津大学循证医学中心标准 1998 年，Bob Phillips、Chris Ball、David Sackett 等临床流行病学和循证医学专家共同制订了证据分级标准，2001 年 5 月正式发表于英国牛津循证医学中心网站。该标准首次在证据分级的基础上提出了分类概念，涉及治疗、预防、病因等 7 个方面，更具针对性和适用性，已成为循证医学教学和循证临床实践中公认的经典标准，也是循证医学教科书和循证期刊使用最为广泛的标准。研究证据使用的推荐强度分为 5 级，即Ⅰ级、Ⅱ级、Ⅲ级、Ⅳ级、Ⅴ级，见表 5-1-4。

表 5-1-4　2001 年牛津证据分级与推荐强度

推荐强度	证据级别	治疗、预防、病因研究
Ⅰ	Ⅰa	同质性随机对照试验（RCTs）的系统评价（systematic reviews）
-	Ⅰb	可信区间小的随机对照试验
-	Ⅰc	“全或无”病理系列（某干预措施推行前某病病死率为 100%，推行后低于 100%，或推行前某病患者存在死亡或治疗失败现象，推行后无死亡或治疗失败）
Ⅱ	Ⅱa	同质性队列研究的系统评价
-	Ⅱb	单项队列研究（包括质量较差的随机对照试验，如随访率＜80%）
-	Ⅱc	结局性研究、生态学研究
-Ⅲ	Ⅲa	同质性病例对照研究的系统评价
-	Ⅲb	单个病例对照研究
Ⅳ		系列病例观察（包括低质量的队列研究和病例对照研究）
Ⅴ		未经严格评价的专家意见或基于生理、病理生理和基础研究的证据

3. GRADE 标准 2000 年，包括 WHO 在内的 19 个国家和国际组织 67 名专家共同创立了“推荐分级的评价、制订与评估”（GRADE）工作组。2004 年，该工作组循证制定出国际统一的证据质量分级和推荐强度标准，即 GRADE 标准，见表 5-1-5。

表 5-1-5　2004 年 GRADE 证据分级和推荐强度

证据水平	具体描述	推荐级别	具体描述
高	未来研究几乎不可能改变现有疗效评价结果的可信度	强	明确显示干预措施利大于弊或弊大于利
中	未来研究可能对现有疗效评估有重要影响，可能改变评价结果的可信度	弱	利弊不确定或无论质量高低的证据均显示利弊相当
低	未来研究很有可能对现有疗效评估有重要影响，改变评估结果可信度的可能性很大		
极低	任何疗效的评估都很不确定		

这是第一个从使用者角度制定的综合性证据分级和推荐强度标准，易于理解、方便使用、实用性强。目前，包括 WHO 和 Cochrane 协作网在内的 28 个国际组织、协会已经采纳 GRADE 标准。

GRADE 分级方法和早期的证据质量分级系统一样，始于研究设计。一般来说，推荐不同治疗方案而非推荐预后或诊断试验准确性问题时，随机对照试验的证据级别优于观察性研究。设计严谨的观察性研究提供的证据级别高于非对照病例研究。

GRADE 证据质量分级方法中，无严重缺陷的随机对照试验为高质量证据，无突出优势或有严重缺陷的观察性研究属于低质量证据。

五、循证医学实践的基本步骤

根据国外循证医学实践的教学培训与临床经验，归纳了循证医学实践五个基本步骤，其中每个步骤都具有丰富的内涵和科学的方法，他们之间是互相联系的一个完整的整体，无论在任何方面存在不足，都会影响循证医学实践的质量，具体如下。

（一）确定需要解决的临床问题

“提出一个好的问题，用可靠的方法来回答问题”是提高临床研究质量的关键。所以，对于循证医学实践的第一步就是确定需要解决的临床问题。

问题的内容应该重视从患者角度考虑，找准患者存在的需要回答和解决的临床问题，这样可以帮助医生收集或提供真正有利于患者的证据。例如，可以问问患者：“你认为你有什么问题？是否想过选择什么样的治疗方式？希望得到什么样的治疗效果？”从而确保医生以患者为中心去寻找答案。

然而，要提出一个既有临床意义又能够回答的问题并不容易，所以国际上常用 PICO 原则来指导循证医学实践的第一步。

P：特定的患病的人群（patients）。

I：干预（intervention）。

C：对照组或另一种可用于比较的干预措施（comparison）。

O：结局（outcome）。

每个临床问题均应由 PICO 四部分构成。

构建实例如下。

例 5-1　构建不完善的问题。

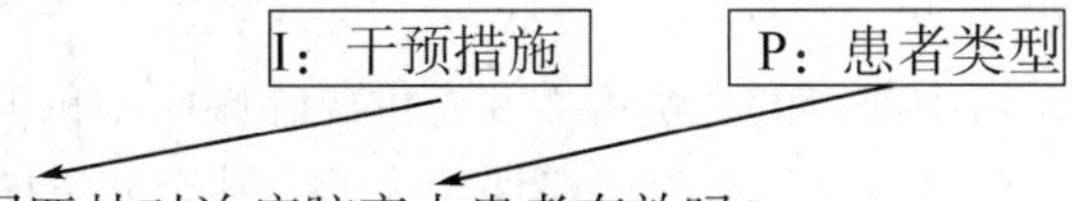

问题 1：阿司匹林对治疗脑卒中患者有效吗？

例 5-2　构建良好的问题。

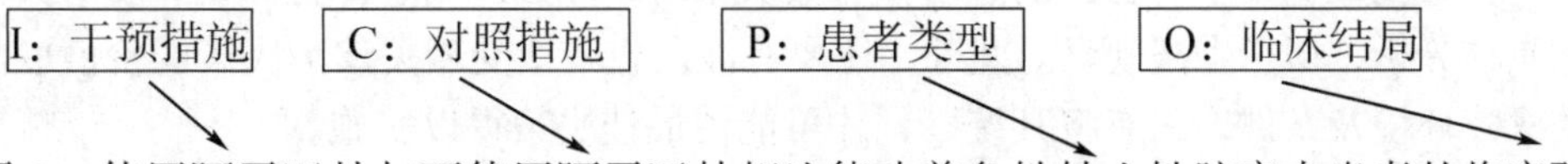

问题 2：使用阿司匹林与不使用阿司匹林相比能改善急性缺血性脑卒中患者的临床预后吗？

例 5-3　对于慢性肾衰竭尿毒症患者肾脏移植与血液透析相比，在生存率和生存质量上哪种方法好？

P：patients	慢性肾衰竭尿毒症患者
I：intervention	肾脏移植
C：comparison	血液透析
O：outcome	能否改善患者生存质量和生存率

例 5-4　对于慢性肾病患者，ACEI 与 CCB 合用与单用 CCB 相比，在保护肾功能、降低血压和尿蛋白方面是否有更多的作用？

P：patients	慢性肾疾病
I：intervention	ACEI+CCB

C：comparison　　CCB

O：outcome　　保护肾功能、降低血压和尿蛋白

总之，要提出一个好的临床问题，需要具备系统扎实的基础与临床专业知识和技能，深入临床实践，善于思考，跟踪本专业研究进展，学会以患者的角度考虑，这样才能提出构建良好的问题。

（二）系统全面地查找证据

首先，要有足够的信息资源，包括：①教科书、专著、专业杂志；②电子出版物或数据库；③检索方式和策略对信息的收集至关重要。

其次，应采用多渠道查询，避免遗漏重要信息，包括上网、计算机检索、手工检索，尽可能全面地检出相关文献资料，作分析评价用。正确确定和应用拟检索的检索词和检索式是非常重要的。

（三）严格评价，找出最佳证据

将收集的有关文献，应用临床流行病学及循证医学质量评价的标准，从证据的真实性、重要性及实用性做出具体的评价，并得出确切的结论。这里将有三种结果，这样的评价结论则更为可靠。

（1）质量不高的文献，或质量可靠但属无益或有害的干预证据者，当弃之不用。

（2）研究的证据尚难定论，当作参考或待进一步研究和探讨。

（3）属最佳证据，则可以做系统评价（systematic review，SR）和 Meta 分析（Meta-analysis）。

（四）应用最佳证据指导临床决策

将经过严格评价的文献，从中获得的真实可靠并有重要临床应用价值的最佳证据，用于指导临床决策，服务临床。反之，对于经过严格评价为无效甚至有害的治疗措施则予以否定；对于尚难定论并有期望的治疗措施，则可为进一步的研究提供信息。

将最佳证据用于对自己的患者做相关决策时，务必遵循个体化原则，要对具体的情况做具体分析，切忌生搬硬套。此外，还要有涉及患者接受相关诊治决策的价值取向和具体的医疗环境及条件，只有将其统一，才可能使最佳决策得以实施。

（五）后效评价循证实践和结果

通过上述四个步骤，后效评价应用当前最佳证据指导解决具体问题的效果如何，若成功可用于指导进一步实践；反之，应具体分析原因，找出问题，再针对问题进行新的循证研究和实践，以不断去伪存真，至于尽善。

总之，实践循证医学的关键就是不断基于具体的临床问题，将医生的临床经验，当前最好的证据和患者需求相结合，寻求最佳解决方案和最佳解决效果的过程，需要医生的不断探索、实践和学习。

六、循证医学实践者的四项要求

国际临床流行病学及循证医学创始人 Sackett 对循证医学实践者的四项要求。

（1）必须有踏实的临床基本训练，正确收集病史、查体和检验，掌握患者的真实情况，方能发掘临床问题。

（2）必须将循证医学作为终身自我继续教育，不断丰富和更新知识。

（3）保持谦虚谨慎，戒骄戒躁。

（4）要有高度的热情和进取精神，否则就要成为临床医学队伍的落伍者。

七、常用循证医学证据资源

Brain Haynes 于 2001 年提出了循证医学资源的“4S”模型，将信息资源分为 4 类，即证据系统（systems）、证据摘要（synopses）、系统评价（syntheses）、原始研究（studies）。

根据“4S”模型，下面简单介绍常用的各类数据库资源。

（一）证据系统

1. Clinical Evidence（http：//www. Clinicalevidence.com）　由 BMJ 出版，是世界上最具权威性的医学数据库之一，以治疗为主，涉及 200 多种疾病的 2500 多种治疗方法，每年更新一次并在不断拓展新的题目和领域（如疾病诊断）。该数据库针对每种疾病，采用严格的过程评估每种治疗方法的疗效和安全性，告诉读者哪些治疗方法有益、哪些可能有益、哪些利弊相当、哪些不可能有益、哪些可能无益或甚至有害和哪些疗效不确定。

2. PIER（http：//www.pier.acponline.org）　床旁循证决策辅助系统，美国内科医师协会出品。含 5 大模块：疾病、筛查、预防、补充和代替医学、伦理和法律、流程，共 490 个临床主题。PIER 提供的推荐意见是基于严格的循证医学方法，包括精心构建问题、全面收集所有干预措施和以患者为中心的结局指标、评估单个研究的质量、采用高质量的分级系统、充分考虑患者的价值观和选择。PIER 主要涉及内科和初级保健方面的治疗问题。

3. EBM Guidelines（http：//www.ebmg.wiley.com）　超过 1000 份循证指南，包括诊断治疗，覆盖面广；超过 3500 个临床主题，整合 Cochrane 系统评价结论、全文及 Clinical Evidence 结论；有证据强度。但更新不及时。

4. UpToDate（http：//www.uptodate.com）　床旁循证决策辅助系统，覆盖 14 个专业超过 7700 个临床主题，包括 80 000 页正文及图片，并与 Medline 摘要、260 000 条参考文献和一个药物数据库链接，每 4 个月更新一次。由于其使用方便、覆盖面广和根据疾病分类收集信息，深受全科医师、专科医师和家庭医师青睐。有药物信息、图表及患者教育资料；结构化的临床问题、循证的推荐意见及推荐强度。类似于 PIER，UpToDate 为临床医生提供推荐意见，方法严谨，采用统一的结构提出问题、较全面收集相关的循证医学文献，采用 GRADE 分级评价证据质量和提出推荐意见。UpToDate 明确承认患者价值观和选择权在临床决策中的重要性。

（二）证据摘要

1. 美国国立临床诊疗指南数据库（NGC，http：//www.guideline.gov）　美国 AHRQ 和美国医学会联合制作的循证临床实践指南数据库，含美国及全球的临床指南超过 2300 份。详见本章第二节。

2. ACP Journal Club（http：//www.acpjc.org）　包括 ACP journal club、Evidence-Based Medicine 杂志和系列，以 ACP journal club 为模板的杂志，以纸质或网络版发行，月刊。由美国内科医师学会出版，有助于临床医生了解内科领域新进展。工作人员针对临床问题，筛选 130 种期刊，得出高质量原始研究和系统评价，再让临床医生从中选择对临床有重要价值和影响的文献，以结构摘要形式进行总结，并由一名临床专家评估文献的方法和提出临床应用的建议。约 150 篇文章中可筛选出 1 篇合格文献。

3. InfoPOEM（http：//www.essentialevidenceplus.com）　类似于 ACP Journal Club，有助于了解临床新进展，重点针对家庭医学。临床人员从 100 多种杂志中筛选出与家庭医生常见问题相关的文献进行评估和总结。

4. Bandolier（http：//www.medicine.ox.ac.uk/bandolier）　是为英国国立卫生服务中心提供的证据，全国均可使用，选择的主题涉及各临床专业，评估的证据包括评论和推荐意见。

另外，美国医学研究院（the New York Academy of Medicine，http：//www.nyam.org/）网站列出了包括 ACP Journal Club 在内的经过评估的信息资源库，可供连接查询。

（三）系统评价

1. Cochrane Library（http：//www.thecochranelibrary.com）　Cochrane 系统评价数据库。详见本章第二节。

2. DARE（http：//www.york.ac.uk/inst/crd/crddatabases.htm#DARE）　DARE 数据库是评价干预措施疗效的免费系统评价数据库，是经过评价的非 Cochrane 系统评价摘要，涉及主题广泛。DARE 既是独立信息资源，同时也包含在 Cochrane 图书馆中，每年收录约 600 篇。

3. 临床实践指南（Clinical Practice Guideline，CPG）　是证据强度很高的信息资源，有助于指导临床决策。美国国立临床诊疗指南数据库（US National Guidelines Clearinghouse Database，NGC，https：//www.guideline.gov/）收集了美国和全世界数千个指南并提供了 2200 多个指南的摘要，涉及所有主题，指南制订按照循证医学原则和方法。NGC 检索简单，可同时比较多个指南。

（四）原始研究

原始研究非常多，通常只有在上述三种数据库资源中未能检索到需要的文献时才检索原始研究数据库。

1. MEDLINE　是卫生研究和医疗实践的首要数据库。传统的检索方式非常复杂，检索 MEDLINE 的途径很多，但多数通过 Ovid 和 PubMed 检索的。

2. PubMed　Clinical Queries 通过 PubMed 可检索整个 MEDLINE 数据库，在 Clinical Queries 检索可直接获得与临床应用相关的文献资料。

3. 中国生物医学文献数据库（CBM）　为中国医学科学院医学信息研究所开发研制的综合性医学文献数据库。

（胡雅凌）

第二节 循证医学数据库检索

一、the Cochrane Library

（一）概述

the Cochrane Library（简称 CL，ISSN 1465～1858）是国际 Cochrane 协作网的主要产品，是临床研究证据的基本来源，以光盘或网络形式出版，每年 12 期（2010 年以前每年 4 期）。用户可以免费浏览网络版系统（http：//www.cochranelibrary.com，图 5-2-1）。

图 5-2-1 the Cochrane Library 首页

CL 主要由六个高质量的医疗保健决策证据数据库组成，具体如下。

1. Cochrane 系统评价数据库（Cochrane Database of Systematic Review，CDSR） 收集了各 Cochrane 系统评价组在统一工作手册指导下对各种健康干预措施所做的系统评价，包括全文（Completed Review）和研究方案（Protocols）。还包括评论与批评系统，以确保用户有助于改进 Cochrane 系统评价的质量。目前主要是根据随机对照试验完成的系统评价，并将随着新的临床试验的出现不断补充、更新。数据每月更新，目前已有 9492 条记录。

2. 疗效评价文摘库（Database of Abstracts of Reviews of Effects，DARE） 包括非 Cochrane 系统评价（非 Cochrane 协作网成员发表的普通系统评价）的摘要和目录，是对 Cochrane 系统评价的补充，由英国约克大学的国家卫生服务部评价和传播中心提供。DARE

的特点是其系统评价的摘要包括了作者对系统评价质量的评估。与 CDSR 不同的是它只收集了评论性摘要、题目及出处，而没有全文。数据库原本每季度更新，2015 年 4 月后停止更新。目前有 36 795 条文献记录。

3. Cochrane 对照试验注册数据库（Cochrane Central Register of Controlled Trials，CENTRAL） 资料来源于协作网各系统评价小组和其他组织的专业临床试验数据库及在 MEDLINE 上被检索出的临床试验报告。还包括全世界 Cochrane 协作网成员从有关医学杂志会议论文集和其他来源中收集到的临床试验报告。数据每月更新，不提供文献全文。目前已有 964 387 条文献记录。

4. Cochrane 方法学文献注册数据库（Cochrane Methodology Register，CMR） 提供临床试验方法的文献，信息来源包括期刊文献、图书和会议录等。数据 2012 年 7 月后已停止更新。目前有 15 764 条文献记录，不提供文献全文。

5. 卫生技术评估数据库（Health Technology Assessment Database，HTA） 提供卫生医疗技术的评估，包括维护健康所需的医疗、社会、伦理和经济影响。此数据库的目的是改善卫生保健的质量和成本效益。数据每季度更新。目前有 16 372 条文献记录。

6. 英国国家卫生服务部卫生经济评价数据库（NHS Economic Evaluation Database，EED） 提供卫生保健的经济性评估的文献摘要；所谓经济性评估，是指成本效益、成本效能的分析，有关成本效益的信息较难被证明、鉴定和解说，EED 可协助决策者从全世界搜集系统性的经济性评估，并鉴定其质量及优缺点。数据原本每季度更新，2015 年 4 月后停止更新。目前有 15 015 条文献记录。

图 5-2-2 系统评价浏览菜单

（二）检索功能

系统提供了浏览和检索两种功能。

1. 浏览（Browse） 系统在主页提供了三组浏览下拉菜单。

（1）浏览系统评价数据库（Cochrane Reviews）：打开“Cochrane Reviews”下拉菜单（图 5-2-2），用户可以查看 CDSR 数据库介绍（About the CDSR）、按学科主题浏览（Browse by Topic，图 5-2-3）、按评价组浏览（Browse by Review Review Group，图 5-2-4）、按发行期次浏览（Table of contents，图 5-2-5）等。

（2）浏览其他数据库资源（More Resources）：点击“More Resources”下的任一数据库链接（如“Methods Studies”）进入相应数据库浏览页面，系统默认按文献题名字顺列出所有方法学文献题名，点击即可查看其文摘。用户可以选择按其他排序方式（By Topic、New Reviews、Updated Reviews 等）进行浏览（图 5-2-6）。

除下拉菜单之外，系统还在“Search”框下面设置了“Browse”按钮，用户可以选择按照各种途径（图 5-2-7）浏览自己喜欢的文献资源。

2. 检索 系统提供有基本检索（Home）、高级检索（Search）、主题词检索（Medical Terms（MeSH））和检索式管理器（Search Manager）四种检索模式。

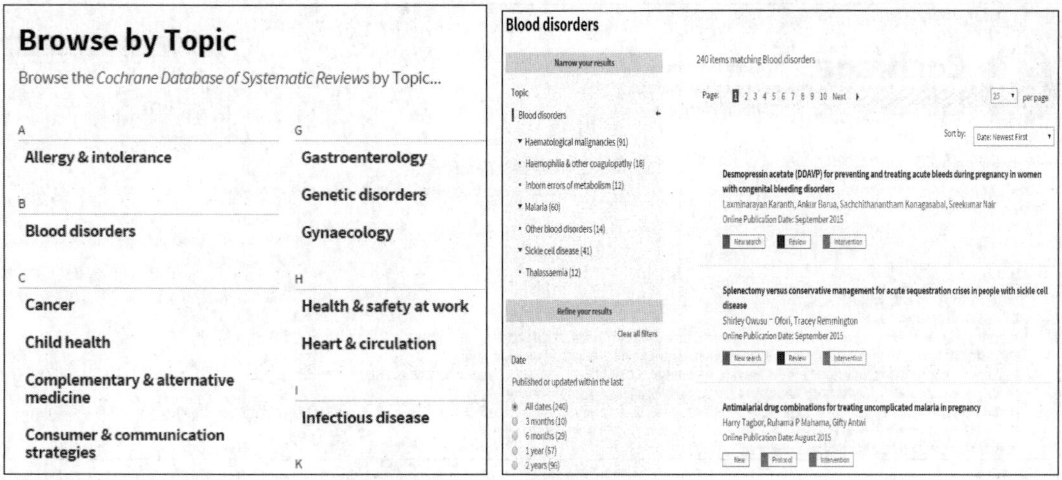

图 5-2-3　按学科主题浏览

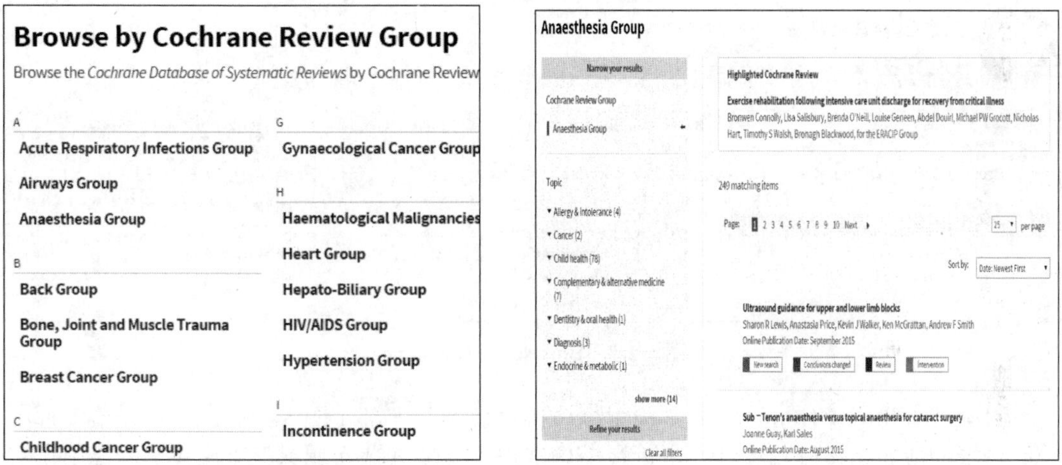

图 5-2-4　按研究组浏览

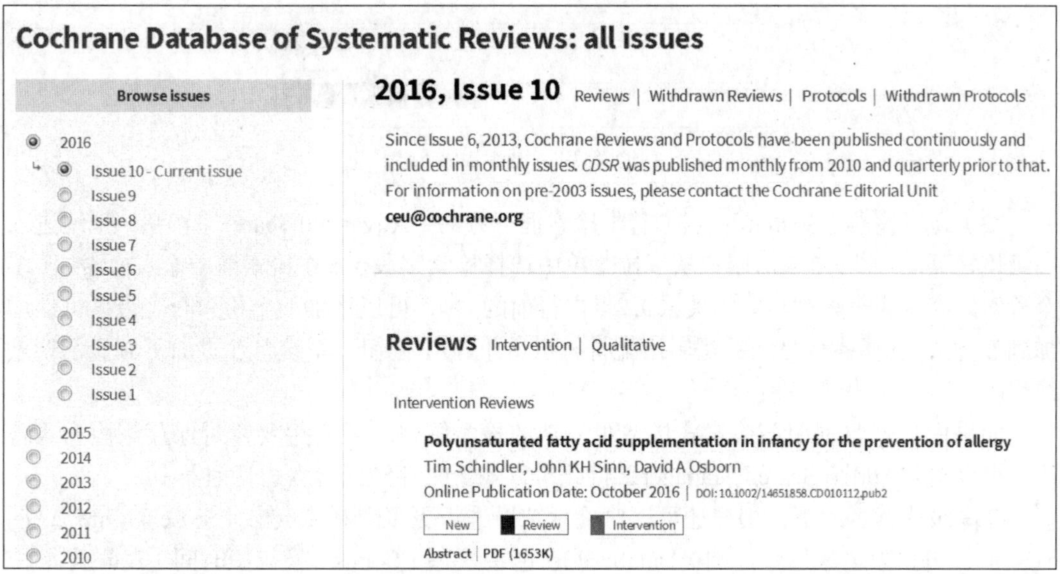

图 5-2-5　按发行期次浏览

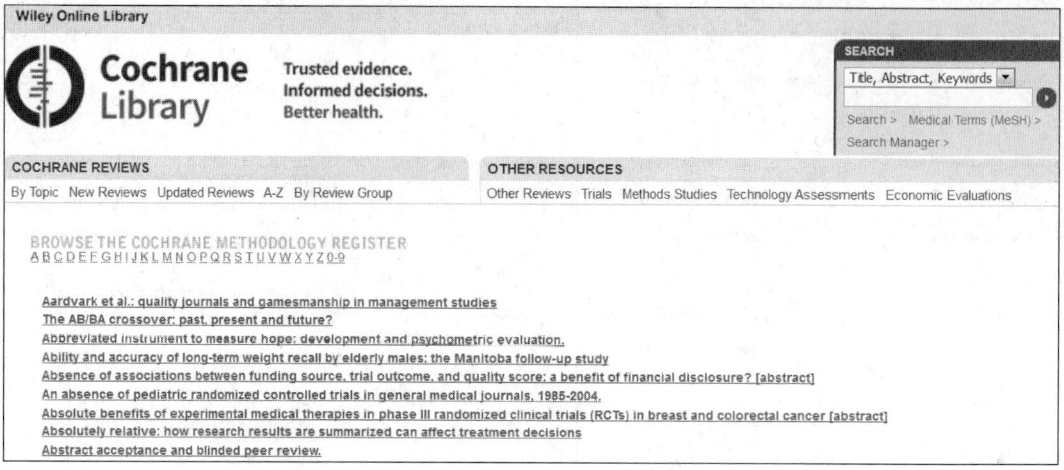

图 5-2-6　浏览方法数据库

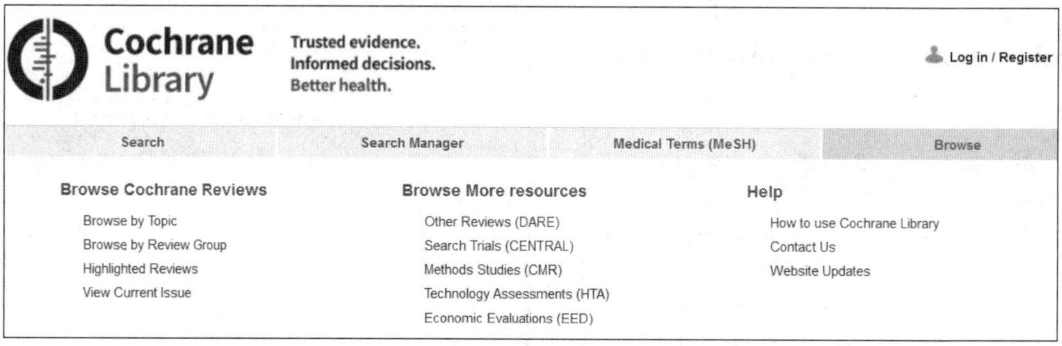

图 5-2-7　Browse the Cochrane

（1）基本检索（Home）：基本检索框位于页面的左上部（图 5-2-8），用户在检索框中输入检索词或布尔逻辑检索式，点击放大镜图标，系统默认在题名、文摘或关键词中执行检索。

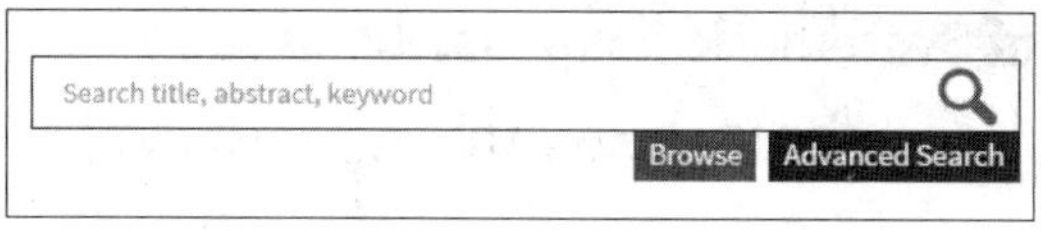

图 5-2-8　基本检索

（2）高级检索（Search）：点击基本检索框下方的【Advanced Search】按钮，系统进入高级检索页面（图 5-2-9）。用户从下拉菜单中选择检索字段名，在检索框中输入检索词（多个检索词默认为逻辑“与”的关系），点击行前的“+”可以增加一个检索行（最多可以增加到五行），选择各行之间的逻辑组配符，点击【Go】按钮，系统将在页面下方显示检索结果。

如果用户想要利用该检索式构造更复杂的检索策略，或者想要暂时保存该检索式备用，可点击“Add to Search Manager”将此检索式暂时存储到检索式管理器中。

在高级检索页面下，用户还可以对检索结果进行更多限制（点击“Search limits”，图 5-2-10），包括限定数据库范围（Database）、记录状态（Status）及出版时间（Date）等。

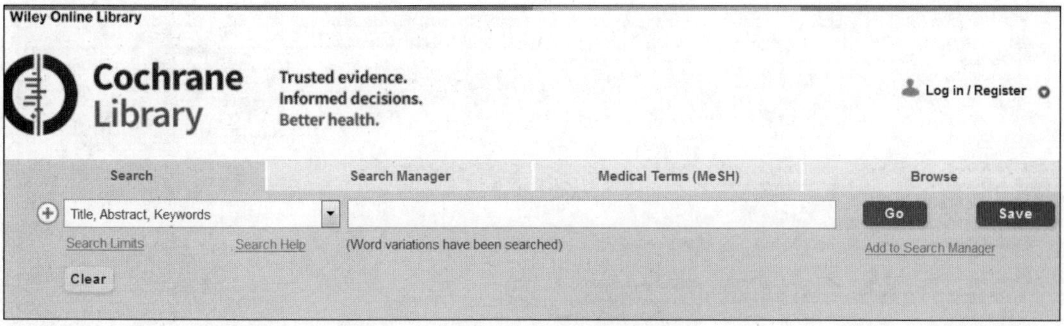

图 5-2-9　高级检索

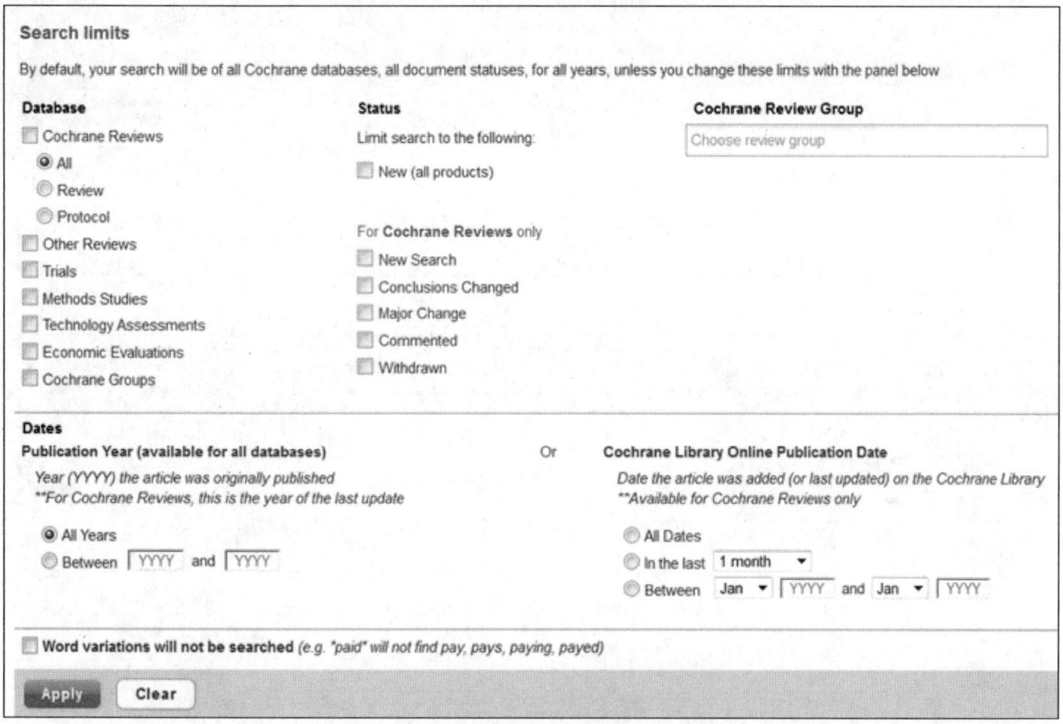

图 5-2-10　检索限定

（3）主题词检索（MeSH）：在高级检索页面中点击【Medical Terms（MeSH）】（图 5-2-11），输入检索词（主题词或其款目词），点击【Lookup】按钮，系统将在页面的下方显示相应的主题词注释和树状结构，同时在右下方“Search results”栏中显示该主题词命中结果总数及各数据库命中结果数量，用户可以点击【View Results】按钮查看相应的检索结果。

用户也可以在副主题词框中滚动选择副主题词，还可以选择是否扩展所有主题树（Explode all trees）、不扩展主题词（Single MeSH term）或者扩展指定主题树（Explode selected trees）。

点击“Add to Search Manager”可以将此检索式暂时存储到检索式管理器中。

（4）检索式管理器（Search Manager）：用来保存用户指定的检索策略及结果，并可以利用已有检索式组配新的检索策略（如#1 AND #3），也可以在此直接输入检索词或布尔逻辑表达式来进行检索。注册用户还可以对常用检索策略命名并进行长期保存（Save Strategy），见图 5-2-12。

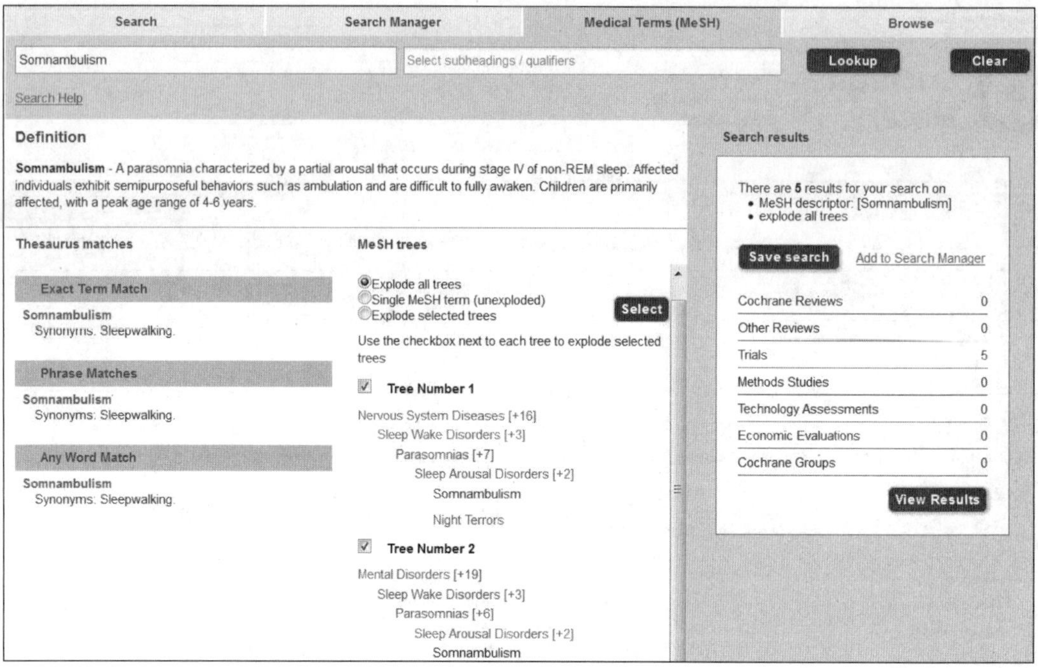

图 5-2-11 主题词检索

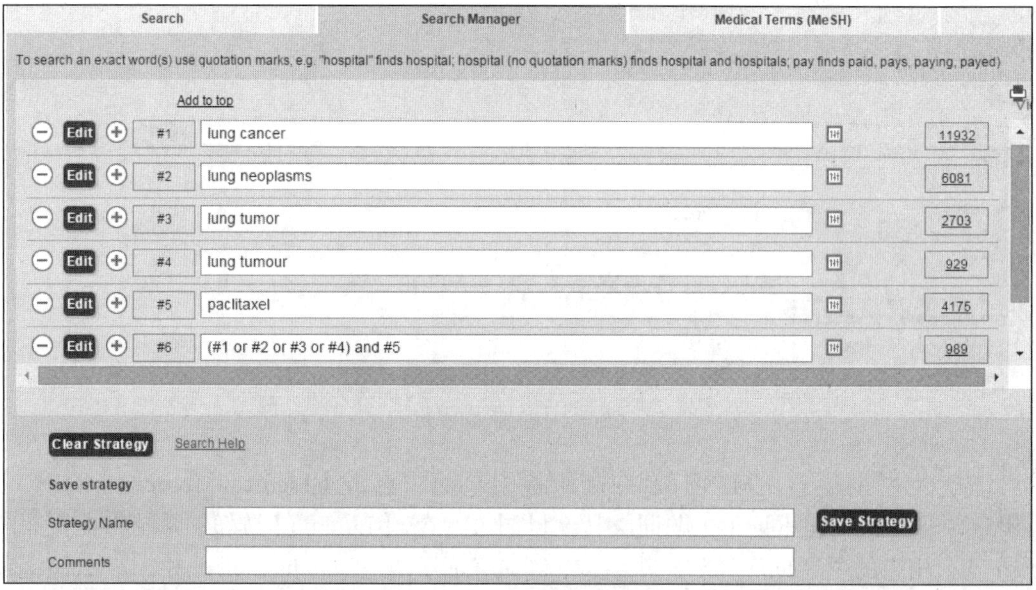

图 5-2-12 Search Manager

（三）检索结果

1. 检索结果分组与排序 如果用户未限定检索文献类型，系统默认显示系统评价类（Cocharane Reviews）文献题录列表，每一条题录显示有题名、作者、出版时间及类型标识。页面左侧显示有各种类型文献命中数量，用户点击对应名称即可浏览（图 5-2-13）。还可以仅浏览最新刊期中的相关文献（Current Issue）。

对于当前所显示的题录列表，可以按相关度、题名字顺或出版日期进行排序。

2. 检索结果题录输出 用户勾选好记录后，点击“Export Selected”（或“Export All”，

表示全部记录），按系统提示指定记录格式和文档格式将其输出并保存。

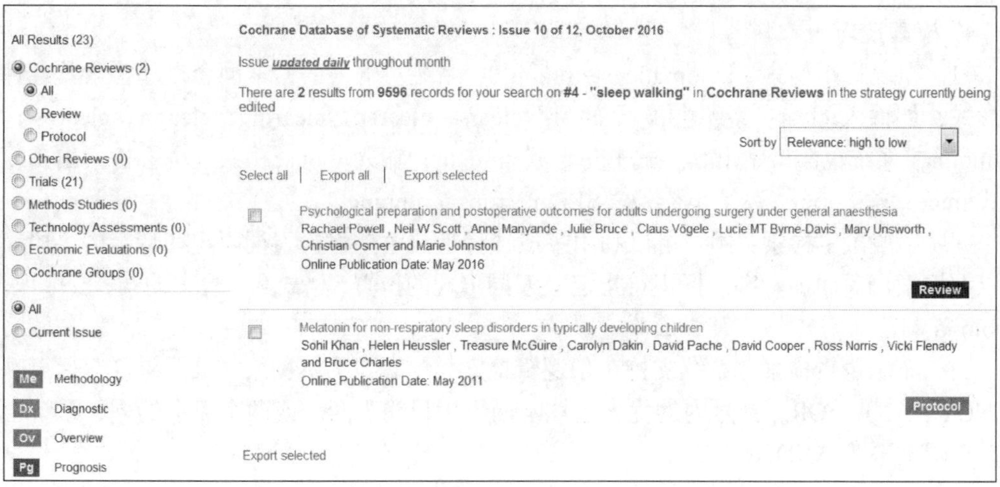

图 5-2-13　检索结果

3. 系统评价文摘格式　对于系统评价，其文摘格式与一般学术论文文摘的四段式结构不同，它由引言（Abstract）、研究背景（Background）、研究对象（Objective）、检索策略（Search methods）、选择标准（Selection criteria）、数据收集与分析（Data collection and analysis）、主要结果（Main results）、作者结论（Authors's conclusion）八部分构成（图 5-2-14）。

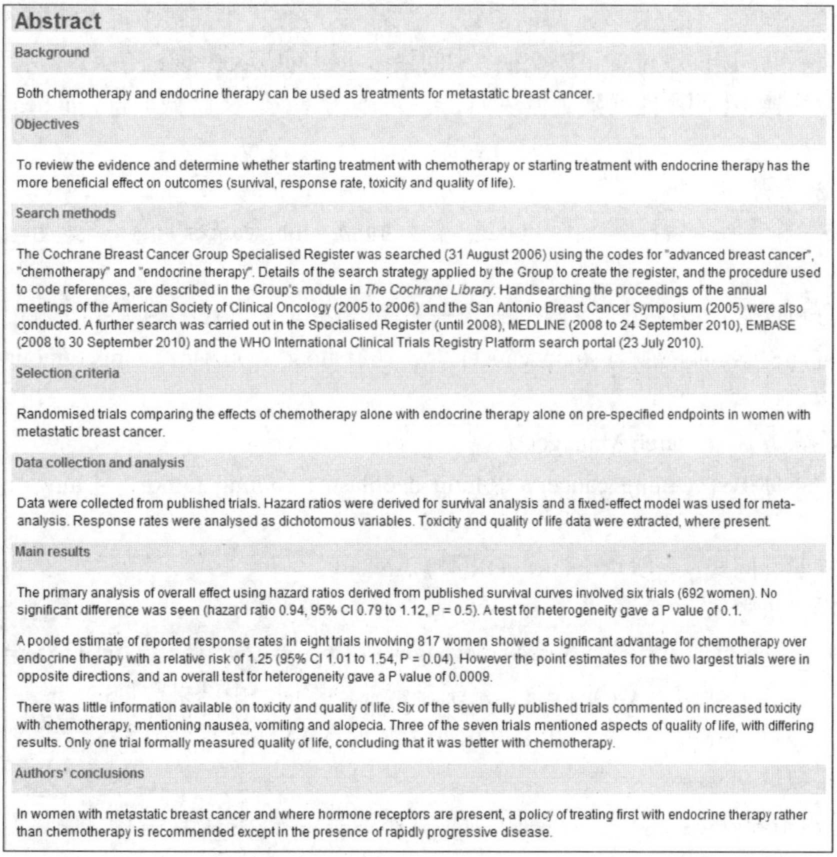

Abstract

Background

Both chemotherapy and endocrine therapy can be used as treatments for metastatic breast cancer.

Objectives

To review the evidence and determine whether starting treatment with chemotherapy or starting treatment with endocrine therapy has the more beneficial effect on outcomes (survival, response rate, toxicity and quality of life).

Search methods

The Cochrane Breast Cancer Group Specialised Register was searched (31 August 2006) using the codes for "advanced breast cancer", "chemotherapy" and "endocrine therapy". Details of the search strategy applied by the Group to create the register, and the procedure used to code references, are described in the Group's module in *The Cochrane Library*. Handsearching the proceedings of the annual meetings of the American Society of Clinical Oncology (2005 to 2006) and the San Antonio Breast Cancer Symposium (2005) were also conducted. A further search was carried out in the Specialised Register (until 2008), MEDLINE (2008 to 24 September 2010), EMBASE (2008 to 30 September 2010) and the WHO International Clinical Trials Registry Platform search portal (23 July 2010).

Selection criteria

Randomised trials comparing the effects of chemotherapy alone with endocrine therapy alone on pre-specified endpoints in women with metastatic breast cancer.

Data collection and analysis

Data were collected from published trials. Hazard ratios were derived for survival analysis and a fixed-effect model was used for meta-analysis. Response rates were analysed as dichotomous variables. Toxicity and quality of life data were extracted, where present.

Main results

The primary analysis of overall effect using hazard ratios derived from published survival curves involved six trials (692 women). No significant difference was seen (hazard ratio 0.94, 95% CI 0.79 to 1.12, P = 0.5). A test for heterogeneity gave a P value of 0.1.

A pooled estimate of reported response rates in eight trials involving 817 women showed a significant advantage for chemotherapy over endocrine therapy with a relative risk of 1.25 (95% CI 1.01 to 1.54, P = 0.04). However the point estimates for the two largest trials were in opposite directions, and an overall test for heterogeneity gave a P value of 0.0009.

There was little information available on toxicity and quality of life. Six of the seven fully published trials commented on increased toxicity with chemotherapy, mentioning nausea, vomiting and alopecia. Three of the seven trials mentioned aspects of quality of life, with differing results. Only one trial formally measured quality of life, concluding that it was better with chemotherapy.

Authors' conclusions

In women with metastatic breast cancer and where hormone receptors are present, a policy of treating first with endocrine therapy rather than chemotherapy is recommended except in the presence of rapidly progressive disease.

图 5-2-14　系统评价文摘格式

（四）检索技巧与实践

1. 检索技巧

（1）自动词干检索（automatic stemming）：系统对输入的检索词会自动检索其各种书写形式，如输入 clear，系统会检索 clear、clears、cleared、clearing、clearer、clearest；输入 tumor，系统也会检索出其英式书写形式 tumour；输入 mouse，系统也会检索出其复数形式 mice；输入 run，系统也会检索出 ran、runs、running。

（2）字段限定检索：用户可以利用字段选择下拉菜单将检索词限定在特定的字段，也可以在检索词后面加上字段标识符指定检索词出现的位置，格式为：检索词：字段标识符，如 blood：ti。

（3）布尔逻辑检索：系统支持布尔逻辑检索，运算符为 AND、OR、NOT，运算顺序为 NOT＞AND＞OR，括号内的优先运算。如果用户输入两个或两个以上的词，系统会默认其逻辑关系为 AND。

（4）截词检索：检索词中的星号（*）可以替代 0 到任意个字符，如输入 child*，可以检索出 child、children、childish 等；问号（?）置于词中间时代替 1 个字符，置于词尾时代替 0 个或 1 个字符。当检索词带有截词符时，系统关闭自动词干检索功能。

（5）短语检索：如果希望两个或多个检索词作为整体词组出现，需要将该词组用双引号引起，如 “single cell”。短语检索不支持通配符。执行短语检索时，系统关闭自动词干检索功能。

（6）位置检索：NEAR 表示两词相邻，位置可以交换，中间最多可以间隔 6 个单词；NEAR/X 表示两词相邻，位置可以交换，中间最多可以间隔 X 个词；NEXT 表示两词相邻，位置不可以交换，中间不能间隔其他单词，类似于短语检索，支持截词符，如 hearing NEXT aid*。

2. 检索示例

例 5-5 检索有关紫杉醇（paclitaxel）治疗肺癌（lung cancer）的系统评价。

方法一

（1）分析课题：该课题涉及两个概念——紫杉醇（paclitaxel）和肺癌（lung cancer），如果用关键词检索，肺癌除了 lung cancer 外，还有 lung neoplasm、lung tumour 等多种表达方式。

（2）检索方式：Search Manager。

（3）检索标识：①Lung cancer；②lung neoplasm；③lung tumor；④lung tumour；⑤paclitaxel。

（4）检索提问式：（①OR②OR③OR④）AND⑤。

（5）操作步骤

1）在 Search 页面下选择 “Search Manager”（图 5-2-12），将检索词 1～5 分别输入检索框（每行一个），点击【Go】按钮，系统显示各检索词命中结果数量；

2）在第六行入检索式（#1 OR #2 OR #3 OR #4）AND #5，点击【Go】按钮，系统返回检索结果数量 989。

3）点击结果数量 “989”，页面下方即显示检索结果列表。

（6）检索结果：There are 49 results from 9603 records for your search on #6 -（#1 or #2 or #3 or #4）and #5 in Cochrane Reviews in the strategy currently being edited。

方法二

（1）分析课题：该课题是利用药物紫杉醇治疗肺癌，二者之间为逻辑“与”的关系。

（2）检索方式：主题词检索&检索式管理器。

（3）检索标识：①Paclitaxel/therapeutic use；②lung neoplasms/drug therapy。

（4）检索提问式：①AND②。

（5）操作步骤

1）在 Mesh Search 页面输入检索词 paclitaxel，点击【Lookup】按钮，系统显示主题词相关信息，包括主题词定义（Definition）、词表匹配结果（Thesaurus matches）、树状结构（MeSH trees）及命中结果数量（Search results）。

2）打开副主题词下拉菜单并选择副主题词 therapeutic use，点击【Lookup】按钮，“Search Result”框中显示命中结果数 364。

3）点击“Add to Search Manager”，得到检索式“#1 MeSH descriptor：[Paclitaxel] explode all trees and with qualifier（s）：[Therapeutic use - TU]”。

4）重复 1）～3），得到检索式“#2 MeSH descriptor：[Lung Neoplasms] explode all trees and with qualifier（s）：[Drug therapy-DT]”。

5）在 Search Manager 页面的空白检索栏中输入检索式#1 AND #2，点击【Go】按钮，系统显示检索结果数量为 70，点击该数字按钮则可显示检索结果。

（6）检索结果：There is 1 result from 9603 records for your search on #3 - #1 and #2 in Cochrane Reviews in the strategy currently being edited。

说明：同一课题，不同的检索方式所得的检索结果数量有时会不一致。用户需要根据自己的检索目的调整检索策略。在实际检索中尤其需要将主题词检索和关键词检索结合起来制定检索策略。

二、EBMR

（一）概述

循证医学评价数据库（EBM Reviews，简称 EBMR）通过 OvidSP 服务平台提供网络检索服务，收录了美国医师协会循证数据库（ACP Journal Club，包括 Evidence-Based Medicine 和 ACP Journal Club 两种循证医学期刊）和 Cochrane Library 的全部资源（图 5-2-15）。系统提供有多种界面语言。授权用户可以选择只检索其中一个数据库，也可以同时检索多个数据库。系统网址为 http：//ovidsp.ovid.com/。

（二）检索功能

系统提供了基本检索（Basic Search）、常用字段检索（Find Citation）、检索工具（Search Tools）、字段检索（Search Fields）、高级检索（Advanced Search）、多个字段检索（Multi-Field Search）共六种检索模式。

1. 基本检索（Basic Search）　基本检索状态下（图 5-2-16），用户输入检索词或句子，系统可以自动提取检索词进行检索。如果用户勾选了“Include Related Terms”复选框，系统将自动扩展检索该词的不同拼写形式、缩写形式和同义词，如用户输入 child，勾选 “Include Related Terms” 复选框，系统将检索出含有 child、children、kid、kids 等词的文献，所执行的相关词汇在检索结果的 “Search Information” 栏目中可以查看。

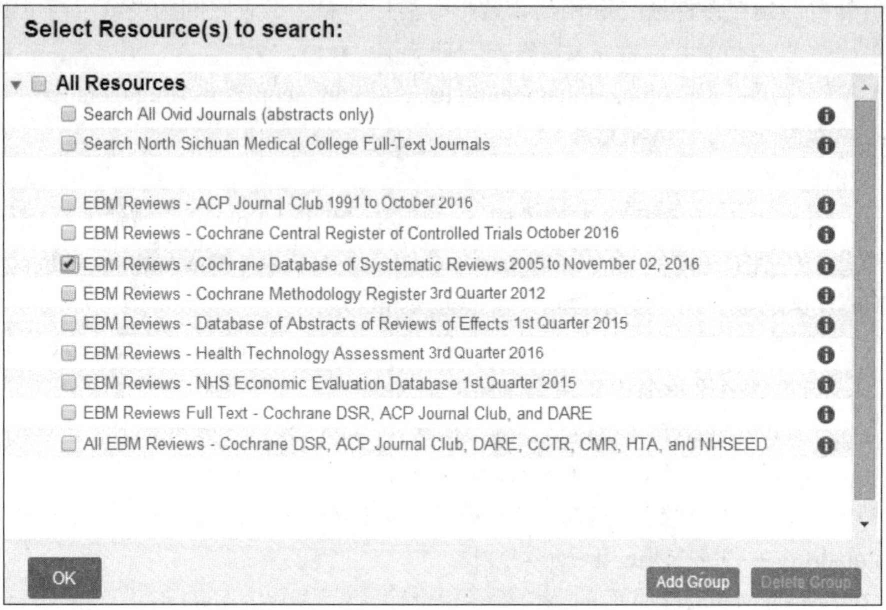

图 5-2-15　EBMR 数据库

图 5-2-16　EBMR 基本检索

2. 常用字段检索（Find Citation）　该检索模式将期刊文献的常用字段列出（图 5-2-17），包括文献题名（Article Title）、期刊名称（Journal Name）、作者姓名（Author Surname）、出版年（Publication Year）、卷（Volume）、期（Issue）、起始页码（Article First Page）、出版者（Publisher）等，用户输入文献的部分信息，便能快速地把特定文献检索出来。输入的条件越详细，检索结果越精确。

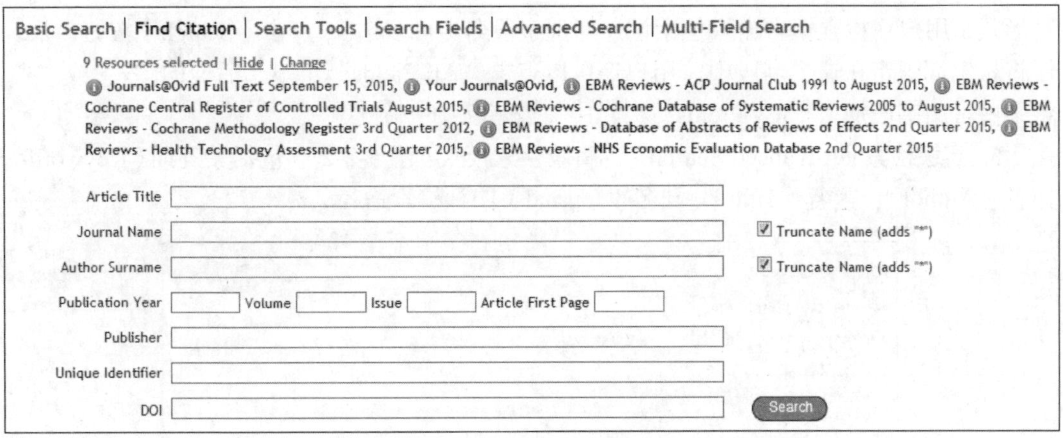

图 5-2-17　常用字段检索

3. 检索工具（Search Tools）　该检索模式充分利用主题词表辅助用户检索相关文献信息。

用户输入检索词（如 cancer），根据系统提示选择数据库（CCTR、CLHTA 或 CLEED）。系统会自动匹配与之相应的主题词（Message：Term has been mapped to “Neoplasms”），并根据用户所选检索入口提供相应信息。

（1）树型图（Tree）：提供相应主题词（如 Neoplasms）的树状结构（图 5-2-18）。用户选中所需主题词，并选择是否对该主题词进行扩展检索“Explode”和加权检索“Focus”，点击【Continue】按钮，系统显示副主题列表（图 5-2-19）；选择副主题词（如 Diagnosis），点击【Continue】按钮，系统显示检索结果。

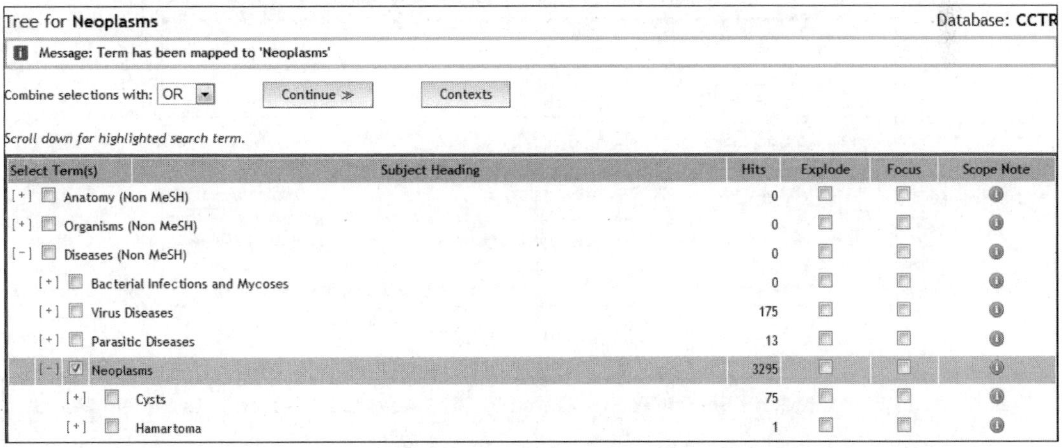

图 5-2-18　主题词树状结构

（2）轮排索引（Permuted Index）：提供含有该检索词的轮排索引。

（3）主题词说明（Scope Note）：提供相应主题词的定义及应用范畴等注释信息。

（4）扩展检索（Explode）：对输入的主题词进行扩展检索，直接显示检索结果。

（5）副主题词（Subheadings）：显示可与该主题词进行组配的所有副主题词及命中文献数（图 5-2-14）。用户可以选择一个或多个副主题词进行逻辑组配检索。

4. 字段检索（Search Fields）　字段检索模式（图 5-2-20）列出了所有字段名称及缩

写形式，用户在检索框中输入检索词，勾选字段名（可多选），点击【Search】按钮，系统便将检索词限定在这个字段中。用户还可以点击“All Fields”字段名后面的“+”或“-”将某些常用字段加入“My Fields”栏目中（或者从中去除）。

5. 高级检索（Advanced Search） 高级检索模式（图 5-2-21）包括关键词（Keyword）、作者（Author）、题名（Title）、刊名（Journal）四种检索途径。

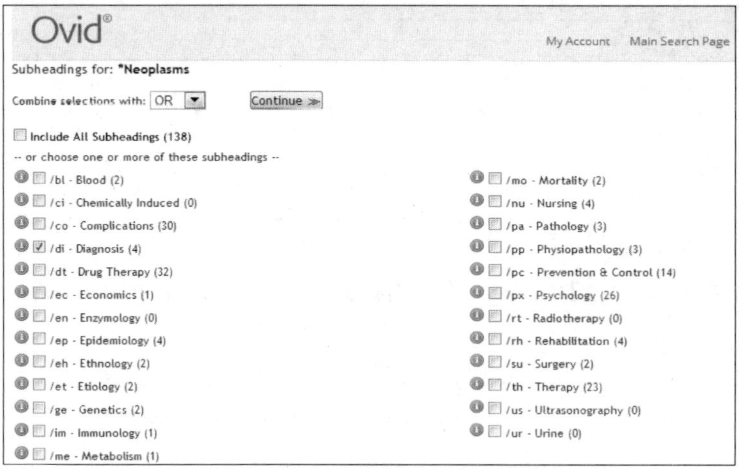

图 5-2-19 副主题词列表

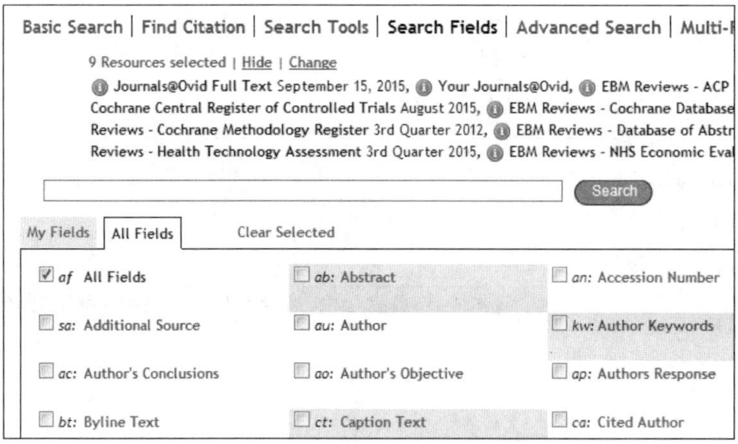

图 5-2-20 字段检索

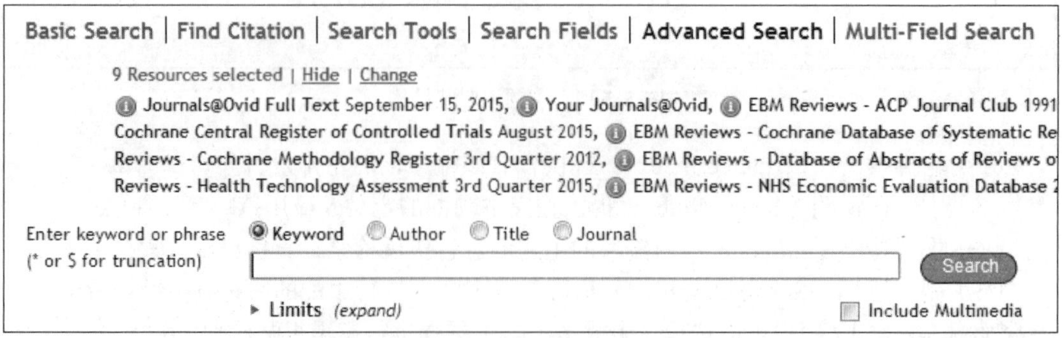

图 5-2-21 高级检索

（1）关键词检索（Keyword）：在检索框中输入检索词、词组或布尔逻辑表达式，点击【Search】按钮，系统将在默认字段（mp）中进行检索。期刊数据库的默认字段包括篇名（Title）、文摘（Abstract）、全文（Full Text）和图片说明（Caption Text）四个字段。

（2）作者检索（Author）：在检索框中输入作者姓名，格式为：姓用全称在前面，名字缩写在后，如 Smith A；也可以只输入作者姓氏，如 Smith，点击【Search】按钮，系统显示检索结果。

（3）题名检索（Title）：在检索框中输入文献的题名或题名关键词，点击【Search】按钮进行检索。

（4）期刊检索（Journal）：在检索框中输入期刊全称或前面部分单词，系统提示期刊刊名。用户勾选期刊名后，点击【Search For Selected Terms】按钮查看检索结果。注意不能输入刊名缩写。

6. 多个字段检索（Multi-Field Search） 用户输入检索词，点击字段下拉菜单选择字段，并选择检索词之间的逻辑关系（AND、OR、NOT），便可实现多个不同字段的组合检索，运算顺序为从上到下。如果检索词大于 3 个，可以点击“+ Add New Row”增加检索行（图 5-2-22）。

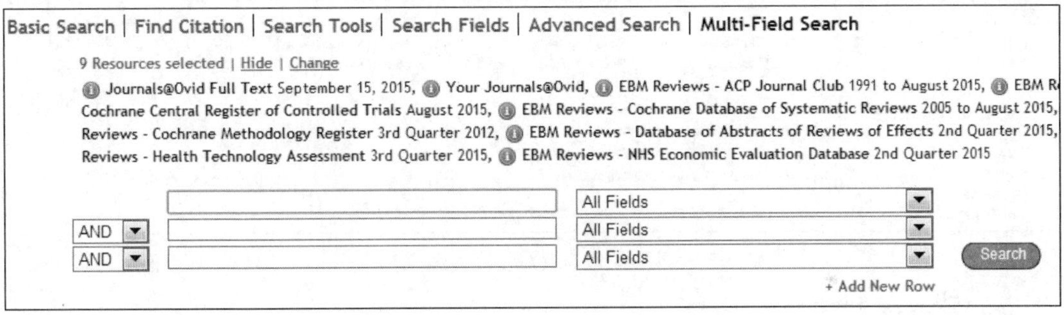

图 5-2-22 多个字段检索

（三）检索结果

系统执行检索后，会将检索策略和检索结果数量呈现在检索页面上部的检索历史栏（Search History，图 5-2-23）。用户可以随时查看检索结果的内容（Display）、对已执行检索策略进行组合检索（Combine Searches with，但是基本检索模式下执行的检索策略不能进行组合）、清除选定的检索策略（Remove Selected）及保存所选检索策略（Save Selected）。为了精简页面，可以点击“Click to close”隐藏检索历史。

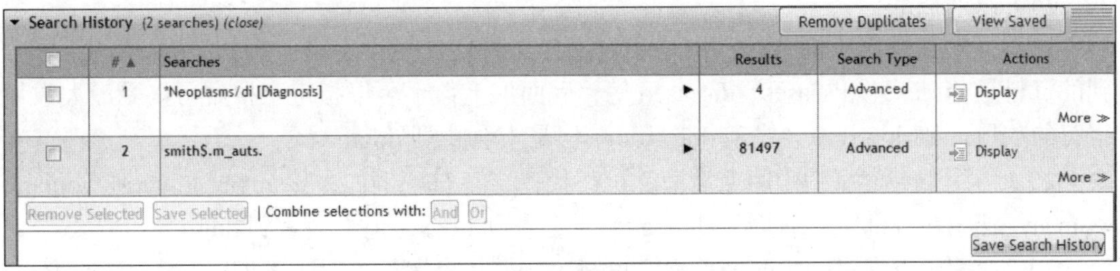

图 5-2-23 Ovid 检索历史

页面下方（图 5-2-24）显示最近一次检索结果及检索结果管理工具（Results Tools）。用户可以选择或者自定义显示格式，也可以指定检索结果的排序方式（Sort By）或者对其进行过滤（Filter By），还可以对自己所勾选的记录设置特定格式进行打印（Print）、保存（Export）、发送到指定电子邮箱（E-mail）或者加入到个人项目（Add to My Projects）。

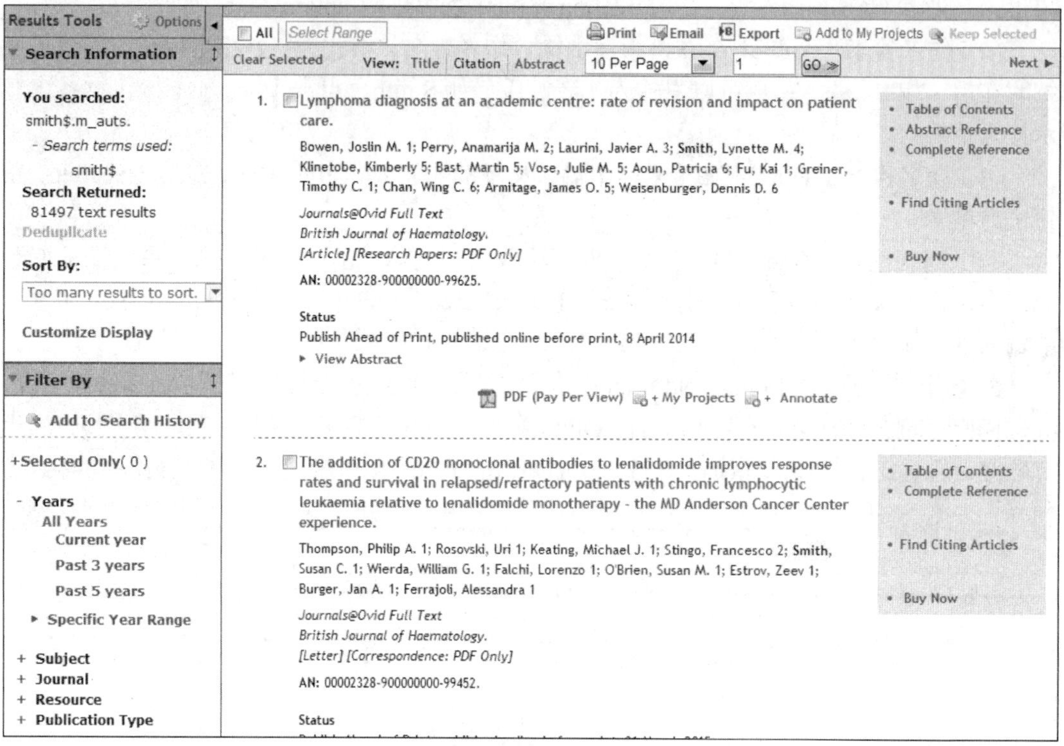

图 5-2-24　Ovid 检索结果

（四）检索技巧与实践

1. 检索技巧

（1）字段限定检索：用户可以利用字段检索、多个字段检索或高级检索模式将检索词限定在特定的字段，也可以在基本检索模式下在检索词后面加上字段标识符指定检索词出现的位置。格式为：检索词. 字段标识符缩写.（如 Zhang A .AU.）。

（2）布尔逻辑检索：系统支持布尔逻辑检索，运算符为 AND、OR、NOT，运算顺序为从左到右，括号内的优先运算。

（3）短语检索：如果希望检索词作为词组出现，需要将该词组用双引号引起。

（4）截词检索

1）$：用在字尾不同变化的同一字根上，可替代任意个字符。例如，disease$，可查到的资料是 disease、diseases、diseased 等；后面加上数字可以指定字根后可接受最大数量字符的数目，如 dog$1，会找到 dog、dogs 但是不会找到 dogma。

2）#：用于查询字的中间或后面，可替代一个字符。例如，Wom#n，可查到 woman、women，若用在查询字的后面，如 dog#，则会查到 dogs，但不会查到 dog。

3）?：用于查询字的中间或后面，可替代 0～1 个字符。对于查询英、美用字的不同有很大帮助，如 colo?r，可以查到 color、colour。

（5）位置检索

1）ADJ：如 Coral ADJ reef 表示 Coral 与 reef 要相邻且依序出现。

2）ADJn：在两个检索字中间最多可以放进 n 个字，而且前后两个检索字可以互相颠倒。

（6）词频检索：freq 是查询检索词出现的频率状况，格式为：X.fd./freq=n，其中 X 是检索词，fd 是字段标识符缩写，n 是出现的频率，如 library.ab./freq=2，在文摘字段 library 检索词至少出现 2 次以上的文献记录。

2. 检索示例

例 5-6 检索有关儿童肥胖症（childhood obesity）的系统评价。

（1）分析课题：该课题只有一个概念——儿童肥胖症（childhood obesity）。限定条件为文献类型。可以通过 Keyword 途径进行检索。

（2）检索方式：高级检索。

（3）检索标识：childhood obesity。

（4）操作步骤

1）登录 OvidSP 系统，勾选数据库“EBM Reviews - Cochrane Database of Systematic Reviews 2005 to March 29，2017”。

2）在 Advanced Search 页面下选择“Keywords”途径，并在框中输入检索词 childhood obesity，点击【Search】按钮。

（5）检索结果：共 23 条文献记录。

三、PubMed 循证医学检索

PubMed 既可检索原始研究证据，也可检索二次研究证据。由于 PubMed 系统的具体检索功能、检索结果及检索技巧已经在第四章第一节进行了详细介绍，在此只对其循证医学文献检索途径进行简要介绍。

（一）利用临床咨询（Clinical Queries）工具

Clinical Queries 是专门为临床医生设置的临床方法学“过滤器”（图 5-2-25）。用户只需要在检索框中输入某一临床问题，点击【Search】按钮，系统即在页面下方显示所命中的系统评价文献（Systenatic Reviews）；同时还有有关这一问题的病因（Etiology）、诊断（Diagnosis）、治疗（Therapy）、预后（Prognosis）或者临床预测指南（Clinical prediction guides）。

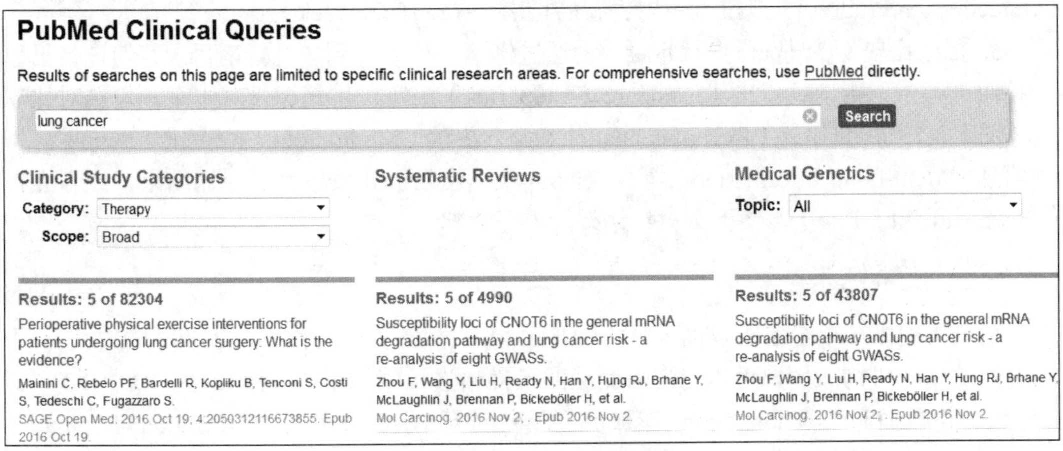

图 5-2-25 PubMed Clinical Queries

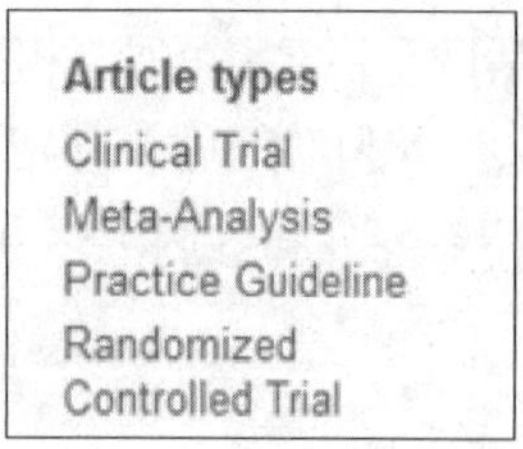

图 5-2-26 PubMed Clinical Queries

（二）利用文献类型（Article types）过滤器

在检索结果页面中勾选临床实验（Clinical Trial）、Meta 分析（Meta-Analysis）、实践指南（Practice Guideline）、随机对照实验（Randomized Controlled Trial）、系统评价（Systematic Reviews）等文献类型（图 5-2-26），即可筛选出相应类型的文献题录。

四、临床实践指南

临床实践指南主要来源于各国建立的临床实践指南网站，有关的网站很多，其中美国国立临床诊疗指南数据库（National Guideline Clearinghouse Database，简称 NGC，http://www.guideline.gov）收录的指南较多，检索功能较强。

（一）概述

NGC 是由美国卫生研究与质量管理机构（Agency for Healthcare Research and Quality，AHRQ）、美国医学会（American Medical Association，AMA）和美国卫生规划协会（American Association of Health plans，AAHP）于 1998 年联合制作的一个提供临床实践指南和相关证据的功能完善的免费数据库，数据每周更新。

NGC 的特点：能提供结构式摘要，可进行指南之间的比较；对指南的内容进行了分类，部分指南全文可链接，可订购指南；能提供电子论坛，交换临床实践指南方面的信息；对指南的参考文献、指南的制作方法、指南的评价、指南的使用等提供有链接、说明或注释。

（二）检索功能

1. 检索 在 NGC 主页（图 5-2-27）的检索框中输入检索词或布尔逻辑检索式，点击放大镜按钮即可执行检索。在本网站的任何页面，检索框始终处于页面上部，以便用户随时检索。

2. 浏览（Guideline Summaries） 网站提供有多种浏览方式（主页下方或菜单栏）。用户可以按临床专题（By Clinical Specialty，图 5-2-28）、组织机构（By Organization）、主题标识（By MeSH Tag）等对指南进行分类浏览，还可以浏览查看最近两周更新的指南（Guidelines in Progress）或最近一周更新的指南（New This Week）。

3. 指南比较（Compare Guidlines） 通过浏览或检索得到一批指南目录，勾选自己感兴趣的（多条）指南，点击【Compare Summaries】按钮，将其加入对比库；勾选对比项目（图 5-2-29），如建议（Recommendations）、方法学（Methodology）、范围（Scope）、识别信息（Identifying Information）等，点击【View & Print】按钮查看对比结果，或者点击【Download .XLS File】按钮下载对比结果的电子表格。

（三）检索结果

系统将检索结果显示于页面下方（图 5-2-30），包括指南名称、NGC 编号、发表及更新时间及创建机构。用户可以勾选右侧栏的条件精选检索结果（NARROW RESULTS），包括：出版时间（Publication Date）、研究对象的年龄和性别（Target Population Characteristics）、临床专业（Clinical Specialty）、组织机构（Organization）、指南类别（Guideline Category）、用户群体（Intended Users）、研究方法（Method used）及实现工具（Implementation

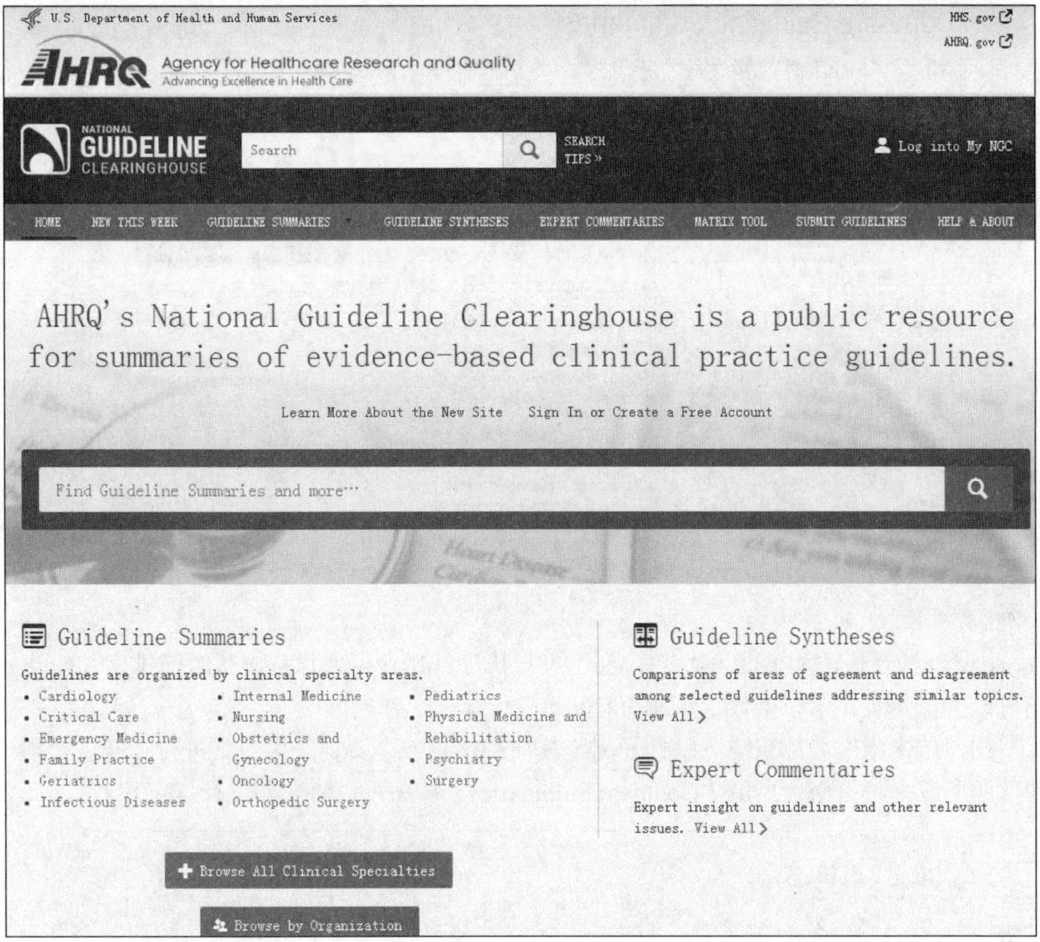

图 5-2-27　NGC 主页

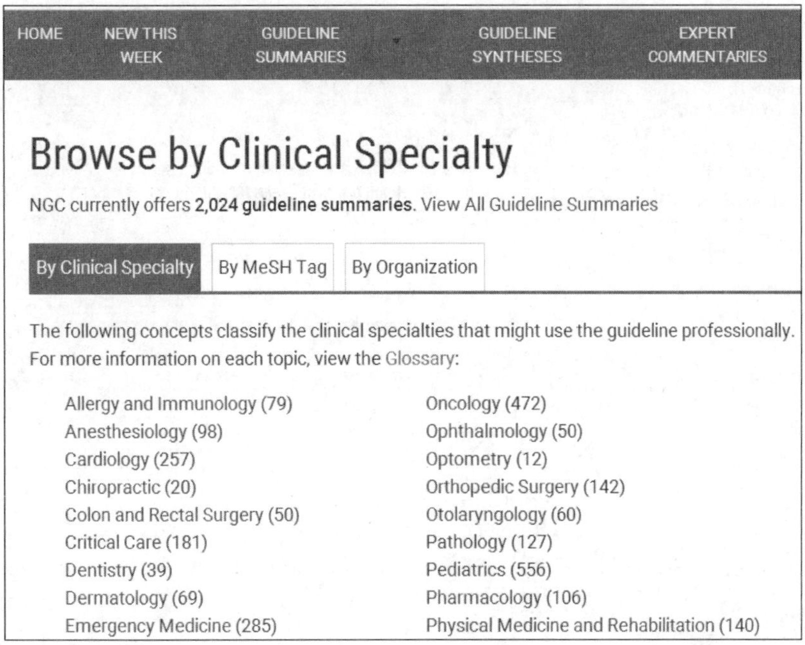

图 5-2-28　NGC 浏览

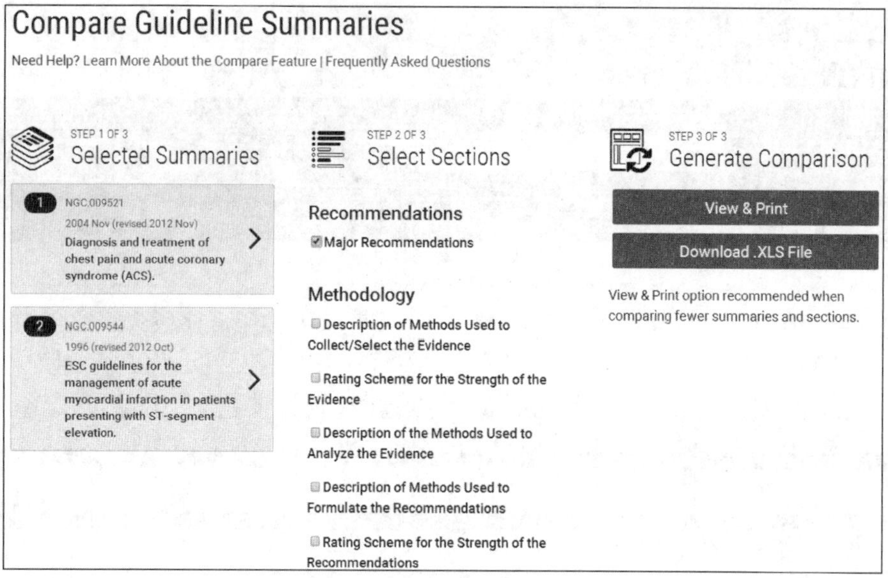

图 5-2-29　指南比较

Tools）。系统默认按相关度（Relevance）进行排序，用户可选择按出版时间排序（Date）；还可以选择每页显示记录数量（20|50|100）。

用户点击指南名称超链可以打开浏览其详细信息或全文，并可对其进行下载或打印。勾选两条或多条指南，点击【Compare Summaries】按钮可以将它们进行详细比较。

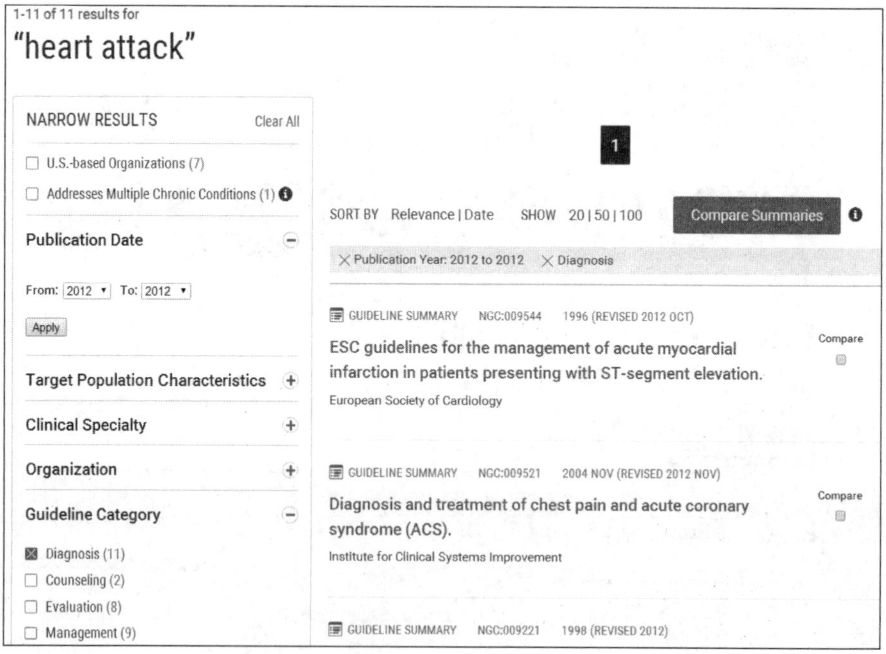

图 5-2-30　检索结果

（四）检索技巧与实践

1. 检索技巧

（1）自动转换匹配检索：系统将检索词或短语与美国国立医学图书馆编制的统一医学

语言系统(UMLS)进行自动匹配,同时检索出其同义词和缩写形式。例如:用户输入 doctor,系统同时会检索出 physician。

（2）词干扩展检索：用户如果输入 book，系统同时会检索出 books、booked。

（3）布尔逻辑检索：系统支持布尔逻辑检索，运算符为 AND、OR、NOT，空格被当作逻辑 AND。运算顺序为从左到右，括号内的优先运算。

（4）短语检索：如果希望检索词作为词组出现，需要将该词组用双引号引起。

（5）截词检索：可以用*替代任意个字符，只能置于词干后面。

2. 检索示例

例 5-7 检索 2012～2015 年有关心脏病诊断的临床指南。

（1）分析课题：该课题的中心概念是“心脏病”（heart attack），“诊断”（diagnosis）为其一个方面，时间限定为 2012～2015 年。

（2）检索标识：①heart attack；②diagnosis。

（3）检索提问式：①AND②。

（4）操作步骤

1）在 NGC 主页的基本检索框输入 heart attack，检出记录 76 条。

2）在检索结果筛选栏的 Guideline Category 中勾选“Diagnosis”，再限定 Publication Date 为“From 2012 to 2015”，点击【Apply】按钮。

（5）检索结果：共 26 条文献记录。

五、Trip Database

(一) 概述

Trip Database（Turning Research into Practice，http：//www.tripdatabase.com/，图 5-2-31）

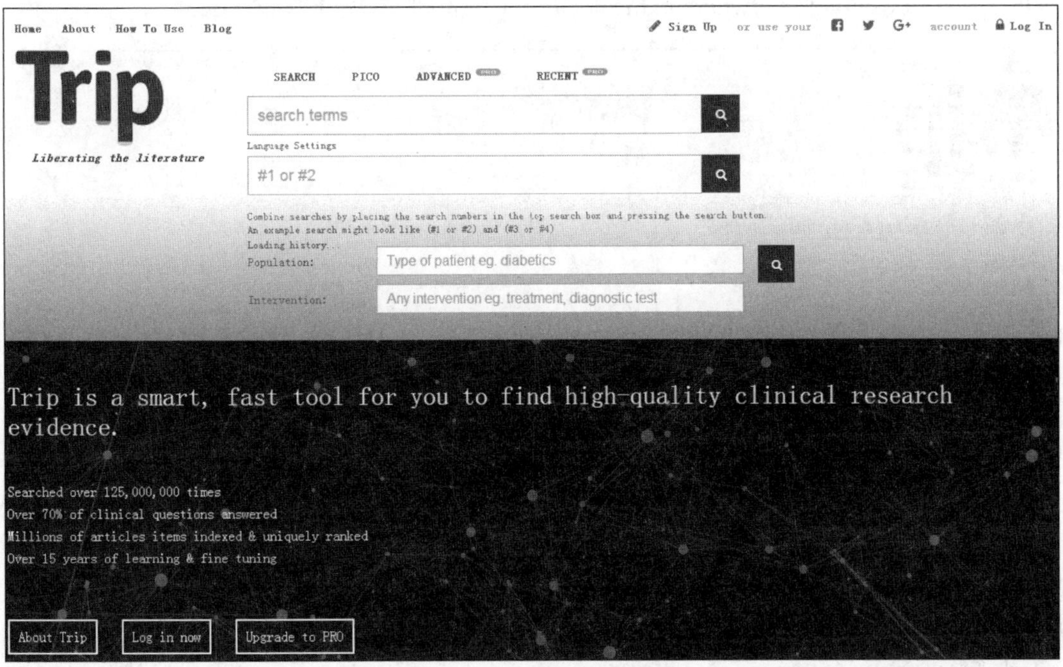

图 5-2-31 Trip Database 主页

建立于 1997 年，是一个为医药卫生专业人员临床实践提供高质量临床研究证据的搜索工具。网站部分功能（如高级检索、检索历史等）需要付费注册成为 PRO 用户才能使用。

（二）检索功能

该网站包括基本检索、PICO 检索和高级检索三种检索模式。

1. 基本检索 在网站主页检索框中输入检索词或布尔逻辑检索式，如（measles OR mumps）and pregnancy，点击放大镜图标可进行检索。

2. PICO 检索 PICO 检索（图 5-2-32）是 Trip Database 于 2012 年新推出的一种检索模式。根据循证医学实践步骤，将临床问题按 PICO 原则进行分解（见本章第一节），并将其分别输入相应的检索框中，点击【Search】按钮即可完成检索。不是每个框中必须输入，但输入内容越详细，检索结果越精确。

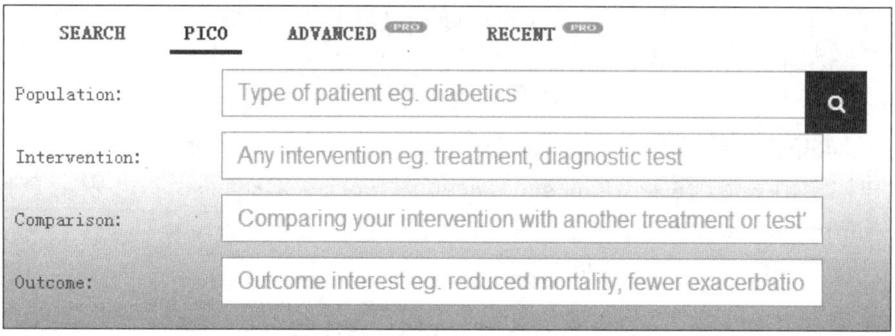

图 5-2-32　Trip Database PICO 检索

3. 高级检索 高级检索状态下（图 5-2-33），用户可以选择检索词词间关系（ALL of these words/ ANY of these words/ This EXACT phrase/ EXCLUDING words），限定检索词出现的字段（title only 或 anywhere in the document）和出版时间（Timeframe）。

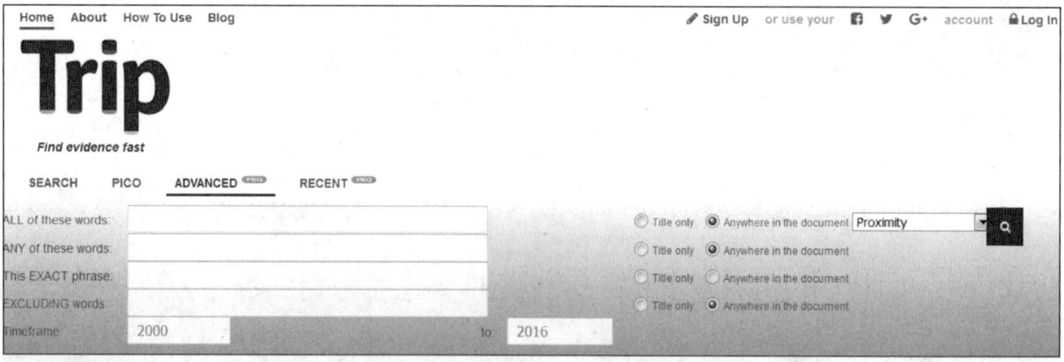

图 5-2-33　Trip Database 高级检索

（三）检索结果

系统执行检索后，在结果页面（图 5-2-34）显示命中文献总数及检索策略、文献题录及证据类型分类导航列表（右侧的 Refine by Evidence type）。

用户可以将选中结果（With selected）发送到电子邮件或以 CSV 或 RIS 格式保存（Export），按质量、时间或相关度排序（Order）。

对于每一条文献记录，系统提供有文献题名、来源数据库、发表年代及证据类型。用户点击题名可以打开相关网站链接浏览文献摘要。

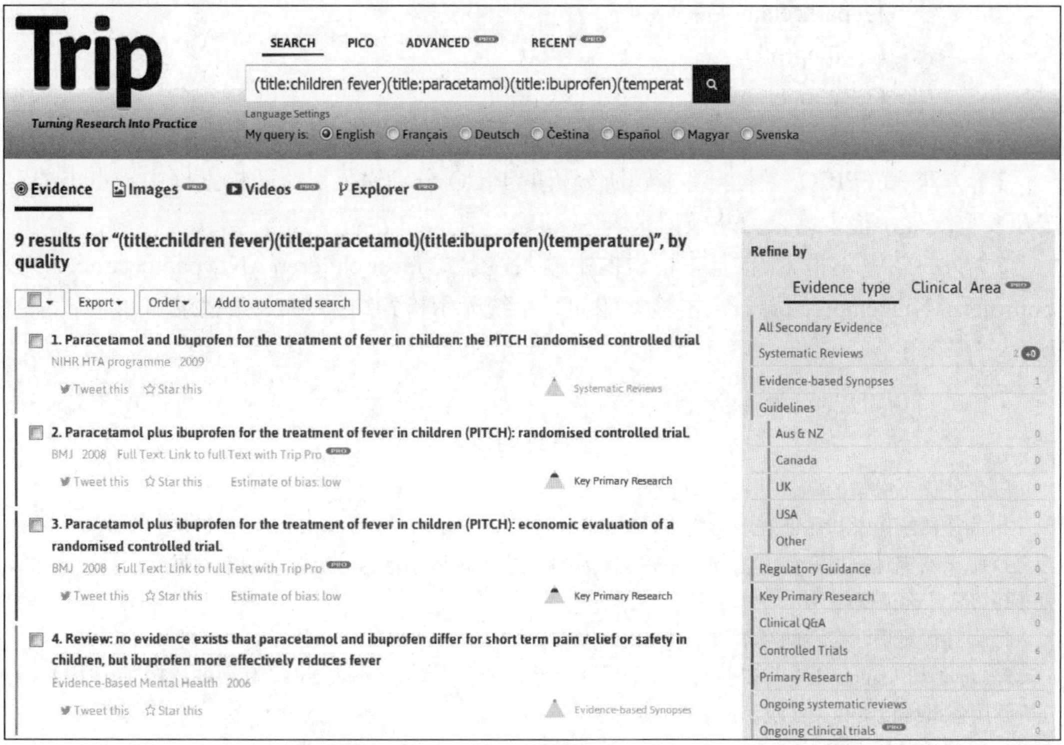

图 5-2-34 Trip Database 检索结果

（四）检索技巧与实践

1. 检索技巧

（1）同义词检索（Synonyms）：系统对输入的检索词会自动检索其同义词，用户点击“Synonyms”可以查看系统所执行的同义词。例如：输入 children，系统会检索出 babies、baby、child、childhood、children、child's、infancy、infant、infants、kid、kids、pÃdiatrics、paedia、paediatric、paediatrics、pediatria、pediatric、pediatrics、preschoolers 等词。

（2）限定检索：高级检索模式中可以选择“Title only”或“Anywhere in the document”将检索词限定在题名或者全文中。还可以进行时间限定。

（3）布尔逻辑检索：基本检索模式支持布尔逻辑检索，运算符为 AND、OR、NOT，运算顺序为从左到右，括号内的优先运算；高级检索模式中，“ALL of these words”表示逻辑“与”，“ANY of these words”表示逻辑“或”，“EXCLUDING words”表示逻辑“非”。

（4）短语检索：基本检索模式中如果希望两个或多个检索词作为整体词组出现，需要将该词组用双引号引起，如“single cell”；高级检索模式中，“This EXACT phrase”表示一个短语或词组。

（5）位置检索：高级检索模式中，如果两个词是逻辑与的关系（“ANY of these word”），可以选择两词之间的相对位置（Proximity），最多间隔 2 个、3 个、5 个或者 10 个词。

2. 检索示例

例 5-8 扑热息痛与布洛芬对孩子降温的疗效比较。

（1）分析课题：列出 PICO 解析式。

P：fever children

I：paracetamol

C：ibuprofen

O：temperature

（2）选择检索模式、操作步骤及结果。

1）方法一：PICO 检索。将本题所分析的 PICO 分别输入对应的检索框中，点击搜索按钮，系统显示检索结果为 9 条记录。

2）方法二：基本检索。在基本检索框中输入检索式 fever children AND paracetamol AND ibuprofen AND temperature，点击检索按钮，系统显示检索结果为 28 条记录。

（李朝葵）

思考练习题

1. 简述循证医学的概念及其三要素。

2. 简述传统医学与循证医学的关系。

3. 临床研究证据按研究方法分为哪两类？牛津大学循证医学证据分级标准中推荐强度最高、证据级别最高的是什么证据？

4. 简述循证医学实践的基本步骤和 PICO 原则。

5. "舒必利（sulpiride）与安慰剂（placebo）对精神分裂症（schizophrenia）疗效的比较"，请用 PICO 分析并用各系统检索相关文献。

6. 查找抗肿瘤药吉西他滨（gemcitabine）治疗非小细胞肺癌的临床证据。

7. 体外冲击波碎石术（extracorporeal shock wave lithotripsy，ESWL）、经皮肾镜取石术（percutaneous nephrolithotomy，PCNL）及输尿管肾镜取石术（retrograde intrarenal surgery，RIRS）治疗肾结石（kidney stones）的疗效比较。

8. 手术与非手术治疗跟骨骨折（broken heel bones）效果比较。

第六章　特种文献检索

特种文献一般指普通图书、期刊之外的出版、发行和获取途径都比较特殊的科技文献。包括学位论文、会议文献、专利文献、科技报告、标准文献、政府出版物等。特种文献内容新颖、数量庞大、参考价值较高，是科技工作中非常重要的文献信息资源。现今许多特种文献都可以通过网络检索获取免费的题录文摘等信息。

第一节　学位论文检索

学位论文（dissertations）是高等学校或研究机构的学生为取得学位，在导师指导下完成的某一学术课题的科学研究、科学试验成果的书面报告。学位论文在选题上新颖，内容上具有独创性，理论性、系统性较强，阐述详细，参考文献系统完整，是专业知识学习和科研中的重要文献信息资源。根据授予学位的级别不同，学位论文可分为学士论文、硕士论文和博士论文三种。除少数在答辩通过后发表或出版外，学位论文多数不公开发行，一般由授予学位的单位收藏，现在绝大多数学位论文都能以数据库文献形式在网络检索到，促进了学位论文的传播和共享。

一、中国学位论文检索

（一）CNKI——中国优秀博硕学位论文全文数据库

该数据库收录了从 1984 年至今全国 400 多家培养单位的博士学位论文和 620 多家硕士培养单位的优秀硕士学位论文共计 290 多万篇；学科覆盖基础科学、工程技术、农业、医学、哲学、人文、社会科学等各个领域；以专辑形式分库、数据每日更新。

可通过网址“http//www.cnki.net”登录中国知网主页，选中检索框上方的“博硕士”后，在检索框中输入检索词，点击【检索】按钮执行快速检索，也可以点击【高级检索】按钮进入博硕论文数据库的检索界面（图 6-1-1）。

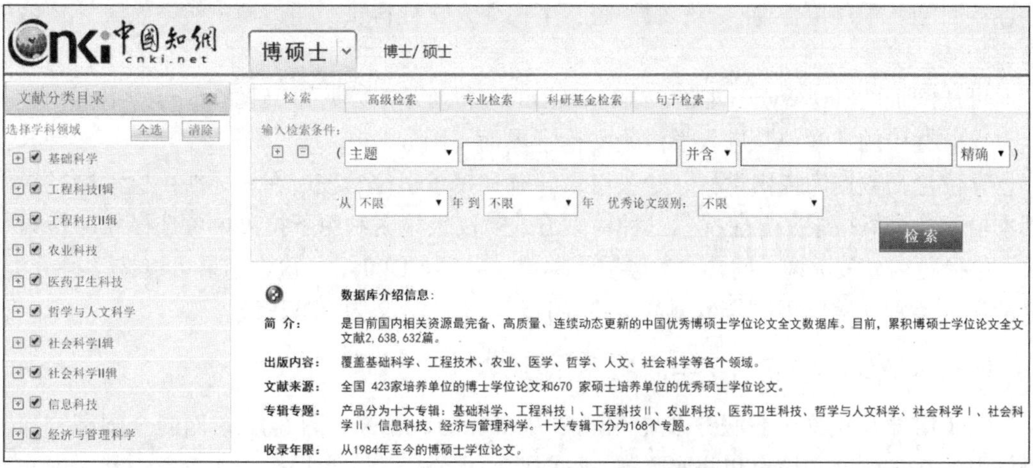

图 6-1-1　博硕士学位论文库检索界面

系统提供快速检索、高级检索、专业检索、科研基金检索、句子检索等检索方式；提供题名、关键词、摘要、作者、导师、学位授予单位、中图分类号、学科专业名称等检索途径。检索方法和规则与中国期刊全文数据库相同。检索结果可以按摘要和列表两种格式显示：可以按主题、发表时间、被引频次、下载频次、学科授予年度排序；还可以按学科类别、学位授予单位、研究资助基金、导师、学科专业、研究层次、学位年度等分组浏览（图 6-1-2）。

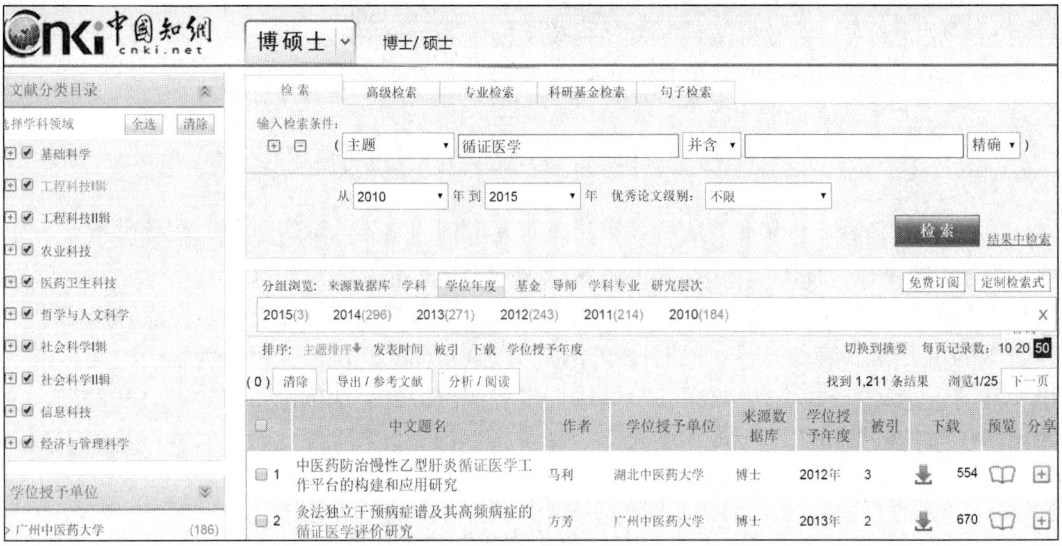

图 6-1-2　博硕士学位论文库检索结果显示格式

点击论文标题链接可以浏览该论文详细信息，包括文摘、参考文献、相似文献、共引文献等，并显示以本文为节点文献的引文网络图示。下载查看文献可以选择分页下载、分章下载、整本下载、在线阅读（图 6-1-3）。阅读全文需下载安装 CAJ 阅读器。

（二）万方数据——中国学位论文全文数据库

《中国学位论文全文数据库》是万方数据资源系统的子数据库之一。收录自 1980 年以来我国 900 余所高等院校、研究生院及研究所的硕士、博士及博士后论文，年增 30 万篇，并逐年回溯。学科覆盖理、工、农、医、生物、人文社科、交通运输、航空航天、环境科学等领域。

可从网址“http//www.wanfangdata.com.cn”登录万方数据知识服务平台的主页，点击上方导航栏中的“学位”进入学位论文检索界面（图 6-1-4）。

学位论文数据库提供学科、专业目录导航和授予学位学校所在地导航；检索途径提供基本检索、高级检索、专业检索三种检索方式。高级检索利用下拉菜单可选择相应检索字段，包括题名、关键词、摘要、学位授予单位、导师、DOI 等。检索结果可以按学科分类、授予学位类别、学位年份分组浏览（图 6-1-5）。文献全文为 PDF 格式。

（三）CALIS 学位论文中心服务系统

CALIS 学位论文中心服务系统（http：//etd.calis.edu.cn/，图 6-1-6）面向全国高校师生提供中外文学位论文检索和获取服务。目前博硕士学位论文数据逾 384 万条，其中中文数据约 172 万条，外文数据约 212 万条。该系统采用 e 读搜索引擎，检索功能便捷灵活；提供简单检索和高级检索功能，可进行多字段组配检索，也可从资源类型、检索范围、时间、

图 6-1-3　博硕士学位论文库检索结果详细格式

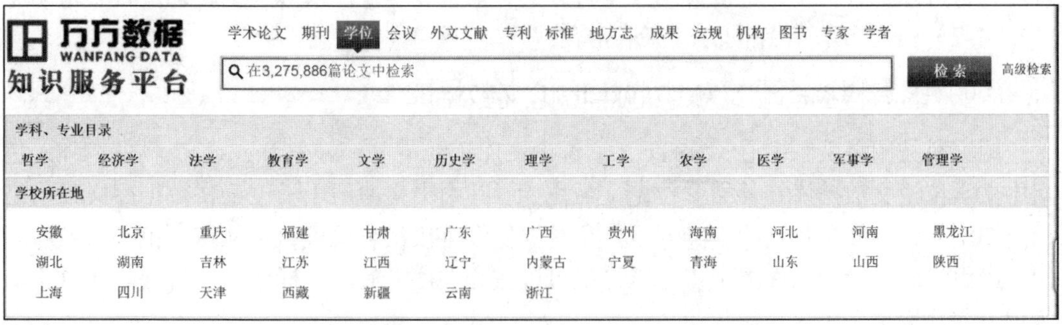

图 6-1-4　万方学位论文检索界面

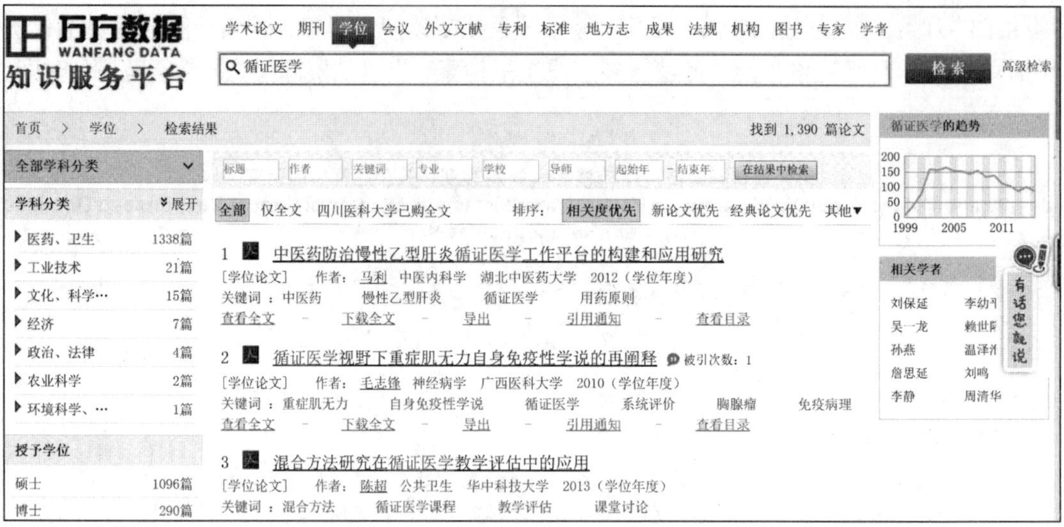

图 6-1-5　万方学位论文检索结果显示格式

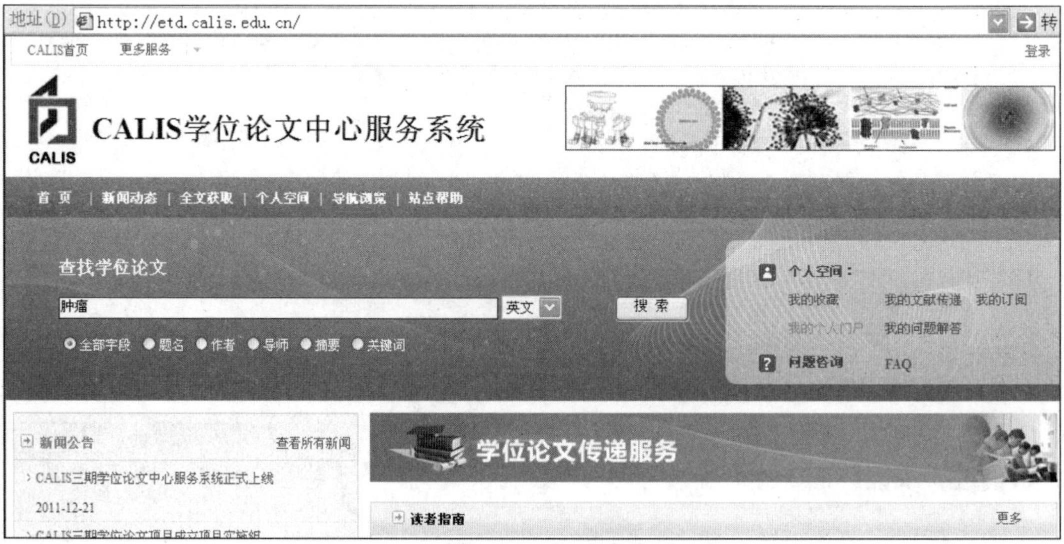

图 6-1-6　CALIS 学位论文中心服务系统主页

语种、论文来源等多角度进行限定检索。检索结果可以按相关度、首字母、答辩年度进行排序，也可以按答辩年、学位类别、学科分类、语种、学校、来源及主题词进行分组浏览（图 6-1-7）。通过文献传递的方式获取全文。

（四）国家科技图书文献中心学位论文数据库

国家科技图书文献中心（NSTL）学位论文库（http：//www.nstl.gov.cn/，图 6-1-8）包括中文学位论文数据库和外文学位论文数据库，其中中文博硕士学位论文数据库文献量已超过 201 万条，外文数据约 542 万条。系统提供多字段组合检索，可从馆藏范围、入库时间、出版时间等进行条件限定。检索结果可以按相关度、时间、标题进行排序。通过文献传递方式获取全文。

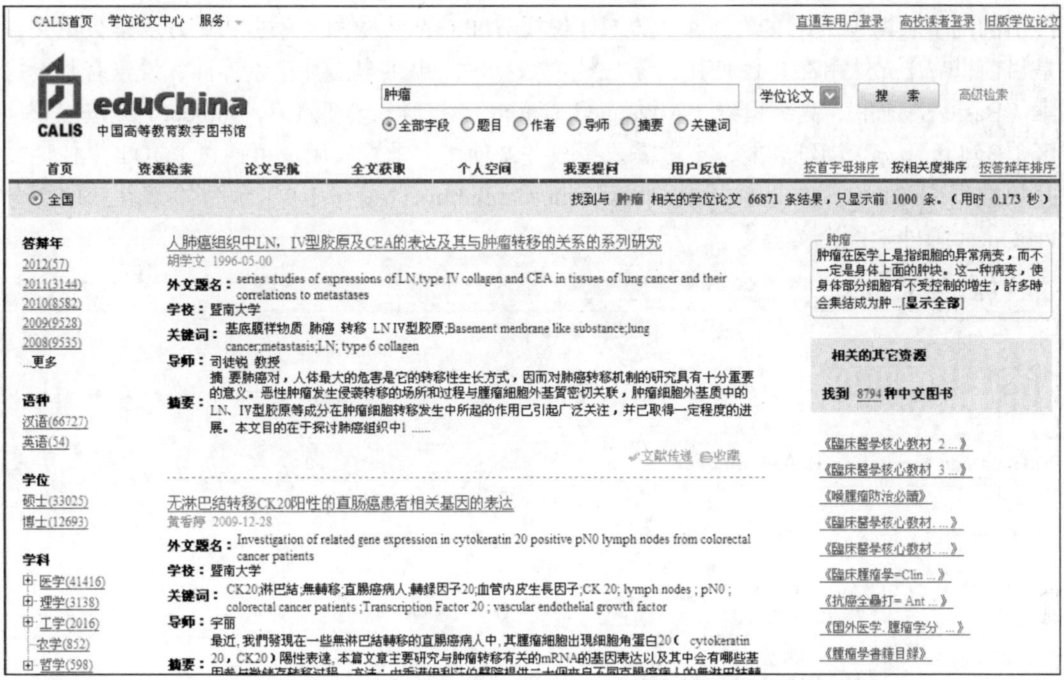

图 6-1-7　CALIS 学位论文中心服务系统检索结果界面

图 6-1-8　NSTL 学位论文库检索界面

二、国外学位论文数据库

（一）ProQuest 博硕士学位论文数据库（PQDT）

PQDT 全称 ProQuest Dissertations & Theses，是美国 ProQuest 公司（原名 UMI 公司）

推出的网络版博硕士论文数据库，收录了欧美 1000 余所大学的超过 270 万篇学位论文，是目前世界上最大和最广泛使用的学位论文数据库。提供多语种检索界面，设置有基本检索（Basic Search）、高级检索（Advanced Search）、按学科专业（By Subject）或按国家地区（By Location）浏览功能，不过需要授权登录使用。未授权用户可通过 PQDT 学位论文开放数据库（http：//pqdtopen.proquest.com/search.html，图 6-1-9）免费检索并获取部分 ProQuest 国外学位论文全文。

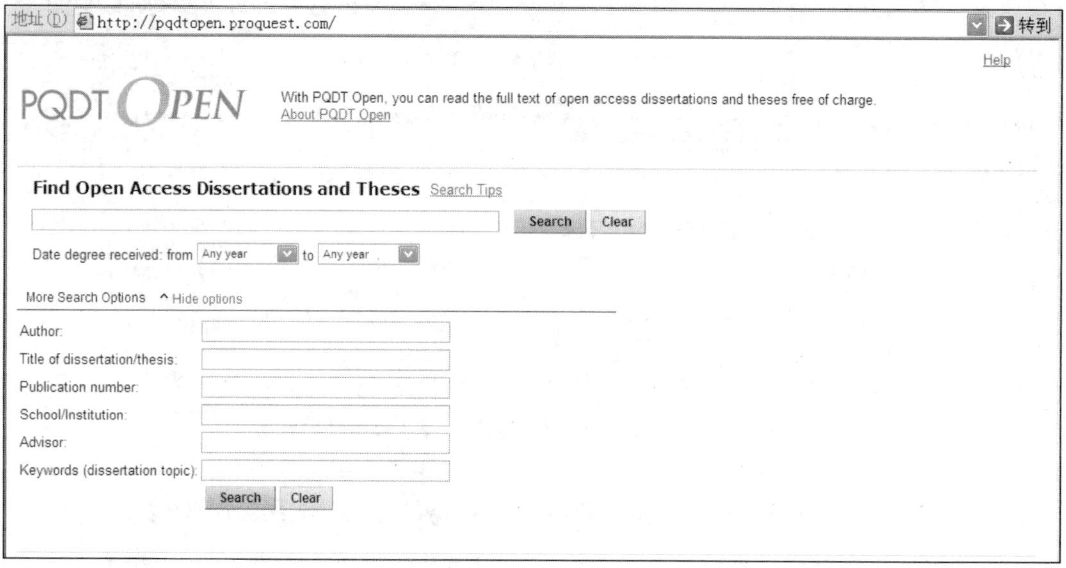

图 6-1-9　ProQuest 博硕士学位论文开放数据库主页

另外，自 2002 年起，CALIS 中心组织了国内部分高校联合采购了 ProQuest 的部分学位论文，建立了"ProQuest 学位论文全文数据库"，成员馆可通过 CALIS 全国文理中心、中国科学技术信息研究生和上海交通大学图书馆三个镜像站点共享这些资源。

（二）NDLTD 学位论文库

NDLTD 学位论文库（全称 Networked Digital Library of Theses and Dissertations）是一个由联合国教科文组织（UNESCO）和 Adobe 系统公司联合创建的以收集电子论文及学位论文为主的国际性组织，是美国国家自然科学基金支持的一个网上学位论文共建共享项目，目的是保存和传播学术文献促进学术交流。该数据库通过会员上传方式收集学位论文，以开放获取方式提供用户检索和下载全文，是对 PQDT 的最大补充。与 PQDT 学位论文数据库相比，NDLTD 学位论文库的主要特点就是学校共建共享、可以免费获取。目前全球有 170 多家图书馆、7 个图书馆联盟、20 多个专业研究所加入了 NDLTD，其中 20 多所成员已提供学位论文文摘数据库 7 万多条，可以链接到的论文全文大约有 3 万篇。

第二节　医学会议论文检索

会议文献（conference literature）是指在各类学术会议上宣读和交流的论文、报告及其他相关资料。会议文献多数以会议录（proceedings）或会议论文汇编（transaction）的形式出现。会议文献多是针对当前科学研究的前沿和重大课题，包含了许多学科中的新发现、新见解、新成果和新进展，内容新颖、学术性强、报道迅速，通过对会议主题及参会论文的分析，可以获知近期或未来一段时间内同行关注的领域。会议文献的查找除了常用的通用搜索引擎和医学专业搜索引擎外，还可以查找相关专业的学会/协会、科研团体和教育机构网站、专业期刊等。

会议文献按其发表时间先后可分为会前、会期和会后文献。会前文献包括会议通知、会议日程、征文启事等；会期文献主要是会议开幕词、有关讲话、报告、会议记录、会议决议、闭幕词、会议期间散发的资料；会后文献是指对会议交流论文及相关数据进行编辑加工后的正式出版物，一般以会议录、汇编、论文集、科技报告、学术讨论报告、会议专刊等为名，以专著或期刊特刊的形式出版。

一、会前信息资源介绍

会前信息可以为科研人员及时了解专业发展动向、撰写会议论文并参加会议提供帮助。传统的会前信息主要是通过各种学术组织散发通知及在相关的专业期刊杂志上刊登会讯，随着互联网的普及，这类信息也可以通过搜索引擎和一些特定专业网站获取。

（一）中国学术会议在线

中国学术会议在线（http：//www.meeting.edu.cn/）是经教育部批准，由教育部科技发展中心主办，面向广大科技人员的科学研究与学术交流信息服务平台（图 6-2-1）。提供文理工农医等所有学科的国内外会议信息，其中有关医学的类目有基础医学、临床医学、中医学与中药学。设置栏目有会议预告、会议新闻、会议评述、会议回顾、报告视频、会议论文等。用户不仅可以对各大栏目进行分类浏览，也可以输入关键词进行检索。

图 6-2-1　中国学术会议在线主页

（二）医学会议在线

医学会议在线（http：//www.medig.com.cn/）以医药行业信息采集为基础，信息内容涵盖政策、法规、行业动态、学术进展、会议活动、继续教育等方面（图 6-2-2）。用户可浏览最新会议、近期会议，通过“科室导航”浏览相应学科专业近期举办的学术会议；也可分科室、类目、地址进行会议搜索。如果要了解会议详情，则需要免费注册。

图 6-2-2 医学会议在线主页

（三）中华医学会学术活动

“中华医学会学术活动”（http：//www.cma.org.cn/index/indexxshd/）是中华医学会（Chinese Medical Association）网站下的一个栏目，设有征文通知、会议通知、计划查询三个板块，提供由中华医学会各分会、中华医学系列期刊编辑部及音像社主办的学术会议信息（图 6-2-3）。只能浏览，不提供检索服务。

图 6-2-3 中华医学会学术活动界面

（四）Medical Conferences

Medical Conferences（www.medical.theconferencewebsite.com/）由英国一家非营利性机

构提供，可报道世界范围内未来一年即将举行的医学会议。网站设置有基本检索和高级检索两种检索方式。在主页右上部“Search Conferences”检索框中输入关键词检索相关主题的医学会议，也可浏览本年度即将举行的相关主题的医学会议（图 6-2-4）；点击“Advanced Search”进入高级检索页面（图 6-2-5），提供有会议名称或关键词（Keyword/Title）、会议地点（Location）、开会时间（Start date）、学科范围（Specialties）等检索途径。用户要想了解有关会议的更多信息，需要免费注册，会议组织者会将其传送到用户的电子邮箱。注册用户还可以享受会议信息定制服务（Alert）。

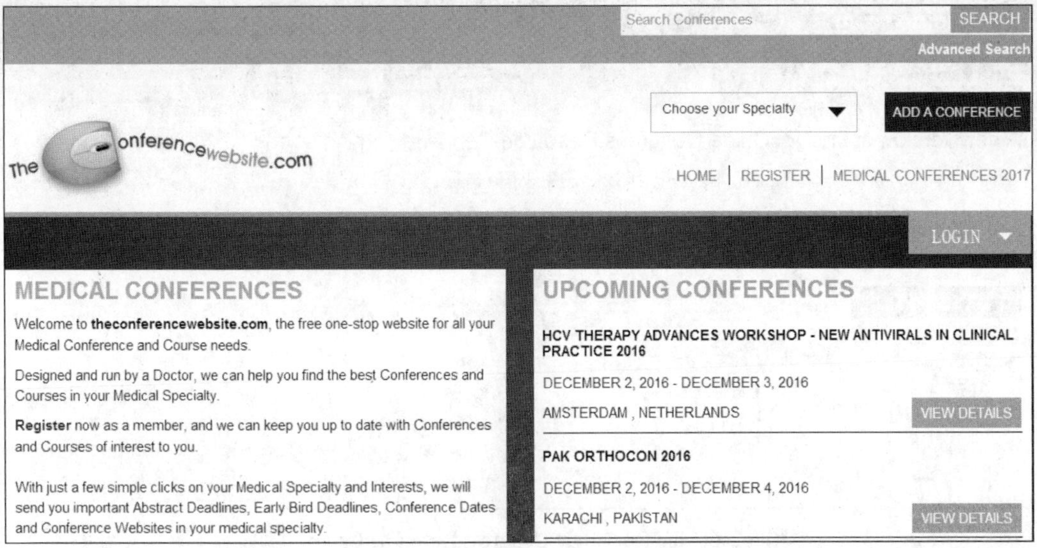

图 6-2-4 Medical Conferences 主页

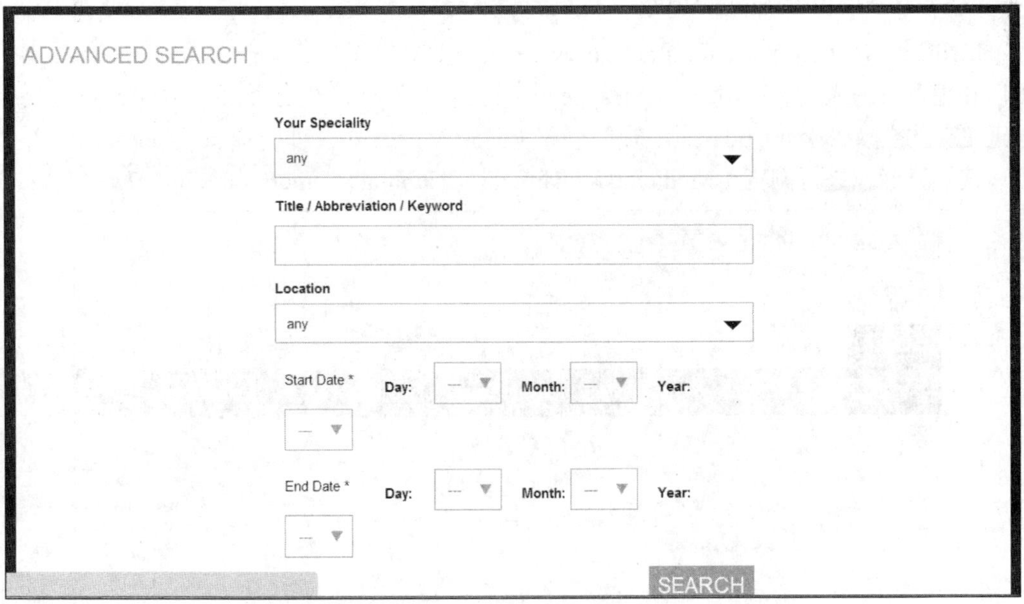

图 6-2-5 Medical Conferences “Advanced Search” 界面

（五）the DocGuide Congress Resource Centre

the DocGuide Congress Resource Centre（http：//www.docguide.com/crc）是由美国

Doctor’s Guide 网站建立的医学会议信息预告中心，专门收集未来几年将在世界各国召开的医学会议信息。用户需要免费注册使用。会议资源中心主页面中提供多种途径检索，用户可在检索框中输入所要检索会议的内容进行查询，也可按会议所属专业（By Specialty）、会议日期（By Date）、会议地点（By Location）进行检索（图 6-2-6）。此外，其还提供了对所收录会议信息的全文检索功能，包括基本检索及运用逻辑运算符的高级检索。检索结果主要包括会议名称、开会日期、会议地点、联系人、电话及 E-mail 地址。

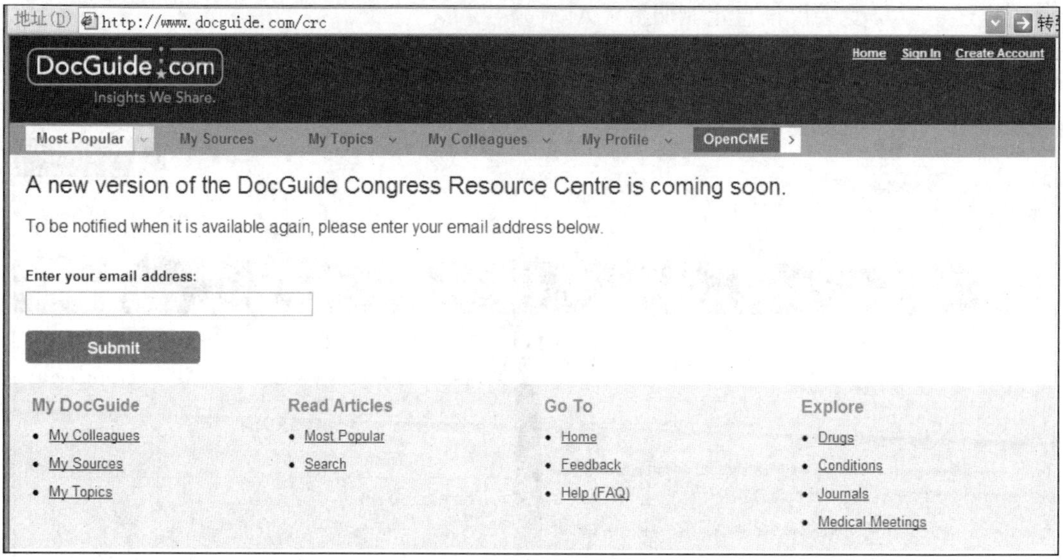

图 6-2-6　the DocGuide Congress Resource Centre 主页

（六）Medical-events.com

Medical-events.com（www.medical-events.com）提供全球医学会议及事件信息。用户可以在主页(Home)浏览今日会议(Happening Today)、即将召开的会议(Next Conferences)、最近更新的会议（Last Updates）、热门会议（Most Viewed）及即时通讯（Newsletters）；也可以按学科专业进行浏览（Medicine、Pharmacy、Nursing、Others）（图 6-2-7）。

图 6-2-7　Medical-events.com 网站主页

二、会议文献数据库介绍

会议文献具有专业性强、学术水平高、内容新颖、信息量大、专业内容集中、出版发行较快等特点。会议文献大都经过会议主办者审查、推荐，经过专家学者提问、讨论、评价、鉴定，再由本人修改后出版，因此可靠性较高。

（一）万方中国学术会议论文全文数据库

《中国学术会议论文全文数据库》是万方数据资源系统的子数据库之一，是国内较早的学术会议文献全文数据库。数据范围覆盖文理工农林医等所有学科领域，收录 1998 年以来各学会协会组织召开的全国学术会议论文。提供有学科分类、主办单位导航，还提供有快速检索、高级检索、经典检索、专业检索等多种检索方式（图 6-2-8）。

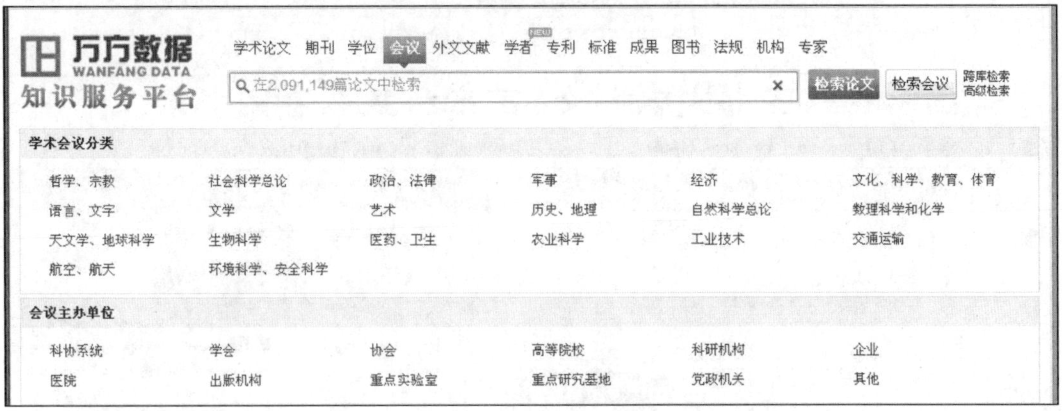

图 6-2-8　万方中国学术会议论文数据库检索界面

（二）CNKI 会议论文全文数据库

《CNKI 会议论文全文数据库》重点收录 1999 年以来，中国科学技术协会系统及国家二级以上的学会、协会、高校、科研院所、政府机关举办的重要会议及在国内召开的国际会议上发表的文献。其中，国际会议文献占全部文献的 20%以上，全国性会议文献超过总量的 70%，部分重点会议文献回溯至 1953 年。选择国内会议/国际会议提供会议导航、论文集导航及主办单位导航（图 6-2-9），检索方法和规则与中国期刊全文数据库相同。

（三）NSTL 会议文献数据库

《NSTL 会议文献数据库》包括中文会议和外文会议两个数据库。中文会议论文数据库主要收录了 1985 年以来我国国家级学会、协会、研究会及各省、部委等组织召开的全国性学术会议论文。收藏重点为自然科学各专业领域，每年涉及 600 余个重要的学术会议，年增加论文 4 万余篇。外文会议论文数据库主要收录了 1985 年以来世界各主要学协会、出版机构出版的学术会议论文。学科范围涉及工程技术和自然科学各专业领域。其中外文会议数据库检索界面与检索方法相同（图 6-2-10）。

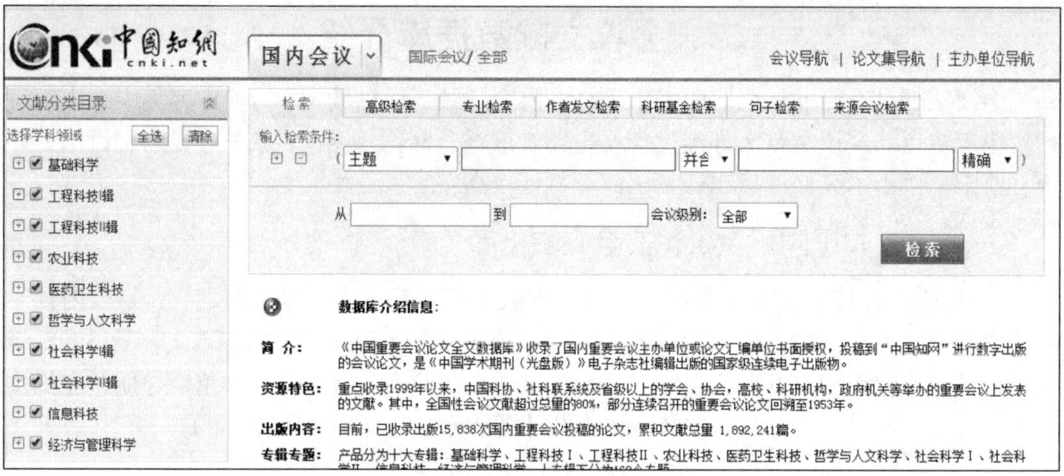

图 6-2-9　CNKI 会议论文检索界面

图 6-2-10　NSTL 中文会议数据库检索界面

(四) ISI Proceedings

《ISI Proceedings》汇集了世界上最重要的会议、座谈、研究会和专题讨论会等多种学术会议的会议录文献，包括专著、丛书、预印本及来源于期刊的会议论文，提供了综合全面、多学科的会议论文资料，可以看到论文的题录和文摘，是美国科学情报研究所（ISI）出版的著名学术会议文献索引的网络版。其由两部分组成：《科技会议录索引》(Index to Scientific & Technical Proceedings，简称 ISTP)，覆盖所有科技领域的文献，包括农业和环境科学、生物化学和分子生物学、生物技术、医学、工程、计算机、化学和物理等；《社会科学与人文科学会议录索引》(Index to Social Sciences & Humanities Proceedings，简称 ISSHP)，覆盖社会科学、艺术及人文领域的所有会议文献，包括心理学、社会学、公共卫生、管理、经济、艺术、历史、文学及哲学。此数据库需要授权才能使用。

(五) OCLC FirstSearch 会议论文数据库

美国联机计算机图书馆中心（Online Computer Library Inc.，OCLC）是世界上最大的提供文献信息服务的机构之一。该机构建立的 FirstSearch 系统可检索 80 多个数据库，其中《OCLC FirstSearch 会议论文数据库》包括 PapersFirst（国际学术会议论文索引）和 ProceedingsFirst（国际学术会议录索引）两个会议论文数据库；收录了 1993 年以来世界范围的各种学术会议、专题会、学术报告会等发表论文的题录信息；涵盖了英国图书馆文献提供中心所出版过的会议论文及资料。系统提供基本检索（Basic Search）、高级检索（Advanced Search）和专业检索（Expert Search）三种检索方式，但需要授权才能使用。

第三节　专利信息检索

一、专利概述

(一) 专利

1. 专利（patent）　专利权的简称，是指一项发明创造向国家专利局提出专利申请，依法审查合格后，授予专利申请人及其权利继受人在规定时间内对其发明创造享有的专有权。各个国家都采用建立专利制度的形式来保护专利权。专利制度的核心是专利法，它主要从专利权的授予和保护两个方面对专利事物做出规范。我国于 1984 年颁布并于同年 4 月 1 日正式实施了《中华人民共和国专利法》。

2. 专利的类型　具体划分各国不尽相同，我国分为发明专利、实用新型专利和外观设计专利三种类型。

发明专利：是对产品、方法或者其改进所提出的新的技术方案。

实用新型专利：是对产品的形状、构造或者其结合所提出的适于使用的新的技术方案。

外观设计专利：是对产品的形状、图案、色彩或者其结合所做出的富有美感并适于工业上应用的新设计。

3. 专利的属性　专利权属于知识产权，具有独占性、地域性和时间性。

独占性也称专有性或排他性。专利权人对他的发明创造享有独占性的制造、使用、销售和进口等实施权。

地域性是指一个国家授予的专利权，只在本国有效，对其他国家没有约束力，任何国家都没有保护别国专利的义务。

时间性是指任何专利的保护有一定的法律期限。专利权人对其发明创造所拥有法律赋予的专有权只在法律规定的期限内有效。多数国家自专利申请之日起，发明专利的保护期限是 20 年，实用新型和外观设计专利是 10 年，药品专利可以适当延长。

4. 专利优先权　申请人在一个缔约国第一次提出专利申请后，可以在一定期限内就同一主题的发明创造向其他缔约国申请保护，有抢先提出申请，取得授权的可能，目的在于排除其他国家抄袭此专利者，后提出的申请仍以第一次专利申请的日期作为其申请日。

5. 同族专利　具有共同优先权的由不同国家或国际专利组织多次申请、多次公布或批准的内容相同或基本相同的一组专利，称一个专利族。在同一专利族中每件专利互为同族专利，其中最早优先权的专利称基本专利。

（二）专利文献

专利文献（patant document）：是实行专利制度的国家及国际性专利组织在审批、公布专利过程中产生的官方文件及有关出版物的总称。主要是指记载发明创造内容的技术文献，如专利说明书、专利公报、专利文摘、专利分类表等。其中专利说明书是专利文献的核心部分，它是申请人向政府递交说明其发明创造的书面文件，上面记载着发明的实质性内容及付诸实施的具体方案，并提出其专利权的范围。

专利文献是技术文件和法律文件的结合体，它融技术、法律和经济信息于一体，是科学技术的宝库。据世界知识产权组织统计，世界上 90%～95%的发明创造成果都出现在专利文献中，其中的 70%不出现在非专利文献中。充分利用专利信息可以节约 60%的研究时间和 40%的科研经费。专利信息检索不仅可以避免重复研究和专利侵权，同时可以有效地保护自己的科研成果。因此，对于专利文献的检索、分析和利用，已经成为科学研究过程中不可缺少的重要组成部分。

（三）国际专利分类

国际专利分类（international patent classification，IPC）是世界各国专利机构都采用的专利分类方法。《国际专利分类法》（IPC）是由世界知识产权组织修订的，是目前唯一国际通用的查找专利文献分类的专利分类法。IPC 体系按五级分类：部、大类、小类、主组、分组。8 个部用 A～H 表示，医药卫生专利主要属于 A 部。部以下的分类会阶段性调整、增加，从而形成新的 IPC 版本。

一个完整的 IPC 分类号由代表部（一个字母）、大类（2 个数字）、小类（1 个字母）、大组（1～3 个数字）或小组（2～4 个数字）的符号构成，如 A61B3/02。

二、专利文献检索

（一）专利信息数据库检索

1. 中国知网（CNKI）中外专利数据库　《中国专利全文数据库（知网版）》收录了自 1985 年至今的中国专利，共 1200 多万条，包含发明专利、实用新型专利、外观设计专利三个子库，双周更新。专利的内容来源于国家知识产权局知识出版产权出版社。《国外专利数据库（知网版）》收录了自 1970 年以来的专利 4800 多万条，包含美国、日本、英国、德国、法国、瑞士、世界知识产权组织及欧洲专利局六国两组织的专利。CNKI 中外专利数据库的专利相关文献、成果等信息来源于 CNKI 各大数据库。

可从中国知网主页（http//www.cnki.net）选择点击“中国专利数据库”或“国外专利数据库”进入到相应的专利检索界面（图 6-3-1）。以“中国专利数据库”为例，可以通过申请号、申请日、公开号、公开日、专利名称、摘要、分类号、申请人、发明人、优先权等检索项进行检索，每条专利的知网节集成了与该专利相关的最新文献、科技成果、标准等信息，可以完整地展现该专利产生的背景、最新发展动态、相关领域的发展趋势，可以浏览发明人与发明机构更多的论述及在各种出版物上发表的文献。

2. 万方专利数据库　万方中外专利数据库（WFPD）包括七国两组织（中国、美国、日本、德国、英国、法国、瑞士、欧洲专利局和世界知识产权组织）的专利信息数据；收录了国内外的发明、实用新型及外观设计等。其中国内专利收录从 1877 年至今的发明专利、实用新型和外观设计；国外专利收录从 1899 年至今的人类生活必需、固定建筑物、物理等 8 部类。共收录了国内外的发明、实用新型及外观设计等专利 3000 余万项。内容涉及自然科学各个学科领域，每年增加约 25 万条，中国专利每两周更新一次，国外专利每季度更新一次。国内专利一次性下载专利说明书全文。

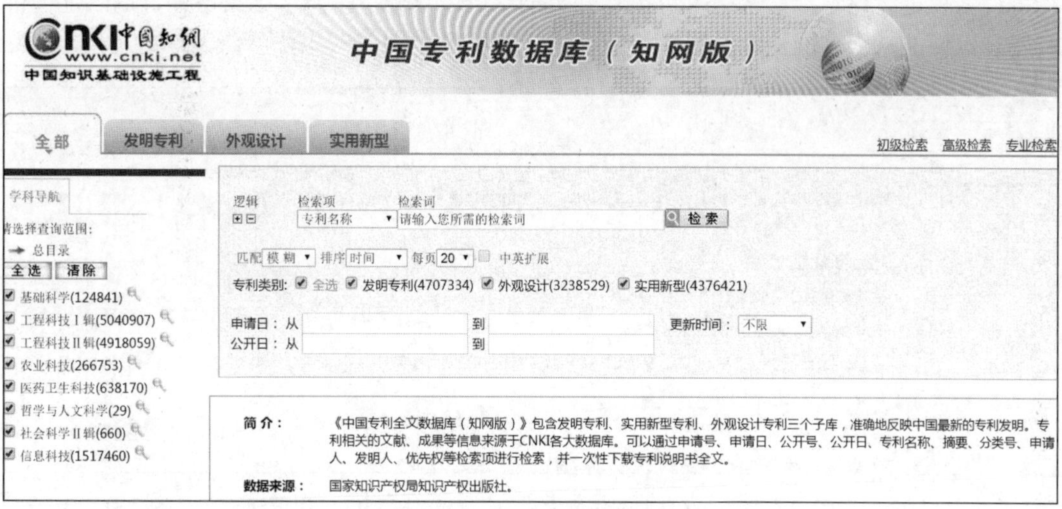

图 6-3-1　CNKI 专利数据库检索界面

从网址“http：//www.wanfangdata.com.cn/”登录万方数据知识服务平台主页，选择“专利”进入到专利检索界面（图 6-3-2），分为基础版中外专利数据库和加强版专利工具（patentool）。基础版中外专利数据库提供针对专利文献的一些基础服务，包括文献检索、IPC 国际专利分类导航、文献浏览与下载；加强版专利工具是基于专利文献资源特色开发的一个提供综合性服务的应用工具，除了提供针对专利文献的基础服务外，还提供法律状态查询、竞争环境分析、技术生命周期分析、机构和文献对比分析、专利权人（发明人）专利成果跟踪及检索式订阅服务。

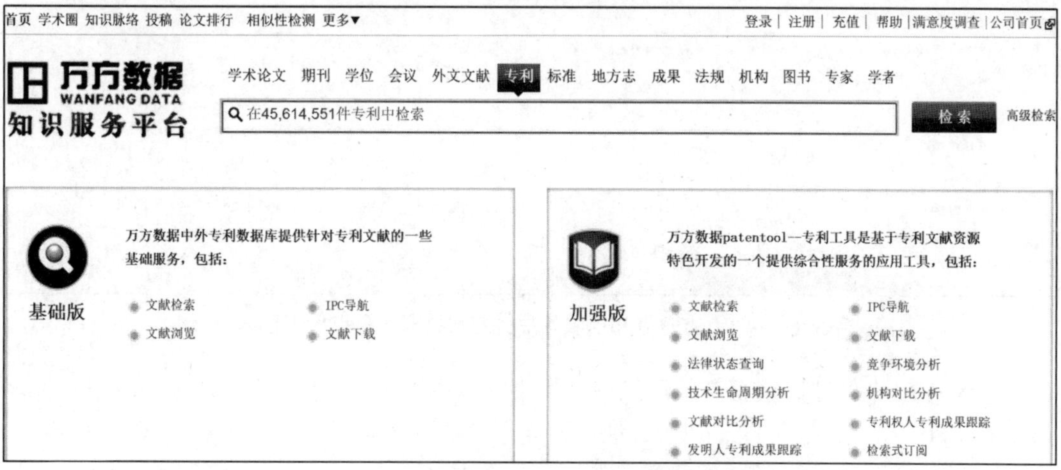

图 6-3-2　万方数据知识服务平台专利数据库检索界

以“加强版”为例进入专利文献检索界面。系统功能分为国际专利分类（IPC 分类）

导航（图 6-3-3）、专利分析和个性化订阅 3 个板块，提供专利文献检索和 IPC 专利分类检索。其中专利文献检索可分专利类型（发明专利、实用新型、外观设计）进行检索。此外，系统还提供高级检索（图 6-3-4），可选择专利类型，通过专利名称、摘要、申请号、公开号、申请日期、公开日期、申请人、发明人、主申请人地址、主分类号、分类号、代理机构等检索项进行检索，检索结果可按专利类型、IPC 分类、法律状态及申请日期限定进行浏览，以便能从众多的检索结果中快速筛选出所需的专利。

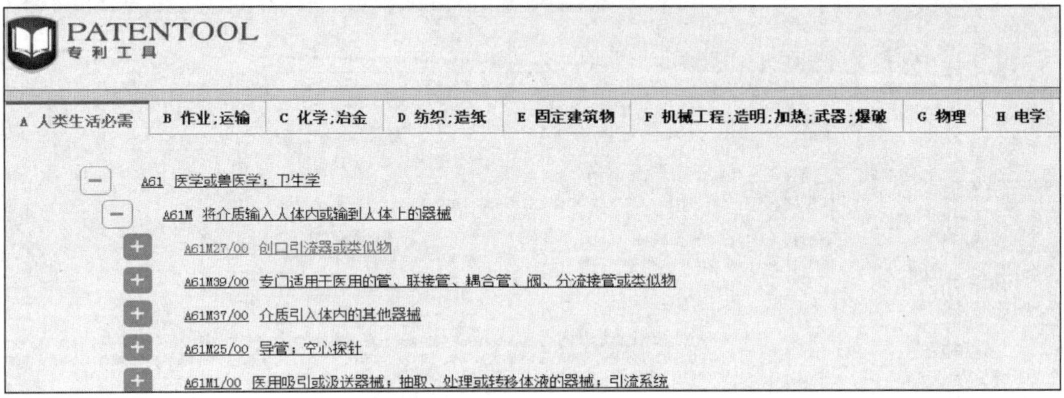

图 6-3-3　万方数据知识服务平台专利数据库 IPC 导航界面

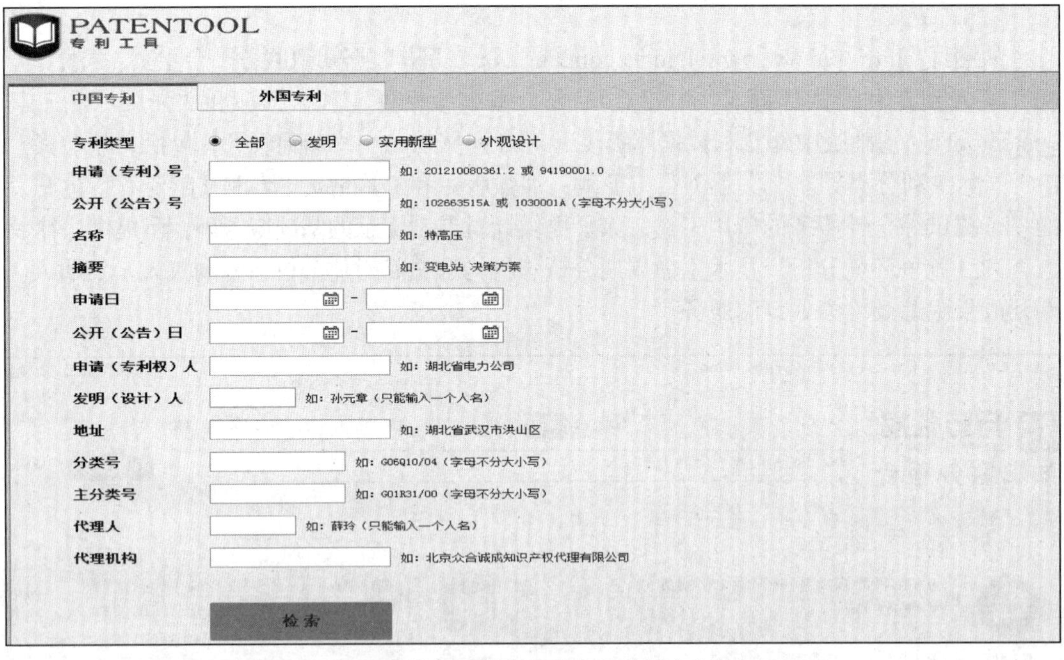

图 6-3-4　万方数据知识服务平台专利数据库高级检索界面

3. NSTL 中外专利数据库　国家科技图书文献中心（NSTL）的中外专利数据库包含了中国、日本、美国、英国、德国、法国、瑞士、欧洲专利局和世界知识产权组织专利。从网址“http：//www.nstl.gov.cn”登录国家科技图书文献中心主页，直接选择“中外专利”或某个国家专利进入该国专利检索，检索项包括专利名称、发明人、申请人、摘要、申请号、公开号、申请日期、公开日期、专利类型、专利分类号等。

4. 德温特专利数据库　英国的德温特公司（Derwent Information Ltd）是全球最权威的专利文献信息出版机构。德温特专利索引（Derwent innovations index）简称 DII 是由德温特公司与 ISI 公司共同推出的基于 ISI　Web of Knowledge（SCI）统一检索平台的网络版专利数据库。这一数据库将 Derwent world patents index（德温特世界专利索引，简称 WPI）与 patents citation index（专利引文索引）加以整合，以每周更新的速度，提供全球专利信息。Derwent innovations index 收录来自全球 40 多个专利机构（涵盖 100 多个国家）的 1000 多万条基本发明专利，3000 多万条专利，资料回溯至 1963 年。其分为 Chemical Section、Electrical & Electronic Section、Engineering Section 三部分，为研究人员提供世界范围内的化学、电子电气及工程技术领域内综合全面的发明信息。

（二）专利网站介绍

1. 中华人民共和国国家知识产权局（http：//www.sipo.gov.cn）　是中国专利审批的政府机构，在国家知识产权局网站主页上选择点击“专利检索”进入（图 6-3-5），提供专利检索与专利分析功能，其数据收录范围包括 103 个国家、地区和组织的专利数据，其中涵盖了中国、美国、日本、韩国、英国、法国、德国、瑞士、俄罗斯、欧洲专利局和世界知识产权组织；提供常规检索、高级检索、导航浏览、命令行检索等检索模式；可选择申请号、公开号、申请人、发明人、专利名称等检索选项；并可浏览到各种说明书全文及外观设计图形。中国知识产权网提供的专利说明书均为 TIF 文件，需事先下载阅读软件。

图 6-3-5　中华人民共和国国家知识产权局网专利检索与服务系统检索界面

2. 中国专利信息网（http：//www.patent.com.cn）　该网站的中国专利数据库集中了我

国自 1985 年《中国专利法》实施以来的全部专利文献，共约 200 多万条专利数据。记录包括完整的题录信息和专利文摘，还提供了相应发明和使用新型专利的全文扫面图形。系统由中华人民共和国国家知识产权局、中国专利信息中心创建维护。系统提供中国专利和世界专利检索。用户需在网上自行注册，成功后可使用中国专利信息网的相关功能。

3. 美国专利商标局网站（http：//www.uspto.gov） 可从网站主页选择“patent”进入专利检索。该网站的专利全文数据库包括授权专利数据库和申请专利数据库 2 部分。其中授权专利数据库是 1790 年以来出版的所有授权的美国专利说明书扫描图形；申请专利数据库是 2001 年 3 月 15 日以来出版的实用新型专利申请说明书。数据库提供了多种检索途径，可选择快速检索、高级检索和专利号（或公开号）3 个入口进入到相应检索界面。

4. 欧洲专利局网站（http：//www.epo.org/） 该网站提供可用于检索包括 19 个成员国在内共 50 多个国家（其中包括英国、德国、法国、奥地利、比利时、意大利、芬兰、丹麦、西班牙、瑞典和瑞士等）的专利数据库，收录了 1979 年以来在欧洲专利局申请的图形文本和全部图像信息，还包括 1980 年以来欧洲专利局批准的专利的图形文本和全部图像信息。数据库每周更新一次。其划分成四个数据库：世界范围的专利数据库（Worldwide）、日本专利数据库（JP（PAJ））、欧洲专利数据库（EP）、世界知识产权组织的 WO 专利数据库（WIPO），共有三种检索方法（快速检索、高级检索、专利号检索）及专利分类号查询。反映同族专利情况，提供了 HTML 和图像两种全文显示方式。图像格式的说明书需用 Acrobat 图像浏览器打开。

第四节　其他特种文献检索

一、标准文献检索

（一）概述

国家标准（GB/T 20000.1-2002）对标准（standard）的定义是“为了在一定的范围内获得最佳秩序，经协商一致制定并由公认机构批准，共同使用的和重复使用的一种规定性文件”。标准一般以文件形式发布，是科研、生产、交换和使用的技术规定，也是质量管理和质量保证的依据。标准的类型按性质可划分为技术标准和管理标准；按适用范围可划分为国际标准、区域性标准、国家标准、行业标准、地方标准和企业标准；按成熟程度可划分为法定标准、推荐标准、试行标准和标准草案等。我国标准分为国家标准、行业标准、地方标准和企业标准四类；标准文献一般由标准级别、标准名称、标准号、标准提出单位、审批单位、批准日期、实施日期和具体内容组成，标准文献的特点是针对性强，数据与规定严密，具有较高的可靠性、准确性和权威性。通过标准文献可了解各国经济政策、技术政策、生产水平、资源状况和标准水平；标准文献也是鉴定工程质量、校验产品、控制指标和统一试验方法的技术依据。标准文献涉及科学技术各个领域和国民经济的各个部门，对科技工作十分重要。

（二）标准文献传统工具书检索

1. 查找国内标准文献的检索工具书 有国家标准目录、行业标准目录、地方标准目录、企业标准目录、国家军用标准目录、标准化期刊等。

2. 查找国际标准文献的检索工具书　有 ISO 国际标准目录（原文版、中文版）、IEC 国际标准目录（原文版、中文版）、27 个国际组织标准目录（中文版）、国际标准题内关键词索引（英文版）和各国标准对照手册（中文版）。

3. 查找其他国家标准文献的检索工具书　有美国的《美国国家标准目录》、德国的《技术规程目录》、日本的《日本工业标准目录》、英国的《英国标准目录》和法国的《法国国家标准目录》等。

（三）标准文献数据库检索

1. 中国知网（CNKI）的标准文献数据库　分为《国家标准全文数据库》《国内外标准题录数据库》和《中国行业标准全文数据库》。《国家标准全文数据库》收录了由中国标准出版社出版的，国家标准化管理委员会发布的所有国家标准，占国家标准总量的 90%以上。《国内外标准题录数据库》分为《中国标准题录数据库》（SCSD）和《国外标准题录数据库》（SOSD），共收录国内外标准 60 多万条，其中《中国标准数据库》收录了所有的中国国家标准（GB）、国家建设标准（GBJ）、中国行业标准的题录摘要数据，共计标准约 27 万条；《国外标准数据库》收录了世界范围内重要标准，如国际标准（ISO）、国际电工标准（IEC）、欧洲标准（EN）、德国标准（DIN）、英国标准（BS）、法国标准（NF）、日本工业标准（JIS）、美国标准（ANSI）、美国部分学协会标准（如 ASTM、IEEE、UL、ASME）等 18 个国家的标准题录摘要数据，共计标准约 38 万条。《中国行业标准全文数据库》收录了现行、废止、被代替及即将实施的行业标准，全部标准均获得权利人的合法授权。

从知网主页（http：//www.cnki.net）选择“标准”进入标准检索界面（图 6-4-1），可以通过标准名称、标准号、关键词、摘要、发布单位、中国标准分类号、国际标准分类号等检索项进行检索。

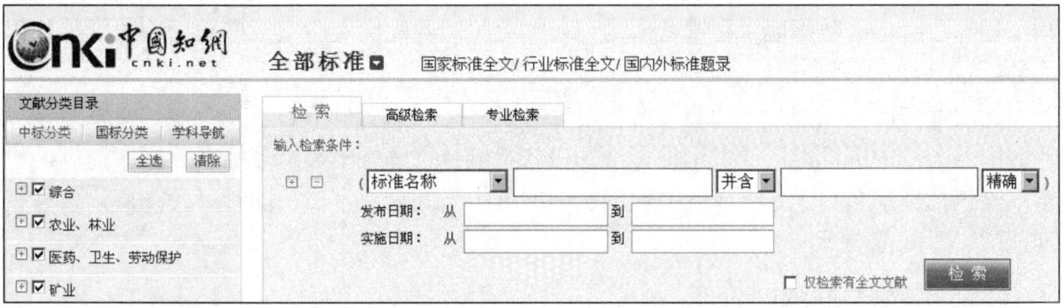

图 6-4-1　CNKI 中国标准数据库检索界面

2. 万方《中外标准数据库》　为国家技术监督局、建设部情报所提供的中国国家标准、建设标准、建材标准、行业标准、国际标准、国际电工标准、欧洲标准及美、英、德、法国国家标准和日本工业标准等，已累计收录 29 万多条中外标准。

《中外标准数据库》提供了简单检索、标准分类及高级检索（图 6-4-2）。高级检索提供的检索项包括标准名称、关键词、发布单位、标准编号等。

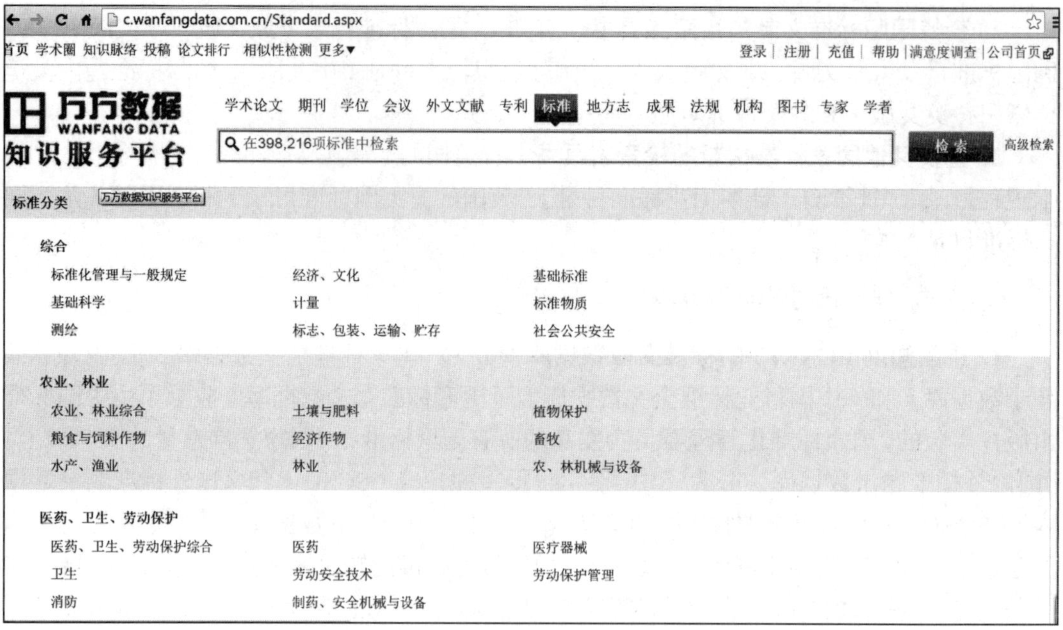

图 6-4-2　万方中外标准数据库检索界面

3. 国家科技图书文献中心（NSTL）的标准数据库　包括《中国标准》和《国外标准》两部分。《中国标准》包含标准代码为 GB 的国家标准，其内容涉及科学研究、社会管理及工农业生产的各个领域，共 2 万多条。《国外标准》包含国际标准化组织数据库（标准代码为 ISO），国际电工委员会标准数据库（标准代码为 DIN），法国标准化协会数据库（标准代码为 NF）。日本工业标准数据库（标准代码为 JIS），美国机械工程师协会标准数据库（标准代码为 ASME），美国电气电子工程师学会标准数据库（标准代码为 IEEE），美国机动工程师协会标准数据库（标准代码为 SAE），美国保险商实验室标准数据库（标准代码为 UL），共计 11 万多条。

从网址“http：//www.nstl.gov.cn”登录国家科技图书文献中心主页，在“文献检索”栏目中点击“中国标准”或“国外标准”进入检索界面（图 6-4-3）。标准数据库提供的检索字段包括标准名称、标准号、关键词、标准分类号和全部字段，同时可设置检索条件查询范围、时间范围等。

（四）标准专业网站介绍

1. 中国标准网（http：//www.standardcn.com）　由北京标环科技有限公司承办，能检索国家标准、行业标准、地方标准、军用标准、国际标准和国外先进标准、标准汇编和标准目录等内容。

2. 中国标准服务网（http：//www.cssn.net.cn）　该网站是国家级标准信息服务门户，是世界标准服务网的中国站点，是目前国内规模最大、品种最多的国内外标准文献馆藏服务机构。其中包含了中国国家标准、中国行业标准，并收藏了 60 多个国外国家标准、70 多个国际和区域组织的国际标准、450 多个国外专业学（协）会标准、各类历史标准等，共计约 60 多万件。此外，还搜集了 174 种（国内 84 种、国外 90 种）国内外标准化期刊、8000 多册国内外标准化专著和近 20 000 册各国标准译文。

图 6-4-3 NSTL 标准数据库检索界面

3. 国际标准化组织（ISO，http：//www.iso.org） 是一个全球性的非政府组织，是国际标准化领域中一个十分重要的组织。ISO 的任务是促进全球范围内的标准化及其有关活动，以利于国际间产品与服务的交流，以及在知识、科学、技术和经济活动中发展国际间的相互合作。它由各国国家标准化机构组成。自 1947 年以来，ISO 已经出版了 12 000 个以上的国际标准，其工作项目的范围从用于传统活动到信息技术的最新发展。ISO 于 1995 年开通了在互联网上的标准信息检索服务，通过互联网发布制订标准的动态信息和有关文件。

二、科技报告检索

（一）概述

科技报告（technical report）是指记录某一科研项目调查、实验、研究的成果或进展情况报告。科技报告是由科技人员按照有关规定和格式撰写，完整而真实地反映其所从事科研活动的技术内容和经验的特种文献，随科学技术发展而出现并逐渐受到重视。科技报告的特点和优势是选题新颖，方法具体，数据完整、可靠，技术含量高、实用意义大、时效性强。利用好科技报告可提高科研起点，避免重复劳动，节省科研投入。但科技报告的出版发行多以内部出版发行为主，一般以报告、札记、论文、备忘录等形式出现，因此收集和利用具有较多困难，需要专门的检索工具及了解常用科技报告的来源。世界上较著名的科技报告系列有美国政府的四大报告（PB 报告、AD 报告、NASA 报告、AEC/ERDA/DOE 报告），英国航空委员会（ARC）报告、英国原子能局（UKAEA）报告，法国原子能委员会（CEA）报告，联邦德国航空研究所（DVR）报告，日本的原子能研究所报告、东京大学原子核研究所报告和中国的科学技术研究成果报告等。科技报告主要由主持单位、报告撰写者、密级、报告号、研究项目号和合同号等组成。

（二）科技报告检索

1.《科学技术研究成果公报》 由国家科技部或地方政府科技管理部门编辑出版，报告上年度科研课题进展情况及研究成果，是了解国家和地方科技发展动态的最佳途径。这类报告目前以纸质或网络形式出版发行，可通过网络检索获得。

2. 万方数据——科技成果数据库（http：//www.wanfangdata.com.cn） 主要收录了国内的科技成果及国家级科技计划项目，内容由《中国科技成果数据库》等几十个数据库组成，收录的科技成果总记录约 50 万项，内容涉及自然科学的各个学科领域，是目前国内收集学科最全、数量最多的科技成果数据库。该数据库检索同万方数据其他资源一样，点击“成果”进入科技成果检索界面，系统提供“检索”和“高级检索”选项，也可按“行业分类”“学科分类”和“地区分类”进行族性检索。高级检索中系统提供的检索字段有主题、题名、创作者、作者单位、关键词、摘要、日期及成果的省市、类别、成果水平、成果密级、获奖情况、行业、鉴定单位、申报单位、登记部门、联系单位和联系人等，还可以用时间进行二次限定。

3. 中国知网——《中国科技项目创新成果鉴定意见数据库（知网版）》（http：//www.cnki.net） 主要收录中国化工信息中心提供的正式登记的中国科技成果 67 万多项，收录年代从 1978 年至今，部分成果回溯至 1920 年，按行业、成果级别、学科领域分类，每月更新。每条成果信息包含成果概况、立项、评价，知识产权状况及成果应用，成果完成单位、完成人等基本信息。同中国知网其他数据库一样，科技成果按学科分类。系统提供基本检索、高级检索和专业检索等检索方式，提供成果名称、关键词、成果简介、中图分类号、学科分类号、成果完成人、第一完成单位、单位所在省市及合作完成单位等检索途径。同其他 CNKI 资源相同，结果中每项成果的知网节集成了与该成果相关的最新文献、科技成果、标准等信息，可以完整地展现该成果产生的背景、最新发展动态、相关领域的发展趋势；可以浏览成果完成人和成果完成机构更多的论述及在各种出版物上发表的文献，由此扩大阅读范围，全面了解该成果。

4. GrayLit Network（美国政府灰色文献门户）（http：//www.osti.gov/graylit/） 为最大的科技报告检索网站，由美国能源部（DOE）、美国国防科技信息中心（DTIC）、美国航空总署（NASA）和美国环保总局（EPA）共同承建，全库共分七个部分，其中主要有 DOE Data Explorer、DTIC、NASA、EPA 科技报告等，是查询美国及其他西方国家科技报告最重要的网站资源。

5. National Technical Information Service（NTIS，美国国家技术信息服务中心） 该数据库（http：//www.ntis.gov/）收录美国政府资助的科研、工程项目提供的科技报告共 220 万多条记录，检索界面提供一框式快速检索方式，其中高级检索中通过检索词的修饰、限定或排除及检索时间的限定制订检索策略，扩大或缩小检索范围。

第五节　药学信息检索

药学信息检索是医学信息检索的一部分，其检索的方法、原理及使用的数据库与医学信息检索相似。但因其专业特性所在，在检索相关文献信息时，还有一些特殊内容的检索，需要利用专门的参考工具书、专业数据库和网站。

一、参考工具书

（一）药典

1.《中华人民共和国药典》（简称《中国药典》）　2010 年版《中国药典》分三部出版，一部为中药，二部为化学药，三部为生物制品。收载品种总计 4567 种，其中新增 1386 种。内容分别包括凡例、正文和附录。正文项下根据品种和剂型不同，按顺序可分别列有：品名（包括中文名称、汉语拼音与英文名）、有机药物的结构式、分子式与分子量、来源或有机药物的化学名称、含量或效价规定、处方、制法、性状、鉴别、检查、含量或效价测定、类别、规格、贮藏。2010 年版《中国药典》在 2005 年版的基础上，进行了大幅度的标准修订和新增收品种标准的工作。注重质量可控性和药品安全性内容的增加和提高，注重基础性、系统性、规范性研究，尤其在薄弱的中药材和中药饮片标准的修订提高方面有所突破创新。网上可免费下载 2010 版《中国药典》电子版或进行相关药品查询。

2.《美国药典/国家处方集》（US Pharmacopeia / National Formulary，简称 USP/NF）　由美国政府所属的美国药典委员会（the United States Pharmacopeial Convention）编辑出版。《美国药典》是美国政府对药品质量标准和检定方法做出的技术规定，也是药品生产、使用、管理、检验的法律依据。NF 收载了《美国药典》尚未收入的新药和新制剂。《美国药典》于 1820 年出第一版，NF 于 1888 年出第一版，目前最新版是 USP35-NF30。

美国药典正文药品名录分别按法定药名字母顺序排列，各药品条目大都列有药名、结构式、分子式、CAS 登记号、成分和含量说明、包装和贮藏规格、鉴定方法、干燥失重、炽灼残渣、检测方法等常规项目，正文之后还有对各种药品进行测试的方法和要求的通用章节及对各种药物的一般要求的通则。可根据书后所附的 USP 和 NF 的联合索引查阅本书。美国药典委员会官方网站为 http：//www.usp.org/。

3.《英国药典》（British Pharmacopoeia，简称 BP）　是英国药品委员会的正式出版物，是英国制药标准的重要来源。《英国药典》不仅提供了药用和成药配方标准及公式配药标准，而且也展示了许多明确分类并可参照的欧洲药典专著。英国药典 2012 版共 6 卷，内容涵盖将近 3375 篇专论，关于药品实践中使用到的物质、制剂及论文。该版连同其姐妹篇《英国药典-兽医 2012》，包含了《欧洲药典第 7 版》的所有专论，由附录 7.1 及 7.2 进行了修订。网站为 http：//www.pharmacopoeia.org/。

4.《欧洲药典》（European Pharmacopoeia，简称 EP）　由欧洲药品质量管理局（EDQM）负责出版和发行，欧洲药典委员会 1964 年成立，1977 年出版第一版。《欧洲药典第 7 版>包括两个基本卷，于 2010 年 7 月出版发行，以后在每次欧洲药典委员会全会做出决定后，通过非累积增补本更新，每年出 3 个增补本。第 7 版累计共有 8 个非累积增补本（7.1～7.8）。EDQM 网站上提供了一张表格，介绍出版的时间表及执行的日期。最初的两卷包括第 7 版完整的内容，以及欧洲药典委员会在 2009 年 12 月全会上通过或修订的内容，共收载了 2130 个个论，330 个含插图或色谱图的总论及 2457 种试剂的说明。

《欧洲药典》的基本组成有凡例、通用分析方法（包括一般鉴别实验，一般检查方法，常用物理、化学测定法，常用含量测定法，生物检查和生物分析，生药学方法），容器和材料、试剂、正文和索引等。《欧洲药典》正文品种的内容包括品名、分子结构式、CA 登录号、化学名称及含量限度、性状、鉴别、检查、含量测定、贮藏、可能的杂质结构等。

网站为 http：//www.edqm.eu/。

5.《日本药典》（又名日本药局方，the Japanese Pharmacopoeia，简称 JP） 由日本药局方编集委员会编纂，由厚生省颁布执行。其分两部出版，第一部收载原料药及其基础制剂，第二部主要收载生药，家庭药制剂和制剂原料，《日本药典》最新版是 JP16 版。日本药局方于 2012 年 2 月 24 日发表了 JP16 的英文版。网站为 http：//jpdb.nihs.go.jp/jp14e/。

以上药典参见世界各国药典大汇总（http：//www.yaojia.org/thread-21456-1-1.html），由药家网（yaojia.org）提供的 PDF 扫描版和 Word 版。

6.《马丁代尔大药典》（Martindale the Extra Pharmacopoeia） 由英国大不列颠药物学会的药物科学部所属的药典出版社编辑出版的一部非法定药典。因其编者 Milliam Martindale 而得名。全书分为三个部分，第一部分为医院制剂，按药物作用类别分类；第二部分为辅助药物部分，按字顺排序；第三部分为专利药物部分。书末附有厂商索引、药物临床用途索引和总索引。1883 年第一版起，最新版为 2009 年的第 36 版。该电子版收录了 5500 多篇药物专论、6 万种专利制剂、600 种疾病治疗顾问、200 篇草药专论、5000 种草药制剂和 32 个国家的 10 900 多家生产商的信息。可方便快捷地检索药品的用法、副作用、分子式、同义药名、制造商及商品名信息。目前有中文版。

（二）手册

1.《默克索引》与默克手册 《默克索引》（Merck Index）是美国默克公司出版的一本在国际上享有盛名的化学药品大全，1889 年首次出版，至 2006 年已发行至 14 版。全书介绍了一万多种化学物质、药品及生物制品的性质、制法及用途，注重对物质药理、临床、毒理与毒性的收集，并汇总了这些物质的俗名、商品名、化学名、结构式及商标和生产厂家名称等资料。该索引有印刷版、光盘版和网络版三种出版形式。

默克手册（Merck Manuals）包括默克诊疗手册、默克家庭诊疗手册、默克老年手册、默克索引等。最著名的为默克诊疗手册，中文版由默沙东中国公司提供免费在线阅读。网站为 http：//www.msdchina.com.cn/msd-manual/Pages/home.aspx。

2.《医师案头参考》（Physician's Desk Reference，PDR） 作为一本美国医生必备参考书，是美国定期把药厂的产品介绍和说明书汇编成册，而形成 PDR。每年综合汇编一次，介绍市场上的新药，内容比较全面，并且还出补充本，用途较广。查询 PDR 的网站有 http：//www.pdr.net。

3.《中国医师药师临床用药指南》 由卫生部合理用药专家委员会组织编写，国家食品药品监督管理局药品审评中心监制，重庆出版社 2009 年出版。本书收载品种齐全，品种收载范围涵盖了国家基本药物、临床常用药物、国内外新上市药物（包括部分国外已上市而国内尚未上市药物）。全书共收载药物专论 1405 篇，涉及了中、英文通用名称及商品名和别名共约 22 551 个。网络搜索可获电子版。

（三）年鉴

1.《中国药学年鉴》 是我国唯一的药学学科专业年鉴。由全国著名药学专家、教授组成的编委会负责编纂，中国工程院院士彭司勋教授任主编。《中国药学年鉴》系统、全面、概括地记载了我国药学领域各方面的发展和成就，自 1980 年起逐年连续出版。2012 年 1 月，《中国药学年鉴（2011 年）》由第二军医大学出版社出版。2011 年版是至今已出版的第 25 卷。全书共分十一个大栏目：专论、药学研究、药学教育、药物生产与流通、医院药学、药品监督管理、药学人物、学会与学术活动、药学书刊、药学记事、附录。

2.《中国中医药年鉴》 是一本综合反映中医药事业和学术进展的资料性工具书。首卷于 1983 年出版，至 2012 年《中国中医药年鉴》已连续编纂了 30 卷。2003 年起，《中国中医药年鉴》分拆为行政卷与学术卷，行政卷由中国中医药出版社出版，综合反映中国中医药工作各方面情况、进展、成就。学术卷由上海中医药大学出版，是一本反映中医药学术进展的资料性工具书。全卷分 7 个板块：特载、专论、校院长论坛、中医药管理、学术进展、记事、索引等。

二、综合性药学文献数据库

（一）中国药学文摘数据库

《中国药学文摘数据库》主要收载 1982 年至今国内外公开发行的 700 余种医药学及相关学科期刊中的药学文献，以文摘、简介、题录等形式进行报道。该系统内容涵盖药学各个领域，共设十二个栏目：药学理论与发展动态、生药学和中药材、药物化学、药物生产技术、药剂学和制剂技术、药理学和毒理学、生物药剂学、药物分析、临床应用与药物评价、药品管理、制药设备和工厂设计及包装、药品和新药介绍。参见中国医药信息网（http：//www.cpi.gov.cn/）“数据”栏目。

（二）中国中医药数据库

《中国中医药数据库》由中国中医科学院中医药信息研究所建，目前数据库总数 48 个，数据总量 120 余万条，包括中医药期刊文献数据库、疾病诊疗数据库、各类中药数据库、方剂数据库、民族医药数据库、药品企业数据库、各类国家标准数据库（中医证候治则疾病、药物、方剂）等相关数据库。所有的数据库都可以通过中医药数据库检索系统提供中文（简体、繁体）版联网使用；部分数据提供英文版；所有数据库还可以获取光盘版。参见 http：//cowork.cintcm.com/engine/windex.jsp（图 6-5-1）。

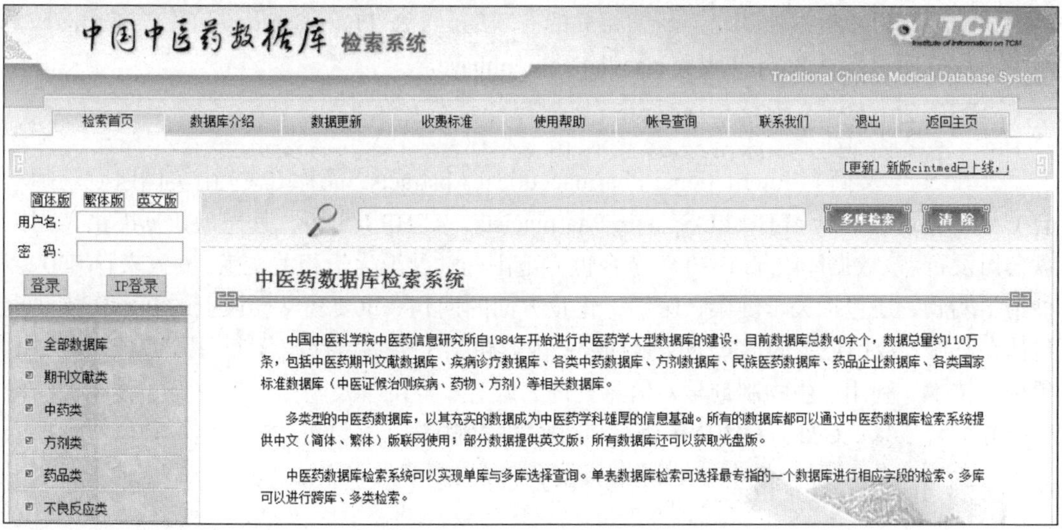

图 6-5-1 中国中医药数据库

（三）万方中医药知识系统

万方中医药知识系统（专业版）是从上海中药创新研究中心创建的中医药信息数据库中精简演变而来。由上海中药创新研究中心联合国内各大中医药院校、中医药研究单位、知名专家，与北京万方数据股份有限公司合作开发的大型综合性中医药数据库服务平台。包含 91 019 个常用方剂和加减方及 84 059 个其他方剂、1943 个经典方、8808 种中药、1591 种疾病，并与万方的其他数据库通过链接实现了疾病名称、方剂名称、中药名称与万方数据医药信息系统中相关全文文献和其他文摘数据的关联。

（四）美国《化学文摘》数据库

《化学文摘》（Chemical Abstracts，简称 CA），是世界最大的化学文摘库，创刊于 1907 年，由美国化学协会化学文摘社（CAS of ACS，Chemical Abstracts Service of American Chemical Society）编辑出版，CA 报道的内容除包括无机化学、有机化学、分析化学、物理化学、高分子化学外，还包括冶金学、地球化学、药物学、毒物学、环境化学、生物学及物理学等诸多学科领域。期刊收录多达 9500 余种，另外还包括来自全球 50 多个合法专利机构的专利说明书、评论、技术报告、专题论文、会议录、讨论会文集等，涉及世界 200 多个国家和地区 60 多种文字的文献。到目前为止，CA 已收文献量占全世界化工化学总文献量的 98%。CA 的出版形式有印刷版、光盘版（CA on CD）和 SciFinder 网络版。参见 http：//www.cas.org/。

（五）EMbase 的药学数据库

EMbase.com 囊括了 70 多个国家/地区出版的 5000 多种刊物，覆盖各种疾病和药物信息，尤其是它所涵盖的大量欧洲和亚洲医学刊物。学科范围有可替代药物、药物研究、药理学、配药学、药剂学、药物副作用、毒理学、人体医学（临床于实验）、与人体医学相关的基础生物医学、生物工程、生物工艺与仪器、生物技术、保健策略与管理、药物经济学、公众、职业与环境保健，污染、药物依赖性与滥用、精神病学、康复与理疗、法医学、兽医学、牙科医学、护理学、心理学、替代性动物实验。药学信息是其最具特色的资源，其药物文献标引、检索独到，与药物相关的有《Drugs & Pharmacology》及《Pharmacy》两个子数据库。参见 http：//store.elsevier.com/embase。

（六）《国际药学文摘》数据库

《国际药学文摘》（International Pharmaceutical Abstracts，简称 IPA）由美国医院药师学会（American Society of Health-System Pharmacists，ASHP）出版，其光盘数据库由美国银盘公司发行。该数据库收录 1970 年至今世界范围药学及卫生学相关文献，大致来自 850 多种药学期刊，还包括关于健康、医学、化妆方面的期刊。重要药学会议上的演示稿摘要也包括在其中。数据记录的形式为文献摘要。内容包括了药物治疗、毒性、用药实践及法规、条例、技术、利用、生物制剂学、信息处理、教育、经济学及与药学理论、实践相关的伦理学等综合信息。CAS、OVID 等都提供在线检索服务。

（七）Investigator Portal

《Investigator Portal》数据库是由 Prous Science 公司出版的医学和生命科学信息数据

库。《Investigator Portal》收集 12 个方面的信息，包括 6000 多个药物或药物靶标基因/蛋白序列信息，每个靶标都与其相关序列、相关疾病、相关作用机制、相关药物机制的药物信息相连接；某种药物已有药效学或药代动力学实验数据的中值/平均值；疾病综合评述等，同时跟踪每周新发布的新化合物、重要药物研究进展，新的基因相关研究工作和临床试验新进展。有助于帮助科研人员及时跟踪新发现的具有某种治疗作用的活性成分、新进入临床试验的药物及新批准上市的药物，及时跟踪新出现的药物靶标、生物标志物，第一时间了解某种疾病的流行病学调查数据及某种药物的专利情况等，从而加快新药研发的进程。

(八) Thomson Pharma

Thomson Pharma 是 Thomson 公司 2005 年推出的一个强大的综合医药信息平台。其信息来源于各种科技文献、专利、新闻及科技会议论文等。目前提供了 31 000 种药物、280 万种化合物、7500 家公司、330 万项专利、13 000 多个药物靶点、500 万个基因和蛋白序列、超过 6000 种的专业期刊及 13 000 多项交易信息。这些信息可以满足药物研发不同阶段及不同专业人员的需求。

Thomson Pharm 将各类信息按照资源类型分为 10 类，分别为药物、知识产权、文献新闻、公司、靶标、化学、序列、临床方案、临床结果和交易。提供快速检索(Quick search)，分别以药物名称、化合物名称、专利号、公司、文献新闻标题、作者 / 发明人、靶点、治疗领域、作用机制和技术类型作为快速检索入口。另外还有表格检索（Form search）、引导检索（Guided search）、自由式检索（Write your own）。

三、药学专业网站

(一) 中国医药信息网

中国医药信息网是由国家食品药品监督管理局信息中心建设的医药行业信息服务网站，始建于 1996 年，专注于医药信息的搜集、加工、研究和分析，为医药监管部门、医药行业及会员单位提供国内外医药信息及咨询、调研服务。本网共建有 20 余个医药专业数据库，主要内容包括政策法规、产品动态、市场分析、企事业动态、国外信息、药市行情等，现已成为国内外医药卫生领域不可缺少的重要信息来源。参见 http://www.cpi.gov.cn。

(二) 美国 FDA

FDA（US Food and Drug Administration，http：//www.fda.gov）是美国食品药品监督管理局的官方网站（图 6-5-2），具有一定的权威性。网站内容分为食品、药品、医疗设备、疫苗、血液生物制品、兽用药物、化妆品、放射健康、烟草产品等几大类。这些资源针对不同的用户群体（消费者、健康专业人士、药物研究者等）分类提供。用户可直接进入 FDA 相关类目浏览，也可通过关键词进行查询。

1. 药物信息检索　从健康专业人士入口选择药物主题（Drugs），主要信息包括应急准备、药品审批和数据库、药品安全和可用性、药品开发和审批程序、指导、遵从性和法规信息、新闻与事件、药物科学与研究等。

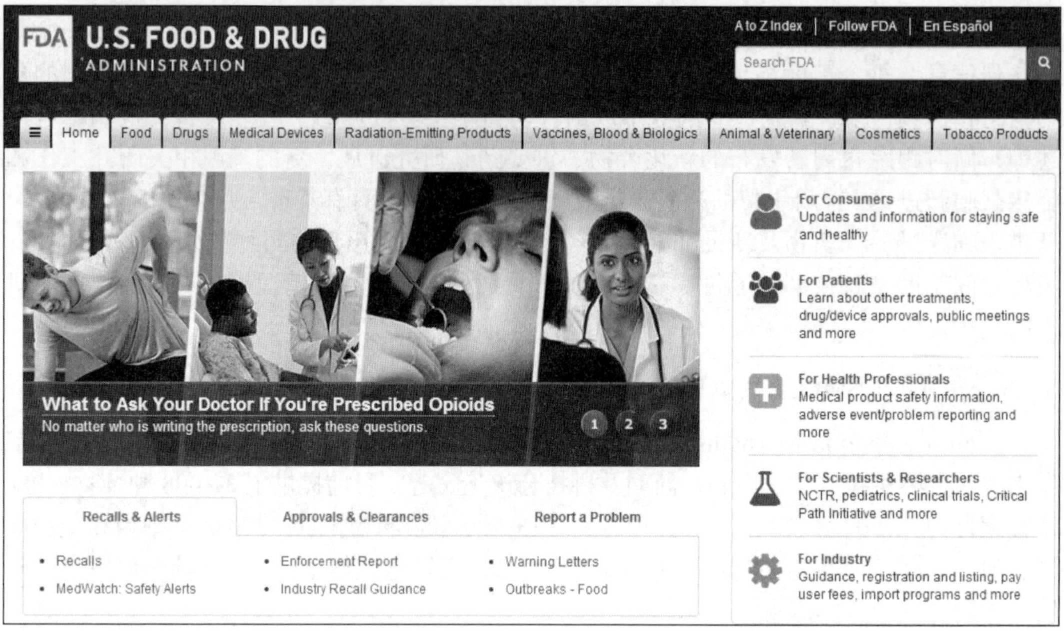

图 6-5-2 FDA

2. FDA-MedWatch 美国药物不良反应监测网，由 FDA 建立，用于药品上市后的质量跟踪和监察，及时发现临床试验中尚未揭示的不良反应。系统提供了 Search Medwatch 功能，用户可以利用关键词、药名进行检索。通过该网络可以获取药物不良反应（药物流行病学）的大量资料。

（三）PharmWeb

PharmWeb 是一个资源整合网站，资源目录包括药学、生物学、化学、教育、杂志、制药公司、医师药师名录、世界各国药学网、医药院校等，用户可根据需要在列表中直接连接或在"药学网站黄页"（PharmWeb Yellow Web）通过 PharmSearch 进行关键词检索。其本身提供的原始资源以讨论组、论坛见长。参见 http：//www.pharmweb.net/（图 6-5-3）。

（四）药物网

药物网 Drugs.com 是得到 HON 认证的药学网站，为消费者和医疗保健人员提供免费的药物信息查询，包括 24 000 多个处方药物、非处方药和天然产品的信息。参见 http：//www.drugs.com/（图 6-5-4）。

（五）网上处方药物索引

网上处方药物索引（Rxlist）含 5000 种以上的药物，特点是列出美国处方药市场每年度前 200 个高频度使用药。可进行关键词检索，主要可查到药物的描述，包括作用、作用原理、结构式、分子式、分子量、性状、临床药理、适应证、用法用量、不良反应、注意事项等。参见 http：//www.rxlist.com。

（六）Medscape

Medscape 是一个综合性的医学网站，药物信息检索是 Medscape 的一大特征，该网站从疾病和药物角度提供检索不同的药物信息，满足不同的需求。Medscape 的药物信息数据库提供了详细的药品信息，包括药品的分类、用法和剂量、理化属性、药理毒理、患者反馈信息、副作用、用药注意事项及生产厂商和商品名等。可从药名和疾病名称入手查找药物信息。参见 http：//www.medscape.com。

图 6-5-3　PharmWeb 首页

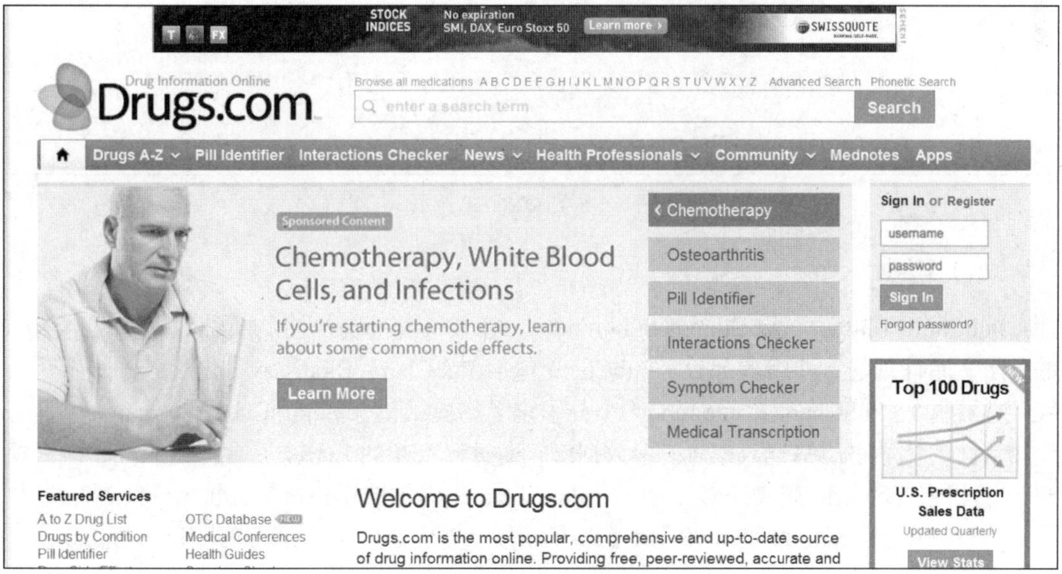

图 6-5-4　Drugr. com 首页

（七）毒理学网络

毒理学网络（TOXNET）提供的数据库包括毒理学在线（TOXLINE）、有害物质数据库（HSDB）、危险信息集成系统（IRIS）、基因突变毒理学（GENE-TOX）、化学致癌研究信息系统（CRIS）、发育和生殖毒理学（DART/ETIC）、化学物环境毒理学评价（TRI）、化学物质结构数据库（ChemIDplus）等数据库。其中 TOXLINE 和 HSDB 是 NLM 使用频率最高的两个数据库。TOXLINE 是有关药物和化学物质的毒理学、药理学、生理学等内容的文献型数据库，是常用药学文献数据库之一；HSDB 是关于化学物质对人类和动物的毒性、安全、使用及评价的专题文献数据库。参见：http：//toxnet.nlm.nih.gov（图 6-5-5）。

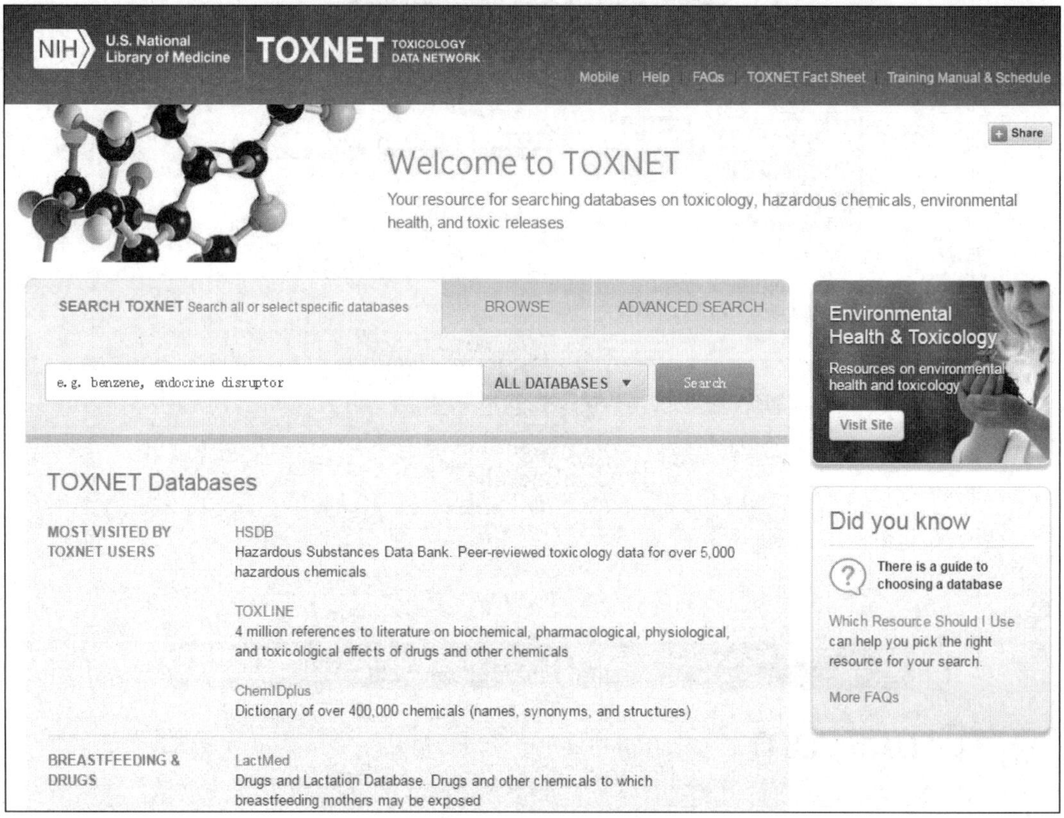

图 6-5-5　TOXNET 首页

（八）PubChem

PubChem（http：//pubchem.ncbi.nlm.nih.gov）即有机小分子生物活性数据库，是 NIH 的分子文库计划的重要组成部分。PubChem 包括 PubChem BioAssay（化学成分的生物活性筛选资料）、PubChem Compound（小分子化学物质结构）和 PubChem Substance（具有生物活性的化学物质筛选数据）三个数据库，通过 NLM 的 Entrez 平台提供服务，检索规则与方法同 PubMed。与 PubMed 相比，PubChem 还提供结构检索（Structure Search），并可经由 FTP 免费下载 PubChem 整个数据库的资源。参见 ftp：//ftp.ncbi.nlm.nih.gov/pubchem/。

四、药物专利检索

药物专利包括药物用途专利、制备方法专利和药品专利。专利是新药开发和研制中最为重要的文献，有关专利检索请参见本章第四节。药物专利信息检索还可从以下这些网站获取。

（一）中国药物专利信息检索系统

中国药物专利信息检索系统由中国知识产权网（http：//www.cnipr.com）提供，包括中药专利数据库（题录数据库、方剂数据库、中药材辞典数据库）和西药专利数据库（题录数据库、西药辞典数据库、确定化学结构数据库）。其中中药专利题录数据库和西药专利题录数据库是该检索系统的核心部分，是目前国内唯一深度加工标引的专业专利数据库。其加工内容包括专利发明主题标引、医疗应用标引、范畴分类、文摘重新撰写、化学物质信息标引、中药方剂信息标引，并同时建成了中药材名称数据库、化学物质登记文档数据库等两个辅助数据库系统。

（二）国外药物专利信息

1. 各国药品管理机构网站 如美国 FDA 橙皮书。

2. 各国专利局官方网站 如 SIPO、USPTO 等。

3. 免费专利数据库 http：//www.freepatentonline.com。

五、药学机构、企业与论坛信息

（一）药学机构与组织

1. 国家食品药品监督管理局 http：//www.sfda.gov.cn/WS01/CL0001/。

2. 中国国家中医药管理局 http：//www.satcm.gov.cn。

3. 中国执业药师协会 http：//www.clponline.cn/。

4. 中国药学会 http：//www.cpa.org.cn。

5. 美国药剂师学会（American Pharmacists Association，AphA） http：//www.aphanet.org/。

6. 美国药学院学会（American Association of Colleges of Pharmacy，AACP） http：//www.aacp.org。

7. 美国临床药理学和治疗学学会（ASCPT） http：//www.ascpt.org。

8. 美国药理学和实验治疗学学会（ASPET） http：//www.aspet.org/。

9. 美国医院药师学会（American Society of Health-System Pharmacists，ASHP） http：//www.ashp.org。

10. 美国药学科学家学会（American Association of Pharmaceutical Scientists，AAPS） http：//www.aaps.org/。

11. 欧洲制药学联盟（European Federation for Pharmaceutical Sciences，EUFEPS） http：//www.eufeps.org/。

12. 日本药学会 http：//www.pharm.or.jp/。

（二）企业信息

1. Pharma-info 医药公司信息 该网站提供全世界 90 多个国家近 8000 个医药公司和 100 个合同承包商的商务信息，包括公司地址、联系方式、业务范围等，合同制造企业栏提供了比较详细的企业可以加工的产品信息，如片剂、胶囊、糖衣片或是产品包装信息等。同时，还提供供需合作信息。制药企业（公司）还可以将自己的相关信息添加到其系统中。

2. 国内医药企业信息 可通过医药网“医药企业”栏目查询，该网站由浙江网盛生意宝股份有限公司创建于 1999 年。对医药企业分别按生产和经营两个方向提供药品、医疗器械、保健食品、仪器食品、仪器设备、药包材、辅料和其他的查询，并设地区导航。该栏目同时提供对全国 5 万多家零售药店数据的搜索。参见：http://www.pharmnet.com.cn/cgi/company.cgi。

（三）常用药学专业论坛

1. 丁香园 http：//www.dxy.cn/。

2. 小木虫 http：//emuch.net/。

3. 医药网医药论坛 http：//bbs.pharmnet.com.cn/。

4. 中国 GMP 论坛 http：//www.chinagmp.net/forum.php。

5. 药家网药学论坛 http：//www.yaojia.org/forum.php。

6. 西部药学论坛 http：//www.westyx.com/bbs/。

7. 中国色谱论坛 http：//www.sepu.net/bbs/。

8. 中国执业药师在线论坛 http：//bbs.cqlp.org/。

（陈巧玉）

思考练习题

1. 特种文献包括哪几种?
2. 专利的类型、特点有哪些?
3. 常用的专利数据库有哪些，如何使用?
4. 通过 CNKI、NSTL 或万方数据库查找本专业的学位论文。
5. 在国家知识产权局网站（http：//www.sipo.gov.cn）查找有关防治腹腔手术肠粘连的药物制备方法的中国专利，写出专利申请单位。
6. 可以通过哪些数据库查到国内药学文献?
7. 可以通过哪些网站查到国外药学文献?

第七章　引文检索系统

第一节　引文及引文索引概述

一、引　　文

引文，即被引用的文献（citation），又称为参考文献（reference）。它是在科学论著活动中，作者借鉴前人研究成果的一种方法，用引文来代替、说明、辅助思想的表达。有的引文可以作为文章的观点，有的可以用作分析阐述，多数情况是用来充当论据的。无论是哪一种情况，其目的都是充实文章内容，增添理论色彩，增强论辩的力量。

二、引 文 索 引

引文索引以某一文献（包括作者、题名、发表年份、出处等基本数据）作为标目，标目下著录引用或参考过该文献的全部文献及出处。它主要供用户从被引文献查找引用文献。一般的引文索引刊物除了引文索引外，往往还附有来源索引机构索引和轮排主题索引。引文索引多用于新兴学科、交叉学科及其他复杂课题的文献检索。通过引文分析，可以揭示一些重要科学发现之间的内在联系，预测科学技术的发展方向。引文分析得到的数据，还可以用于评价科技文献的价值、科技人员及科研机构的工作成绩和水平。引文分析技术为文献计量学、科学计量学的研究提供了新的方法。

第二节　Web of Science

一、**Web of Science 概述**

Web of Science 是美国 Thomson Scientific（汤姆森科技信息集团）基于 Web 开发的产品，是大型综合性、多学科、核心期刊引文索引数据库，包括科学引文索引扩展版（Science Citation Index Expanded，简称 SCIE）、社会科学引文索引（Social Sciences Citation Index，简称 SSCI）和艺术与人文科学引文索引（Arts & Humanities Citation Index，简称 A&HCI））和两个化学信息事实型数据库（Current Chemical Reactions，简称 CCR 和 Index Chemicus，简称 IC），以及科技会议文献引文索引（Conference Proceedings Citation Idex-Science，简称 CPCI-S）和社会科学及人文科学会议文献引文索引（Conference Proceedings Citation index-Social Science&Humanalities，简称 CPCI-SSH），以 Web of Science 作为检索平台。其中 SCIE 覆盖包括自然科学、工程技术、生物医学等 170 多个领域，每周收录文献 25 000 多篇。

该数据库主要具有以下特点：①通过引文检索可查找相关研究课题各个时期的文献题录和摘要，看到论文引用参考文献的记录、论文被引用情况。②可选择检索文献出版的时间范围，对文献的语种、文献类型做限定检索。③检索结果可按照相关性、作者、日期、期刊名称等项目排序，并对检索结果进行分析。④具有链接到用户单位图书馆 OPAC 记录的功能，方便用户获取本馆馆藏，部分文献直接链接电子版全文。

二、检 索 功 能

（一）基本检索（图 7-2-1）

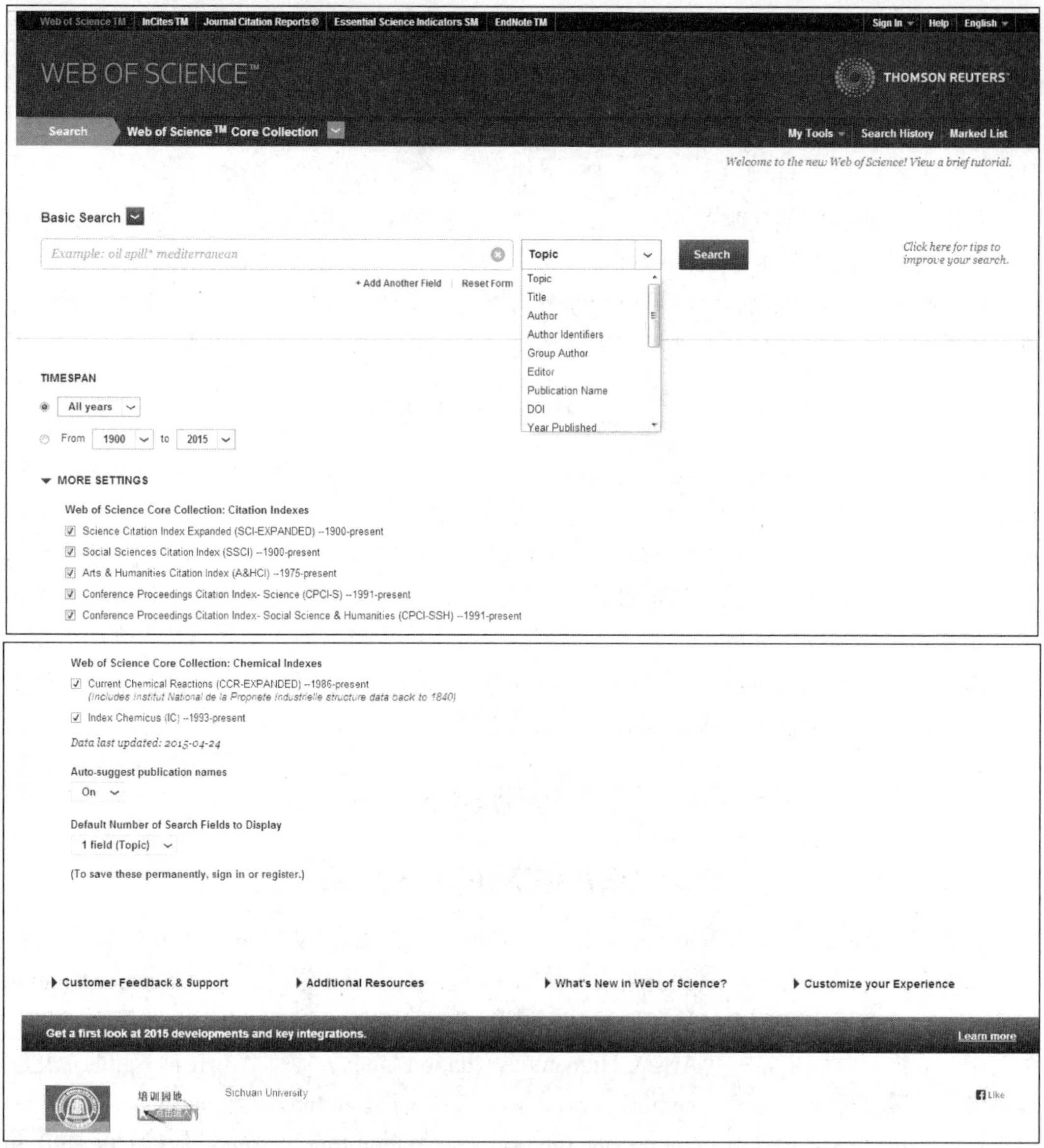

图 7-2-1 Web of Science 基本检索界面

在“基本检索状态”可分别进行以下字段检索：主题、标题、作者、作者识别号、团体作者、编者、出版物名称、DOI、出版年。最多选择 3 个字段作为默认检索字段。

（二）作者检索（图 7-2-2）

在“作者检索状态”可直接输入作者姓名进行检索，也可在输入作者姓名后选择限定该作者的研究领域及单位进行检索。使用“作者检索”功能，可以简单方便地确认并检索出特定作者的所有作品。作者姓名的形式为：姓氏在先，名字首字母（最多四个字母）在后。姓氏可以包含连字号、空格或撇号。例如：Wilson SE、O'Grady AP。

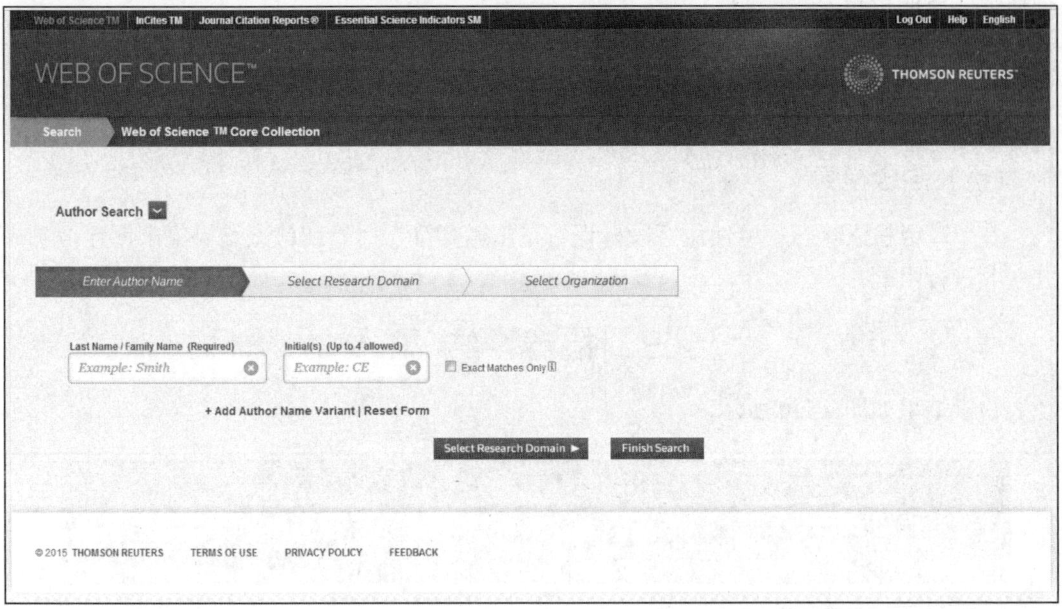

图 7-2-2　Web of Science 作者检索界面

（三）被引参考文献检索（图 7-2-3）

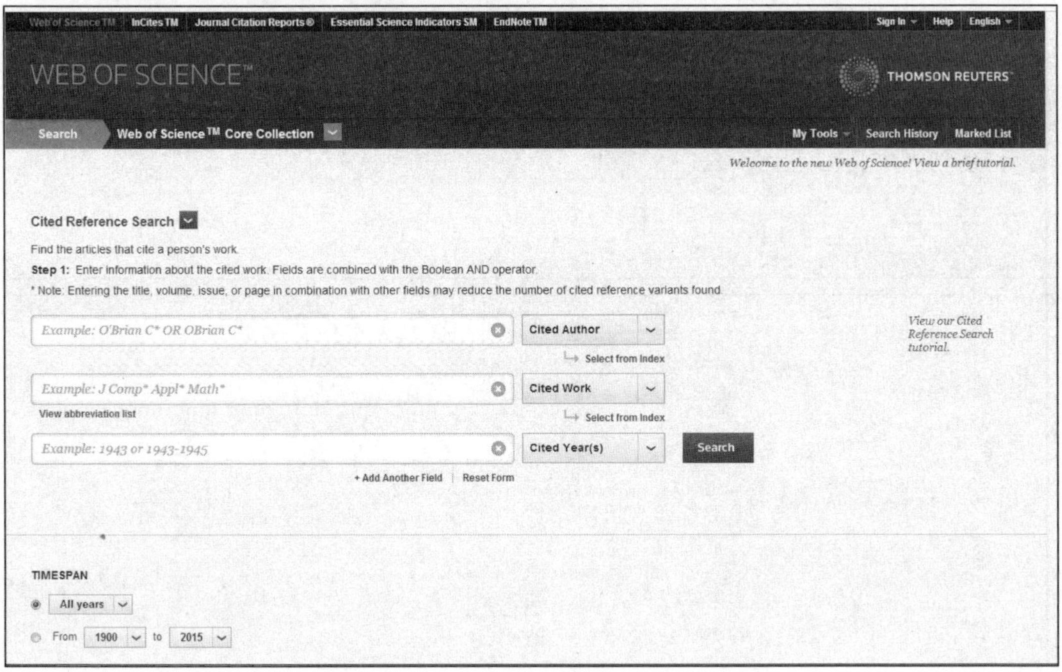

图 7-2-3　Web of Science 被引参考文献检索界面

在“被引参考文献检索状态”可根据需要选择输入被引著作的信息如被引作者、被引著作、被引年份、被引卷、被引期、被引页、被引标题等字段进行检索，各字段用布尔逻辑运算符 AND 相组配。通过被引参考文献检索，可以了解某个已知理念或创新获得确认、应用、改进、扩展或纠正的过程。了解谁在引用您的研究成果，以及您的著作对世界上其他研究人员的影响。

（四）化学结果检索

在“化学结果检索状态”直接输入化学结构绘图或任何所需的数据即可进行检索。

（五）高级检索

在“高级检索状态”可使用字段标识、布尔运算符、括号和检索结果集来创建检索式并对其进行组配。

三、检 索 结 果

检索结果如图 7-2-4 所示。

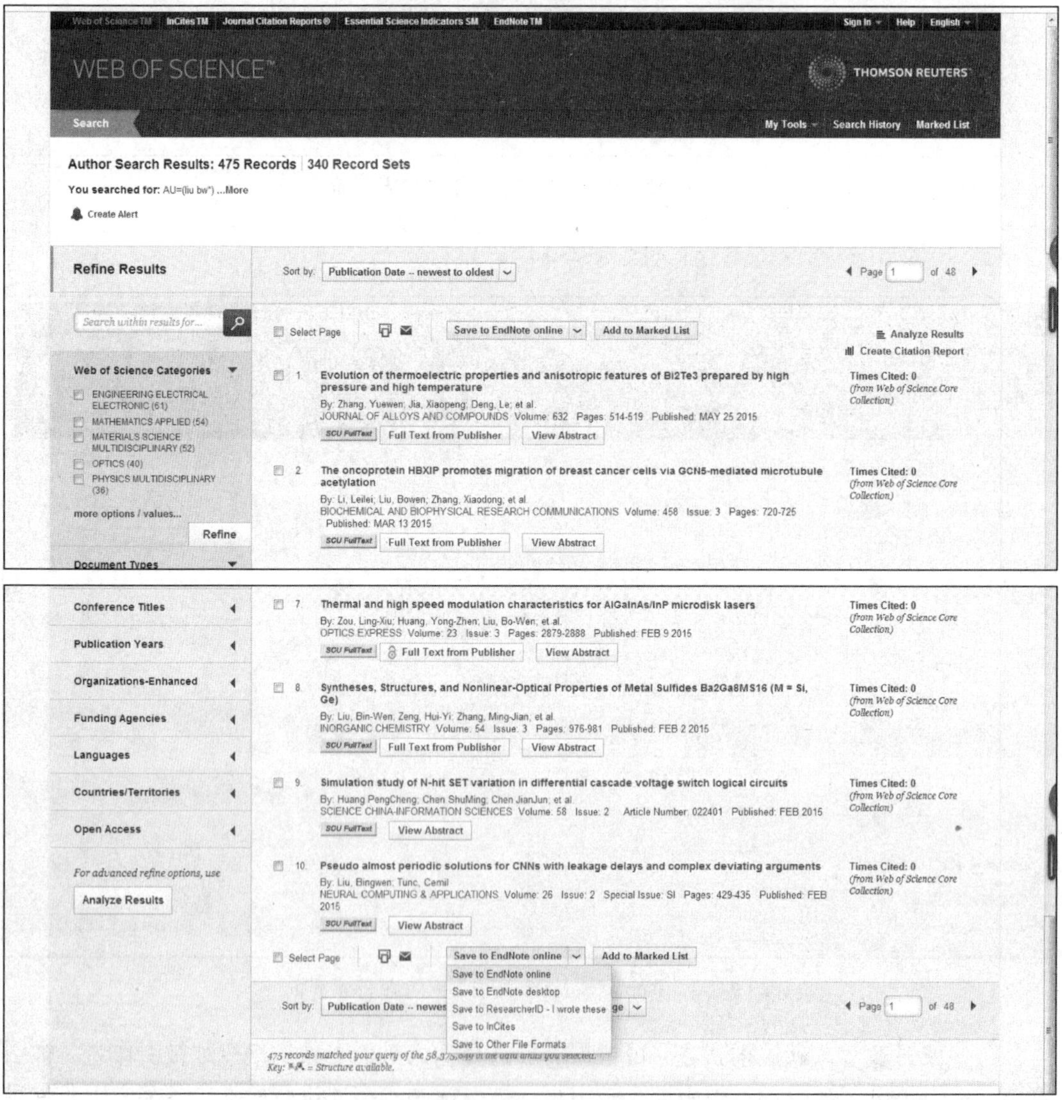

图 7-2-4　Web of Science 检索结果

（一）检索结果排序

Web of Science 对检索结果有下列几种排序方式。

（1）按 ISI 收到文献并处理的日期降序排列，时间越近，排序越前。检索结果最多提供 500 条。

（2）按被引次数降序排列，被引次数越多，排序越前。检索结果最多提供 300 条。

（3）按相关性排序，即检索词匹配的频率越高，排序越前。检索结果最多提供 500 条。

（4）按第一作者名升序排列，匿名作者排在最前面。检索结果最多提供 300 条。

（5）按来源期刊刊名升序排列。检索结果最多提供 500 条。

（二）全文查看

查看结果时可点击"Full Text from Publisher"查看出版商处的全文，也可点击"View Abstract"查看摘要。

（三）文献保存

1. 打印　打印前可选择打印项目（有 9 个项目供选择，即引文、语种、文献类型、作者地址、出版项、关键词、文摘、国际标准刊号和被引文次数）和打印排序的方式，但有些项目，如作者名、题名、刊名等是每次都输出的。

2. 存储　选择所需保存的文献后，可将文献保存至 EndNote Online、Incites 或者其他文本格式。

3. 直接进入电子信箱　在输入需要的电子邮件地址后，检索结果可直接进入有关的信箱。

四、检索技巧

（一）大写字母

不区分大小写：可以使用大写、小写或混合大小写。例如，AIDS、Aids 及 aids 可查找相同的结果。

（二）检索运算符

在各个检索字段中，检索运算符（AND、OR、NOT、NEAR 和 SAME）的使用会有所变化。例如：在"主题"字段中可以使用 AND，但在"出版物名称"或"来源出版物"字段中却不能使用；可以在多数字段中使用 NEAR，但不要在"出版年"字段中使用；在"地址"字段中可以使用 SAME，但不能在其他字段中使用。

如果在检索式中使用不同的运算符，则会根据下面的优先顺序处理检索式：NEAR、SAME、NOT、AND、OR。

（三）通配符

在大多数检索式中都可以使用通配符（* $?）；但是，通配符的使用规则会随着字段的不同而不尽相同。

第三节　中国科学引文数据库

一、概　述

《中国科学引文数据库》(Chinese Science Citation Database，简称 CSCD）创建于 1989 年，收录我国数学、物理、化学、天文学、地学、生物学、农林科学、医药卫生、工程技术、环境科学和管理科学等领域出版的中英文科技核心期刊和优秀期刊千余种，目前已积累从 1989 年到现在的论文记录 4168 542 条，引文记录 47 173 073 条。

《中国科学引文数据库》内容丰富、结构科学、数据准确。系统除具备一般的检索功能外，还提供新型的索引关系——引文索引，使用该功能，用户可迅速从数百万条引文中查询到某篇科技文献被引用的详细情况，还可以从一篇早期的重要文献或作者姓名入手，检索到一批近期发表的相关文献，对交叉学科和新学科的发展研究具有十分重要的参考价值。中国科学引文数据库还提供了数据链接机制，支持用户获取全文。

二、检 索 功 能

（一）简单检索

用户根据下拉菜单，直接在选定的检索字段中输入检索词，进行快捷检索，并可以进行多个检索字段的组合检索。简单检索提供来源文献检索和引文检索（图 7-3-1）。其中来源文献检索的字段包括：题名、作者、关键词、刊名 ISSN、文摘、机构、实验室、关键词、基金名称。引文检索的字段包括：被引作者、被引第一作者、被引来源、被引机构、被引实验室、被引出版社、被引主编。

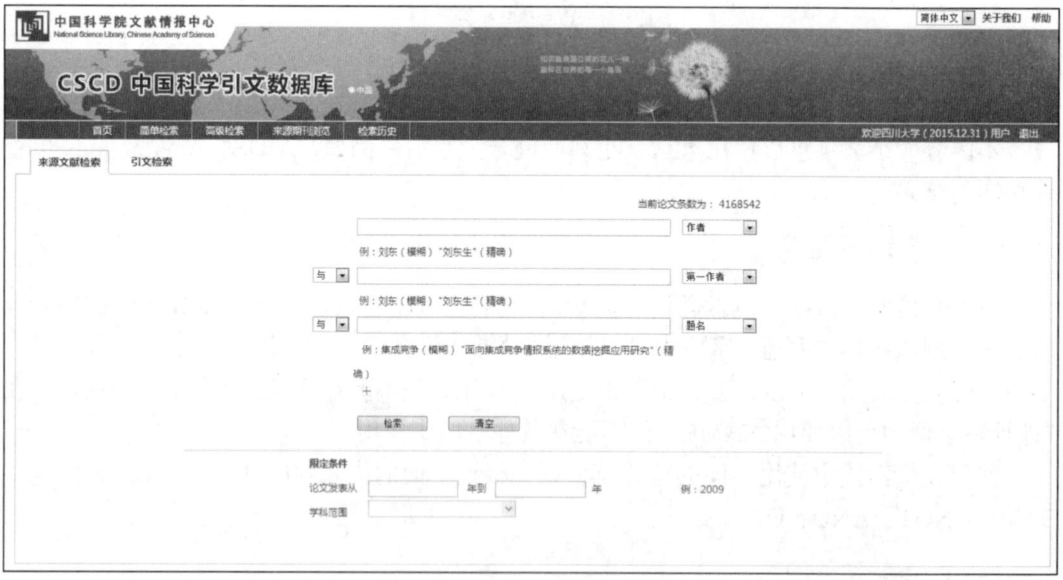

图 7-3-1　简单检索界面

（二）高级检索

高级检索可以根据检索系统提供的检索点，任意组配检索式进行检索。高级检索也提供来源文献检索和引文检索（图 7-3-2）。

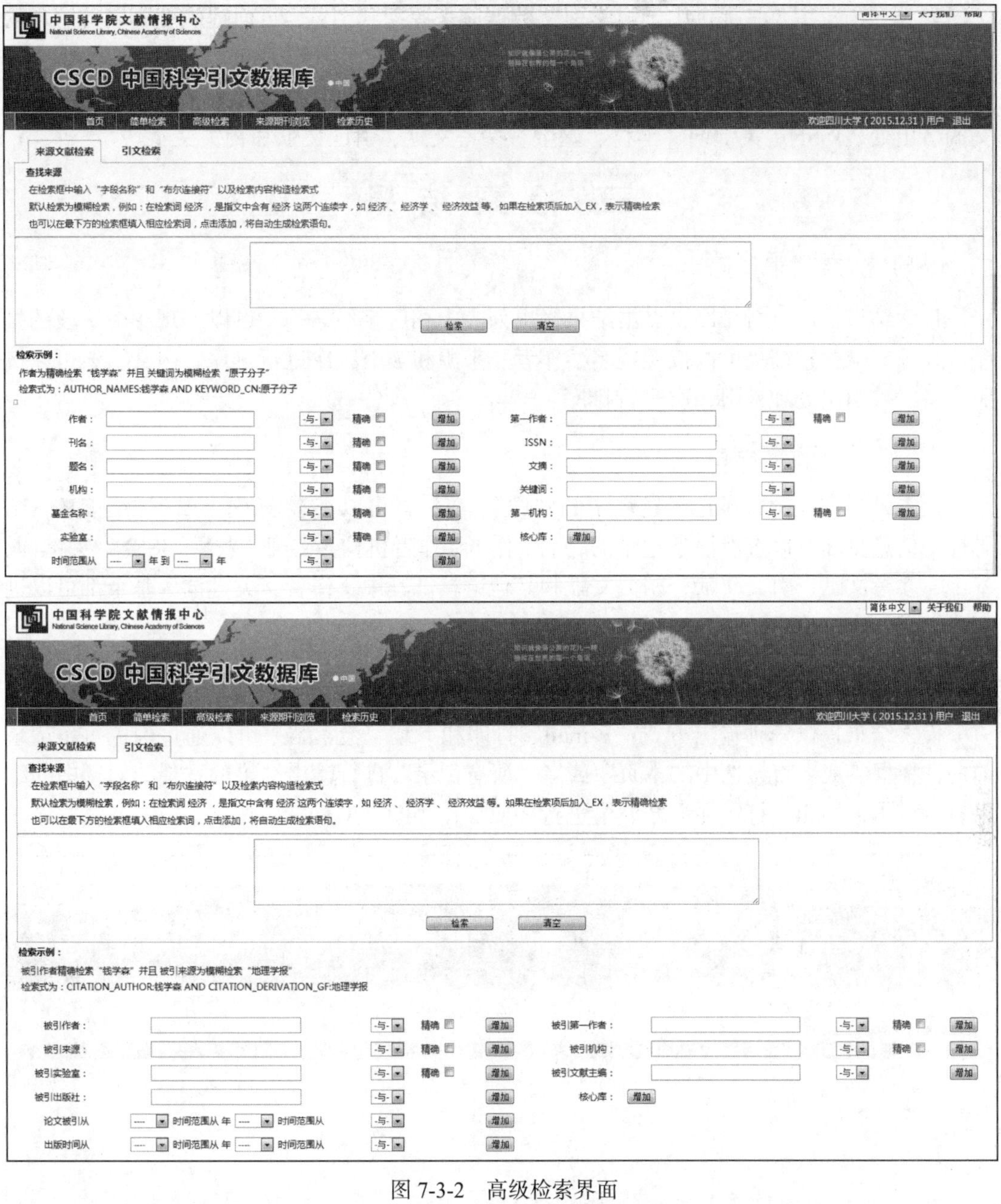

图 7-3-2　高级检索界面

来源文献检索系统提供了十一个检索点，在检索框中输入"字段名称"和"布尔连接符"及检索内容构造检索式；也可以在最下方的检索框填入相应检索词，点击增加，将自动生成检索语句。

引文检索系统提供了九个检索点，在检索框中输入"字段名称"和"布尔连接符"及检索内容构造检索式；也可以在最下方的检索框填入相应检索词，点击增加，将自动生成检索语句。

（三）来源刊浏览

来源刊浏览主要是提供中国科学引文数据库来源期刊浏览，页面提供期刊名首字母的选择和刊名、ISSN 的检索。

系统提供来源刊的来源文献详细信息的细览页面。显示信息包括题名、作者、机构、文摘、出处、ISSN、关键词、学科、基金、参考文献、引证文献和相关文献。

三、检 索 结 果

（一）检索结果排序

检索结果可以进行排序，点击结果输出列表中相应字段名称，可以实现相应字段的排序，来源文献检索结果可以按照题名、作者、来源和被引频次进行排序，引文检索可以按照作者、被引出处和被引频次进行排序。

（二）检索结果查看

点击结果列表中每条记录题名中的“详细信息”，可以查看该条记录的详细信息。结果详细信息页面可以查看该条记录的题名、作者、作者机构、文摘、来源、ISSN、关键词、基金、参考文献、引文文献、相关文献和其他链接。其中，作者、关键词、基金都可以进一步链接，进行检索。

（三）文献保存

检索结果提供三种输出方式：E-mail、打印和下载。检索结果可以通过勾选每条记录前的选择框，或者直接选中“本页”或者“所有记录”进行输出结果的选择，对选中的结果直接点击 E-mail、打印和下载即可进行相应操作（图 7-3-3）。

图 7-3-3　检索结果界面

第四节　其他相关数据库

一、中文社会科学引文索引

《中文社会科学引文索引》(CSSCI)由南京大学中国社会科学研究评价中心开发研制而成，是国家、教育部重点课题攻关项目。《中文社会科学引文索引》遵循文献计量学规律，采取定量与定性评价相结合的方法从全国 2700 余种中文人文社会科学学术性期刊中精选出学术性强、编辑规范的期刊作为来源期刊。目前收录包括法学、管理学、经济学、历史学、政治学等在内的 25 大类的 500 多种学术期刊，现已开发的《中文社会科学引文索引》(1998～2009 年)12 年度数据，来源文献近 100 余万篇，引文文献 600 余万篇。

《中文社会科学引文索引》从来源文献和被引文献两个方面提供相关研究领域的前沿信息和各学科学术研究发展的脉搏，通过不同学科、领域的相关逻辑组配检索，挖掘学科新的生长点，展示实现知识创新的途径。同时还提供地区、机构、学科、学者等多种类型的统计分析数据，从而为制订科学研究发展规划、科研政策提供科学合理的决策参考。另外,《中文社会科学引文索引》提供多种定量数据：被引频次、影响因子、即年指标、期刊影响广度、地域分布、半衰期等，通过多种定量指标的分析统计，可为期刊评价、栏目设置、组稿选题等提供科学依据。《中文社会科学引文索引》也可为出版社与各学科著作的学术评价提供定量依据。

《中文社会科学引文索引》提供多种信息检索途径(图 7-4-1)。来源文献检索途径：篇名、作者、作者所在地区机构、刊名、关键词、文献分类号、学科类别、学位类别、基金类别及项目、期刊年代卷期等。被引文献的检索途径：被引文献、作者、篇名、刊名、出版年代、被引文献细节等。优化检索：精确检索、模糊检索、逻辑检索、二次检索等。检索结果按不同检索途径进行发文信息或被引信息分析统计，并支持文本信息下载。

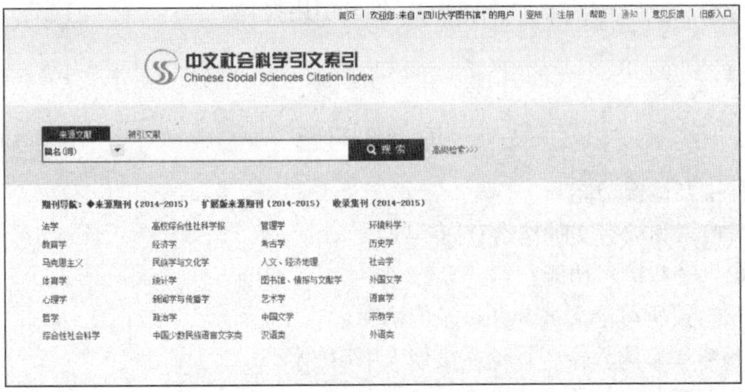

图 7-4-1　中国社会科学引文索引

二、中国生物医学期刊引文数据库

《中国生物医学期刊引文数据库》(Chinese Medical Citation Index)由解放军医学图书馆出版，收录中文生物医学期刊 1800 余种，累积期刊文献 670 余万篇，包括核心期刊、中华医学会系列期刊(图 7-4-2)。其具备发表文献查询、引文查询、相关文献查询、一键出具引证报告等功能，新版强化了文献计量可视化分析功能，发布各类 TOP 排行统计。

图 7-4-2 中国生物医学期刊引文数据库

三、期刊引用报告

《期刊引用报告》（Journal Citation Reports，JCR）。JCR 对包括 SCI 收录的 3500 种期刊在内的 4700 种期刊之间的引用和被引用数据进行统计、运算，并针对每种期刊定义了影响因子（impact factor）等指数加以报道。一种期刊的影响因子，指的是该刊前两年发表的文献在当前年的平均被引用次数。一种刊物的影响因子越高，也即其刊载的文献被引用率越高，一方面说明这些文献报道的研究成果影响力大，另一方面也反映该刊物的学术水平高。因此，JCR 以其大量的期刊统计数据及计算的影响因子等指数，而成为一种期刊评价工具（图 7-4-3）。

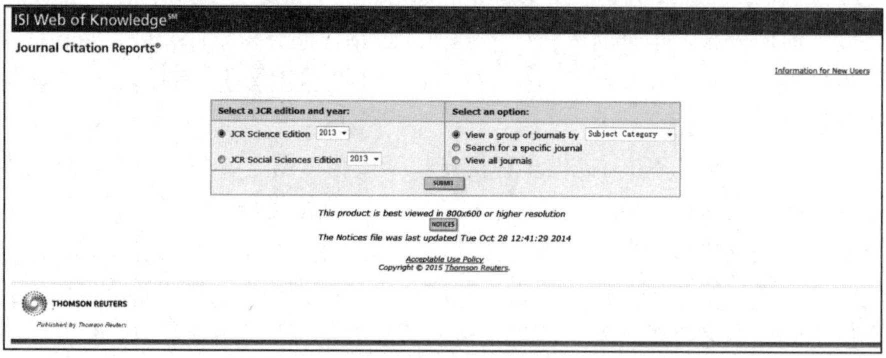

图 7-4-3 期刊引用报告

（蔡 濂）

思考练习题

1. SCI 有哪几种主要检索功能？
2. SCI 中的作者检索和被引文献检索有何不同？
3. CSCD 主要提供哪些检索功能？
4. 请检索周京国教授所写论文被 SCI 收录的情况。
5. 请在 SCI 中检索周京国教授所写论文被他人引用的情况。
6. 请查出《中华医学杂志》的最新影响因子是多少。

第八章　网络信息资源检索

第一节　医学搜索引擎

随着计算机技术的发展，网络的广泛普及应用，Internet 资源成为人们获取文献资料的一种常用途径。在当今的信息时代，互联网在全球范围内迅速发展，可供利用的信息飞速膨胀，然而这些信息分布在数亿的服务器中，要快速有效地找到需要的信息，必须借助于一定的搜索工具——搜索引擎。

搜索引擎（searching engine）是一种用于帮助互联网用户查询信息的搜索工具，它以一定的策略在互联网中搜集、发现信息，对信息进行理解、提取、组织和处理，并为用户提供检索服务，从而起到信息导航的目的。Internet 上著名的搜索引擎，如谷歌（Google）、雅虎（Yahoo）、百度（Baidu）、360 搜索等，为我们进行信息检索提供了极大的方便。但对医学专业人员而言，由于它们并没有针对医学进行优化过滤，检索到的信息存在重复过多，精确度不高，会出现一些无用甚至虚假信息，不适合医学专业领域的使用。因此，要想高效获取互联网上的医学信息和资料，就必须借助于特定的搜索引擎——医学搜索引擎，以下就不同的医学搜索引擎做一简要介绍。

一、Medscape

（一）简介

Medscape（http：//www.medscape.com，图 8-1-1），中文名叫医景，它是美国 Medscape 公司于 1994 年进行研制，1995 年 6 月开始使用，具有交互式性的综合医学网站。它现在是 WebMD 的一部分，主要面向医学专家、初级专业医师和所有医疗卫生工作者，提供医学信息资源库及医学教育工具，能够检索图像、声频、视频资料，收藏了 30 多个临床学科数万篇全文文献，是提供临床医学全文文献和继续医学教育资源（CME）的网点。

（二）栏目介绍

Medscape 的导航栏提供有 NEWS&PERSPECTIVE、DRUGS & DISEASES、CME & EDUCATION、ACADEMY 四大栏目。

NEWS&PERSPECTIVE：主要是一些有关医学方面的新闻，部分新闻信息提供有视频，可在线观看。

DRUGS & DISEASES：主要提供有关药物、疾病的参考信息及医学工具，如 Drug Interaction Checker（药物相互作用）、Interactive Diagnostics（交互式诊断）等。

CME &EDUCATION：主要提供医学继续教育。Medscape 是被继续医学教育认可委员会、美国护士认证中心委员会、药理教育认证委员会认可的提供合格有效的医学教育、护理学教育、药理教育的机构。

ACADEMY：商业性的医学教育，主要为医务人员提供一些关于商业性的教育，以便他们能在职业生涯中获得更好的发展，如 Reimbursement：New Payment Models（报销：

新的付款模式）、Finance：Accounting and Profitability（财务：会计和盈利能力）等。

图 8-1-1　Medscape 主页

（三）检索

1. 关键词检索　Medscape 的检索区能够对 NEWS&PERSPECTIVE、DRUGS & DISEASES、CME & EDUCATION、ACADEMY 及 MEDLINE 进行检索。对于检索结果，Medscape 提供了按相关度或出版时间进行排序，并能够对结果进行分类及来源限定筛选。

2. 分类浏览　Medscape 左侧的 SPECIALTIES 是医学学科分类，提供各学科的相关资源，如 Allergy & Clinical Immunology（过敏与临床免疫学）、Anesthesiology（麻醉学）、Cardiology（心脏病）、Critical Care（重症监护）、Dermatology（皮肤科）、Diabetes & Endocrinology（糖尿病与内分泌学）、Emergency Medicine（急诊医学）等。

二、WebMD

WebMD（http：//www.webmd.com/，图 8-1-2）是美国医疗健康服务网站，拥有丰富的健康医疗资讯。WebMD 为患者和医生建立了一个网上了解和交流医疗信息的通道，汇集全美医师的临床报告，还有各种医疗资料库。

三、HON

HON（http：//www.hon.ch，图 8-1-3）是瑞士日内瓦的非营利性组织“健康网络基金会”于 1996 年组织建立的一个免费全文医学搜索引擎，其宗旨为“在全球范围内，促进新技术在远程医疗保健领域有效和可靠的使用”。HON 为用户提供可靠的在线健康护理信息。

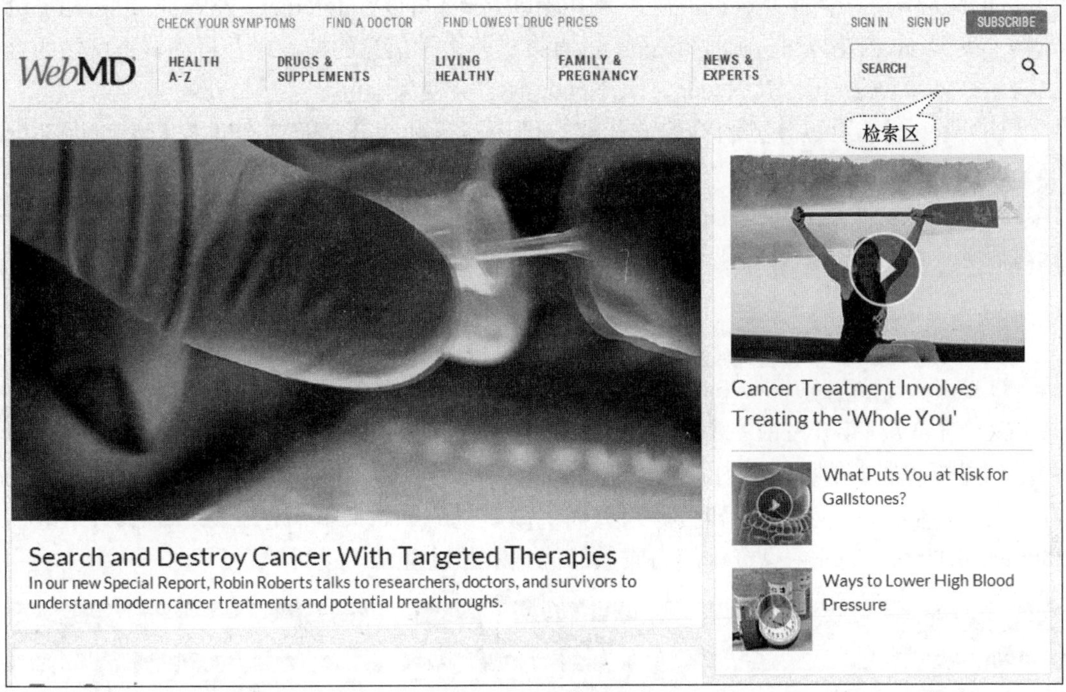

图 8-1-2　WebMD 主页

HON 提供英语、法语、德语、西班牙语、波兰语和中文六种语言版本。单击 SPEECH 处的“CN”即可进入中文界面。HON 提供三种身份的使用：普通病人/个人（PATIENT/INDIVIDUAL）、医护人员（MEDICAL PROFESSIONAL）、网站管理员（WEB PUBLISHER）。HON 提供了 HONcode、HONsearch、HONtools、HONtopics 四种功能。

图 8-1-3　HON 中文主页

HONcode：是 HON 制订的适用于医学和健康网站的行为准则（HONcode）。HONcode 是一个基于“有效认证标志”理念的自发认证系统，只有符合 HONcode 八大原则的网站才能够通过 HONcode 的认证。这个红蓝色的 HONcode 认证标志最初主要是供医学健康网站的开发者和发行者使用，但是 HONcode 成员网站上显示该标志，也可以帮助用户确认网站上提供的是可信赖的医学信息。目前加入 HONcode 的网站有 7300 多个。

HONsearch：是 HON 搜索引擎的主要服务功能，能够提供可靠的、值得信赖的医学信息。HON 能够利用不同的搜索引擎包括 HONcode Hunt 和 MedHunt 进行检索。对于检索结果，HON 可以通过上方的 HONcode sites、All Web sites、HONselect、News、Conferences、

Images 标签对检索结果进行分类显示。

HONtools：一个 HONcode 工具，利用 HONtools 可以在 Internet Explorer 或 Firefox 浏览器上安装 HON 搜索框。通过该搜索框直接进行医学信息的搜索，并自动核查网站的合格身份，如果网站符合 HONcode，HONcode 标志会变为彩色。

HONtopics：通过分类浏览的方式获取健康资讯和医药信息。分类栏目有母婴部分（Mother and Child）、乙型肝炎（Hepatitis B）、过敏（Allergy Glossary）、罕见疾病（Rare Diseases）、眼科护理（Vision and Eye care FAQ）、老年（Ageing）、戒烟（Stop smoking）、区域服务（Regional services）、猪流感（Swine influenza）。

四、Oncolink

Oncolink（http：//www.oncolink.org，图 8-1-4）是由美国宾西法尼亚大学癌症中心（UPCC）于 1994 年开发的一个免费全文癌症检索系统，它是 Internet 上的第一个多媒体肿瘤学信息资源服务器，信息内容涉及肿瘤学研究最新进展及肿瘤诊断、治疗、病因、普查和预防等，旨在向肿瘤患者和医护人员提供高质量的原始文献信息资源，提供一个链接 Internet 上的现有癌症信息资源的高质量的信息来源通道。

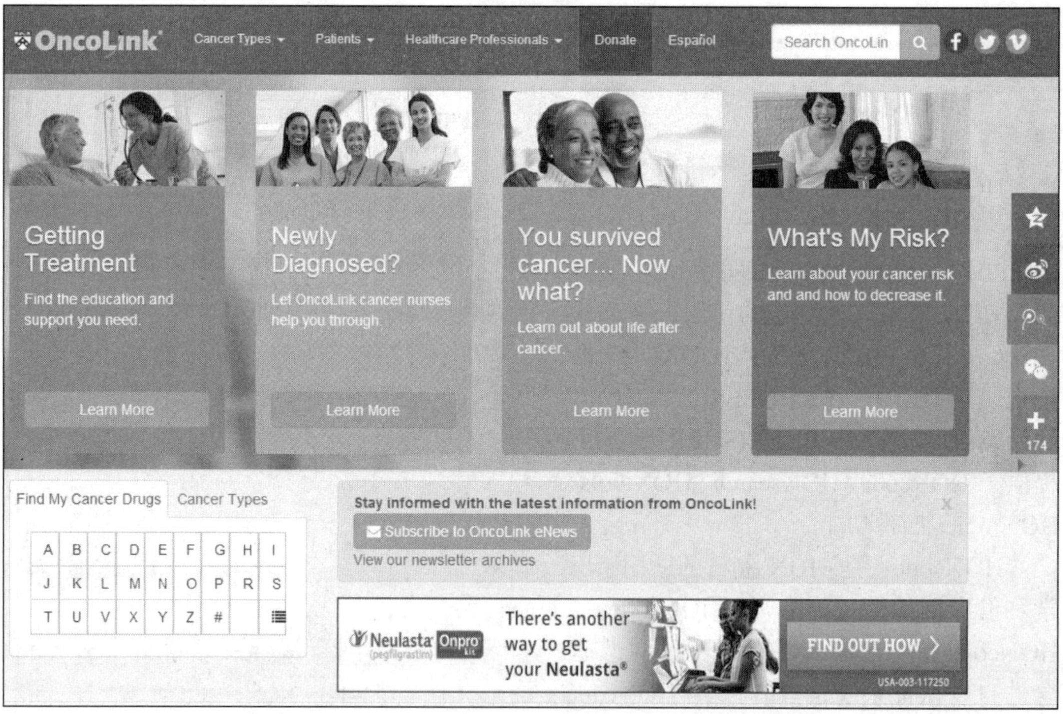

图 8-1-4　Oncolink 主页

Oncolink 的导航菜单提供的栏目在单击后就可进行相关信息的浏览。其中各栏目涉及的内容如下。

癌症类型（Cancer Types）：主要提供关于某一具体癌症的风险、预防、筛查、诊断、症状、治疗和支持等方面的信息。

癌症治疗（Cancer Treatment）：提供有关癌症的治疗，包括手术、化疗、放射治疗、临床试验、质子治疗、补充医学和前沿技术。

风险与预防（Risk and Prevention）：提供表明增加患癌症的风险因素，如健康行为、接触史和家庭患病史，以及关于预防、减少癌症风险和癌症检查试验的信息。

癌症药物（Cancer Drugs）：提供全面的、常用的化疗药物，以及这些药物的使用方法和常见的副作用。

支持（Support）：为癌症患者和照顾者应对癌症、副作用、营养等问题提供信息资讯，并分享一些幸存者的经验。

资源（Resources）：提供来自健康新闻（HealthDay News）阿布拉姆森癌症中心（the Abramson Cancer Center）等关于癌症的最新信息、视频及教学指导。并链接到国际癌症研究所（the National Cancer Institute）及其他癌症资源。

Oncolink 还提供了关键词检索功能，并能够限定在某一类或几类栏目中进行检索。Oncolink 还与许多在线杂志建立链接，从专题分类表中的全球癌症信息资源或导航菜单都可以进入期刊浏览（Journals Scan），从而能将大量高质量的癌症信息免费提供给肿瘤研究专家、临床医务工作者、癌症患者及一般用户。

五、MedExplorer

MedExplorer（http：//www.medexplorer.com，图 8-1-5），是由加拿大人 Marlin Glaspey 在 1996 年建立的医学信息资源搜索引擎。集分类浏览和关键词检索于一体，还可以通过下拉式菜单进行选择。主要检索医学信息，也可检索 250 多个医学新闻组信息和世界各地召开的会议消息。提供过敏中心、疾病中心、性健康、高级健康中心、儿童健康、癌症中心、就业中心、饮食营养中心、男性健康、女性健康等栏目。将医学资源分为管理、健康安全、辅助健康、医院、替代医学、实验室、医学影像、精神健康、护理、药学、教育、急症处理等。主页左边以下拉式菜单形式显示出药物名称和疾病名称，并在“Popular Search”中提供了常用的检索提问以供参考。

图 8-1-5　MedExplorer 主页

六、Medical Matrix

Medical Matrix（http：//www.medmatrix.org/，图 8-1-6）是 1994 年由堪萨斯大学创建，现由美国 Healthtel 公司管理的基于 Web 的临床医学信息资源指南系统，同时也是一个以医学主题词（Mesh）为基础的搜索引擎。目前收录了临床医学站点 6000 多个，链接到 150 多万个网页。Medical Matrix 将站点根据性质、评估、内容、特色和临床内容水平分级，各网点按星级数评为六级，五星最佳，无星最差。目前需付费注册后才能进行检索。

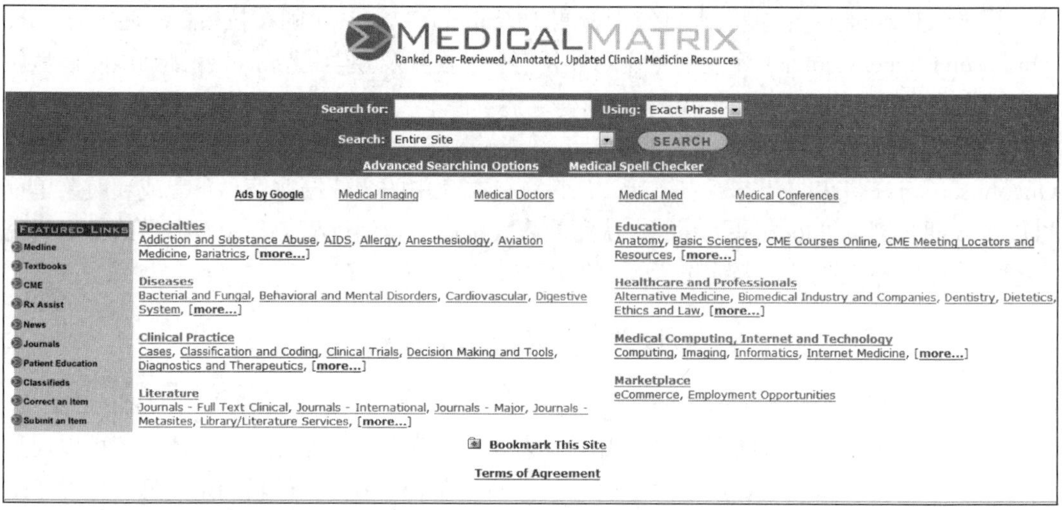

图 8-1-6　Medical Matrix 主页

七、Medical World Search

Medical World Search（http：//www.mwsearch.com/）是由美国 the Polytechnic Research Institute 于 1977 年建立的一个医学专业搜索引擎，它采用的是美国国立医学图书馆（NLM）发展建立的一体化医学语言系统（unified medical language system，UMLS），收集了数以千计的医学网点近 10 万个 Web 页面，包括默克手册（the Merck Manual）、Oncolink、Medscape 和虚拟医院；可以使用 540 000 多个医学术语。

相对于通用搜索引擎而言，Medical World Search 的特点在于能够理解医学术语，在检索时能自动进行词表扩大或缩小检索范围，包括利用各种同义词进行检索。Medical World Search 还提供扩展检索、精确检索功能，进行检索时大小写无影响，能对结果进行相关排序。为使该搜索引擎适合其他搜索引擎的检索要求，Medical World Search 还能通过 PubMed 免费检索 Medline。该医学搜索引擎还能对注册的用户提供最近的 10 次检索和最近通过 Medical World Search 进入的 10 个网页，以供随时使用。

八、Medhelp

Medhelp（http：//www.medhelp.org）由美国 Med Help International 公司开发，1994 年进入联机检索系统，1995 年联入 Internet，旨在帮助用户查找高质量的医学信息。Medhelp 与一些医疗机构如克利夫兰诊所（the Cleveland Clinic）、西奈山（Mount Sinai）等有着长期合作关系，因而它能成为一个独特医学健康信息网。

Medhelp 提供有论坛（Forums）、健康工具（Health Tools）、健康信息（Information）、专家（Experts）四大板块，可以对超过 200 多位的医生和专家进行医生咨询，提供每日医学新闻，多个医学站点的链接，可查找完整的医药卫生信息。该网站还提供 40 余种健康工具（Health Tools），如自身免疫性疾病追踪系统、糖尿病追踪系统、药物相互作用查询等，方便用户进行健康监测。部分健康工具能通过移动电话或网络浏览器对健康信息进行记录跟踪，以便用户积极管理自己的健康。

九、HealthCentral

HealthCentral（http：//www.healthcentral.com）是 Remedy Health Media 公司的下属网站。HealthCentral 包含有 41 个子网站，分别涉及不同类型的疾病，如多动症、老年痴呆症、哮喘、关节炎、心脏病、骨质疏松症等。HealthCentral 主要提供医学信息资源，并能为患者提供一个咨询团队。HealthCentral 还提供有健康跟踪软件，如女性心脏病发作的症状（Symptoms of Heart Attack in Women）、偏头痛的诱因（Migraine Triggers）、糖尿病患者进行体重控制（Weight Control for Diabetics）、胆固醇的自然降低（Lowering Cholesterol Naturally）等。

十、39 健 康 网

39 健康网（http：//www.39.net/）是广州启生信息技术有限公司旗下网站，于 2000 年 3 月 9 日正式开通。网站主要提供医疗健康行业搜索服务，提供健康医疗资讯信息。目前 39 健康网有综合、疾病、药品、医院、医生五大信息搜索服务。

第二节　虚拟图书馆

搜索引擎作为检索互联网上信息资源的工具，在一定程度上能够满足用户信息查询的需求，具有不可替代的地位。但是由于搜索引擎往往存在检索结果过多、冗余信息量大等问题，对用户的网络信息资源检索产生了一定的阻碍。基于此背景，图书馆通过整理管理印刷型书刊的经验，借鉴现代化计算机技术，试图弥补搜索引擎的不足，提高网上资源序化程度，改善目前检索低效的状况，研制出虚拟图书馆，即指通过计算机信息网络技术实现的具有传统图书馆基本功能的网络实体，可以实现跨地域跨时空的信息采集和管理。

一、世界数字图书馆

世界数字图书馆（WDL，http：//www.wdl.org，图 8-2-1、图 8-2-2）旨在让世界各地的读者可以在同一个网站上以各种不同的方式发现、学习和欣赏世界各地的文化珍宝。这些珍贵文物包括（但不限于）手稿、地图、珍本书籍、乐谱、录音、电影、印刷品、照片和建筑图纸。

WDL 是由美国国会图书馆的一个小组，在许多国家机构的共同协作下，在联合国教科文组织的支持下借助于一些公司和私人基金会的财力支持开发而成。其导航工具和内容说明有阿拉伯文、中文、英文、法文、葡萄牙文、俄文和西班牙文。WDL 还提供有许多其他语种编撰的书籍、手稿、地图、照片和其他初级原料（均以本族语编撰）。

图 8-2-1　世界数字图书馆 WDL 主页

图 8-2-2　“源氏物语：第 1-54 卷”条目展开

二、万维网虚拟图书馆

万维网虚拟图书馆（VLIB，http：//vlib.org，图 8-2-3）是一个 Web 资源目录，它是由万维网的发明者蒂姆·伯纳斯·李（Tim Berners-Lee）开创，之后逐渐扩大成为一个分布式资源主题指南系统。它的一些索引内容分布在世界各地数以百计的服务器上，每一位数据维护者都遵循一定的准则对数据进行维护。目前它是由一个松散的志愿者联盟来管理和维护，每个志愿者均是这个学科领域的专家，他们对相关领域的网络资源进行筛选、编译、组织成目录。

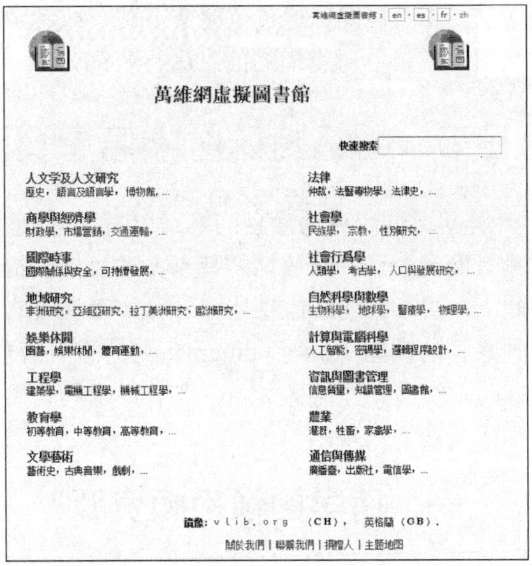

图 8-2-3　万维网虚拟图书馆主页

虽然 VLIB 并不是最大的 Web 索引，但是 VLIB 可获得大部分学科的网络资源导航链接。目前 VLIB 提供有中文、英文、法文、葡萄牙文四种语言。VLIB 提有 16 个专业主题目录，分别是人文学及人文研究、商学与经济学、国际时事、地域研究、娱乐休闲、工程学、教育学、文学艺术、法律、社会学、社会行为学、自然科学与数学、计算与电脑科学、资讯与图书管理、农业、通信与传媒。各专业主题目录下还有细类。用户可以从学科分类或主题字顺出发查找其中心目录，也可以直接采用输入关键字的方式进行检索。

三、中国科学院国家科学图书馆

中国科学院国家科学图书馆（http：//www.las.ac.cn/index.jsp，图 8-2-4）于 2006 年 3 月由中国科学院所属的文献情报中心、资源环境科学信息中心、成都文献情报中心和武汉文献情报中心四个机构整合而成。该图书馆提供多种数据的查询，包括图书、期刊、学位论文、标准、专利、会议论文、科技报告等。

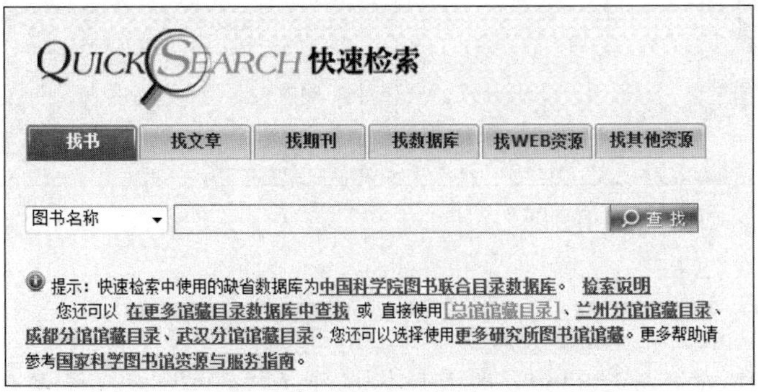

图 8-2-4　中国科学院国家科学图书馆快速检索页面

中国科学院国家科学图书馆快速检索能对各种类型资源进行查找，其中“找其他资源”包含有国防科技信息、国防科技工业信息、中科院科技期刊、专利文献、标准文献、会议文献、学位论文、科技报告、古籍数据库，可以通过下拉菜单进行选择。对于找到的文献资源，可以通过“详细信息”查看概况，通过“原文下载”或者“文献传递”进行原文获取，同时也能够通过“问图书馆员”对查询的信息进行咨询。

第三节　网络特殊医学信息资源

Internet 是由全世界计算机共同组成的信息网络，其包括的信息资源是任意一个机构都无法匹敌的，同时它又具有面向公众、开放性的特点，并且能够提供丰富的、多层次的、多样化的信息资源。因此，在当今的网络信息环境下，如何有效地利用网络信息资源进行学习、工作应该成为一种必备的技能。目前，Internet 上的医学信息资源丰富，类型多样，具有文字、声音、图像、动画等多媒体信息资源，本节将以具有代表性的医学网站进行简单介绍，为医学学习和临床实践提供帮助。

一、医学图像视频资源

（一）Atlas 医学寄生虫学

Atlas 医学寄生虫学（http：//www.atlas.or.kr）为医学生和专业人员提供相关材料。包含的数据库有原生动物、线虫、节肢动物绦虫和吸虫，每个数据库包含其形态信息、生命周期、地理分布、症状、预防等（图 8-3-1、图 8-3-2）。Atlas 可按字顺列表、按类型列表、按疾病列表进行查询。

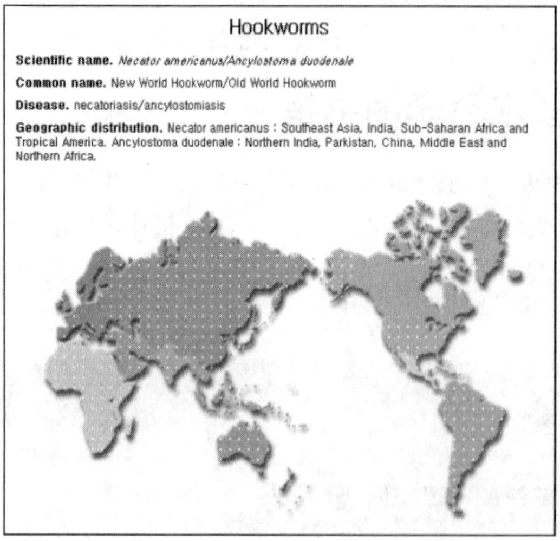

图 8-3-1　钩虫的分布信息图

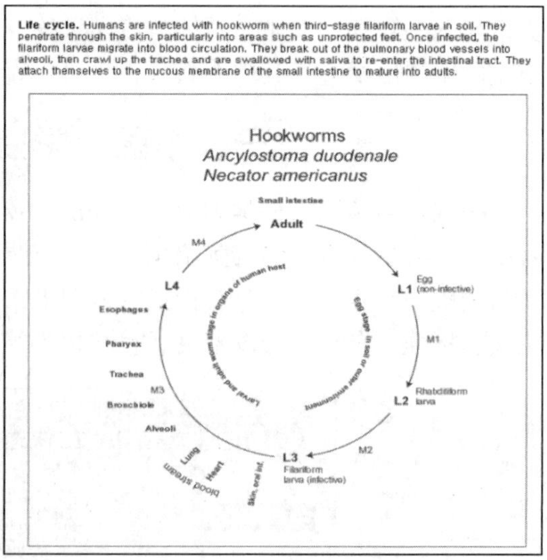

图 8-3-2　钩虫的生命周期

（二）爱爱医

爱爱医（http：//www.iiyi.com）成立于 2002 年 7 月，是服务于医务人员的医学专业网站。网站基于 Web 论坛为用户提供日常诊疗实践经验交流、仪器和药物使用心得分享等多项服务。爱爱医旗下有众多网站，分别提供了不同的功能与服务。

爱爱医资源中心（http：//ziyuan.iiyi.com）包括考试认证、药物医学、医院管理、医疗影像、医疗器械等方面的资源，资源类型有文档、PPT、电子书、论文工具、软件、图片等各类型的资源。提供有免费资源下载，但部分资源需要注册登录后才能下载。

爱爱医论坛（http：//bbs.iiyi.com/）是一个医学专业人员的交流平台，在此可以进行有关医学专业问题的交流与探讨。此平台设置的板块有临床内科学、临床外科学、中医中药区、临床检查区、职业资格区等。部分内容同样需要注册登录后才能查看。

（三）CCMTV 临床频道

CCMTV 临床频道（www.ccmtv.cn，图 8-3-3）隶属于上海翊凌医疗信息技术有限公司，是一家基于新互联网技术和无线通讯技术而创建的医学类专业视频媒体。CCMTV 包括医学会议、病例讨论、手术演示等大量视频，有助于学习最新成果。

图 8-3-3 CCMTV 临床频道视频检索页面

（四）医学视频网

医学视频网（http：//www.yi20.com.cn/，图 8-3-4）是一个以提供医学视频为主的网站，涉及的内容有内科视频、外科视频、妇科视频、儿科视频、医学保健、中医视频、医技检查、医学考试、基础医学、专题等，目前视频有 19 600 多部。医学视频网既可以通过分类目录进行查询，也可以通过关键词进行视频搜索。医学视频网还提供有各类医学电子书、论文、课件、视频、多方位内容的电子期刊等。

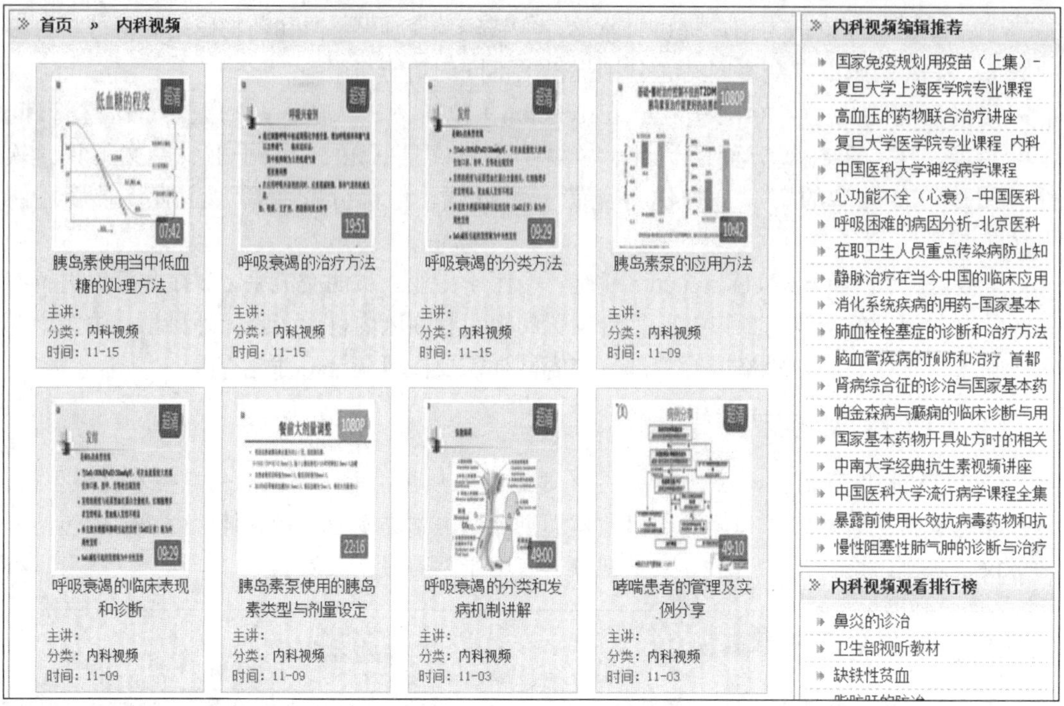

图 8-3-4 医学视频网——内科视频页面

（五）医学多媒体

医学多媒体（http：//zyw.njmu.edu.cn/Index.html）由南京医科大学现代教育技术中心创建，包含丰富的多媒体资源，如医学文摘、医学图片、医学动画（图 8-3-5）、医学视频、医学课件、网络课程、医学电子书、医学考试、信息技术等。其中医学图片 2700 多张，并按照基础医学、临床医学、预防医学与卫生学、药学、中医学与中药学进行分类。医学视频 322 个，涉及的内容有基础医学、临床医学、预防医学与卫生学、中医学与中药学、校园职场、精品公开课。医学动画 355 个，医学课件 481 个，网络课程 74 门，医学电子书 127 本，医学考试资源 158 项。医学多媒体大部分属于免费资源，可以直接下载。部分资源必须注册登录后才能下载。

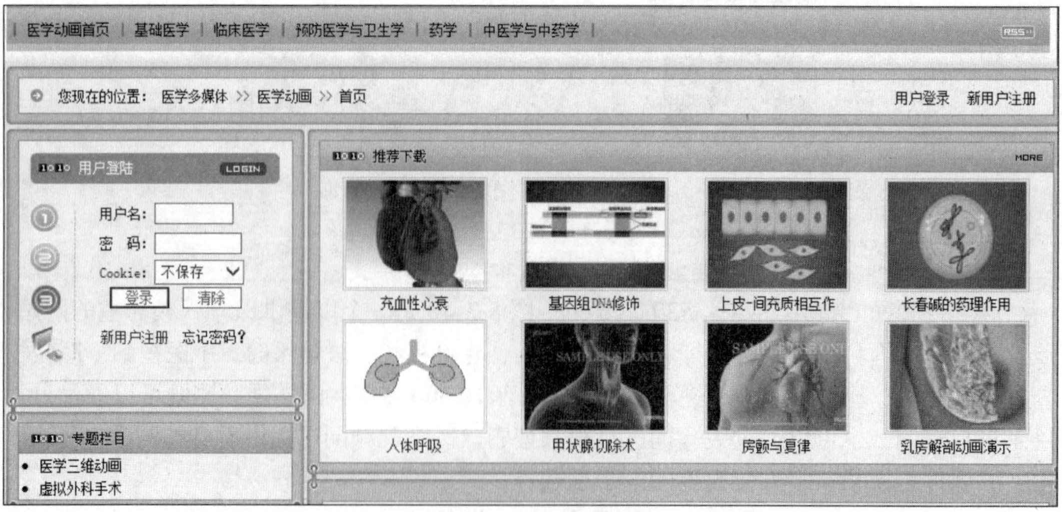

图 8-3-5 医学动画列表

（六）网易公开课

网易公开课（http：//open.163.com/）是2010年11月由中国门户网站网易推出的“全球名校视频公开课项目”，首批1200集课程上线。用户可以通过Internet在线免费观看来自于哈佛大学等世界级及国内名校的公开课课程。首批上线的公开课视频来自于哈佛大学、牛津大学、耶鲁大学等世界知名学府，内容涵盖人文、社会、艺术、医学、金融等领域。目前，虽然涉及医学/健康课程不多，只有80余门，但是大部分来自国内、国际名校，如斯坦福大学公开课《临床解剖学》《癌症综合研究》，浙江大学公开课《肝脏移植的过去、现在和未来》、复旦大学公开课《病原生物与人类》、南开大学公开课《疾病与用药》等。

（七）青年人医学教育

青年人医学教育（http：//www.qnr.cn/med/）属于青年人（http：//www.qnr.cn/）旗下的一个子网站。网站创办于2005年5月，主旨在于不断开拓大学生的自身修养和文化水平，是目前国内教育考试门户网站之一。青年人医学教育有资讯中心、动画、医学图库、医学文献库、教学文摘、人体营养科学、医学药典、医药考试等栏目。

（八）MedlinePlus

MedlinePlus（http：//www.nlm.nih.gov/medlineplus/）是美国国立医学图书馆（隶属于美国国立卫生研究院）为患者及其家人朋友而创建的一个公众健康网站。MedlinePlus以通俗的语言介绍疾病、症状及其他健康问题。MedlinePlus在世界各地均可通过互联网免费访问。MedlinePlus提供有最新的治疗方案、药物信息、专业术语、医学视频和图谱等。

MedlinePlus 的资源信息可以通过其导航栏的Health Topics、Drugs & Supplements、Videos & Cool Tools三个栏目进行链接，也可以通过其“Site Map”进行列表选择，如外科手术视频Surgery Videos（http：//www.nlm.nih.gov/medlineplus/surgeryvideos.html）是一些真实的手术视频，并且绝大部分录制时间超过1小时；解剖动画Anatomy Videos（http：//www.nlm.nih.gov/medlineplus/anatomyvideos.html）主要是利用动画来显示人体器官系统，以及疾病如何影响它们。

（九）The Whole Brain Atlas

The Whole Brain Atlas（http：//www.med.harvard.edu/AANLIB）是由哈佛医学院的医学图书馆、美国神经病学会、布里格姆妇女医院等部门共同建立的一个综合了临床资料、磁共振、经过X射线计算机断层扫描而形成的颅脑影像资料库（图8-3-6）。图谱包含正常脑组织、脑血管疾病、肿瘤病、退行性疾病、炎症或传染性疾病五大类，共30种病例的13000幅脑部影像。该图库包括了脑部正常结构和血流的影像，100个脑部正常结构特点，正常老年人的脑部结构及血流影像。还有大量的临床病例，每种病例都有一种或几种影像类型的全部资料。有些病例包括了不同时期的影像资料，因此可以观察病情与时间的相关性。每种病例的全部影像均归在一起，以便能够在不同影像类型及时间点上来比较。

（十）医脉通

医脉通（http：//www.medlive.cn）由北京金叶天成科技有限公司开发，包括医学资讯、病历读片、临床指南、诊疗知识库等医学信息。同时开发了多款与医学相关的软件，如全医药学大词典、用药参考、医脉通等。其中医脉通收录 7000 多种疾病，设计出了以疾病为核心的知识库架构，涵盖疾病的预防、诊断、治疗、预后。提供汉化的 PubMed 等多种医学文献检索入口。

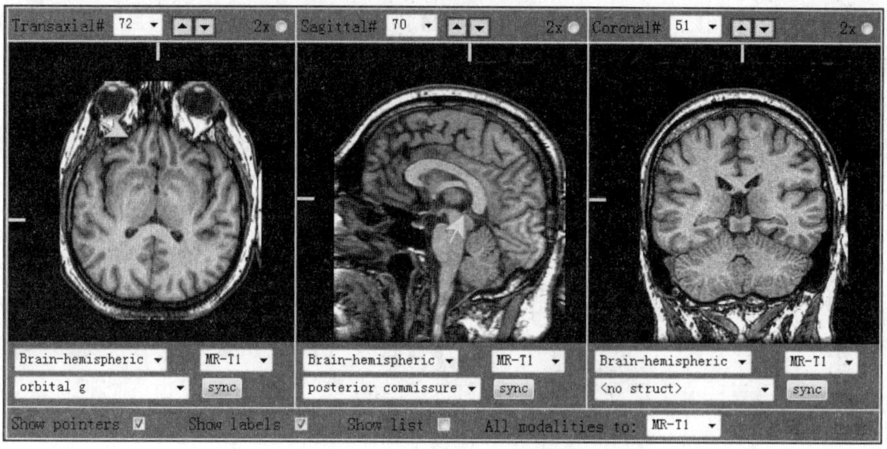

图 8-3-6 正常颅脑的 3D 磁共振成像解剖图

二、医 学 论 坛

（一）丁香园

丁香园（http：//www.dxy.cn）成立于 2000 年 7 月 23 日，是医药行业的网络媒体平台。丁香园旗下有丁香园论坛、丁香通、丁香会议等网站。其中丁香园论坛（http：//www.dxy.cn/bbs/）提供 100 多个医药生物专业栏目，采取互动式交流，提供实验技术讨论、专业知识交流、文献检索服务、科研课题申报、考硕考博信息等服务。

（二）医学论坛网

医学论坛网（http：//www.cmt.com.cn/）是中国医学论坛报社主办的医学专业门户网站，其前身《中国医学论坛报》（网络版）网站成立于 1999 年，2009 年正式改版。医学论坛网提供国内外医学资讯、疾病诊疗的研究进展，报道重大国际医学会议、提供一些临床问题的解决方案，是医生相互交流的平台，医学专业门户网站。目前有医学新闻、临床病例、会议活动、医学文献、医学视频、医学期刊、名医堂、专家访谈录、健康教育、医学社区等栏目。

（三）眼科医生网

眼科医生网（http：//www.oculist.net）主要提供有关眼科方面的资源，设有医生俱乐部、学术会议、业界资讯、眼科服务、医疗保健等栏目。其中医生俱乐部下设有病例探讨、学术交流、临床精要等板块，可以相互探讨。

（四）中国护士网

中国护士网（http：//www.512test.com）定位于为护士服务的网站。提供有医学护理专业知识，并可以同国内外同行进行交流。目前设置的栏目：护理资讯、护理管理、护理论文、护理考试、医学英语、护士考试、护理手册、应急预案、护理改革、医院管理、护理查房、护理知识、护理工作计划、医学健康、初级护师、主管护师等栏目。

（五）医学影像论坛

医学影像论坛（http：//www.yxyxjs.com）是一个专注于医学影像技术的论坛，设置的栏目有常规成像技术、造影成像技术、CT成像技术、MRI成像技术、DSA成像技术、核医学成像技术、影像质量控制与保证、医学影像发展新设备新技术动态、医学影像会议及展览讯息等。

（六）华夏病理网

华夏病理网（http：//www.ipathology.cn/）创建于2006年10月，是一个病理学的专业学术文化交流平台和社区。其论坛设置的一级栏目有系统病理、专科病理、细胞病理、读片讨论、病理技术、学术交流等，其二级栏目有冷冻病理、病理基础、法医病理、头颈病理、神经病理、宫颈细胞、穿刺细胞、脱落细胞、免疫组化、分子病理等。

（七）中国医师协会网站

中国医师协会网站（www.cmda.net）是中国医师协会的门户网站。中国医师协会网站使用中文、英文两种语言。涉及执业医师教育培训、考核考试、自律维权、执业精神、医学人文、医师宣言等内容，拥有医师微博、留言板、文章评论等交流平台。

三、医学工具资源

（一）字词典工具类

1.《新编全医药学大词典2011版》　是北京金叶天成科技有限公司开发的系列医学专业软件之一。大词典2011版总词汇量达400万条，医学词汇260万，通用词汇140万。内含国家名词委员会50本数据及三本权威医学术语词表。术语词表包括MeSH主题词、中医药主题词和SNOMED术语集。更新2000余份英文药品说明书，目前词典小药箱内包含5000份中文说明书和2000份英文说明书。《新编全医药学大词典2011版》集词典检索、例句检索、全文翻译和医脉通网站浏览于一身。“词罗盘”和“医学术语”功能分别以放射状环形图和树形结构图的形式将中西医术语间的关联关系进行展示。目前北京金叶天翔科技有限公司还提供了iOS、Android免费版的《新编全医药学大词典》。

2. 新编临床用药参考　是由北京金叶天成科技有限公司开发的系列医学专业软件之一。该软件收录国家食品药品监督管理局（SFDA）和制药企业提供的药品说明书14 000余份；包含国家基本药物信息，劳动部及各省市医保信息，OTC、麻醉药品、精神药品、医疗用毒性药品、放射性药品等信息。拥有8万余种中西药名称。不良反应信息的个例报道20万份。用药审查数据15万余条，涉及药物相互作用、配伍禁忌、交叉过敏、禁慎用情况等。诊疗指南2000余份，临床检验参考资料480余份。其数据均来源于国家食品药品监督管理局、药品生产企业、药典、临床药学权威专著及医药学核心期刊，并经中国药学会组织的临床药学专家组审核。该软件能够进行药物相互作用、配伍禁忌、交叉过敏、禁用慎用等信息进行查询。目前北京金叶天成科技有限公司也提供有 Android系统免费版。

3. ADAM Anatomy　是亚当公司开发的互动式解剖软件，可以用于解剖学和相关知识的学习。ADAM 解剖软件提供的 3D 效果不只是旋转，还可以提供立体影像和透明效果，并且可以按顺序分层穿透看。从皮肤到骨头，可以一层一层地显示下去。通过点击就可以显示出点击地方的名称。

4. 医学助手 2009 是成都医安苑软件有限公司所设计的一款免费工具软件，包含医生所常使用的各种医学、药学、ICD-10 字典、医学主题词表（MeSH）、文献管理、RSS 订阅和个人事务管理等多个功能，可以进行树状结构浏览和多字段检索。主要功能：全科医师诊疗手册、临床检验手册、常用医学公式和评分标准、皮试药物信息等常用资源；化学药品、中成药、中草药信息、常用方剂；ICD-10 疾病编码、ICD-9 手术编码、肿瘤形态学编码、中医疾病编码、中医病证编码；医学主题词表、副主题词表及款目词的检索；中文医药期刊详细信息、文献管理；RSS 医学期刊订阅。

（二）生物信息学类

1. ICM-Browser 是一种高质量可视化三维分子结构、序列、化学和生物数据的浏览工具。它能够读取多种格式的数据文件，并对数据进行注释，还可以将多层文件写成一个小的单一的跨平台的文件。ICM-Browser 很容易进行生物结构和化学信息的创建、存储、共享。

2. AnnHyb DNA 工具软件，对短 DNA 序列，它可进行补体序列生成、融合温度预测、GC 百分含量计算、分子量计算、摩尔消光系数计算等功能。新版本增加了许多功能，包括序列检索、注释、编辑、格式转换、限制酶分析、翻译、序列查找、反序与补序、序列统计、ORF 查找、寡序列分析、探针分析等，是一个有用而方便的小工具。

3. RNAMovies 是一款 RNA 二级结构绘图软件。支持处理多种二级结构预测结果，可以输出 JPG、GIF、PNG 等多种格式，并支持假结（pseudoknots）、纠缠螺旋（entangled helices）的绘制。与传统的 RNA 二级结构可视化软件不同，RNAMovies 可以显示潜在的 RNA 二级结构之间转变的动画，为研究提供有用的参考。该软件以被整合到 RNAshape、pknotsRG、KineFold、paRNAss 等软件中。

4. Osprey 是由加拿大多伦多大学一个生物信息学研究组开发的，这个软件平台目的在于更好地研究蛋白质相互作用网络（protein-protein interaction networks）和蛋白质复合物。软件本身和自己的两个数据库（BIND、GRID）整合在一起，数据较全，功能全面，涉及蛋白质、核酸序列，又和 GenBank 交叉链接，用户使用很方便。其中的 GRID 被 Stanford University 定为默认的查询库。

5. ANTHEPROT 5.0 蛋白序列分析软件包，包括了蛋白质研究领域所包括的大多数内容，功能强大。应用此软件包，使用个人电脑，便能进行各种蛋白序列分析与特性预测，包括：进行蛋白序列二级结构预测；在蛋白序列中查找符合 PROSITES 数据库的特征序列；绘制出蛋白序列的所有理化特性曲线；在 Internet 或本地蛋白序列数据库中查找类似序列；计算蛋白序列分子量、比重与各蛋白残基百分组成；计算蛋白序列滴定曲线与等电点；选定一个片段后，绘制 Helical Wheel 图；进行点阵图（Dot Plot）分析；计算信号肽潜在的断裂位点等功能。

6. ESTtools 可将多个文本文档中的序列转换为通用格式——FASTA 格式，并将这些分散到多个文档中的序列合并到一个文本文档中，以便于操作。能将 Blast 结果中 Score 值最高的同源基因信息保存在一个文本文档中，并提取关键信息项（gi 号、注释、SOURCE、

Score 值、bits、Expect 值、Identities、Gaps、Strand、function、product、chromosome）。

7. TREE-PUZZLE　进化树构建软件 TREE-PUZZLE 是一个核酸序列、蛋白序列相似性分析及进化树构建工具，它可以根据序列数据的最大相似性构建进化树，可以进行相当大和复杂的计算过程。另外，该软件具有一种新功能——可能性图谱绘制功能，还具有大量数据分析系统。

8. MAExplorer Version　是一个基于 JAVA 程序的微阵列数据库数据采集软件，用来帮助发现和癌症、疾病相关的调节基因，可进行各种微阵列数据分析工作，直接链接到网上的各种基因组数据库。

9. ACD/ChemSketch 12.0　是高级化学发展有限公司（ACD）设计的用于化学画图用软件包，该软件包可单独使用或与其他软件共同使用。该软件可用于画化学结构、反应和图形，也可用于设计与化学相关的报告和演讲材料。ACD/ChemSketch 有如下主要功能，结构模式：用于画化学结构和计算它们的性质；画图模式：用于文本和图象处理；分子性质模式：对分子量及元素百分比含量、折射率、摩尔折射率及摩尔体积、等张比容、表面张力及密度、介电常数及极化率、单一同位素质量、标称分子量和平均分子质量进行估算。除了以上主要功能外，ChemSketch 还包括 3D Viewer，用于观察所绘制分子的三维结构。CNMR DB 和 HNMR DB 可用于预测和查看所绘制化学结构式的碳、氢核磁谱图，并与所带相关数据库相联，进行检索比对处理。

10. GenMAPP　是由旧金山格莱斯顿心血管疾病研究所医学博士 Bruce Conklin 及其同事建立的基因图谱注解器和基因路径模拟机 GenMAPP（gene microarray pathway profile）。它能对大量的基因表达数据进行可视化处理、生物通路分析。数据库（生物通路图）来源于 KEGG 数据库。通过 GenMAPP 可对任何感兴趣的生物过程进行基因差异表达分析。MAPPFinder 是 GenMAPP 软件中具有聚类分析功能的一部分，与 Gene Ontology（GO）Consortium 链接，是在 GenMAPP 运行结果的基础上，对基因差异表达数据分析生物过程（biological process）、分子功能（molecular function）和细胞组分（cellular components）进行聚类分析，并进行显著相关性统计分析。

11. FlowJo　是斯坦福大学 Leonard Herzenberg 实验室在 20 世纪 90 年代研发出来的一款流式数据分析软件。FlowJo 可以分析任何流式细胞仪产生的流式数据，用户可以在自己的电脑上分析数据，它简单易用地分析平台吸引了众多的用户。FlowJo 能将细胞群之间的逻辑关系用简单的递进阶梯式去呈现，并可以自定义细胞群名称、进而直观地显示细胞群统计值，让分析结果一目了然、简单清晰。同时提供灵活的数据呈现方式，如一维的直方图、二维图形、动态立体三维图形。

12. Chemwindow　该软件主要功能是绘出各种结构和形状的化学分子结构式及化学图形。具有快速便捷的操作工具，如对分子图形的组合、水平、垂直翻转及任意角度旋转等操作直接从工具箱中用鼠标点击相应图标即可完成。提供了大量画分子式或分子图形所需的各种“散装元件”，如各种类型的化学键、分子母环（从三元到八元环，包括六元环的船式和椅式构型）、化学分子轨道、圆电荷、球（椭球）等。对分子图形可进行组合、分块处理，即可将许多物体结合成一个物体进行处理，或将一个物体分解成许多部分，在编辑时可根据需要，用不同的方式来编辑。对整体分子图形既可进行放大、缩小、旋转等操作，也能对局部进行精确微调。

第四节　信息资源共享

一、信息资源共享概述

21 世纪是信息的时代，以信息技术为代表的科技发展已将人类社会推进到全球化信息的时代。信息资源已成为当代人类可持续发展最宝贵的资源，如何有效地进行信息资源共享是人类社会获得更大发展的必经之路。所谓信息资源共享（information resource sharing）是指信息机构在自愿、平等、互惠的基础上，通过建立各种合作、协作、协调关系，利用各种技术、方法和途径，开展共同提示、共同建设和共同利用信息资源，从而最大限度地满足用户信息资源需求的全部活动。

二、信息资源共享历程

自人类社会产生图书馆以来，实现信息资源共享就一直作为图书馆工作的主线，贯穿在整个图书馆发展的过程中。最大限度满足用户的信息需求，始终是图书馆员为之奋斗的最高目标和梦寐以求的最高理想。1893 年普鲁士皇家图书馆与普鲁士各大学图书馆之间正式制订馆际互借规则以来，馆际互借这个信息资源共享的传统形式便一直延续至今。19 世纪末 20 世纪初，合作发展馆藏的思想在德国首先提出并付诸实施以来，这个解决购书经费与文献激增之间矛盾的措施至今仍为各国图书馆所沿用。自 19 世纪末欧美各国图书馆开始编制馆藏联合目录，以及 1902 年美国国会图书馆开始与其他图书馆合作编目以来，编制联合目录和合作编目，这种保障馆际互借和合作发展的形式仍经久不衰。

20 世纪中后期以来，随着计算机技术、网络通信技术等信息技术的迅速发展，Internet 迅速普及，带来图书馆的自动化、网络化建设步伐的加快，图书馆的服务内容、方式、手段产生深刻变革，信息资源共享的内容和形式发生重大变化，文献信息的可获知性和可获取性均发生了质的变化：共建内容已由传统的印刷型文献信息资源发展为数字化的电子信息资源；共知手段已由书本式联合目录和手工编目发展为被联机联合目录和联机编目所取代；共享方式已由传统的馆际互借、互阅、复制等发展为网上联合参考咨询、网上阅读等方式；文献传递手段已由传统的邮寄、传真等方式发展为网络传递。

我国大规模的信息资源共建共享活动共进行了三次。第一次开始于 1957 年，以《全国图书协调方案》的颁布与实施为标识。这次共享活动的主要内容有建立中心图书馆、开展馆际协调与协作、编制全国图书联合目录。第二次开始于 1984 年，其标志是 1987 年由 15 个部委联合成立“全国部际图书情报工作协调委员会”并开展“全国文献资源调查”活动。第三次始于 1994 年，其标志是“中国高等教育文献保障系统（CALIS）”的建立。CALIS 把国家的投资、现代图书馆理念、先进的技术手段、高校丰富的文献资源和人力资源整合起来，建设以中国高等教育数字图书馆为核心的教育文献联合保障体系，实现信息资源共建、共知、共享，以发挥最大的社会效益和经济效益，为中国的高等教育服务。

三、信息资源共享模式

信息资源的共建、共享一直是备受学术界关注的热门课题，信息资源共享的模式根据不同标准进行划分，其结果不尽相同。例如，按区域分，有国际型、国家型、地区型三种模式；按系统资源共享内容来分，有馆际互借和文献传递、联合编目、联合采购、合作参考咨询等模式；按共享对象来分，有载体共享、知识共享两种模式；按信息资源共享程度划分，有无限共享、有限共享两种模式。不管信息资源共享模式如何，信息资源共享的最终目的都是为了共同提示、共同建设和共同利用信息资源，以最大限度地满足用户信息资源需求的全部活动，最终促进人类社会的发展。

四、信息资源共享实践

（一）OhioLINK

OhioLINK 即美国俄亥俄州图书馆与信息合作网（Ohio Library and Information Network，http：//www.ohiolink.edu/，图 8-4-1）是由俄亥俄州大专院校图书馆和州图书馆构成的资源共享联盟，起源于 1987 年，至 1994 年，成员单位全部安装完毕本地系统，在线馆际互借系统开始运作。目前其成员有 121 个，包括公立大学、社区/技术学院、私立大学的图书馆及俄亥俄州图书馆。

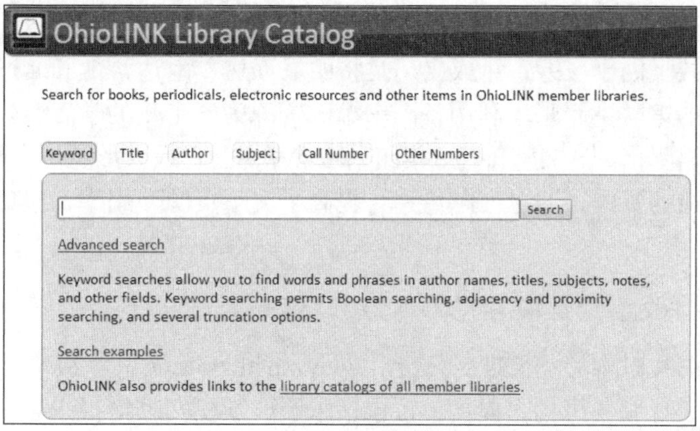

图 8-4-1　OhioLINK 检索界面

OhioLINK 通过一个综合性的地区图书馆目录和 OhioLink 中心目录及一个联机馆际互借系统，为超过 60 万在校学生、教员和职员提供服务。OhioLINK 收录了 4600 万条图书记录和其他图书馆资源目录，10 000 多种数字期刊，100 多个研究数据库，10 多万本电子书籍，58 000 篇来至俄亥俄州学生的论文和学位论文，数以千计的图片、声音、视频文件。

OhioLINK 提供多种检索途径，如 QuickSearch（快速检索）、Books（书目检索）、Articles Only（文章检索）、Videos（视频检索）、Our Pages（站内检索）等。但对于非成员馆而言，只能进行书目检索，其他检索均需要进行登录。

（二）OCLC

OCLC（Online Computer Library Center，联机计算机图书馆中心，http：//www.oclc.org/）始建于 1967 年，是一个不以盈利为目的、提供计算机图书馆服务的会员制研究组织，其宗旨是为广大的用户提供全世界各种信息的应用及减低获取信息的成本。OCLC 由最初俄亥俄州 54 所大学图书馆组成的州内图书馆协作网，发展成今天世界上最大的图书馆网络，向全球 170 个国家和地区的 72 000 多个图书馆提供信息查询、采集、出借和保存图书馆资料及为它们编目等服务。

（三）PRDLA

PRDLA（环太平洋数字图书馆联盟，http：//pr-rla.org/）的理念来自于美国加利福尼亚大学圣迭戈分校（以下简称 UCSD）图书馆的一个合作项目。该项目受“美国国家安全教育计划”的资助，1997 年 10 月，PRDLA 正式成立。

PRDLA 的主要宗旨是通过数字化途径，利用信息科技与网络，来促进各成员馆的用户对于学术研究资料的存取利用与共享。目前有来自美国、加拿大、新西兰、新加坡、韩国、中国等国家的大学图书馆成员馆 37 家。PRDLA 信息资源共享活动主要包括：在成员馆之间共享电子与纸本数据、合作发展馆藏信息资源、交换馆员等；创建多语种图书馆馆藏联合公共目录、开展合作保护馆藏项目、交换多余的复本书刊、开展数字化合作项目、通过 Internet 开展馆际互借，进行期刊论文的文献传递、提供对于本地网上数据库的远程访问、在其他地点设立数据库镜像等。

（四）Minitex

Minitex（Minitex Library Information Network，http：//www.minitex.umn.edu/）美国明尼苏达信息资源共享网于 1971 年成立，是将明尼苏达、南达科他和北达科他三州的 200 多家不同类型图书馆联系起来，利用各图书馆的资源为三个州的学者、公众、政府机构和专业图书馆提供馆际借阅、文献传递、集团采购等服务。它最大的特点是没有自己的藏书，但利用参与图书馆的资源，通过文献传递，提高了文献资源使用率，避免了重复购买，节省了资金。

（五）国家科技图书文献中心

国家科技图书文献中心（NSTL，http：//www.nstl.gov.cn/）是 2000 年 6 月组建的一个虚拟的科技文献信息服务机构，成员单位包括中国科学院文献情报中心、工程技术图书馆（中国科学技术信息研究所、机械工业信息研究院、冶金工业信息标准研究院、中国化工信息中心）、中国农业科学院图书馆、中国医学科学院图书馆。网上共建单位包括中国标准化研究院和中国计量科学研究院。其发展目标是建设成为国内权威的科技文献信息资源收藏和服务中心；现代信息技术应用的示范区；同世界各国著名科技图书馆交流的窗口。

目前 NSTL 拥有印本外文文献 25 000 多种，其中外文期刊 17 000 多种，外文会议录等 8000 多种。文摘数据库涉及内容丰富，有西文期刊、外文会议、国外科技报告、日俄文期刊、外文学位论文、国外标准、中文期刊、中文会议、中文学位论文、中国国家标准、计量检定规程、专利，其原文可通过 NSTL 平台的原文传递方式获取。NSTL 还提供引文检索、期刊浏览、代查代借、参考咨询等服务，帮助读者找到需要的文献。

（六）中国高等教育文献保障系统

中国高等教育文献保障系统（China Academic Library & Information System，简称 CALIS，http：//www.calis.edu.cn/，图 8-4-2）是经国务院批准的我国高等教育“211 工程”“九五”“十五”总体规划中三个公共服务体系之一。CALIS 的宗旨是在教育部的领导下，把国家的投资、现代图书馆理念、先进的技术手段、高校丰富的文献资源和人力资源整合起来，建设以中国高等教育数字图书馆为核心的教育文献联合保障体系，实现信息资源共建、共知、共享，以发挥最大的社会效益和经济效益，为中国的高等教育服务。

CALIS 管理中心引进和共建了一系列国内外文献数据库，包括大量的二次文献库和全文数据库；主持开发了联机合作编目系统、文献传递与馆际互借系统、统一检索平台等，形成了较为完整的 CALIS 文献信息服务网络。参加 CALIS 项目建设和获取 CALIS 服务的成员馆已超过 500 家。

图 8-4-2　CALIS 主页

（七）中国科技资源共享网

中国科技资源共享网（http：//www.escience.gov.cn/）是科技部、财政部推动建设的国家科技基础条件平台门户网站，其宗旨是充分运用现代技术，推动科技资源共享，促进全社会科技资源优化配置和高效利用，提高我国科技创新能力。共享网由国家科技基础条件平台中心管理，建设、运行、维护单位为国家科技基础条件平台信息技术中心，该中心是科技部和北航共建的公益性技术支撑单位。共享网于 2009 年 9 月 25 日正式开通。

该网站重点对六大领域进行了平台建设，汇集了海量科技资源信息。其六大领域分别是研究实验基地与大型科学仪器设备平台、自然科技资源平台、科学数据平台、科技图书文献平台、成果转化平台、网络科技平台。

（八）国家人口与健康科学数据共享平台

国家人口与健康科学数据共享平台（http：//www.ncmi.cn/，以下简称"平台"）是由卫生部主管，依托中国医学科学院，建立的多部门联合、分层管理、协同工作的运行服务组织管理体系。平台以健康和疾病为主题，进行基础医学研究数据的收集、加工和汇交；挖掘和整合与人类健康－亚健康－疾病动态发展过程相关的基础数据和发病机制研究等数据。

平台设立人口与生殖健康、基础医学、临床医学、公共卫生、中医药学和药学六个科学数据中心。平台包含的数据库数量多、范围广，如中国人生理常数数据库、中国数字化可视人体数据库、人类肿瘤相关抗原数据库、高血压病数据库、儿科疑难病数据库、全国人体重要寄生虫病现状调查数据库、中医临床诊疗术语证候部分、中医防治呼吸系统疾病数据库、中药化学成分数据库、针灸方法数据库、药品商品名通用名数据库、中国天然产物化学成分库、药品不良反应数据库、生殖医学杂志专业技术文摘等。

五、开放存取资源

开放存取（open access，OA）源于 20 世纪 90 年代末，在国际学术界、出版界、信息传播界和图书情报界大规模地兴起。其最初的目的是解决“学术期刊出版危机”，推动科研成果利用 Internet 自由传播，促进学术信息的交流与出版，提升科学研究的公共利用程度，保障科学信息的长期保存。它依托网络技术，采用“发表付费，阅读免费”的形式，通过自归文档和开放存取期刊两种途径，实现开放期刊、开放图书、开放课件和学习对象仓储等内容的知识共享。2001 年 12 月，开放协会研究所在匈牙利的布达佩斯召集了一次有关开放访问的国际研讨会，并起草和发表了“布达佩斯开放存取倡议”（BOAI）。BOAI 对开放存取的定义：开放存取文献是指 Internet 上公开出版的，允许任何用户对其全文进行阅读、下载、复制、传播、打印、检索或链接，允许爬行器对其编制索引，将其用作软件数据或用于其他任何合法目的，除网络自身的访问限制外不存在任何经济、法律或技术方面的障碍的全文文献。开放访问包括两层含义：一是指学术信息免费向公众开放，它打破了价格障碍；二是指学术信息的可获得性，它打破了使用权限障碍。开放存取出版的基本特征：一是作者和版权人允许用户免费获取、拷贝或传播其数字化信息，其前提是尊重其版权。二是完整的论著存储在至少一个稳定、可靠的网络服务器中，以确保免费阅读，不受约束地传播和长期的数据库式储存。

（一）中国科技论文在线

中国科技论文在线（http：//www.paper.edu.cn，图 8-4-3）是经教育部批准，由教育部科技发展中心主办，针对科研人员普遍反映的学术交流渠道窄，不利于科研成果快速、高效地转化为现实生产力而创建的科技论文网站。中国科技论文在线利用现代信息技术手段，打破传统出版物的概念，免去传统的评审、修改、编辑、印刷等程序，给科研人员提供一个方便、快捷的交流平台，提供及时发表成果和新观点的有效渠道，从而使新成果得到及时推广，科研创新思想得到及时交流。中国科技论文在线依中国科学院和中国工程院院士组成的顾问委员会为网站提供学术指导，在快速发表科研人员最新研究成果的同时，致力于建立一个自然科学各学科的大容量精品论文库。中国科技论文在线是一个完全公益性的科技论文网站。

（二）汉斯出版社

汉斯出版社（Hans Publishers，http：//www.hanspub.org，图 8-4-4）聚焦于国际开放存取期刊的出版发行，所有期刊均为开放存取期刊，出刊的所有文章可以在全球范围内免费下载。覆盖以下领域：数学、物理、生命科学、化学材料、地球环境、医药卫生、工程技术、信息通讯、人文社科、经济管理等。目前，汉斯出版社的部分期刊已被世界著名 DOAJ 期刊数据库和中国万方、维普等数据库收录。

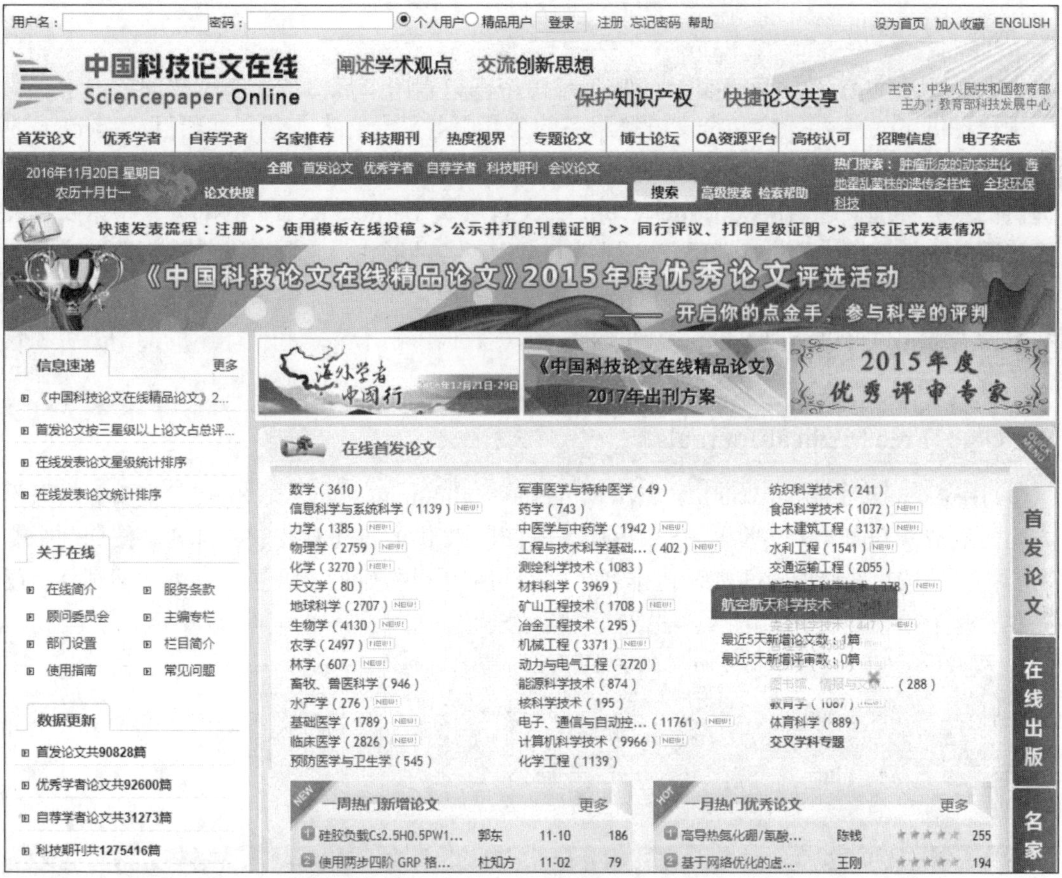

图 8-4-3 中国科技论文主页

图 8-4-4 汉斯出版社主页

（三）Socolar

Socolar（http：//www.socolar.com/）是由中国教育图书进出口公司创建的，一个主要为用户提供 OA 资源检索和全文链接服务的公共服务平台，为非营利性项目。Socolar 收录 OA 期刊 11 739 种，包含文章 1350 余万篇，OA 仓储 1048 个，包含文章 1039 余万篇。提供的服务：提供题名层次（title-level）和文章层次（article-level）的浏览、检索及全文链接服务；根据用户的个性化需求，提供 OA 资源各种形式的定制服务和特别服务；建立权威的 OA 知识宣传平台和活跃的 OA 知识交流阵地，通过该平台，了解 OA 的基本知识和发展动态，也可以与他人进行互动交流；为学者提供学术文章和预印本的 OA 出版和仓储服务。

（四）Free Medical Journals

Free Medical Journals（http：//www.freemedicaljournals.com，图 8-4-5）主要提供医学方面的免费期刊向导，共收录 4832 种医学期刊，提供的导向有按学科排列、按期刊影响因子排列、按免费获取时间的延迟排列、按期刊字顺进行排列。除了提供英文期刊外，还提供一些小语种期刊，如德语、法语、葡萄牙语等。

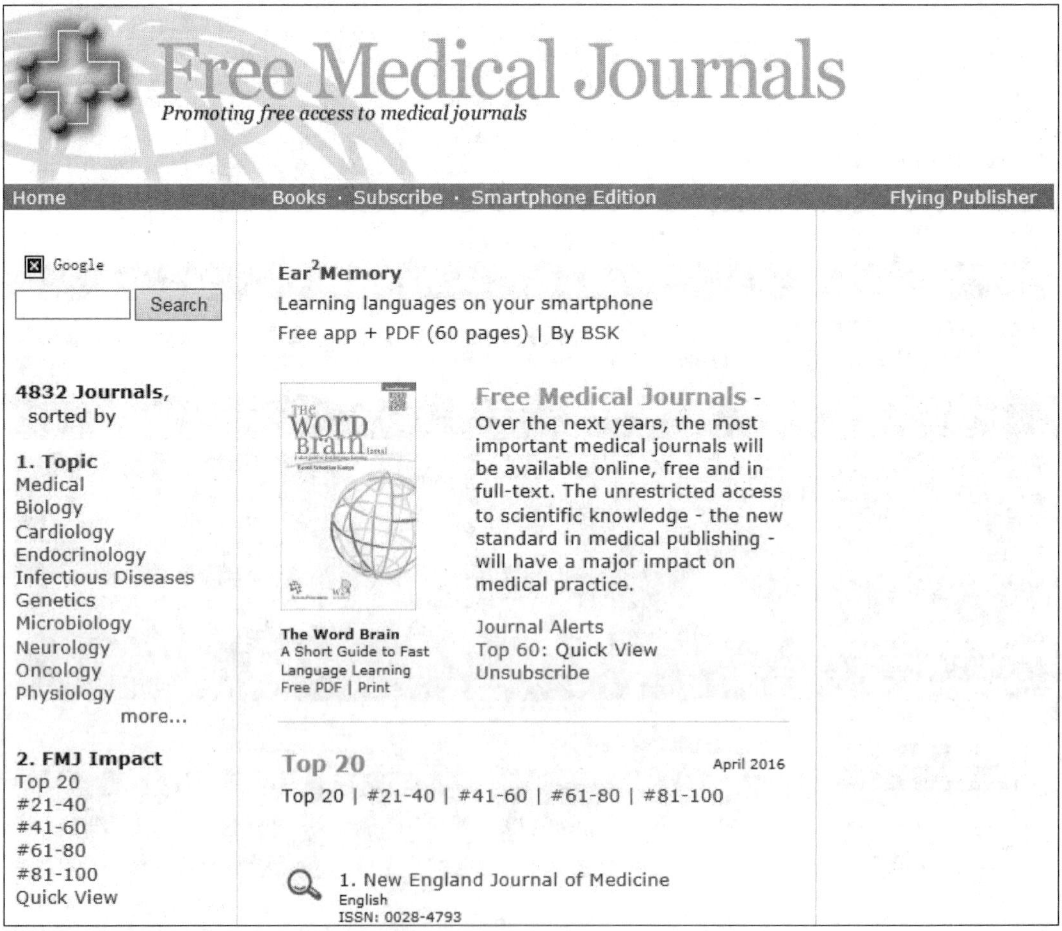

图 8-4-5　Free Medical Journals 主页

（五）PubMed Central

PubMed Central（PMC，http：//www.ncbi.nlm.nih.gov/pmc）是由美国国立医学图书馆（NLM）的国家生物技术信息中心（NCBI）于2000年建立的生命科学期刊文献数据库，保存生命科学期刊主要研究论文的全文，免费供公众使用。目前这些期刊免费全文访问的时间延迟是出版后0～2个月，并且由PMC直接提供全文。其中注册用户还可通过E-mail自动获取PMC新刊通报。PMC的所有论文在PubMed中都有相应的记录。在利用PubMed检索时，检索结果中可以在网上免费获得全文的文献记录都会有相应的链接，其中包括在PMC免费获取全文。PMC目前已收录了6295种期刊，其中完整收录的期刊1955种（Full Participation，即期刊所有论文均被收录，但是在时间上有些可能有延迟），收录NIH资助论文的期刊322种（NIH Portfolio，即至少收录了发表在这些期刊上的由NIH资助出版的论文），提供选择性论文的期刊4018种（Selective Deposit，即选择性地提供少量论文的期刊）。

（六）PLoS

PLoS（the Public Library of Science，http：//www.plos.org/，图8-4-6）是美国科学公共图书馆的简称，该机构创立于2000年10月，是一家由众多诺贝尔奖得主和慈善机构支持的非营利性学术组织，是为科技人员和医学人员服务并致力于使全球范围科技和医学领域文献成为可以免费获取的公共资源。最初PLoS并没有将自己定位于出版者，而是鼓励和号召科技和医学领域的期刊出版机构通过在线公共知识仓库（如PubMed Central）为研究人员提供文献全文的免费获取。当时得到了来自180个国家30 000多名科研人员的支持。2002年PLoS招募工作人员成立了期刊编辑部，出版了8种生命科学与医学领域的期刊，可以免费获取全文，如PLoS Biology、PLoS Medicine、PLoS Computational Biology、PLoS Genetics、PLoS Pathogens、PLoS ONE、PLoS Neglected Tropical Diseases，目前这8种期刊已成为国际上顶级水平的科学期刊。在这个开放资源的模式下，PLoS期刊直接在网上

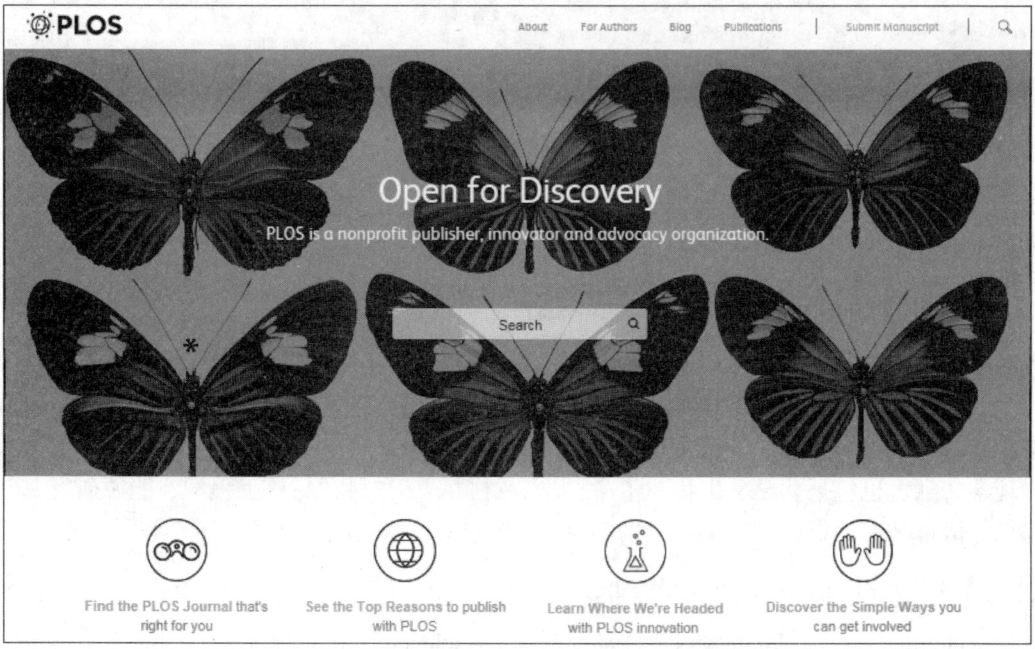

图8-4-6 PLoS主页

可以看到，免费使用，之后再发布或使用也没有任何限制，只要按创作共享注明出处授权条款的要求注明作者和来源即可。

（七）BioMed Central

BioMed Central（http：//www.biomedcentral.com/）是一家独立的出版机构，致力于提供经过同行评审的生化研究的开放存取。所有 BioMed Central 出版期刊上的文献均可以直接、永久、免费地在线获取，且不会受到任何阻碍。BioMed Central 集中出版和收录了两百余种生物医学领域的期刊，其出版期刊又称 BMC 期刊，具有免费检索和全文获取的功能。BioMed Central 的许多杂志都有引用跟踪功能，并且已经有了一定的影响因子。BioMed Central 出版的期刊均拥有 BMC 的网络版，它们的范围涵盖了生物学和医学的所有主要领域，包括麻醉学、生物化学、生物信息学、生物技术、分子生物学、植物生理学、遗传学、进化生物学、药理学、生理学、儿科学、外科学、泌尿学、妇科学等多个分支学科。

（八）arXiv 预印本

arXiv 预印本（http：//arxiv.org/，图 8-4-7）是最早的电子预印本库，主要涉及物理学、数学、非线性科学、计算机科学、定量生物学、计量经济学和统计学等学科预印本文献。可全文下载这些资源。arXiv 最早出现在美国的洛斯·阿拉莫斯国家实验室（LANL），后来在意大利国际高等研究中心（SISSA）建起了凝聚态物理、天体物理等领域的预印本库，所用软件来自洛斯 · 阿拉莫斯。现在 SISSA 变成了洛斯 · 阿拉莫斯的一个镜像服务器，而洛斯 · 阿拉莫斯的预印本库则成了物理及相关学科预印本库中最大的一个，覆盖的领域包括：物理学、数学、非线性科学、计算机科学四个学科共计 17 万篇预印本文献。

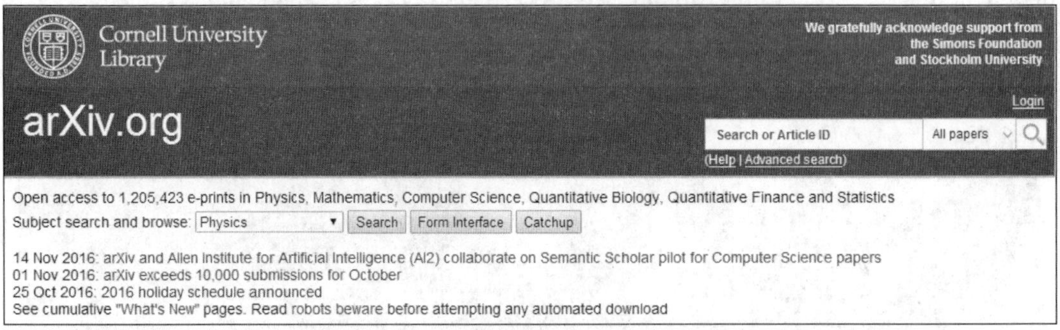

图 8-4-7　arXiv 主页

（九）E-print Network 电子印本网络

E-print Network（http：//www.osti.gov/eprints，图 8-4-8）是一大型综合的电子系统，收录各领域科学家及研究工程师发表的科技信息，目前已拥有的电子印本文献采自全世界 35 300 余个网站和数据库，包含超过 550 万篇基础与应用科学方面的电子文章，主要收有物理学文献，也包括化学、生物与生命科学、材料科学、核科学与核工程学、能源研究、计算机与信息技术，以及其他 DOE 感兴趣的学科。可免费获取全文。

（十）Bentham Science Publishers

Bentham Science Publishers（http：//benthamscience.com/，中文站点 http：//chinese.benthamscience.com/，图 8-4-9）是全球范围内主要的科技和医学出版商之一，出版 106 种期

刊和 200 多种开放式阅读期刊及相关纸本和在线图书，为从事药物学、生物医学及医学研究的人员提供最新的信息。这些期刊分为发表科研文章的期刊、发表独家评论文章的期刊和发表读者来信或短篇通信文章的期刊三大类别，涉及包括工程、数学、化学、医药、生物医药科学、制药学、地球科学及环境科学等的所有主要学科，并且只以电子版的形式出版。

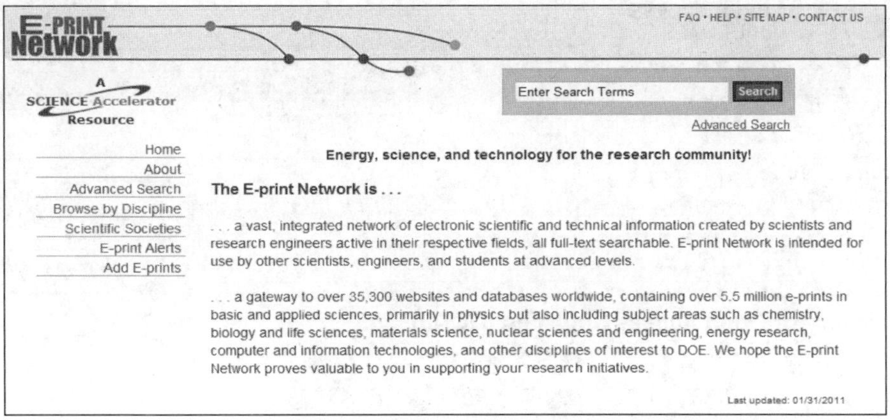

图 8-4-8 E-print Network 主页

图 8-4-9 Bentham Science Publishers 主页

（十一）DOAJ

DOAJ（Directory of Open Access Journals，http：//www.doaj.org，图 8-4-10）由瑞典的隆德大学图书馆 Lund University Libraries 创建和维护，主要用于 OA 期刊文献检索系统，但不包括预印本资源。该系统收录期刊的文章都是经过同行评议或严格评审的，或者有编辑做质量控制，因而其质量高。同时包括很多 SCI 收录的期刊，故而对学术研究有很高的参考价值。并且该系统收录的期刊能够进行免费下载。涉及各个主题的内容，如农业和食品科学、生物和生命科学、化学、地理和环境科学、健康科学等。该系统提供按刊名浏览、按学科浏览、直接进行刊名查询三种期刊查询方式。

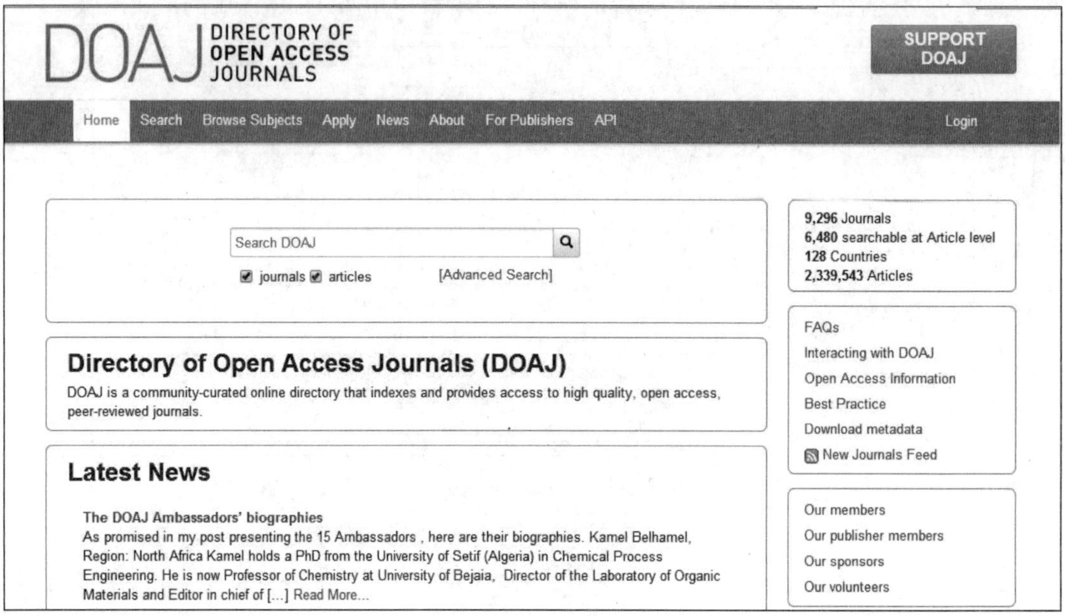

图 8-4-10　DOAJ 主页

（十二）HighWire Press

HighWire Press（http：//home.highwire.org/，图 8-4-11）是全球最大的提供免费全文的

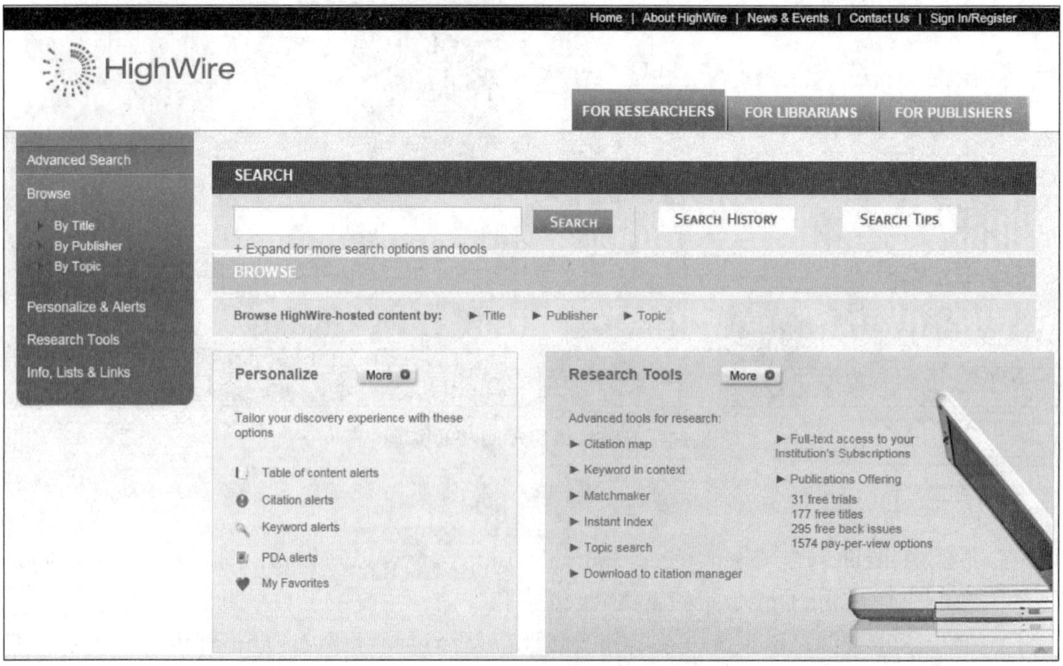

图 8-4-11　HighWire Press 检索界面

学术文献出版商，于 1995 年由美国斯坦福大学图书馆创立。最初仅出版著名的周刊 *Journal of Biological Chemistry*，目前已收录 3000 多种出版物，包括期刊、参考、书籍等。HighWire Press 收录的期刊覆盖生命科学、医学、物理学、社会科学。

（游强华）

思考练习题

1. 利用搜索引擎在互联网上检索有关“医学文献检索”的书籍。
2. 利用搜索引擎检索四川省有哪些医学院校，不同医学院校的特色专业是哪些？
3. 注册一些医学搜索引擎并登录，对比一下登录后提供的功能有哪些不一样？
4. 除了本章介绍的医学搜索引擎，请查找一些其他的医学搜索引擎。
5. 对比综合性搜索引擎和医学专业搜索引擎，检索有关“类风湿关节炎治疗”方面的文献，分析综合性搜索引擎检索结果与医学专业搜索引擎检索结果的不同。
6. 对于本章介绍的医学工具，看看哪些还提供了手机 APP，请下载其中的一部分，并试着运行一下。
7. 请查找与你专业相关的一些网站。
8. 对于本章介绍的开放存取资源，尝试一下，是否需要注册才能下载资源？
9. 除了本章介绍的开放存取资源，请查找一些其他的开放存取资源，并下载自己需要的资源。

第九章　文献信息管理与利用

为了开展科学研究与解决临床实践等问题，生物医学专业人员往往需要通过各种途径、方式获取大量且有效的文献信息，并对文献信息进行科学整理与分析，从而进行有序的管理与利用。

第一节　文献信息的搜集与整理

一、文献信息搜集

文献信息搜集是指机构或个人根据需求从各种信息源获取相关文献信息的全过程。通常情况下，文献信息搜集既要有一定的广度又要有一定的深度，随着文献信息的迅猛增长及信息源的多样化，为了更有效地搜集所需文献信息必须遵循一定的原则。

（一）搜集原则

1. 计划性与科学性相结合　文献信息搜集是一项细致、艰苦、规模庞大的工作，必须事先制订一个比较详尽、周密、合理的计划，并结合科学的方法，才能有的放矢且顺利有效地完成文献信息搜集工作。

首先，在充分了解各种信息源的信息分布和变化规律的基础上，根据需要恰当地选择信息源；其次，应根据不同信息源的特点采取相应的搜集方式、获取方法；再次，必须合理分配时间，有步骤、有策略地按计划完成文献信息搜集。

2. 系统性与针对性相结合　针对科学研究而言，一般宏观性和战略性的课题对文献信息搜集的系统性要求比较高。因此，搜集的文献信息应能够反映特定研究领域的国内外发展基本状况，不仅要考虑该研究所涉专业在整个科技领域的相互渗透，又要考虑其现实性和历史连贯性。

但随着现代科学技术的迅猛发展，使得文献数量急剧增加，内容交叉重复。因此，在搜集专业文献时不可能以全部文献信息成果为对象，也不是多多益善，而是要根据需要有选择、有针对性、突出重点地搜集，要注意文献内容的科学性和学术性。

3. 全面性与准确性相结合　在系统与针对性收集文献信息的基础上，收集文献信息还需全面而准确。所谓全面性，是指搜集的文献信息不仅要有强相关性，还要有弱相关性；不仅要搜集正相关的文献信息，同时也要搜集一些负相关的文献信息。所谓准确性，则指搜集的文献信息应该针对研究的需要，进行适当的鉴别，力求准确、可靠、无误。

总之，全面占有文献信息资源是科学研究必要的先决条件，而获取准确有效的文献信息资源，才能提高科学研究效率。所以，针对科学研究开展文献信息搜集必须二者兼顾，相辅相成。

4. 新颖性与积累性相结合　文献信息资源具有较强的时效性，信息只有及时、迅速地提供给它的使用者才能有效地发挥作用。一般情况下，为了把握某研究领域的最新发展动态，需要搜集时间相对较近的、最新的文献信息资源。但针对某一专题研究，文献信息资源的积累可以避免文献信息的反复搜集，使研究者更系统地了解与掌握该专题研究状态。尤其是在平时阅读、交谈、访问过程中都应及时地采集相关信息。许多研究学者都认为必要的信息积累能提高研究者发掘新信息的能力，从而极大地提高研究效率。

因此，文献信息搜集是一件复杂、细致、持久的工作，文献信息搜集人员除了具有良好的文献信息搜集能力外，还要有耐心、敏锐的目光、动态的观察与分析能力。只有在动态中，根据实际需求，灵活把握文献信息资源搜集原则，才能让信息为决策者、研究者提供有效的使用价值。

（二）搜集方式

1. 系统文献检索 针对某一特定研究，可以利用各种资源和工具来集中检索获取有关的、全面的、系统的文献信息。这是获取文献信息的一种非常重要且常用的方式。一般有手工检索和计算机检索。

手工检索，即利用检索期刊、工具等获取所需文献信息，如中国生物学文摘、百科全书等。

计算机检索，即利用计算机技术、通信技术、光盘技术和网络技术等信息技术建立的存储和检索系统获取文献信息，如中国知网（CNKI）、万方等各种全文数据库系统，网络搜索引擎等。

2. 文献信息定制 这是一种个性化的文献信息搜集方式，利用这种方式可以长期跟踪自己感兴趣的专题或研究，也可以及时获取相关研究的最新信息。

文献信息定制，主要是通过计算机检索系统中提供的服务定制功能实现，如 PubMed 中的“My NCBI”，生物医学文献系统中的“我的空间”，网络服务中的“RSS”等。研究者可以利用这些功能，自主设定所跟踪学科领域中的专题，自动获取最新相关专题信息。

3. 平时积累 “不积跬步，无以至千里”，平时必要的文献信息积累也是研究者发掘信息、提高研究效率的源泉。因此应充分利用平时生活与工作中的各种机会、平台搜集信息，如阅读专业书刊和报纸、看电视、听广播、上网等，不断积累、更新知识。做一个“有心人”，尽量避免“书到用时方恨少”的情况。

4. 同行交流 “山外有山、天外有天”，为了拓宽视野，及时获取一些有价值的、一些书刊上无法获取的最新信息，我们必须学会通过与同事交流，了解学习同行的经验；通过参加各种学术会议、讨论开阔眼界；上专业论坛，浏览专家博客或微博，与专家、同行进行思维碰撞，激发灵感。

二、文献信息整理

经过各种渠道搜集获得的原始文献信息通常是繁杂无序的，需要整理。文献信息的整理就是指用户根据需求，按一定的原理和方法将文献信息组成一定的信息集合，使其在内容和形式上系统化、有序化的过程。一般来说，文献信息整理按其对信息加工程度可分为鉴别筛选，提炼整理。

（一）文献信息鉴别

文献信息的鉴别是指对从各类信息源搜集而来的信息进行评价判断，筛选出研究所需的文献信息。严格讲，文献信息鉴别不仅仅贯穿于信息整理过程，从文献信息搜集到文献信息分析的每个环节都需要，只是侧重点和难易程度不同而已。在此，仅对文献信息整理过程中的文献信息鉴别进行探讨。

1. 相关性鉴别 所谓相关性，是指文献信息内容与信息需要之间的关联程度。文献信息相关性的鉴别是其他信息性质鉴别的基础。

相关性鉴别始于文献信息的搜集，并贯穿文献信息检索与利用全过程。由于任何人都无法准确测量出文献信息与研究需要的关联程度，所以文献信息相关性鉴别是比较含糊的，只能根据用户主观判断评价筛选。因此，相关性的判断与用户自身的信息需求定位、专业知识结构及信息技能的娴熟程度等密切相关。

2. 可靠性鉴别 是对相关文献信息进行真实性与准确性的判定，是信息鉴别最重要的一环。一般可以从两个方面考量：一是真实性与科学性，就信息内容而言，立论是否科学，观点与概念是否正确，论据是否充足，所提供的数据是否真实可靠，推理是否符合逻辑等；二是完整性与典型性，就信息内容报道而言，对事物的认识是否全面具体，阐述是否完整，事例是否具有代表性或典型意义等。

文献信息的可靠性鉴别尽管内容较多，但也是有规律可循的。其判断和评价的方面主要有作者的知名度、出版机构的学术性、文献类型的档次、信息来源的渠道、引文的权威性、发表时间的先后、实践的效果、公众的评价和反映等。

3. 新颖性鉴别 是对相关文献信息内容的新颖程度与先进程度进行判定。凡提供新理论、新技术、新设备、新应用等的文献信息都具有一定的新颖性，凡能反映国际领先、国内领先、地区领先水平的文献信息也具有一定的先进性。一般而言，文献信息的新颖性可以从文献发表时间、文献反映的技术水平及信息发生源的背景和优势等方面来评价。

4. 适用性鉴别 是对相关文献信息与用户具体需求之间适合程度的判定，是决定其价值的一个重要因素。信息的适用性判定和评价是以信息的可靠性和新颖性为基础，并同时将信息供需双方的情况加以比较分析，最终确定其适用程度和利用价值。

用户需求的多样性决定了信息的多重适用性。判断信息的适用程度关键是对信息的透彻理解和信息使用者条件和要求的全面把握。在判断信息适用性时，不仅要考虑当前的需要，还要兼顾未来发展的需要。

（二）文献信息整理

经过筛选的各种文献信息，并非都能被利用，还需对文献信息进一步提炼整理，使之有序化。目前，文献信息整理的方式有手工整理和计算机整理，无论是哪种方式，都可先对文献信息内容进行分析和浓缩提炼，然后按一定的方式编排整理。

1. 内容提炼

（1）汇编法：将原始文献信息中的各种有用的观点、事实与数据汇总在一起，然后按一定的方法编排加工，以方便利用。

（2）摘要法：即对原始文献信息的内容进行浓缩加工，抽取其中的主要观点、事实和数据而形成的二次文献。摘要的产生可以是随原始信息一起，由原始信息的作者完成，也可以是信息机构加工的产品，还可以是个人在阅读原始文献信息时，为便于记忆与利用而将信息加工成摘要形式。无论是何种形式的摘要，都是原始信息的浓缩，对原始信息的主要内容具有替代作用。

（3）综述法：是对同一专题大量原始文献信息进行分析、归纳和综合而形成的具有研究性的信息产品。综述可以是叙述性的，也可以是评论性的。叙述性的综述客观全面地叙述某一专题的观点、事实、数据等，不加综述作者的个人观点，对综述本身也不加评论。评论性综述是在叙述性综述的基础上加上综述作者的观点和评论，这些观点和评论都是作者研究性、创造性工作的成果。从个人信息整理的角度看，综述一般是叙述性的，它方便了综述作者对信息的进一步利用。

2. 编排整理 首先，将提炼后的文献信息按题名、编著者、来源出处、学科属性、内容主题、出版时间等要素进行著录；其次，按用户的需求对各条文献信息根据著录的要素进行归类，编排整理。

（1）分类整理：将提炼后的文献信息按学科属性分门别类地组织起来，通常按分类号进行编排。分类整理可以使文献信息系统化。

（2）主题整理：按反映文献信息主题内容的主题词或关键词编排文献，其优点是可以将分散在不同学科相同主题内的文献集中在一起。

（3）时间整理：按照事物发生的先后顺序，或出版时间排列文献信息。时间整理法可以很好地表征事物变化的脉络。

（4）地区整理：按照事物发生的地理区划排列文献信息，可以按照地理区划的方向顺序或地区名称字顺进行排列。地区整理法可以很好地反映事物发生的起源。

（5）名称整理：按照名称的字序或音序排列文献信息，名称包括文献的题名、作者名、机构名、产品名等一系列表征事物外表特征的因子。

（6）号码整理：按照特殊号码的字顺或大小顺序排列文献信息。号码包括专利号、标准号码、产品代码、ISBN 号、ISSN 号等一系列表征事物外表特征的因子。

（肖凤玲）

第二节 文献信息的分析

文献信息的分析是一种对文献信息进行定向选择和科学抽象研究的活动，是根据特定的需要，对文献信息进行深层次的思维加工和分析研究的过程，其目的是从繁杂的相关文献信息中提取共性的、方向性的或者特征性的内容，为进一步的研究或决策提供依据和佐证。

一、文献信息分析概述

（一）文献信息分析步骤

文献信息分析一般包括以下 6 个步骤。

（1）选择课题。

（2）搜集与课题相关的文献信息。

（3）鉴别筛选所需文献信息。

（4）对筛选后的文献信息提炼整理。

（5）利用各种分析方法对文献信息进行全面的分析与综合。

（6）成果表达，即根据课题的要求和研究深度撰写成综述、述评、报告等。

（二）文献信息分析特性

信息分析工作的目的、内容、用途和要求等，决定了文献信息分析的一系列特性。

1. 针对性 文献信息分析总是针对一定事物开展的，信息分析不是盲无目的的，必须针对特定的、需要解决的问题进行。

2. 创造性 文献信息分析是在全面搜集相关信息的基础上，对其进行创造性研究，得出对有关事物与问题的正确性认识，通过发现事物运动的规律，揭示问题的实质。

3. 科学性 文献信息分析是一项建立在科学理念与科学方法基础上的科学研究工作，具有科学研究活动的一般特性。只有在信息分析工作中运用科学的方法与手段，才能保证分析研究成果的正确性与客观性。

4. 综合性 从事文献信息分析工作要从研究事物的环境和内部组成开始，弄清与研究有关的各种因素及这些因素的作用等情况，从总体上进行综合性研究。

二、文献信息分析方法

目前，文献信息分析方法逐渐从传统的定性和定量分析，向以数据挖掘为核心的基于文献的知识发现纵深发展。

（一）定性与定量分析

文献信息的定性分析是指运用分析与综合、相关与比较、归纳演绎等逻辑学手段进行文献信息研究，得出研究对象本质特征的方法。常用的方法有比较分析法、关联分析法、综合分析法、典型分析法、专家调查法。

文献信息的定量分析是指运用数学方法对研究对象的本质特征进行量化描述与分析的方法。它强调对数据的分析，指在数学、统计学、运筹学等理论的基础上，通过计算、统计，获得大量的数字、图表、曲线、模型等。常用的方法有趋势外推法、回归分析法、时间序列法、概率统计法、文献计量法。

定性分析与定量分析是文献信息研究的两个方面，具体方法的运用要根据具体内容而定，有时还需把两者有机结合起来运用。以下介绍几种常用的医学文献信息分析方法。

1. 比较分析法

（1）对比法：是指同类事物之间的对比分析。核心是依据某种标准、要求、目的异同点，来判断事物的利弊、优劣。具体可分为纵向和横向两种方法。纵向对比是通过对同一事物在不同时期的状况，如数量、质量、性能、参数、速度、效益等特征进行对比，认识事物的过去和现在，从而分析其发展趋势。属于同类事物在时间上的对比，又称为动态对比。横向对比是对不同区域，如国家、地区或部门的同类事物进行对比，属于同类事物在空间上的对比，又称静态对比。横向对比可以得出区域间、部门间或同类事物间的异同。

（2）类比法：是指两个不同种类事物之间的对比分析。核心是利用事物几个方面的相同、相似之处，推理出其他方面的相同、相似之处。类比法借助于原有的知识信息，拓展出新的知识信息领域，把两个不同种类的事物联系起来，异中求同，同中见异。应用范围主要限于选题、技术方案的论证等。

2. 关联分析法

（1）相关分析法：是利用事物之间的内在联系，从一种或几种已知事物来判断未知事物的方法。相关关系按事物之间的联系方式还可以分为因果关系、伴随关系等。相关分析法特别适用于军事、专利等保密技术的研究。相关分析可用于定性研究，也可用于定量研究，前者所用的是逻辑相关推理，后者所用的为数量相关分析。

（2）因果联系法：就是人们从事物的发展规律中所揭示出的固有因果关系出发，由原因推导结果的一种方法，有时也采取从结果探求原因的研究方法。探求因果联系的方法还可分为求同法、求异法、共变法和剩余法。

3. 文献研究法

（1）文献计量法：是通过对专题文献数量增长情况、文献数量增长与时间的关系、文献间的引用规律，来确定专题文献的研究热点和发展方向等问题。主要通过应用“布拉德福定律、洛特卡定律、齐夫定律、普莱斯指数”进行文献计量分析。

（2）引文分析法：主要通过统计文献之间引用与被引用的关系来评价论文质量、机构或作者的科研成果水平，以分析某学科的发展趋势等。美国出版的《科学引文索引》（*Science Citation*）是引文分析法常用的权威工具。

（3）词频分析法：是指通过统计文献中词的出现频率及权值的大小来预测新学科、新技术的发展趋势，以及确定核心期刊、核心作者的一种方法。一般词频分析法借助计算机来辅助抽词统计，因为手工方法难以完成庞大的词频统计工作，同时也不能保证准确。利用数据库进行词频分析、研究医学某学科的发展动态，比较方便且有很重要的意义。

4. Meta 分析法　是一种结合文献计量法综合分析已有研究成果（如有关治疗、诊断、药效等），或用于设计新的课题研究方案的文献分析方法。它针对某种疾病状态进行相同或相似的有关治疗手段研究的临床随机试验结果汇总后，进行分析研究以提供医师进行治疗的依据。

Mata 分析主要有 2 个要素：一是系统全面地收集所有有关的随机对照试验（包括发表的和未发表的）；二是应用恰当的统计学方法对所收集的试验进行处理分析，做出综合性评价。该分析法的基本方法包括以下几个方面。

（1）收集文献资料：包括选用所有资料覆盖的时间区间。资料来源可包括专家或研究组织在本领域的研究工作、计算机数据库、出版的索引、被公认的有关论文的参考文献等。

（2）资料选择：根据制订文献入选的标准和数量或比例来筛选文献，可根据各项特定指标，如样本大小、治疗结果、所用药物、实验类型等筛选文献。

（3）资料提取：制订提取资料和评价资料质量的原则等，或组织专家对入选文献进行评分。

（4）应用统计学方法分析数据。

（5）得出结论并加以评论。

5. 专家调查法

（1）德尔斐法（Delphi）：又称专家咨询法，其核心是对所研究和预测的问题向相关领域的专家提出咨询，然后将咨询意见进行综合、整理、归纳，并将结果反馈给相关专家，再次征求意见，再综合、再反馈。经过多次反复循环（经典的德尔斐法一般经过四个反馈过程），最后得到一个比较一致且可靠性高的意见。

（2）头脑风暴法：又称智慧激励法，是由美国人 A.F.奥斯本于 1939 年发明的。其核心是通过小规模聚会，激发与会者的灵感和奇想，以期得到最优意见的一种特殊研究方法。它能在短时间内调动集体创造性思维，解决某一特定问题。该方法一般以小组的方式进行，以 5～10 人为宜，由一人主持。头脑风暴法的特点是强调即兴思考，重视捕捉瞬间灵感，并能相互启发、补充，从而产生创造性设想的连锁反应，诱发出更多新颖、独特的见解。但由于发表的看法存在着想象、猜测的成分，逻辑不严密，意见不全面，需加整理、分析、论证后方可实施。

（二）基于文献的知识发现

基于文献的知识发现（literature based discovery，LBD）是一个借助技术手段将表面上没有任何联系的文献中的具有隐含逻辑关系的知识片段组织起来的信息处理过程，它不仅具备检索文献的功能，还提供知识挖掘和信息分析功能，通过数据挖掘和信息分析，使我们可以从海量的文献信息中甄别定位有价值的信息，发现重要的知识。而这种知识通过其他的途径很有可能被忽略。正是从这个意义上说，基于文献的知识发现作为一种研究方法也成为科学研究的重要途径之一，它的正确运用通常给科研人员带来意想不到的结果，使科学工作产生重大突破。

目前基于文献的知识发现大多以文献计量学方法为基础，对文献的基本信息如作者、主题、机构、引文等进行统计，通过数据挖掘、信息可视化等技术手段获得有价值的信息。下面对常用的部分有代表性的文献分析工具做简单介绍。

1. Citespace 可视化分析软件 这是由美国德雷赛尔大学陈超美博士与大连理工大学 WISE 实验室于 1999 年联合开发。主要用于科学文献中识别并显示科学发展新趋势和新动态，可支持 Web of Science、PubMed、CSSCI 等多种中外数据源。Citespace 通过可视化的方式展现科学研究领域的“研究前沿”和“知识基础”，其创始人陈超美博士认为：新近发表的高被引用的文献即可构成并揭示学科前沿和热点，而所有引用研究前沿术语的科学文献形成的引文网络则构成了知识基础。利用 Citespace 工具可以生成多种视图的图谱，能够从中了解一个学科或知识领域在一定时期发展的趋势与动向，追溯研究领域的演进历程。另外，Citespace 实现了一系列先进算法，可以辨认新兴研究前沿专业术语，也能识别出研究发展过程中的关键点，对于研究人员具有极大的参考价值。目前，使用该软件免费。

2. Bibexcel 文献计量软件 该软件是瑞典科学家 Persson 开发的一款文献计量研究软件。用于帮助用户分析文献数据或者文本类型格式的数据，可以对文献数据的作者、关键词、引文等信息进行引文分析、共现分析等多种文献计量的分析研究。Bibexcel 的分析结果还可以很方便地导入 Excel、SPSS 等数据挖掘工具做进一步分析，或通过 Pajek、VOSViewer 等工具实现可视化，是一款比较方便的研究工具。目前，使用该软件免费。其访问网址是 www.umu.se/inforsk。

3. LiterMine 多维文献分析工具 该工具由北京邮电大学智能通信软件与多媒体北京市重点实验室开发，以可视化的方式展示文献数据中抽取获得的作者、机构、文献来源等多种关系网络，为科研评价和决策提供更多的依据。该工具支持多种国内外主流检索工具平台的数据，如 Web of Science、EI、万方数据资源等。提供数据导入、清理、分析、展示等完整的数据分析流程所需的功能模块。

该软件的优点：通过使用网络解析方法，在清理数据时无需用户导入参数；提供了包括作者在内的多种实体的信息检索和挖掘，通过社团发现和社团演化，可以进一步分析作者所在的学术团队；以 OLAP 的方式更完整、直观地分析多类实体间的关系：分层展示引文网络，在处理涉及大学科的数据时，避免由于图中节点过多而导致用户难以辨别关键信息，此外 LiterMiner 采用更直观的方式展示引文网络的变化，无须连接和反复对比多个视图。

4. 超星发现系统　超星发现系统由北京世纪超星信息技术发展有限责任公司开发。系统充分利用数据仓储、资源整合、知识关联、文献统计模型等相关技术，提供全面与精准相结合的智能检索、完善的引证分析、可视化的知识关联图谱、洞察全局的学术趋势分析、客观全面的学术产出分析；为读者从整体上掌握学术发展趋势，洞察知识之间错综复杂的交叉、支撑关系，实现高价值学术文献发现提供支撑。

5. 基于 PubMed 的分面检索与聚类分析系统　GOPubMed 系统是德国 Transinsight 公司和德国德累斯顿大学合作，利用生物信息学相关知识开发的一个可以对 PubMed 检索结果进行探索、分析的工具。其原理是将检索提问词提交给 PubMed，接收 PubMed 的检索结果，利用 GO（gene ontology，GO——基因本体）和 MeSH（医学主题词表）对检索结果进行提炼，利用算法从中提取 GO 术语和 MeSH 主题词，自动生成临时基因本体和医学主题词表，从而对检索结果进行分类，提供 what、who、when、where 多维度知识展示和导航，得出文献增长趋势、作者合作网络、机构分布等信息。目前，使用该系统免费，其访问网址是 http：//www.gopubmed.org。

PubMedplus 系统由北京唯博赛科技有限公司开发。系统提供与 PubMed 相同的检索方式和检索结果，并对检索结果按照期刊、机构、部门、年份、作者、国家、城市、主题词等 50 多项进行统计和聚类分析，引导科研人员依据这些归类和分析结果快速找到自己需要的文献信息。其访问网址是 http：//www.pubmedplus.cn，需付费才能使用，但有试用版。

（肖凤玲）

第三节　文献管理软件

查阅、收集大量的文献是科研工作的基础，随着大型文献数据库的开发应用，科研人员获取文献的量成倍增长，如何有效管理收集到的文献，并与论文写作有机结合，实现论文写作时方便、准确地引用文献，提高论文写作的效率，长期困扰着科研工作者。文献管理软件是对个人收集的各类文献信息进行存储、整理和组织，实现文献的有序管理，方便论文写作引用的工具软件。

目前比较流行的文献管理软件主要有 EndNote、ProCite、Reference Manager、RefWorks、NoteExpress、JabRef、Bibus、Mendeley、Zotero、NoteFirst、医学文献王等。各种软件基本功能相似，本节选择 NoteExpress 介绍。

一、概　　况

NoteExpress 参考文献管理与检索系统由北京爱琴海乐之技术有限公司开发，该软件支持简体中文、繁体中文和英文等语言。集成了文献检索、文献管理、文献组织、检索结果分析、批量编辑、全文下载、附件管理、笔记、参考文献引用等功能。支持 MicroSoft Word、WPS Office 等文字处理软件。

该软件内置了中国知网、万方、维普、超星、中华医学会数字期刊、SpringLink、Web of Science、Ovid、EBSCO 等国内外数百个电子资源的检索接口，提供期刊、会议、图书、专利、报纸、标准等文献信息的检索，同时提供 DOAJ、Free Medical Journals、PubMed、汉斯开源期刊等免费学术资源的检索及全文下载。

通过 http：//www.inoteexpress.com 选择合适的 NoteExpress 版本下载（本教材以 NoteExpress 3.2.0.6941 版本为例），按照安装提示，即可完成软件安装。

二、主程序界面

运行软件，进入软件主程序界面（图 9-3-1），包括菜单栏、工具栏和主窗口，主窗口左部为文件夹和标签云区，右上部为管理区和检索区，右下部为文献详细信息区。主程序界面布局，可通过菜单栏“工具”的下拉菜单中的“选项”（或工具栏“选项”）中的“显示”功能调整。

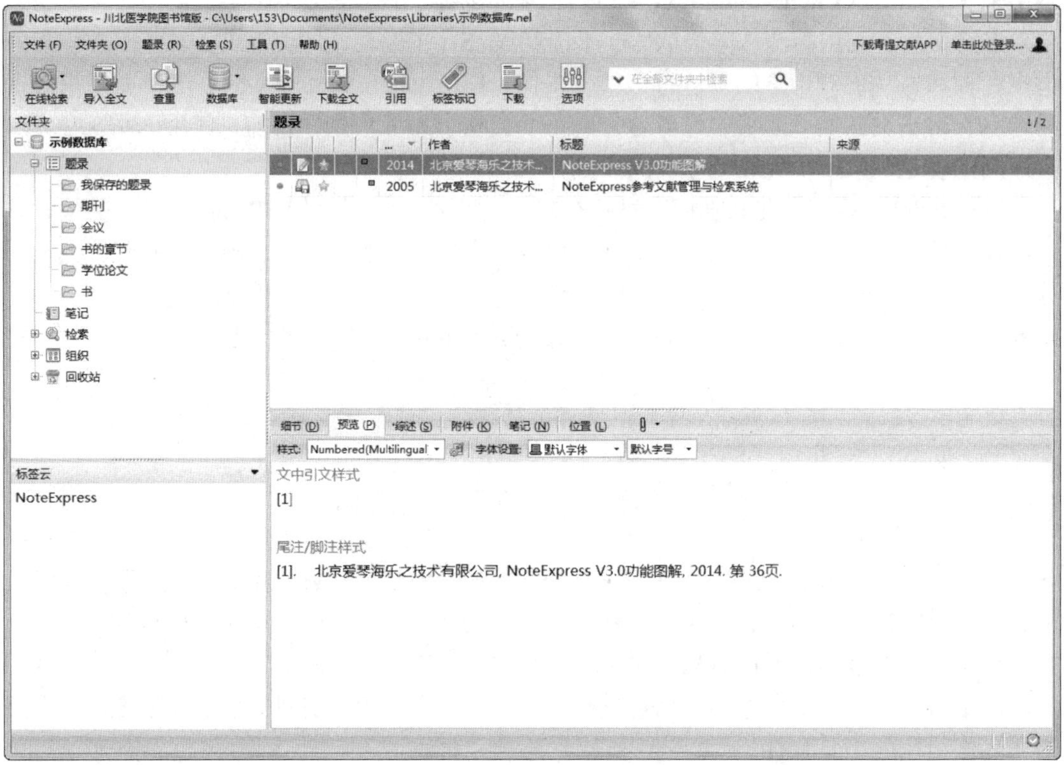

图 9-3-1　NoteExpress 主程序界面

1. 菜单工具栏　主要包括文件、文件夹、题录、检索、工具五类菜单。系统将常用的操作按钮以“快捷工具”图标的方式置于工具栏，如“在线检索”“导入全文”“下载全文”“查重”等。

2. 文件夹区　以文件夹的方式显示数据库的目录结构，每个数据库系统自定义五个文件夹（题录、笔记、检索、组织及回收站），用户可进行文件夹的添加、删除等操作。

3. 标签云区　显示题录标签，点击标签，可在题录区显示标识了该标签的所有题录。

4. 管理区　显示题录基本信息，可对题录进行编辑、删除、添加、设置标签及优先级、更新题录信息等操作；单击题录区上部的字段名，可对题录进行排序。当用户选择“在浏览器中检索”时，系统会在此区域开启内置浏览器列表，用户通过选择“检索”或“管理”标签切换界面。

5. 文献详细信息区　显示题录详细信息，设置了细节、预览、综述、附件、笔记、位置六个标签。

（1）细节：以字段列表方式显示文献详细信息，并可对各字段内容进行编辑。

（2）预览：以不同期刊的参考文献样式显示文献信息。

（3）综述：显示文献的题名、作者、来源、摘要等文献主要信息。

（4）附件：显示文献的全文文件与存储位置、数据库来源链接、笔记等附件信息，右键单击空白区域，可添加全文文件、建立文件夹、添加网络链接、添加笔记等附件。

（5）笔记：用于显示并编辑该条题录的笔记内容。

（6）位置：用于显示该题录所属文件夹，一条文献信息，可有多个位置信息。

三、建立数据库

数据库是 NoteExpress 文献管理的主要单元，通过“文件”下拉菜单中“新建数据库”，利用向导，即可完成新建数据库（图 9-3-2）。

数据库建立后，在 NoteExpress 主界面数据库目录区中自动生成数据库，并在该数据库下自动生成题录、笔记、检索、组织、回收站等文件夹。选中文件夹，利用“文件夹”下拉菜单或鼠标右键菜单，可在题录和笔记文件夹下添加、删除文件夹等操作。

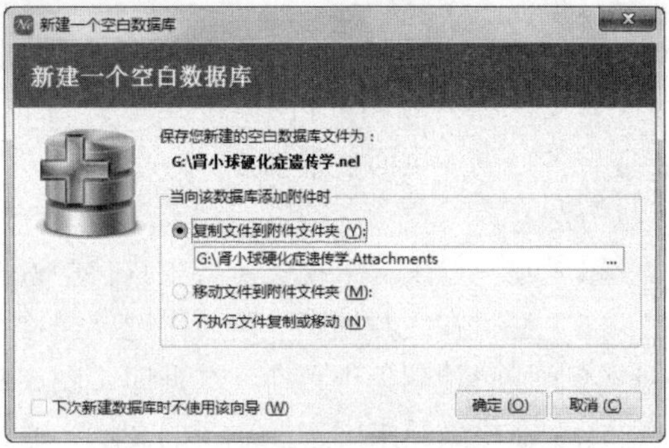

图 9-3-2　新建数据库

四、文献信息的收集

NoteExpress 采用格式化文件导入（过滤器导入）、数据库检索导入、内嵌浏览器检索导入、全文文件导入、手工录入五种方式，进行文献信息的收集。

（一）格式化文件导入题录

格式化文件导入又称为过滤器导入，指将直接从数据库检索的题录，通过格式转换，转换为符合 NoteExpress 著录格式的题录，导入 NoteExpress 数据库。此种方法需要转换工具即过滤器，过滤器就是将不同数据库检索结果导出的各种格式的题录转换为 NoteExpress 题录的工具，NoteExpress 集成了大部分常用的数据库转换器。

以 PubMed 检索为例：

（1）在检索结果界面，选中需要导入的文献信息后，选择“Send to”下拉列表中“Citation manager”选项，然后点击“Create File”按钮，将检索结果保存为 nbib 格式文件（图 9-3-3）。

（2）在 NoteExpress 窗口，选中题录文件夹，利用文件菜单中的“导入题录”，或右键点击题录文件夹，在弹出菜单中选择导入题录。

（3）在弹出的对话框中选择已经保存的题录文件，在过滤器下拉列表中选择“PubMed”（图 9-3-3）。

（4）在“存放位置”中选择合适的文件夹。

（5）点击“开始导入”即可。

图 9-3-3 利用过滤器导入 PubMed 检索结果

部分中文数据库如中国知网、万方等在检索结果导出界面，提供了多种文件格式，可以直接选择 NoteExpress 格式导出。

（二）数据库检索导入

数据库检索导入指利用 NoteExpress 统一检索界面，或通过 NoteExpress 内置数据库浏览器，检索各电子资源，将检索结果直接保存为 NoteExpress 格式的文献收集方式。

1. 利用统一检索界面检索并保存题录 用户直接利用集成的在线检索作为网关，检索各文献数据库，并将检索结果直接保存为 NoteExpress 题录。这种检索方式，具有统一的检索界面，不需要登录各数据库页面检索。

方法：

（1）在“检索”下拉菜单或工具栏中选择“在线检索”，并点击“选择在线数据库”。

（2）在“在线数据库”列表中选择需检索的数据库。

（3）设置检索条件，检索数据库（图 9-3-4）。

（4）在检索结果中选择需要的文献，通过“保存勾选的题录”选项，将选定文献题录保存到指定 NoteExpress 文件夹。

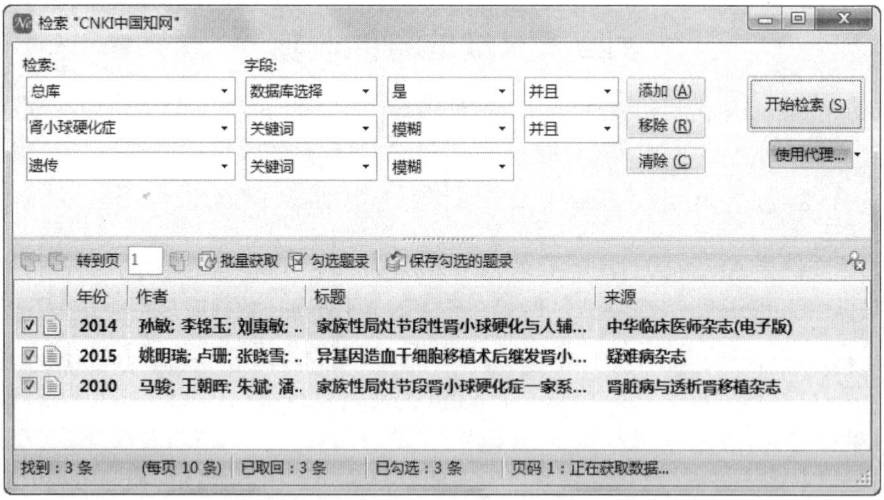

图 9-3-4 统一检索界面

2. 利用内置数据库浏览器检索 NoteExpress 提供了各种数据库内置浏览器和网页信息抓取程序，完成在各数据库页面上的检索、筛选和保存。

方法：

（1）通过菜单栏“检索”的下拉菜单中“在浏览器中检索”，进入微志导航首页（图 9-3-5），该导航提供了各类免费及收费学术文献检索站点；也可选择地址输入框后的“旧版浏览器检索入口”，进入内置浏览器列表，选择数据库检索。

（2）选择检索词输入框上方的常用文献库，在检索词输入框中输入检索词，可直接检索常用数据库；也可通过导航的电子资源列表，进入各电子资源内嵌浏览器（图 9-3-5），进入相应数据库检索界面，其检索界面与各数据库实际检索界面一样。

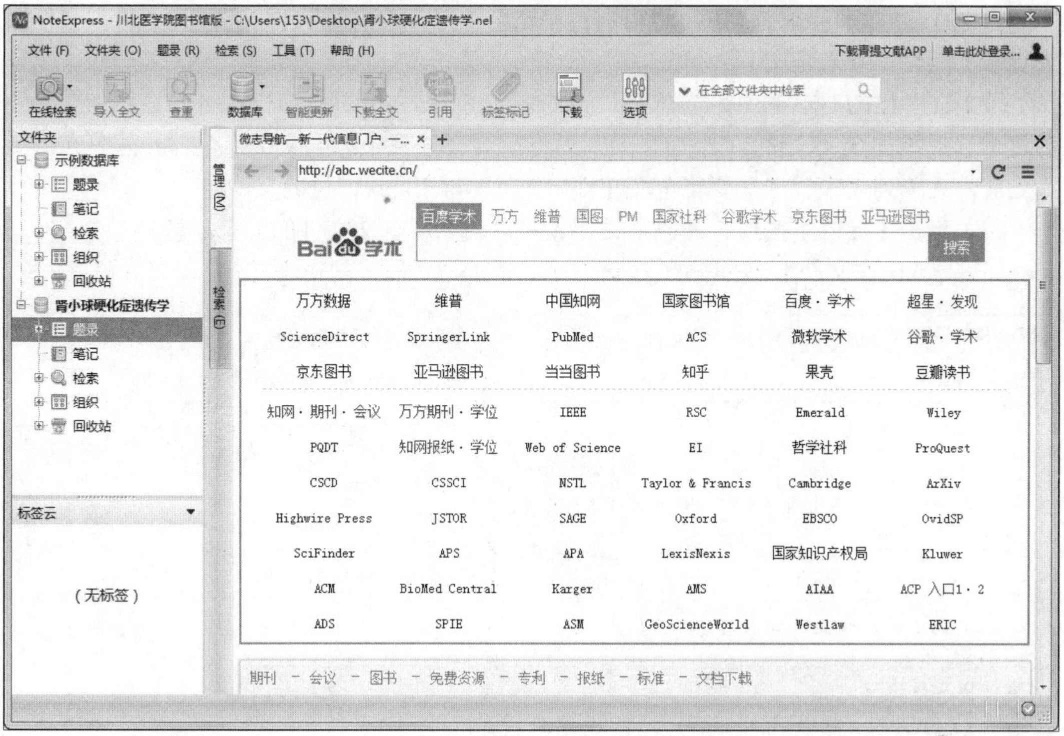

图 9-3-5　内置微志导航界面

（3）大部分数据库内置浏览器在显示检索结果界面，提供了网页信息抓取程序，利用该功能可直接将检索结果保存为 NoteExpress 格式数据，无需选择过滤器，如中国知网；部分数据库需要将结果导出为 NoteExpress 可接受格式文件，然后再通过 NoteExpress 的导入题录功能将题录导入，如万方、百度学术及 EBSCO 数据库等（图 9-3-6）。

图 9-3-6　导出为 NoteExpress 格式文件

（三）导入全文文件自动生成题录

对已经拥有大量全文的用户，可通过这种方式实现由全文自动生成题录信息。

方法：

（1）通过“文件”下拉菜单，也可右键单击需要导入全文的文件夹，选择“导入文件”；或点击工具栏“导入全文”。

（2）在弹出的对话框中，选择“添加文件”或“添加目录”（图 9-3-7），“添加文件”为逐个选择添加全文文件，“添加目录”为将整个文件夹中的全文文件全部导入。在“导入到文件夹”列表中，选择要将全文文件导入的 NoteExpress 日的文件夹。

（3）点击【导入】按钮，完成全文导入并自动生成全文文件的题录信息。

如果导入全文文件生成的题录信息不完善，需要通过题录的在线更新功能完善题录信息。

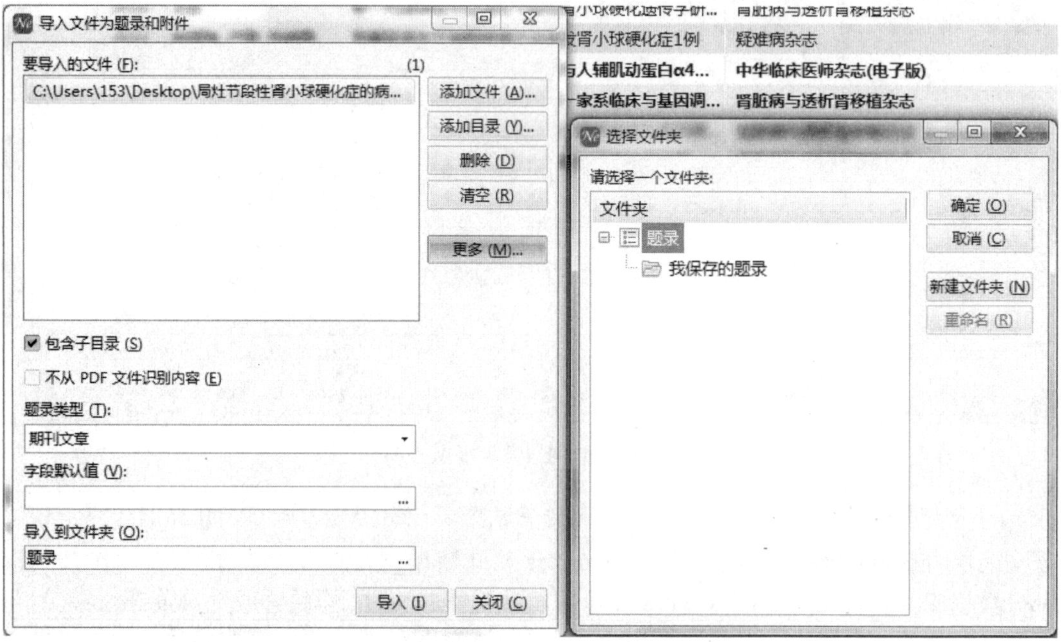

图 9-3-7　全文文件导入

（四）手工录入题录信息

少量的文献数据，可通过手工方式录入题录信息。

方法：

（1）通过“题录”或右键单击管理区任意位置，在弹出菜单中选择“新建题录”，在题录类型菜单中选择题录类型，弹出题录编辑器。

（2）在题录编辑器中，根据文献基本信息，编辑题录（图 9-3-8）。完成后保存即可。

五、数据管理与维护

NoteExpress 管理的基本单元是题录，数据的管理与维护主要指对题录的完善和数据的维护，便于在阅读过程中利用，管理和维护操作主要是对题录进行标记和注释等。NoteExpress 提供了完备的数据维护功能。

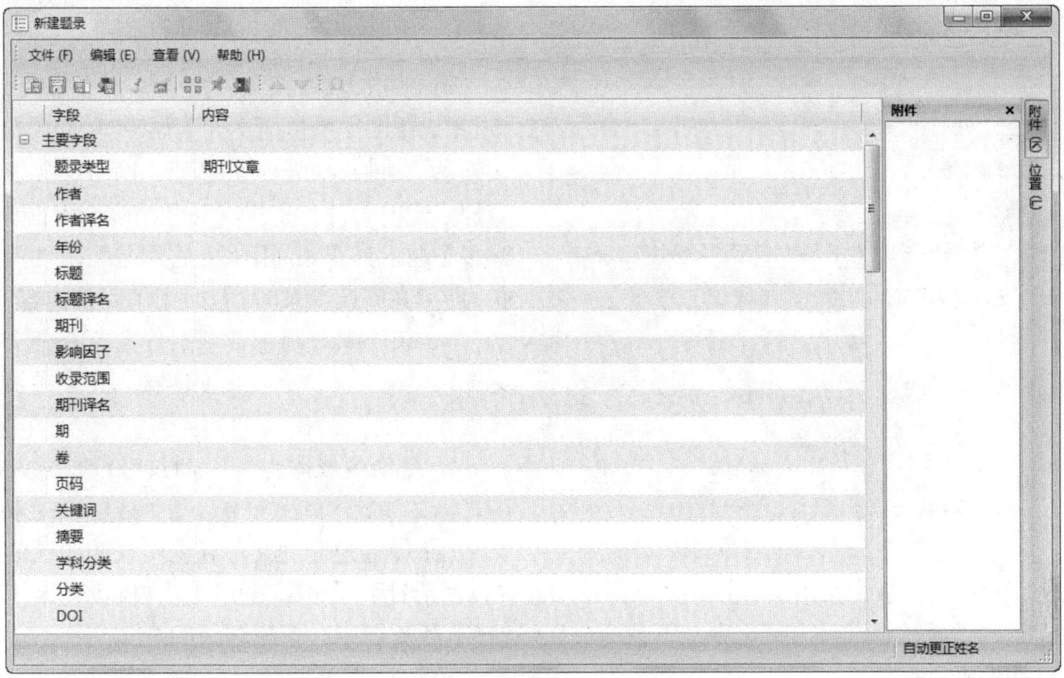

图 9-3-8 题录编辑器

（一）题录修改

通过检索保存、导入或全文导入形成的题录，可能需要进一步完善。完善题录信息可以通过在线更新和手工编辑两种方式完成。

1. 在线更新题录 NoteExpress 提供了手动更新、自动更新、智能更新三种方法在线更新题录。手动更新只用于单条题录的更新；自动更新和智能更新用于多条题录同时更新。

方法：选中需要更新的题录，右键单击选中题录，在弹出的下拉菜单中选择“在线更新”，或在菜单栏“检索”下拉菜单中选择“在线更新”，在“在线更新”的列表中，选择合适的更新方式。

手动更新与自动更新都要选择检索数据库，并在检索结果列表中，选择合适的题录信息，智能更新无需选择数据库。

2. 手工编辑方式更新题录 双击需要完善的题录信息，或右键点击“题录”，在弹出菜单中选择“编辑题录”，用题录编辑器对相关字段进行修改完善。

3. 批量修改题录 对多条题录出现相同问题进行修改，可以采用“批量编辑”和“批量替换”的方式进行修改。

（二）数据查重去重

在收集文献的过程中，经常会检索不同数据库，以便获取更广泛、全面的资料，导致在数据库中出现重复的文献信息，浪费存储空间和阅读时间。为方便利用，需要将重复记录删除。

方法：通过“检索”下拉菜单“查找重复题录”，选择查重范围，设置查重条件，即可查找并自动选中重复数据，单击右键，在弹出菜单中选择相应操作，即可对重复数据进行处理（图 9-3-9）。

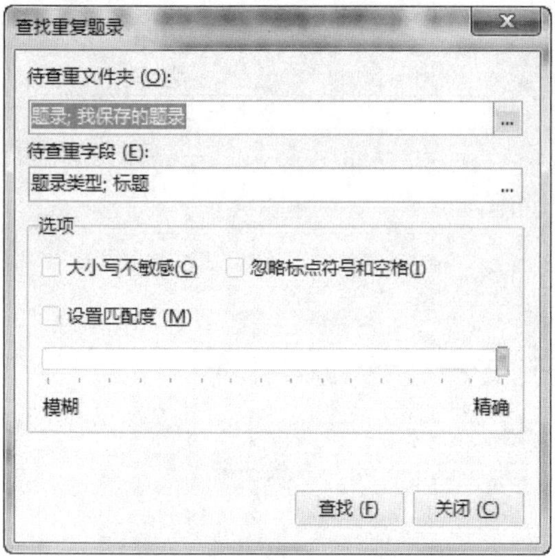

图 9-3-9　查找数据库重复题录

(三) 附件管理

附件指与题录相关的各种信息，NoteExpress 支持包括文件（如 PDF、Word 文件）、文件夹、题录、笔记、网络链接等多种格式的附件，支持同一题录多个附件，或多条题录具有相同附件。将题录与附件关联，即可在阅读题录时，及时了解附件内容。

NoteExpress 题录常用附件主要有全文文件、笔记、文件夹、页面链接、相关题录链接等。

1. 自动生成附件　①通过在线检索及格式化文件导入的题录，自动生成题录的来源信息；②通过全文文件导入生成的题录信息，会自动生成全文信息，并在文献详细信息区以回形针显示全文链接；③在阅读题录信息时，可通过右键弹出菜单中“下载全文”，选择下载数据库，下载题录的全文文件，并自动生成全文附件。

2. 手动添加附件　将下载后的全文文件及其他文件夹、题录、笔记、文档、链接与题录关联，需进行手工添加。右键单击要添加附件的题录信息，或右键单击文献详细信息区的附件信息显示窗口，在弹出的菜单中选择“添加附件”，即可将相关附件与题录信息关联。

3. 增加笔记　很多读者在阅读文献时，需要做阅读笔记，对题录进行说明和注释，NoteExpress 通过笔记的方式实现，用户可点击文献详细信息区笔记标签，打开笔记编辑窗口，编辑笔记。

4. 批量链接　对某一文件夹下的多条题录添加相同附件，可通过“批量链接”方式实现。

5. 删除附件　文献的附件可以随时删除。在文献详细信息区的笔记窗口，选中要删除的附件，通过删除键或鼠标右键的弹出菜单中的“删除”，均可删除附件。

6. 附件的标识　已经添加了附件的题录，在管理区的题录信息中，采用不同位置、不同颜色的色块表示文献已经添加的附件信息类型：左上红色色块表关联了文件；右上紫色色块表关联了笔记；左下黄色色块表关联了文件夹；右下角棕色色块表示关联了其他题录。

(四) 标记题录

在阅读时，需要根据文献的重要程度、相关性、主题内容等做标记，便于在使用时参考。

1. 设置标签　NoteExpress 通过设置文献标签的方式，用文字描述的方式标识文献信息，个性化地分类文献信息，并根据标签组织题录，便于根据标签浏览相关题录。

2. 设置优先级　为便于标记文献的相关程度，可对文献设置优先级。文献的优先级采用不同颜色的旗帜表示。

3. 设置星标　指为文献加星号标识符，标识文献的方式。

4. 阅读状态标识　题录进入 NoteExpress 后，会自动用粗体显示题录，并在题录前端用橙色圆点标记为未读状态；一旦阅读过题录，就会用细体显示题录，并在题录前端用灰色圆点标记为已读状态。点击圆点标识，可更改阅读状态。

（五）题录组织

为便于通过不同角度组织文献，NoteExpress 在“组织”文件夹，通过关键词、作者、作者机构等作为节点，对题录进行组织，便于通过点击某特定作者、关键词、作者机构，即可将该词相关的所有题录展开，了解特定作者、关键词、机构的文献情况。

另外，可通过标签云区显示的标签，查看某一标签的题录信息。

（六）题录统计分析

NoteExpress 通过“文件夹统计信息”，提供数据分析功能。该功能可对文献数据进行作者、期刊、年份、主题等统计分析，以便了解某一领域的重要专家、研究机构、研究热点的文献情况。分析结果可导出为 txt 和 csv 等多种格式。

（七）数据备份

通过 NoteExpress 文件下拉菜单的“备份数据库”，可以很方便地将文献数据库备份。需要注意的是，NoteExpress 附件和题录是分开保存的，如果需要备份附件，需要对附件文件夹单独备份。

六、文 献 引 用

文献管理的主要目的之一是便于在论文写作中引用。NoteExpress 内置了近 3900 多种国内外学术期刊、学位论文的参考文献格式，通过 NoteExpress 的文献引用功能，可自动生成参考文献并对引文快速格式化。如 NoteExpress 内置文献格式中没有需要的文献格式，可以非常方便地编辑需要的格式。

NoteExpress 在安装时，自动安装 MS Word 和 WPS Word 写作插件（图 9-3-10），通过写作插件，可方便地在 Word 文档中插入引文、注释和笔记，并自动生成和修改参考文献格式。

图 9-3-10　NoteExpress 写作插件

（一）在论文中插入引文

方法：

（1）在 Word 文档将插入点置于需要插入引文的句尾。

（2）返回 NoteExpress 主程序，在管理区域选择要插入的引文题录。

（3）在 NoteExpress 主程序点击“引用”，或在 Word 文档 NoteExpress 插件中点击“插入引文”。

（二）更改参考文献样式

不同期刊对参考文献格式要求不一，NoteExpress 可通过写作插件的“样式”菜单（图 9-3-11）或“格式化”选项（图 9-3-12），修改参考文献样式，无需逐条编辑，节省了编辑时间，提高了参考文献的准确度。

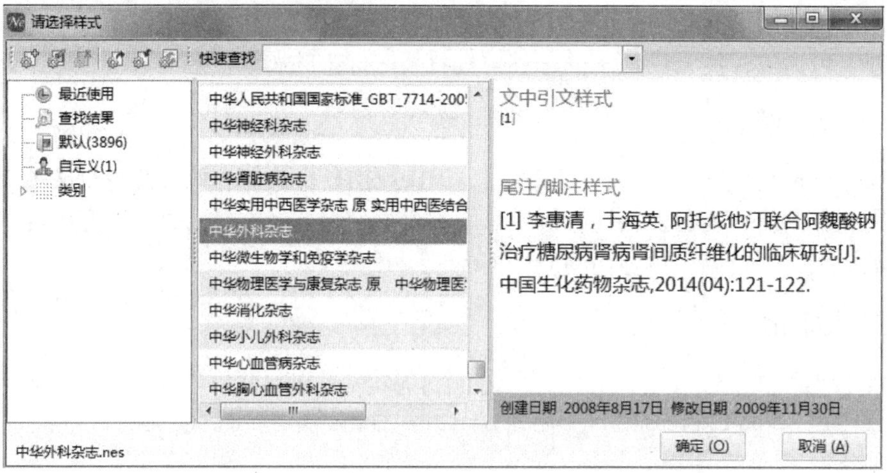

图 9-3-11　选择参考文献样式

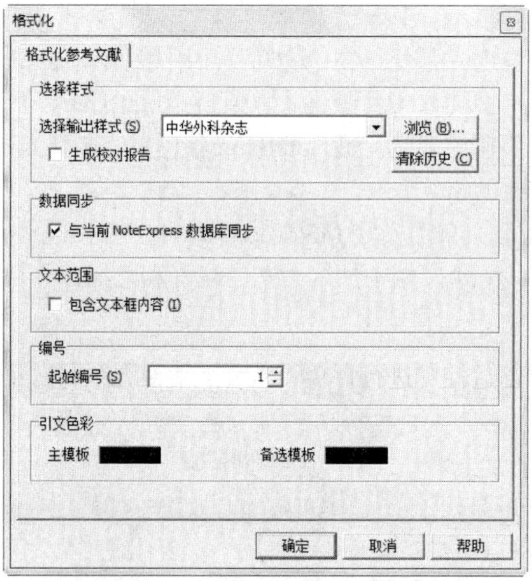

图 9-3-12　格式化参考文献

（三）定位和查找参考文献

通过 NoteExpress 写作插件的定位功能，实现在参考文献编号和列表间快速切换，可以直接从正文中的参考文献编号，定位到参考文献列表中相应的参考文献，也可从参考文献列表，定位到论文正文中参考文献编号位置。在论文参考量比较大的情况下，该功能对核对、修改参考文献很有帮助。

（黄伦东）

第四节　医药卫生科技查新

查新是对科学技术进行新颖性判断的信息咨询业务。医药卫生科技查新经过短短十几年的发展，已经取得了可喜的成绩，为科研立项、成果评价、新药研发与专利申请等提供了科学依据。

一、查新的概念与作用

（一）查新的相关概念

查新是科技查新的简称，是指查新机构的查新人员根据查新委托人提供的需要查证其新颖性的科学技术内容，按照一定的操作规范，做出查新结论并出具查新报告的信息咨询业务。

1. 查新点　是指需要查证的内容要点，即查新项目的创新点，是贯穿查新过程始终的焦点，是对文献相关性确认与筛选、检索结果的分析与对比、查新结论立足的依据。

2. 查新项目　是指被查证的科学技术项目。

3. 查新机构　是指被国家或军队有关领导部门认证、具有查新业务资格，根据查新委托人提供需要查证其新颖性的科学技术内容，按照科技查新规范操作，有偿提供科技查新服务的信息咨询机构。

4. 查新人员　是指参与查新工作的人员，包括查新员、审核员及其他工作人员。

5. 查新员　是指具有中级（含）以上专业技术职称和查新资格，负责查新全部过程的查新人员。

6. 审核员　是查新审核员的简称，是指具有高级专业技术职称和查新资格，负责审核查新员所做的查新工作是否规范，并向查新员提出审核意见的查新人员。

7. 查新委托人　是指提出查新需求的自然人、法人或者其他组织。

8. 新颖性　是指在查新委托日以前查新项目的科学技术内容部分或者全部没有在国内外出版物上公开发表过，对是否已有“同样的成果”做出客观的鉴证性结论。查新报告不应该对委托项目的“创造性”进行评价，也无权对委托项目的“先进性”或“水平”做出结论。

9. 查新要求　是指查新委托人对查新所提出的具体愿望。一般分为以下三种情况。

（1）希望查新机构通过查新，证明在所查范围内国内外有无相同或者类似研究。

（2）希望查新机构对查新项目分别或者综合进行国内外对比分析。

（3）希望查新机构根据分析对查新项目的新颖性做出判断。

10. 查新合同　是指查新委托人和查新机构约定，由查新机构处理查新委托人的查新事务的合同。

11. 查新报告　是指查新机构用书面形式就其处理的查新业务和得出的查新结论向查新委托人所做出的正式陈述。

（二）查新的对象

（1）申报国家级或省（部）级科学技术奖励的人或机构。

（2）申报各级各类科技计划、各种基金项目、新产品开发计划的人或机构。

（3）各级成果的鉴定、验收、评估、转化。

（4）科研项目开题立项。

（5）技术引进。

（6）国家及地方有关规定要求查新的。

（三）查新的作用

查新是为科研立项、科技成果鉴定、评审及转化、新药研发与报批、专利申请等提供客观依据。因此，查新对于科学研究、科技开发及促进技术市场发展都发挥着重要的作用。医药卫生科查新的作用主要体现在以下几个方面。

1. 为科研立项提供依据 科研课题立项之前，为避免低水平、重复性研究而造成各种资源的浪费，研究者和科研管理部门需要针对科研项目的论点、研究开发目标、技术路线、技术内容、技术指标等方面是否具有新颖性做出评估和判断。为此，需要查新机构提供对科研项目的查新报告。通过科技查新了解国内外相关或密切相关的科学技术发展水平、研究方向、研究进展及发展动态，为判断所选项目是否具有新颖性提供立项的客观依据。

2. 为科技成果鉴定、评估、验收、转化、奖励等提供依据 查新可以为科技成果的鉴定、评估、验收、转化、奖励等提供客观的文献依据。例如，某企业为成果鉴定，要求通过查新确认他们的“轻烃燃气灶具”项目为国内首创，经查新证实，国内已有此灶具的报道，从而否定了“国内首创”的评价。该企业十分后悔在立项时未经项目查新而造成了人力、物力和财力的损失。

查新还能保证科技成果鉴定、评估、验收、转化、奖励等的科学性和可靠性。在这些工作中，若无查新部门提供可靠的查新报告作为文献依据，只凭专家小组的专业知识和经验，难免会有不公正之处，可能会得不出确切的结论。这样既不利于调动科技人员的积极性，又妨碍成果的推广应用。高质量的查新，结合专家丰富的专业知识，便可防止上述现象的发生，从而保证鉴定、评估、验收、转化、奖励等的权威性和科学性。

3. 为新药研发与报批提供依据 药品研发立项、报批之前，相关管理部门需要研发机构提供查新报告，以此作为立项或审批的重要参考依据。通过查新可以获悉国内外是否有同类药品已经研究开发，其研究进程如何，是否通过认证，上市的国家、地区及国际性或区域性的组织。

4. 为专利申请提供依据 专利申请之前，查新可以获悉国内外是否有相同产品已经申报了专利、已申请专利保护的权限要求、批准专利的国家、专利期限等情况；还可以了解是否有类似产品申请专利，在技术性能及指标等方面有无区别。查新可以为委托人申报专利提供参考依据。

近年来，查新委托人以申请专利为目的而需要出具查新报告的数量逐渐增多。

5. 为医疗、教学、科研人员提供医药卫生相关信息 为了加速医学科学技术的发展，医疗、教学、科研及医药卫生相关行业的技术人员努力进行科学研究，解决临床诊断、治疗及基础医学、药学实验中的相关问题。然而，随着信息技术的飞跃发展，信息源和信息载体多样化，数据库推陈出新、种类繁多，这给技术人员获取信息带来了一定的难度。有关研究表明，技术人员需花费大量的时间查阅文献，而文献的查全率与查准率仍不理想。查新机构不仅拥有丰富的信息资源，更拥有受过专业训练、能够准确熟练利用信息资源的查新人员。通过查新人员提供的专业检索和信息咨询帮助，既可让科技人员节省大量时间，又能准确捕捉相关信息，为医、教、研提供有效帮助。

目前，临床医务人员、大专院校的教员、科研院所的技术人员，甚至部分研究生开题，都需要委托查新机构进行相关的检索、查新。可见，查新已成为医疗、教学、科研人员获取相关信息的得力助手。

二、医药科技查新特点

（一）科研立项查新特点

1. 科研立项查新的重要性　科研立项查新是重要的查新类别之一。科研立项是科学研究的基础，只有把握好立项研究，在科研立项层面对研究项目的先进性、新颖性、实用性等特征进行评估，才能优化国家的科研资源，保障国家科学技术战略的实施。

申请科研立项的目的是取得政府的支持，并获得科研经费。科研管理部门对申报的项目一般要组织专家进行评审。专家们虽然具有较强的学科专业知识，但在目前学科细分、交叉的情况下，很难把握每一个科研课题的立项内容；他们不可能掌握全面的情况，更不可能对近10～15年来公开的研究报告、专利文献等进行全面的阅览。因此，立项查新为主管科研立题的专家、领导提供一种客观评价指标，比较客观地反映这些项目的国内外情况，避免科研项目低水平的重复，避免人力资源和物力资源的浪费，从而将有限的科研经费用到急需研究的项目上。与此同时，也为科研人员在开题之前提供比较全面的研究信息，达到优化科研项目的总体设计、缩短科研周期、少走弯路及快出成果的目的。

2. 科研立项查新的特点

（1）背景材料不够充分：科研立项查新往往是对较新颖的研究内容进行探索，科研人员虽然对研究领域的情况有一定的了解，但是往往是不全面的。他们只是通过有限的文献检索与自身了解的一些情况来设计课题立项，因此对于课题的背景材料的掌握不够充分，提供的关键词与科学技术内容也屡有变化。在查新人员检索过程中，科研人员提出修改项目名称、项目内容、技术路线等与科研项目相关内容的情况并不少见。此时，要求查新人员具有较好的专业素养，最好由比较有经验的查新人员与项目委托人进行沟通，根据文献检索情况，帮助委托人确定研究内容，顺利完成查新项目。

（2）研究目标不够明确：不少项目设计的预期目标比较多，试图在多方面取得科研成果，以至于造成创新点分散，对于查新检索和查新结论撰写非常不利。这种现象往往出现在科研单位申请较为重大的科研基金项目时。此时，需要查新人员与委托人共同分析研究的主要创新点与次要的创新点，帮助委托人抓住主要目标。

（3）研究内容不够具体：科研立项是一种尚未完成的科研工作，它不像科研成果有特定的结果，或者具有特定的技术指标，既阐述了技术关键，又有详细的技术路线。这种研究内容相对模糊的实际情况也给查新人员理解查新项目带来了一定的困难。

3. 科研立项查新应该注意的问题

（1）应该熟悉国家及各省市相关基金及立项工作的特征：随着我国对科技工作的日益重视，科研经费和资助项目与日俱增。不同的科研经费用途不同，对查新项目的要求侧重点也有所不同。掌握立项申报情况不仅可以同委托人更好地进行沟通，而且可以根据不同基金申报时段合理安排好查新业务。以下为几个主要基金项目的情况。

1）国家重点基础研究发展计划（亦称“973”计划）：制订和实施“973”计划是党中央、国务院为实施“科教兴国”和“可持续发展战略”，加强基础研究和科技工作做出的重要决策，是实现2010年乃至21世纪中叶我国经济、科技和社会发展的宏伟目标，也是提高科技持续创新能力、迎接新世纪挑战的重要举措。其战略目标为加强原始性创新，在更深的层面和更广泛的领域解决国家经济与社会发展中的重大科学问题，以提高我国自主创新能力和解决重大问题的能力，为国家未来发展提供科学支撑。

2）中国高技术发展计划（亦称“863”计划）：从世界高技术发展趋势和中国的需要与实际可能出发，坚持“有限目标，突出重点”的方针，选择生物技术、航天技术、信息技术、激光技术、自动化技术、能源技术和新材料等8个领域、20个主题的高新技术领域的科研工作进行投资。

3）国家自然科学基金：面向全国，是国家创新体系的重要组成部分。主要资助自然科学基础研究和部分应用研究，重点支持具有良好研究条件、研究实力的高等院校和科研机构的研究人员，由国家自然科学基金委员会负责实施与管理。基金项目是指国家自然科学基金资助的各类项目，包括面上项目、重点项目、重大项目、国家杰出青年科学基金项目、专项项目和国际合作与交流项目等。

各类基金项目的相关网址：

中华人民共和国科技部 http：//www.most.gov.cn/

中国星火网 http：//www.cnsp.org.cn/

国家高技术研究发展计划 http：//www.863.gov.cn/

中国科学技术部火炬高技术产业研发中心 http：//www.chinatorch.gov.cn/

中华人民共和国卫生部 http：//wsb.moh.gov.cn/

国家自然科学基金委员会 http：//www.nsfc.gov.cn/

国家科学技术奖励办公室 http：//www.nosta.gov.cn/

（2）按照学科分类指定专人负责：现代自然科学分类越来越细，将查新人员按照其所学专业与个人业务专长进行分组，按照专业对口原则进行查新接待与检索工作，既有利于保证查新质量，也有利于查新人员积累相关经验。

（3）与委托人建立沟通机制：在初步预检索后，往往会发现部分立项项目已经有其他人从某个侧面进行了某种程度的相关研究，或取得了科研成果。这时有必要将这样的信息反馈给用户，以便用户采取措施，如变更研究内容等。此外，与用户的适时交流也有利于对项目内容的把握，从而保证查新结果的有效性。

（4）适当放宽检索时限：在科技发展史上，某项技术从发现、成熟到应用几经沉浮的现象非常多见。尤其对于我国，科技领域绝大多数还处于发展跟踪阶段，甚至在某些领域国外20世纪60～70年代的科学技术文献仍具有价值，这时就需要适当放宽检索时限，才能获得较好的检索结果。

（5）检索已立项的科研基金项目库：国家自然科学基金、“863”计划等均已建立历年申报的科研项目库，通过检索，可获知是否存在同委托人项目相似的立项情况，为委托人和科研决策机关把好关。可以参考上述网址进行检索。

（6）正确评价查新在科研立项决策中的作用：科研立项决策包括立题、查新委托、专家评审、管理部门决定等数个环节，受到多种因素的影响。掌握申报课题的国内外研究情况，对申报课题在该领域的地位做出评判，是正确决策的基础。

委托人申请查新时，需要说明研究项目的内容要点、技术关键、主要指标，特别是创新点，简要地阐明国内外该领域的研究现状，并提供一些密切相关的文献。如查新人员应尽量提供客观、全面的文献信息，通过对比分析进行新颖性评价；评审专家根据基金申报书材料、安新报告、个人知识等多项内容进行综合评判。因此，查新工作在科研立项决策中虽然只是一项基础的文献调研工作，但其作用不可低估。

（二）科技成果查新特点

1. 科技成果查新的重要性与特点 成果鉴定查新是指在申请成果鉴定之前，需要查证科技成果的创新性，为评审专家提供该成果相关的特性的事实依据。目的在于帮助专家公正、客观地评价研究成果，减少评审失误。保证成果的质量，增强科学的严肃性，实事求是地反映科研水平。

成果奖励查新是申报科技成果的必备条件，是成果鉴定和评审的重要依据和基础。成果查新需对成果进行全面系统的检索，证实其具有“新颖性”。检索的文献范围广，文献类型多，要求查找出与申报成果最密切相关的对比文献，并以此证明所申报的成果名副其实。

一般申请科技成果查新时，由于其研究工作已经完成，因此较科研立项查新具有研究背景材料祥实、研究目标确定、研究内容确切等特点，查新委托人能够全面提供检索词和关键创新点。但也有查新委托人因惧怕查新人员查出与该项目重复的成果，丧失其新颖性，而有意不提供或改换主要项目关键词的情况。

2. 科技成果查新应该注意的问题

（1）应该熟悉国家及各省部委相关奖励工作的特征：由于我国每年颁布奖励成果较多，因此应该熟悉国家、各省部委、军队等每年鉴定成果的时间和特征。

（2）检索数据库的特点

1）重视检索相应范围的成果数据库：在检索文献数据库同时，成果数据库的检索也不容忽视。检索成果数据库，可以避免成果重复申报，保证科技成果的客观公正性、科学性和严肃性。国家不同成果鉴定部门目前大多已建立成果数据库或者出版相应成果文摘索引，在查新过程中，要注意检索或查阅，或从网络上检索国家科技成果网。

2）对于技术类查新要注意查询相关专利与产品数据库：对于产品、应用技术类成果查新，要注意查询相关专利与产品数据库。这是由于很多应用类成果或研究项目很少会发表科技论文，此时，如果仅凭文献数据库就对该类项目做出评判，会有失偏颇。

此外，该类查新由于涉及商业机密，信息分布极为不均。所以相关产品信息的追踪对于成果评价也非常重要。

3. 查新与科技成果转化评估 科技成果转化为生产力是我国科技兴国战略的重要组成部分。因此，查新机构作为科技评估的中介机构，应该担负起促进我国科技成果转化的重任。但查新并不等同于科技成果转化评估。查新可以利用其自身情报研究的优势，对项目的国内外研究现状、技术先进性等方面进行文献评估。但由于查新所利用的都是公开文献，在信息不平衡的状态下，某些灰色文献和市场状况的调研并不能为查新所替代。因此，查新可以作为科技成果转化评估的基础性工作。同时，查新机构也可以结合各方面资源，利用自身优势，在科技成果转化中做出自己的贡献。

（三）专利与新药申报查新特点

1. 专利申报查新的特点

（1）专利申报查新与成果查新的差异：我国专利的新颖性是混合性的，要求国内外未公知、国内未公用，检索时间限制是申请月或优先权日之前 15～20 年；而成果查新可以有国外新颖性、国内新颖性、地区或行业内新颖性等特征。时间限制也因课题、学科差异而没有硬性规定，一般在 10 年左右。专利的新颖性是指申请月前没有与申请专利的发明创造完全相同的发明创造公知公用，所谓同样的发明创造是指专利中所说的技术特征完全相同，所谓公知公用是指在国内外出版物上公开过、国内使用过；成果的新颖性至今未见比较权威、准确的表述，这是因为成果不存在受法律保护的专利权，也就没有技术特征描述式的权利要求书。

按照世界专利合作条约组织的规定，专利查新最低文献量均为英、美、法、德、日、俄、意及 PCT、EPT 共七国二组织专利说明书和 169 种核心期刊。而科技成果查新涉及检索的文献范围、文献类型似乎是无所不包，如图书、期刊、研究报告、专利、产品样本、会议、标本等。

（2）3 种专利类型申请所强调内容不同：专利分为发明专利、实用新型专利和外观设计专利 3 种，其侧重点是不同的。发明是指对产品、方法或者其改进所提出的新的技术方案。实用新型是指对产品的形状、构造或者其结合所提出的适于实用的新的技术方案。外观设计是指对产品的形状、图案或者其结合及色彩与形状、图案的结合所做出的富有美感并适于工业应用的新设计。因此，在进行专利查新检索时，应根据委托人申请专利类型，进行相关内容、相应范围的检索。

2. 新药申报查新的特点 新药申报查新是为新药审批服务的，因此，查新报告的重点要放在国内外是否有相应的新药已经上市或者报批，同时对国内外此种药物先进性、药物的研究状况、药物的安全性等内容进行评价。在检索时，不仅要检索医药文献数据库，还要检索各国药监局已经批准的药品数据库及专利数据库。

（1）新药审批阶段、分类与查新。药品研究的多项阶段均需向国家食品药品监督管理局提交申请，获得审批。根据研究阶段可分为药物的临床前研究、药物的临床研究、药物产业化阶段、新药的申报与审批等阶段。临床研究包括临床试验和生物等效性试验，分为Ⅰ、Ⅱ、Ⅲ、Ⅳ期。

在不同研究阶段，其查新目的有所不同。在研究阶段，查新多为检索国内外是否有同类研究进行，是否会触犯同类药物或化学分子的专利。由于药品申报具有同种唯一性，因此若有同类研究可能会影响到药品的申报。药品产业化研究阶段，出于要突破实验室小量生产，向工业化大量生产转化，会涉及一些工业技术领域的问题，此时要注意检索一些生产技术领域的文献与专利。

此外，药品注册分类不同，其查新的特点与结论也不同。国家对于化学药物、中药天然药物、生物制品等的注册分类均有不同。查新时应根据查新委托人申报药品的类别选择相关数据库，如生物制品类药物不能缺少生物技术类数据库的检索。

（2）重视药监局和专利数据库的检索。随着目前信息化程度的提高，各国食品药品监督管理部门均有相应药品数据库供检索使用。药品是特殊的产品，由于商业原因，有些药品在研究过程中并不发表研究文献，因此有时此类查新仅凭文献数据库很难获得全面信息。但所有的药品均需经国家食品药品监督管理局注册才能上市，因此国家食品药品监督管理局数据库不失为药物资新的重要数据源。

专利数据库是另外一个不能忽视的数据源，随着国家创新药物战略的推进和生物制药领域的进步，我国也越来越重视药物的专利申报，专利数据库也成为药物查新的必检数据库。

（胡雅凌）

思考练习题

1. 简述文献信息收集的原则及方式。
2. 简述文献信息整理的步骤及方式。
3. 简述文献信息分析的步骤及特性。
4. 结合实际，运用所学文献信息方法进行文献信息分析。

第十章　医院信息系统

第一节　概　　述

随着我国医药卫生体制改革的深入及医院服务模式的改变，医院信息系统（hosptital information system，简称 HIS）已成为现代化医院建设中不可缺少的基础设施与支撑环境。

一、医院信息系统的定义

医院信息系统是医学信息学的一个重要分支。1988 年美国该领域的著名教授 Morris Collen 将医院信息系统定义为：利用电子计算机和通信设备，为医院所属各部门提供病人诊疗信息和行政管理信息的收集、存储、处理、提取和数据交换的能力，并满足所有授权用户的功能需求。

2002 年 2 月，由我国卫生部信息化工作领导小组办公室修订的新《医院信息系统基本功能规范》正式定义为：医院信息系统是指利用计算机软硬件技术、网络通信技术等现代化手段，对医院及其所属各部门的人流、物流、财流进行综合管理，对在医疗活动各阶段中产生的数据进行采集、存储、处理、提取、传输、汇总、加工生成各种信息，从而为医院的整体运行提供全面的、自动化的管理及各种服务的信息系统。

二、医院信息系统的结构及功能规范

1. 医院信息系统的系统结构　医院信息系统是迄今为止世界上最复杂的企业级信息系统之一。从系统应用的角度出发可以将其分为三大部分——医院管理信息系统（hospital management information system，简称 HMIS）、临床信息系统（clinical information system，CIS）和外部接口，各部分又都可以分为若干个子系统（图 10-1-1）。

HMIS 的主要目标是支持医院的行政管理与事务处理，减轻事务处理人员的劳动强度，辅助医院管理，辅助高层领导决策，提高医院的工作效率，从而使医院能够以少的投入获得更好的社会效益与经济效益。

CIS 的主要目标是支持医院医护人员的临床活动，收集和处理病人的临床医疗信息，丰富和积累临床医学知识，并提供临床咨询、辅助诊疗、辅助临床决策，提高医护人员的工作效率，为病人提供更多、更快、更好的服务。

2.《医院信息系统基本功能规范》　是评审医院信息系统的标准和依据，更是指导医院信息化建设的基本准则。它是根据医院数据流量、流向及处理过程，将整个医院信息系统划分为临床诊疗、药品管理、经济管理、综合管理与统计分析、外部接口共五部分。

（1）临床诊疗部分：主要以病人信息为核心，将整个病人诊疗过程作为主线，医院中所有科室将沿此主线展开工作。随着病人在医院中每一步诊疗活动的进行，产生并处理与病人诊疗有关的各种诊疗数据与信息。整个诊疗活动主要由各种与诊疗有关的工作站来完成，并将这部分临床信息进行整理、处理、汇总、统计、分析等。此部分包括：门诊医生工作站、住院医生工作站、护士工作站、临床检验系统、输血管理系统、医学影像系统、

手术室麻醉系统等。

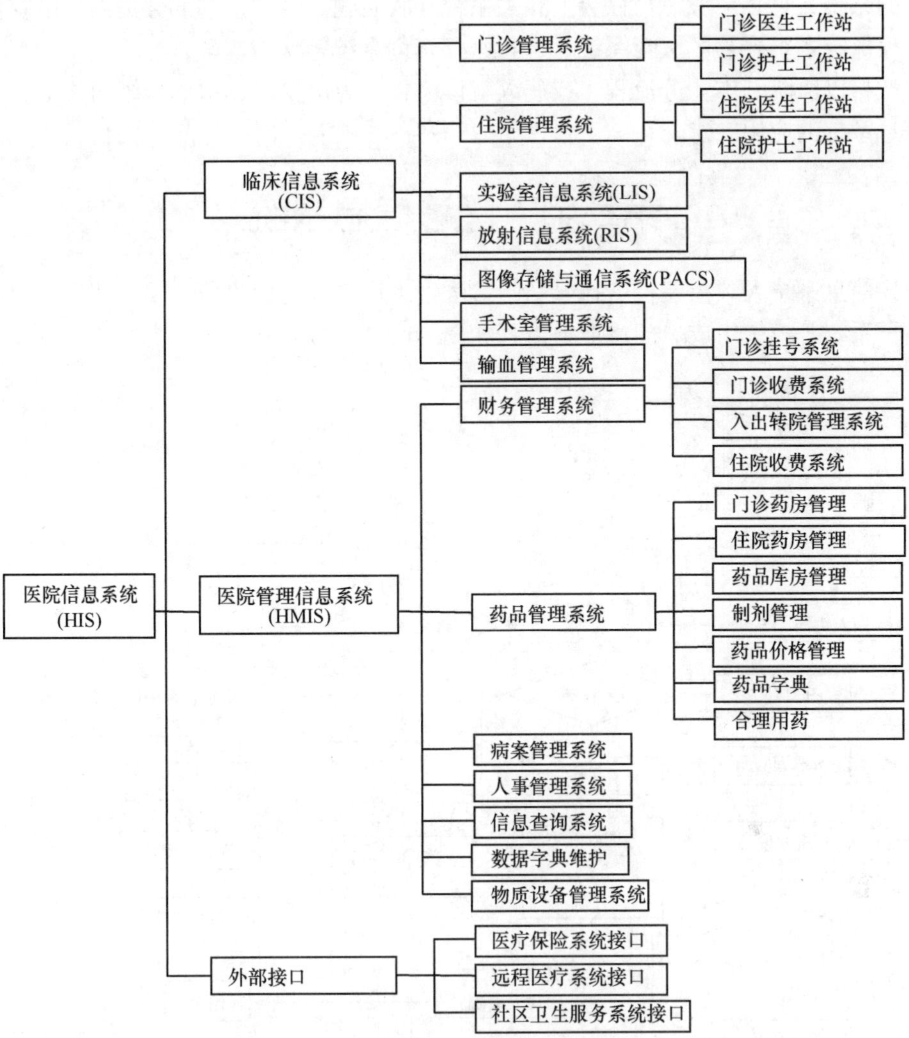

图 10-1-1　HIS 结构示意图

（2）药品管理部分：主要包括药品的管理与临床使用。在医院中药品从入库到出库直到病人的使用，是一个比较复杂的流程，它贯穿于病人的整个诊疗活动中。这部分主要处理的是与药品有关的所有数据与信息。共分为两部分：一部分是基本部分，包括药库、药房及发药管理；另一部分是临床部分，包括合理用药的各种审核及用药咨询与服务。

（3）经济管理部分：属于医院信息系统中的最基本部分，它与医院中所有发生费用的部门有关，处理的是整个医院中各有关部门产生的费用数据，并将这些数据整理、汇总、传输到各自的相关部门，供各级部门分析、使用并为医院的财务与经济收支情况服务。包括：门急诊挂号，门急诊划价收费，住院病人入、出、转，住院收费、物资、设备，财务与经济核算等。

（4）综合管理与统计分析部分：主要包括病案的统计分析、管理，并将医院中的所有数据汇总、分析、综合处理供领导决策使用，包括病案管理、医疗统计、院长综合查询与分析、病人咨询服务。

（5）外部接口部分：随着社会的发展及各项改革的进行，医院信息系统已不是一个独立存在的系统，它必须考虑与社会上相关系统互联问题。因此，这部分提供了医院信息系统与医疗保险系统、社区医疗系统、远程医疗咨询系统等接口。

本教材以医院基本业务流程（或病人就诊流程）为出发点，主要介绍门诊信息系统和住院信息系统的应用。

第二节　门诊信息系统

门诊信息系统大致由建档、挂号、门诊医生工作站、门诊收费、门诊药房、门诊护士工作站子系统等模块组成。门诊业务流程如图 10-2-1 所示。

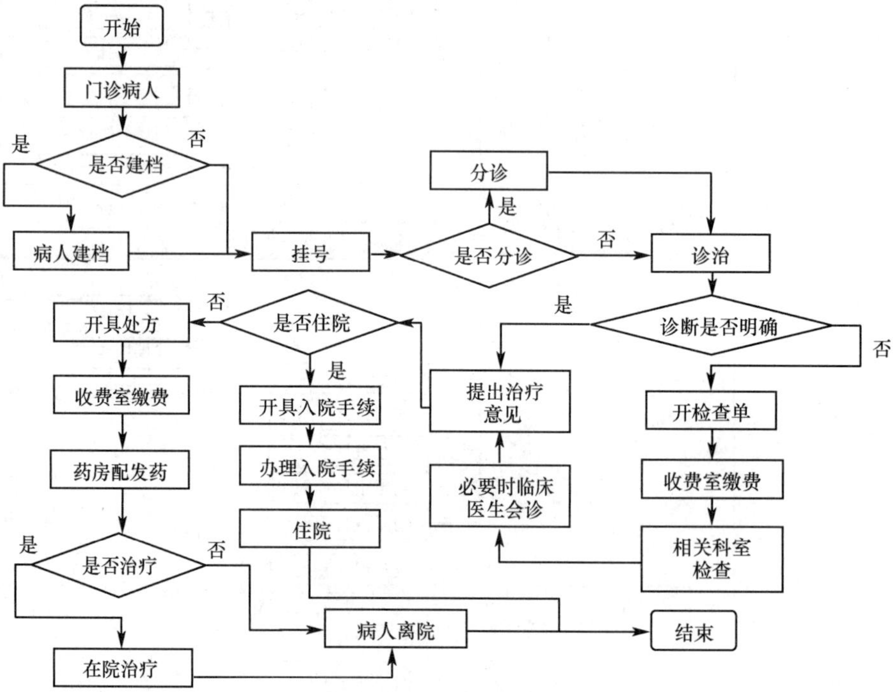

图 10-2-1　门诊流程图

一、门诊建档子系统

门诊建档子系统就是要为每一个来院就诊的病人建立一套个人档案，即病人主索引管理系统。档案信息包括病人基本资料、身份类别、过敏史等。建档常采用“一卡通”模式，把卡号与病人的档案信息进行关联，病人凭卡调取出本人的资料进行就诊、缴费或取药。

二、门诊挂号子系统

挂号是病人选择科室或医生，取得就诊权利，缴纳相应的诊金、挂号费的过程。

三、门诊分诊子系统

分诊的设立主要是为了解决病人排队的问题。对于挂号时未指定医生的病人进行分诊，如果所选医生的号类和病人所挂的号类不同则不允许分诊；对已分诊但未就诊的病人可以进行重新分诊。

四、门诊医生工作站

（一）业务流程

接诊—（开检查检验申请单）—下诊断—书写门诊病历—开处方。

（二）系统功能

1. 获取病人信息　门诊医生工作站首先从挂号、分诊获取病人的就诊信息。了解病人既往的就诊记录、既往病史、用药记录、用药禁忌和既往检查、检验报告等。

2. 医嘱处理　门诊医生根据检索码调出对应的医嘱项和医嘱套，如果是药品填写相应的剂量、用法、频率、疗程或包装数量；可以开成组医嘱；将不需要的未收费医嘱停止；然后门诊医生签名。为了规范医生的操作和避免不必要的错误，所有的增删均需签名确认，一旦保存后就不允许修改，只能停止医嘱并新开。在下达医嘱的过程中，系统提供词库、模板等各种便利手段，简化医生工作，提高医生的接诊效率和准确度。

3. 记录病历　门诊医生根据病人当前病情发展情况、各种检查检验结果、生命体征观察等，做出相应的诊断，制订出合适的治疗方案，并将本次就诊信息录入病历。

4. 医疗质量控制　重复医嘱判断、药品库存量判断、药品适应证判断、根据诊断控制药品的用药疗程、限制某类医嘱的条数、限制处方的条数、根据处方类型限制医嘱的使用、根据上次就诊医嘱用量限制本次用量、加入用药备注、限制本次就诊的医嘱费用，依据用法、用量、疗程自动计算整包装，成组医嘱的自动匹配。

5. 查询　查询病人历史就诊记录、历史处方、检验检查结果。

6. 接口　与合理用药系统接口，提供处方的自动监测和咨询功能；药品剂量、药品互相作用、配伍禁忌、适应证等。自动向有关部门传送检查、检验、诊断、处方、治疗处置、手术、收住院等诊疗信息，以及相关的费用信息，保证医嘱指令顺利执行。

（三）操作步骤

点击“医护管理”中的“门诊医生工作站”，打开门诊医生工作站界面（图 10-2-2）。

1. 接诊　在窗口左上方的“候诊病人”列表中选择就诊病人，双击打开“新建门诊就诊”窗口（图 10-2-3）。依次录入病人主诉、来院病症、既往史、体格检查、初步诊断等信息，点击【确定】按钮。病人记录进入“正在就诊”栏。

2. 新建医嘱　在图 10-2-2 的右下方点选“医嘱管理”，点击“新建西药”，打开“电子处方划价”新窗口（图 10-2-4）。

在药品名称中键入药品拼音首字母，系统列出相应药品列表，通过键盘上下键和回车键选中药品，通过回车键依次选择剂量、给药方式、用药频率、用药天数等信息，点击【确认录入】按钮，鼠标跳至下一行，可以继续添加药品。也可以将常用处方保存为模板，方便直接调用修改。

录入完毕后，点击【保存】按钮，系统生成一条药品处方。

同理，在图 10-2-2 的“医嘱管理”中点击“加入项目”，根据系统提示选择检查检验项目，即可创建诊疗处方。

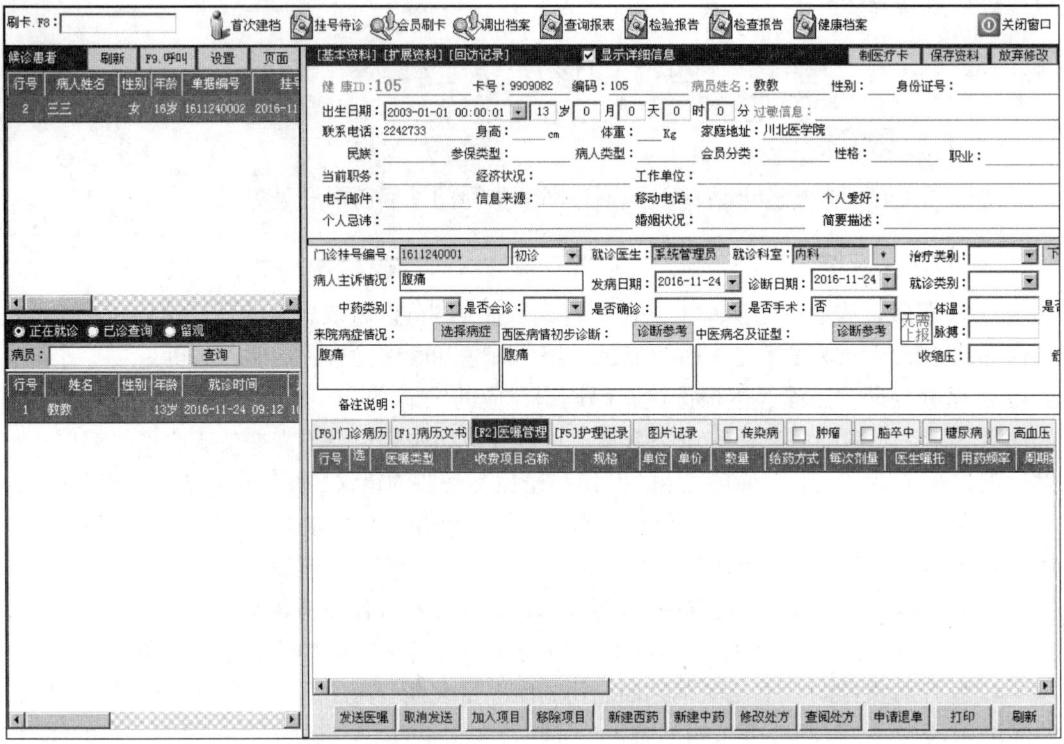

图 10-2-2　门诊医生工作站

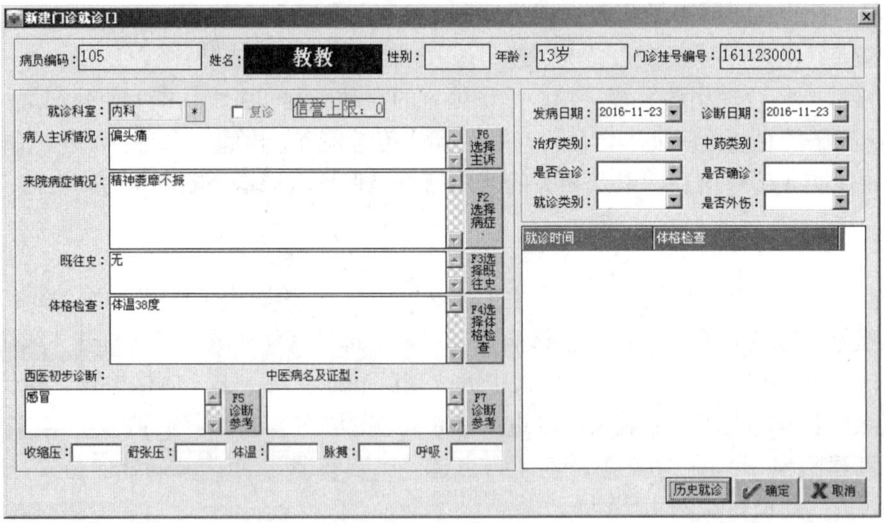

图 10-2-3　门诊就诊

3. 发送医嘱　勾选所创建的药品医嘱和诊疗医嘱，点击【发送医嘱】。

五、门诊收费子系统

门诊收费是针对门诊病人结算费用的过程。一般情况下，病人在医生看诊完成后或在医生看诊过程中需要中途缴费结算的情况下，前往收费处缴纳相应的费用。

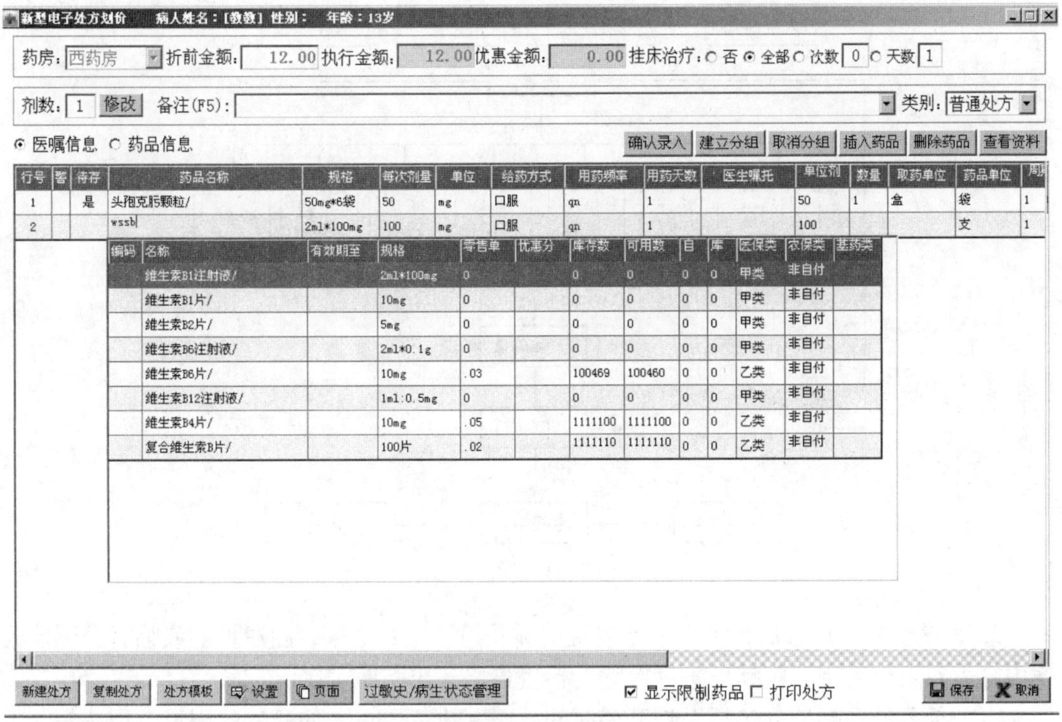

图 10-2-4　新建处方

六、门诊药房子系统

收费系统完成收费后，处方传递到门诊药房，药房的配药人员根据处方内容进行配药。配药完成后，药房工作人员通过指引设备（如显示器、LED 公告、语言叫号）通知病人取药。

七、门诊护士工作站

收费完成后，处方若存在皮试、治疗或输液方面的内容，病人需要到门诊护士工作站接受治疗。

第三节　住院信息系统

住院信息系统主要包括病人入、出、转子系统及住院医生工作站，护士工作站（或护理中心），住院收费系统，住院药房系统。病人住院基本业务流程如图 10-3-1。

一、住院病人入、出、转子系统

病人经门急诊收治并开具入院申请单，住院处根据科室空床情况，为病人办理入院登记，还需交纳预交金。然后到相应病区办理入科手续，由护士工作站安排床位。

二、住院医生工作站

（一）业务流程

1. 病历首程录入　医生在接诊后，将病人的基本情况及诊疗情况录入电子病历。

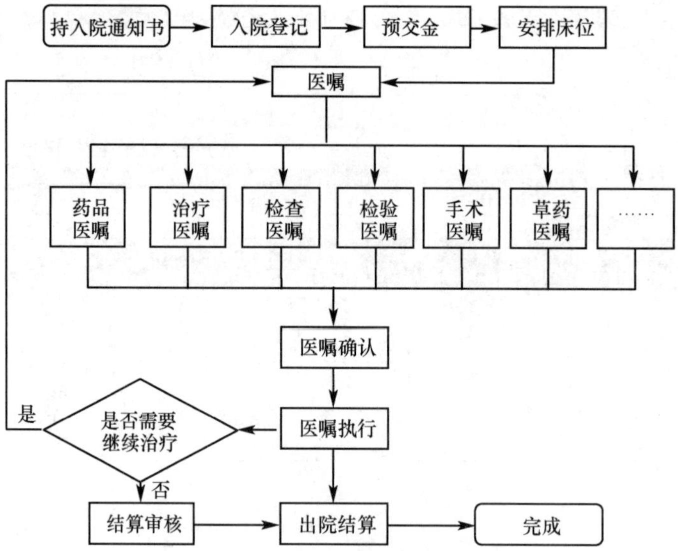

图 10-3-1　住院流程

2. 医嘱录入　接诊后，医生根据体检情况及门诊检查结果，创建长期或临时医嘱。医嘱内容大致可分为用药医嘱、护理医嘱、检查检验、出院医嘱等。

（1）录入的医嘱信息包括医嘱开始时间、医嘱执行要求，如药物的用量、用法等。

（2）医嘱保存发送后，护士工作站可自动获取医嘱信息，并对其校对执行。

（3）护士在校对执行医嘱后，将医嘱执行情况，如医嘱执行的时间，反馈给医生。

（4）临时医嘱执行后，系统自动停止；长期医嘱需要医生根据病人情况通过系统停止医嘱，同时需要由护士确认停止。

3. 检验、检查预约处理　医生创建检验、检查医嘱，保存发送后信息将进入相应科室系统。检验、检查完毕，信息将反馈给医生工作站。

4. 会诊预约处理　若病人病情复杂，需要其他科室会诊，那么医生则通过工作站向会诊科室发出预约。会诊科室接到预约后，安排会诊时间。会诊结束后将结果发回住院医生工作站。

5. 出院　当病人因好转、痊愈或死亡等原因需要办理出院手续时，首先须由医生设立出院医嘱，开具出院通知单。护士校对后，病人信息转至入转出系统，方可完成费用结算，办理出院手续。

（二）系统功能

住院医生工作站与门诊医生工作站基本功能类似，具体功能主要包括下医嘱、开检验检查申请单、开手术申请单、查询检验检查结果等。

1. 下医嘱　医嘱包括药品医嘱、诊疗医嘱，医嘱内容根据类型不同而有所不同，一般治疗性医嘱包含项目名、用量、次数、用法、嘱托、临长嘱标志等信息，但特殊医嘱如转科医嘱、出院医嘱，可能仅提供文字说明。下医嘱界面一般支持医嘱模板调用、历史医嘱复制、处方权限管理、用药监控、药品库存提醒等。此外由于医嘱有临时医嘱和长期医嘱之分，长期医嘱存在停止医嘱操作，而临时医嘱执行后自动停止。

2. 核对　医生每天查房后会对病人医嘱进行核查，确定病人当前治疗方案是否合理，如果存在不合理则进行修正（新增、停止）。

3. 开检验检查申请单　模拟医生手工申请单格式，采取分类选择、控件勾选方式。

4. 开手术申请单　主要包括手术名称、手术时间、术前准备信息、麻醉方式、备血情况、术前医嘱等。一般情况，除急诊手术之外的手术申请单均需提前一天提交手术室，提交前由科室主任先进行审核。

5. 书写住院病历。

6. 查询病人历史就诊记录、检验检查结果。

7. 接口　与合理用药系统接口，提供处方的自动监测和咨询功能：药品剂量、药品相互作用、配伍禁忌、适应证等。自动向有关部门传送检查、检验、诊断、处方、治疗处置、手术、收住院等诊疗信息，以及相关的费用信息，保证医嘱指令顺利执行。

三、护士工作站

（一）业务流程

护士工作站通常与医生工作站协同工作，负责核对和执行医生下达的临时和长期医嘱，同时协助护士完成护理及病区床位管理等日常工作。护士工作站业务流程如图 10-3-2 所示。

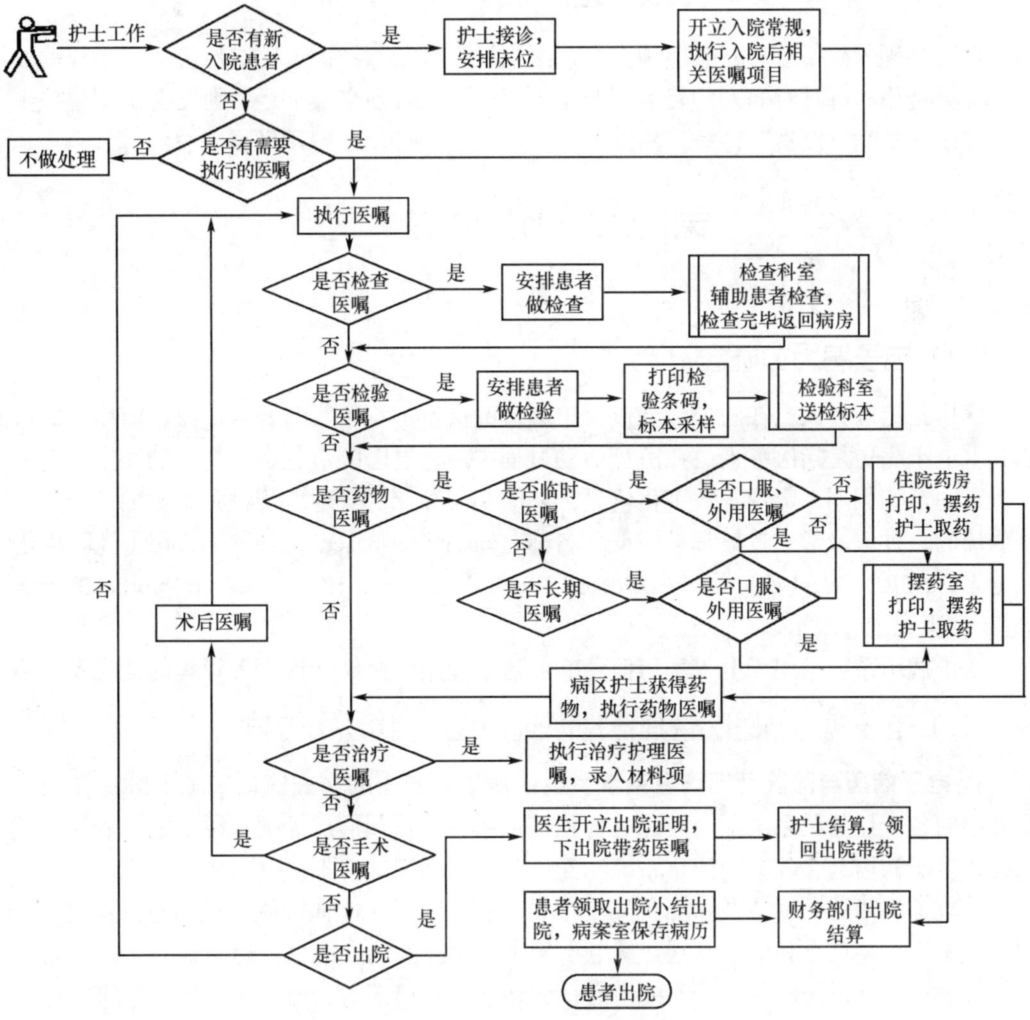

图 10-3-2　护士工作站业务流程

（二）系统功能

1. 排床 包括接收安排床位、包床、换床、转科、转病区等功能。

2. 医嘱处理 主要包括医嘱核对、执行，皮试处理等。

3. 药品单处理 完成药品单的生成及撤销已经发送的药单、查询等功能。

4. 执行单处理 实现临床日常单据打印功能，包括输液卡和贴瓶单、各种执行单、日清单、催款单等单据的打印，便于辅助临床护士执行。

5. 预出院处理 检查病人是否可以办理出院手续，护士执行医生所开出院医嘱，打印出院结算通知单及办理病人出院手续，让出所占床位。

6. 查询和统计报表 包括病人住院的详细情况及护理工作情况查询功能，提供各种统计报表，支持导出报表数据。

四、住院药房子系统

业务流程：用药审查—配药—发药—（退药）。

五、住院收费子系统

病人办理入院手续后，缴纳预交金；医生设立医嘱，经护士校对计价后，系统读取计价并计算费用；每日对病人住院治疗费用进行结算，若预交金不足，则发送提醒至护士工作站，以通知病人续费。待病人出院时，对病人住院产生的费用做出院总结算。

第四节 电子病历

一、概 述

（一）电子病历的概念

病历是指医务人员在医疗活动过程中形成的文字、符号、图表、影像、切片等资料的总和。电子病历是指医务人员在医疗活动过程中，通过医院信息系统生成的文字、符号、图表、图形、数据、影像等数字化信息，并能实现存储、管理、传输和重现的医疗记录，是病历的一种记录形式。最常见的英文名称有 computer-based patient record（计算机化病人记录，CPR）、electronic medical record（电子医疗记录，EMR）、electronic health record（电子健康记录，EHR）。

电子病历系统指用于电子病历信息的创建、使用、存储和检索等管理的信息系统。

（二）电子病历与医院管理信息系统、临床信息系统的关系

1. 电子病历与医院管理信息系统 电子病历系统中的病人信息来源于医院管理信息系统中的各个业务子系统中，而医院管理信息系统的医嘱信息等则来源于电子病历系统。因此，电子病历与医院管理信息系统相互依存，相互渗透，不可分割。

从电子病历的角度来看，电子病历是以“病人”为中心，而医院管理信息系统是以“管理”为中心，侧重点和要求不同：从电子病历的角度看病人信息，是完整的、集成的，而从医院管理信息系统的每个子系统来看病人信息，是局部的、离散的，相互之间信息有冗余、有遗漏；电子病历更注重与医学知识库、临床决策支持等系统的结合，是以知识为核

心的系统，与以“信息”为核心的管理信息有显著区别。

2. 电子病历与临床信息系统的关系 真正的临床信息系统以电子病历为核心，临床信息系统是电子病历的直接信息源。临床信息系统涉及医生、护士和检查科室等与病人医疗相关的各个环节，在帮助医护人员完成业务工作的同时也充当病人信息收集者的角色。因此电子病历建设需要完善的临床信息系统作为基础。

二、业务流程及系统功能

（一）电子病历系统业务流程

电子病历系统包括门诊电子病历和住院电子病历。门诊病人挂号就诊，医生在开处方的同时必须填写病历信息，如诊断、病史、处理意见等信息。住院病人收治入院，医护人员对其进行相关诊治后，使用电子病历系统记录诊治的过程，包括下达医嘱、书写病历及开具相关的检验检查申请单，在书写过程中，系统会对病历内容进行环节性质控。病人出院后，科室质控人员对整份病历进行质控评分，通过后病案室接收编码，进行院质控，最后审核上架。

（二）电子病历系统的主要功能

1. 病人既往诊疗信息的管理 使医护人员能够全面掌握病人既往诊疗情况，如病人既往疾病诊断（或主诉）和治疗情况、病人既往手术史、既往用药史等记录内容。

2. 住院病历管理

（1）住院病历创建、录入与编辑

1）创建住院病历并按病历组成部分、内容和要求，根据电子病历系统中相关数据，自动生成住院病历。

2）可在住院病历记录中插入病人基本信息、医嘱信息、辅助检查报告、生命体征信息等相关内容，在住院病历记录中嵌入图片、表格、多媒体数据并进行编辑，插入来自于系统内部或外部的疾病知识资料库相关知识文本。

3）提供自由文本录入；提供结构化界面模板录入，模板内容可按照住院病历组成部分、疾病病种选择并应符合该疾病现有诊疗指南、规范要求及提供结构化病历记录内容的合理性检查与提示；提供包括症状名称、体征名称、疾病名称、药物名称、手术名称、操作名称、护理级别名称等常用术语词库辅助录入支持。

4）提供住院病历记录确认和双签名功能。

（2）住院病历记录修改：提供住院病历记录的修改和删除功能，并自动记录、保存病历记录所有修改的痕迹，包括修改内容、修改人、修改时间等。

（3）护理记录管理

1）提供包括体温、脉搏、呼吸和血压等病人生命体征及自定义生命体征的记录功能。

2）提供手术护理记录单、危重护理记录单等护理单据的录入功能。

3. 医嘱管理 主要对医嘱下达、传递和执行等进行管理，保障医嘱实施的正确性，并记录医嘱实施过程的关键时间点。

（1）医嘱录入一般功能及辅助支持

1）支持临床所有医嘱（包括门急诊各类处方和医嘱、长期医嘱、临时医嘱等）及执行时间、医师签名、执行护士签名等内容的录入。

2）提供医嘱模板辅助录入、成组医嘱录入和使用自由文本录入并自动记录医嘱录入时间和录入医师信息。

3）提供医嘱双签名功能。

4）提供医嘱内容完整性和基本合理性校验功能；提供药品、医用耗材、诊疗项目等字典及分类检索、编码检索、关键字检索等辅助支持功能。

（2）药物治疗医嘱（含门急诊处方）录入及辅助支持

1）提供至少包括药品名称、规格、剂量、给药途径、使用频次、录入时间、执行人、执行起止时间、使用备注、抗菌药物皮试等内容的药物治疗医嘱录入，并在所有医嘱录入和处理界面的明显部位显示病人是否有药物过敏标志的功能。

2）提供从病人既往用药医嘱复制、导入，并进行修改后生成新的药物治疗医嘱。

3）抗菌药物等特殊药品分级使用管理。

4）提供主动提示药品的常用剂量、用法，药品说明书查询；根据药品配伍禁忌、药物过敏反应进行自动审查和提示；按临床合理用药规定警示限制性药品和超常规剂量用药；对医嘱、处方进行审核的功能，包括药物合理性检验，药物与医疗保险、新型农村合作医疗等政策的符合性检验等系统辅助支持。

（3）检查检验类医嘱录入和处理

1）提供检查检验医嘱（包括检查部位或标本类型、检查项目、标本条件等）内容录入及辅助支持。

2）提供各类检查检验申请单打印功能。

（4）医嘱处理与执行：提供医嘱修改、提交、审核、执行、回退、打印等处理功能。

1）能够根据临床实际需要，按照医嘱类型、医嘱内容、药品剂型、给药途径等项目组合生成各类医嘱执行单。

2）当医师新下达、停止、取消医嘱时，提供新开立、停止、取消医嘱列表及人工核查确认功能，并通过屏幕提示或声音提醒等方式告知护士进行相应处理。

3）当医师取消医嘱时，系统自动按照临床诊疗规范进行审核，并记录医嘱取消时间和操作医生信息。

4）按照医嘱内容生成临床所需各种执行单。

5）医嘱执行过程中，对病人标识、医嘱、执行时间、药品或标本容器进行核对和结果提示。

6）根据医嘱类型、当前执行情况、医师、执行护士等进行查询并列表显示病人医嘱。

7）医嘱执行结果（如过敏试验结果、检验标本采集时间）的录入并向医师反馈。

8）提供医嘱执行情况的监控功能，支持查询医嘱的执行时间、执行人、核对时间、核对人等信息。

9）提供打印、选择性打印、重新打印医嘱单、医嘱执行单的功能。

4. 检查检验报告管理 为各类检查、检验报告的采集、修改、告知与查阅、报告内容展现等提供支持。

（1）检查检验报告修改：允许检查检验科室对已完成的报告进行修改，并主动提示接收报告用户检查检验报告已被修改。

（2）检查检验报告告知：用户在登录系统时或者在使用系统过程中，系统主动向用户提示病人有新的检查检验报告生成；主动向用户提示病人检查检验报告中存在异常结果和危急结果。

（3）检查检验报告内容展现

1）提供显示包括检查检验项目名称、结果、标本采集时间、检验时间、操作者、报告审核者、审核时间等检查检验报告内容的功能。

2）由报告方对检查检验结果进行判读，根据病人的性别、年龄、生理周期等因素显示检查检验结果正常参考范围，向病人主动提示检查检验报告异常结果；明确提示该报告为初步报告或确认报告。

3）提供检查检验报告相关的图像或影像展现功能，对图像或影像提供基本的浏览处理和测量功能。

4）提供检查检验报告结果输出、打印功能。

5. 医疗质量管理与监控 电子病历系统通过对病历数据的汇总、统计与分析，在病历质量管理与控制、合理用药监管、医院感染监测、医疗费用监控和高值耗材监控等方面为医疗质量管理与控制提供信息支持。

三、电子病历的实现

（一）电子病历的结构化与电子病历模板

病历信息有极其复杂的内容和结构，如首页、医嘱、各类检查化验报告、病程记录、护理记录等。其中既有结构化程度较高的内容，也有大量描述性内容，而且种类繁多、各专科又有不同的特点。同时，由于医学的不断发展，病历的结构组成也会不断地发生变化。电子病历的结构应能够保留历史状态、适应发展变化、平衡结构化与自由化需求。

在病历里，可以将病历描述性文字拆分为许多小的有业务含义的不可再分的部分，即结构化。这部分被结构化的文字被称为元素。把这些元素进行分类、汇总，就组成了元素库。例如，主诉中："腹部疼痛 2 日"，就可以对其进行拆分，"腹部"（身体部位）、"疼痛"（症状）、"2"（量词）、"日"（时间单位）。通过元素库的建立，可以规范医生的用词用语，提高整个病历的可读性，并且随着元素库的不断扩充和完善，还可为以后病历的检索和查询奠定坚实的基础，进一步提高病历的利用和学术价值。

电子病历的实现是通过 EMRS 的系统集成和各种信息处理手段来完成的。临床医务人员可以通过 EMRS 中各种电子病历模板（表 10-4-1）及功能来创建和利用电子病历。模板既解决了快速录入问题，也解决了录入的标准化、规范化和格式化问题。在实际应用中，模板一般又可分为个人模板、专科模板及标准模板（全院模板）三个层次。

表 10-4-1 电子病历常用模板

一级模板	二级模板
基本信息	基础信息
住院病案首页	住院病案首页
住院志	入院记录、24 小时内入出院记录、24 小时内入院死亡记录
住院病程记录	首次病程记录、日常病程记录、上级查房记录、疑难病例讨论、交接班记录、转科记录、阶段小结、抢救记录、会诊记录、术前小结、术前讨论、术后首次病程记录、出院小结、死亡医学记录、死亡病例讨论记录

续表

一级模板	二级模板
住院医嘱	长期医嘱、临时医嘱
护理操作记录	一般护理记录、特殊护理记录、手术护理记录、体温记录、出入量记录、注射输液巡视记录
护理评估与计划	入院评估记录、护理计划、出院评估及指导记录、一次性卫生耗材使用记录
一般治疗处置记录	治疗记录、手术记录、麻醉记录、输血记录
检查检验记录	检查记录、检验记录
出院记录	出院记录
转院记录	转院记录
知情告知信息	手术同意书、特殊检查及治疗同意书、特殊药品及材料使用同意书、输血同意书、病重（危）通知书
转诊记录	转诊记录

（二）医嘱录入模板的管理及应用

医嘱可以分为护理医嘱、药品医嘱、治疗医嘱、文字医嘱、皮试医嘱、手术医嘱、术后（产后）医嘱、检查化验医嘱八大类。

在医嘱录入界面的上方有长期医嘱、临时医嘱、增加医嘱、有效长期医嘱。给病人下医嘱时，点击【增加医嘱】按钮后进入录入界面。

如果要对某病人进行“明早八点在局部浸润麻醉下行阑尾切除术[禁食]”，则在手术医嘱的项目框中输入“阑尾切除术”的首拼：1wqcs，然后按【Enter】键，在“日期”一栏输入具体进行手术的日期，麻醉选“局部浸润麻醉”，输入手术室、主刀医生、术前诊断（都是用首拼的方法来输入）。手术医嘱的嘱托中输入“明早八点，禁食”，嘱托中文字用中文逗号分隔，确定后系统可以自动拼出完整的手术医嘱描述。

（三）病历模板的管理及应用

病历是医务人员对病人疾病的发生、发展、转归进行检查、诊断、治疗等医疗活动过程的记录。在病人的整个住院期间需要使用一整套病历模板对这个过程进行管理。该模板会自动导入病人已经建立的基础信息，同时会对既往史、个人史、体格检查等常用栏目生成通用的描述，医生只需做些改动。这些需要改动的地方通常都会有下拉选项供选择。病历输入完成后，点击【保存】按钮，则入院记录就存入到该病人的病历树下。已经编辑过的病历可以进行存为医生的个人模板、打印等操作。

（四）报告模板的管理及应用

病人的各种检验检查会产生大量的报告单，如 B 超报告单、放射检查报告单、血液检查报告单、检验报告单、病理检查报告单、心电检查报告单等。这些报告单是由各个科室的信息管理系统产生的，这些信息管理系统同样内置了大量的报告模板，通常是按疾病分类来进行模板的管理，生成的报告单最终以 Word 或 PDF 的格式保存在服务器的数据库中。电子病历系统可以通过集成视图或数据综合浏览视图对这些报告进行查阅与浏览。

（五）病程记录模板的管理及应用

病程记录是住院病人在住院期间的诊断、治疗、病情变化、辅助检查结果和临床意义连续性的记录，应包括首次病程记录、日常病程记录、上级查房记录、疑难病例讨论、交接班记录、转科记录、阶段小结、抢救记录、会诊记录、术前小结、术前讨论、术后首次病程记录、出院小结、死亡医学记录、死亡病例讨论记录等。

病程记录也是通过大量的模板进行管理与生成的。如要生成日常病程记录，则在系统界面中点击【添加新病历】按钮，系统会弹出病历模板的选择列表，在列表中选择“标准模板—住院病程记录—日常病程记录”这个模板，则出现日常病程记录的输入界面可进行编辑。

（六）其他模板的管理及应用

除了上述几个主要的模板之外，系统一般还提供护理操作记录、护理评估与计划、一般治疗处置记录、检查检验记录、出院记录、转院记录、知情告知信息、转诊记录等模板，这些模板基本能涵盖一个病人从入院到出院整个医疗过程的医疗活动和记录。模板的使用方法也与上述模板的使用相似，不同之处仅在于内部的结构和录入的内容。

第五节　实验室信息系统

实验室信息管理系统（laboratory information system，LIS）是指利用计算机网络技术，实现临床实验室（检验科）的信息采集、存储、处理、传输、查询，并提供分析及诊断支持的计算机软件系统。它是医院信息系统的重要组成部分之一，是结合临床检验科日常工作的需求，按检验科的工作流程设计，将检验科各项工作集合在一起，集分析检测、质量控制和检验科综合管理于一体的模块化、开放化的信息平台，是实现仪器检测与医疗信息自动化、智能化的检验科管理软件系统。

一、LIS 的工作流程

LIS 是为医院检验科工作服务的，其工作流程和实际检验工作流程基本相似。检验科工作流程：申请—收费—采样—核收—化验—审核—查询，如图 10-5-1 所示。

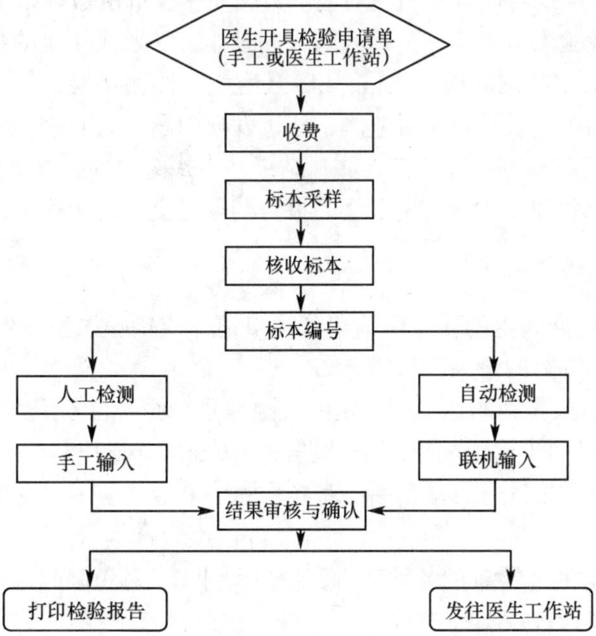

图 10-5-1　LIS 工作流程

二、LIS 的主要功能

LIS 的主要功能是从全院 HIS 的中心服务器中读取有关检验部分的信息（医嘱），根据医嘱的要求完成检验，并把检验结果通过网络返回中心服务器。LIS 应当具有检验申请的接收，检验结果的传递、录入、查询、统计、打印、修改、备份和恢复，质量控制、科室管理等功能。其主要功能如图 10-5-2。

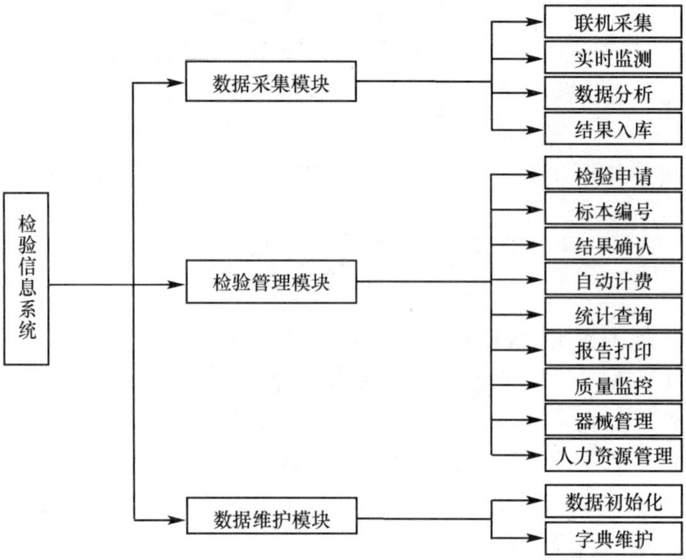

图 10-5-2　LIS 的功能结构

（一）数据采集模块功能

1. 联机采集与结果入库　主要完成检测结果的自动采集、接收分析仪器发出的检验数据，并自动将结果添加到与病人资料相对应的数据库中。可使检验结果从检验仪器中直接传入计算机，减少检验人员手工抄写检验结果的过程，并形成初步的报告。

2. 实时监测　对于特殊的检测项目，LIS 还有实时监测功能，在任意的工作站上可以随时对检测仪器的测定结果进行实时监测，便于发现问题，及时进行处理。

3. 数据分析　某些检测仪器的直接测量结果并不是医疗检验报告中的最终结果，需要做进一步的数据分析处理，才能得出最终的报告结果提交给医生作为诊断依据。

（二）检验管理模块功能

1. 检验申请　根据医生的手工申请单录入申请，或接收医生工作站从网上发出的申请，还包括病人基本资料的录入和编辑。

2. 标本编号　将采集到的标本按一定的规则编号，便于自动识别。

3. 结果确认　对初步形成的报告结果进行审核确认并形成最终报告，发往门诊或病区。有的系统还能对结果进行自动判断，对异常的结果给出警示，提供与以往结果对照的功能。

4. 自动计费　对完成检查的各种项目实现自动计费，避免漏收或错收。根据科室的业务情况，可恰当选择计价点。

5. 统计查询　可随时生成多种形式的工作量、收费、设备使用情况、试剂消耗等各种报表，方便统计查询，加强科室的管理。

6. 报告打印　按统一、固定格式打印各种检验报告单。可提供完整的病人资料、标本状态、结果、单位、参考值（自动套用不同性别和年龄段的参考值范围）及超出参考范围的标记等内容。

7. 质量监控　完成检验科内部的质控管理功能。可自动接收或手工录入质控数据，并根据相应的规则显示和打印质控图。

8. 器械管理　实现试剂和仪器设备的统一管理。

9. 人力资源管理　包括检验科内部职工资料管理、值班表的安排和电子考勤系统。

（三）数据字典维护模块功能

进行字典的维护，完成各个数据字典之间的对照关系表，进行后台数据的初始化。

第六节　医学影像信息系统

医学影像信息系统是指以高性能服务器、网络及存储设备构成硬件支持平台，以数据库作为数据和图像的存储管理工具，以医疗影像的采集、传输、存储和诊断为核心的，包含影像的采集传输与存储管理、影像诊断查询与报告管理、综合信息管理等综合应用于一体的综合应用系统。其主要任务是把医院影像科（包括放射科、核医学科、超声科等）日常产生的各种医学影像以数字化的方式保存起来，需要的时候在一定的授权下能够迅速地调阅，同时增加一些辅助诊断管理功能。图像在各种不同设备之间传送遵循 DICOM 标准。根据上述表述，医学影像信息系统从临床实际应用的角度可分为三个部分：放射信息系统（radiology information system，RIS）、图像存储和传输系统（picture archiving and communication system，PACS）、医生图像工作站（work station）及其应用软件。医生图像工作站是医生在处理 PACS 中的图像和进行诊断的直接操作界面。

一、放射信息系统

（一）放射信息系统的业务流程

（1）病人挂号登记，临床医生通过 HIS 下达病人检查预约请求，通知放射信息系统（RIS）。

（2）病人持就诊卡到收费处缴纳检查费用。

（3）RIS 接受预约请求，创建诊断管理服务，填写预约单并通知放射科进行摄片。

（4）病人进行摄片检查。

（5）PACS 系统从设备采集数字化图像，进行存储、归档与分发。

（6）诊断医生调用数字图像进行报告书写、审核和发布。

（7）临床医生工作站直接调阅病人图像、报告信息，进行疾病诊断治疗。

与传统放射检查工作相比，基于 RIS/PACS 的影像检查可以为放射科医生提供全面的病人信息，包括以前的病人资料和本次来院的相关检查检验信息，使得医生可以进行全面的分析，提高影像诊断的准确率，同时还缩短了诊断时间，提高了工作效率。

（二）RIS 的主要功能

RIS 的主要功能包括、登记预约、报告撰写签发和管理放射科的各种资源信息，同时还与 PACS 和 HIS 整合和交换数据。

系统包括 6 个功能模块。

1. 预约登记模块 该模块将病人有关信息，如姓名、性别、年龄、联系地址和电话、放射检查号（如 X 线、CT 号）、检查部位、检查方式、检查体位、胶片规格、数量、曝光次数、收费金额、申请科室、开单医生、技术员代码等逐项录入，最后自动保存；病人基本资料可以从 HIS 中自动提取，放射检查号新号码自动递增生成，检查日期自动生成。以上各项均由放射科登记员在接诊时按申请单适时录入。

2. 报告撰写、签发、打印模块 病人检查完毕，诊断医生点击【报告撰写与签发】按钮，输入放射检查号码，即可进入报告书写页面。病人基本资料已经自动填入报告栏，医生只需输入报告描述和结论内容，签上姓名，完成初级报告的撰写；上级签发医师单击【报告撰写与签发】按钮，输入放射检查号码，进入已经书写好的报告页面，经行核对、修改，然后进行打印和签发。报告实行双签名制度，打印的报告需要上级医师亲笔签名才能发出。一般 RIS 预先准备一些报告模板，以提高录入速度。

3. 资料查询与检索模块 RIS 支持模糊检索。资料可以按姓名、放射检查号、门诊号及住院号、检查方式、检查部位、申请科室等条件进行查询和检索，结果可按列表式或报告单式显示。同时还可以通过诊断主题词进行检索，在条件框内输入主题词，系统自动将所有符合条件的病人资料列表显示。

4. 统计模块 包括科室业务收入统计、总工作量统计、按部位分类统计、按检查方式分类统计、用片量统计、医生开单统计、报告医生工作量统计、签发医生工作量统计等。模块可以按时间段逐项统计，一般最小统计时段为 1 天。

5. 行政事务管理模块 包括放射科人员的基本档案，科室的经济预算和收入，科室的工作总结，放射科每周工作安排，工作人员休假、请假、补休、外出等记录，开展新技术、新项目的记录，业务学习安排，外出进修学习安排，设备档案，使用维修情况记录等。

6. 数据库与系统管理模块 主要针对系统维护人员。数据库模块主要用于辅助数据库管理人员设置系统访问数据库的规则，同时通过数据库来完成数据的添加、删除和查询等操作，保持病人信息、诊断及影像信息的一致性。系统管理模块主要是对 RIS 系统各模块的参数进行设置，如设置报告打印格式与新增、维护报告模板等。

（三）RIS 集成分析

1. RIS 和 PACS 集成 RIS 与 PACS 共同构成医学影像学信息化环境。集成的 PACS 可以把 RIS 的结构化报告直接存储到 DICOM 文档中，这样医生在调阅病人影像时可以方便地调出病人的检查报告，对远程会诊特别有帮助。

2. RIS 和 HIS 集成 RIS 和 HIS 集成实际上就是放射科信息系统和医院信息系统之间的数据融合。数据融合保证了病人和检查基本资料的正确性和一致性。RIS 可自动获取 HIS 中病人的相关信息，包括检查信息、病历、医嘱、检验结果等；同时 HIS 医生工作站也可以直接调阅 RIS 的影像诊断报告。

二、图像存储和传输系统

图像存储和传输系统简称 PACS，是利用现代放射技术、数字成像技术、计算机及通信技术，准确、高效地采集、传输、存储、归档、显示和管理各类医学影像信息与病人信息的数字化影像系统。整个系统是一个软件、硬件、通信设施的集成。它通常与 RIS 无缝集成，以实现检查登记、成像、诊断的快速一体化。

PACS 的基本功能可分为以下四点。

1. 图像采集功能 由于各种影像设备产生的图像信息格式是不同的（有胶片的，也有数字的；有静态的，也有动态的），因此必须通过不同的方式对图像信息进行采集。图像采集发生的行为有三点。

（1）从影像设备获取各类源的图像信息。

（2）将图像信息转换为 PACS 支持的 DICOM 标准格式数据。

（3）将 DICOM 图像信息传输到中心服务器和存储模块中。

2. 图像存储与归档功能 数字化图像区别于传统胶片图像，其主要特点有数据量大、保存时间长；数据类型复杂；有数字和文字，还有大量的图形和影像等信息；既有对安全性、实时性和并发用户数要求很高的 HIS 数据，也有对安全性和实时性要求相对较低的文档信息。因此，PACS 必须以无损压缩或有损压缩方式，将采集得来的各类型图像按照重要性和访问频次，通过在线存储—近线存储—离线存储三级方式进行图像的存储与归档，以满足临床对存储数据的高效访问和获取需求。

3. 图像处理调阅功能 图像的处理调阅功能主要包括参数测量、特征提取、图像识别、二维和三维重建、图像增强、灰度变换等。

4. 图像输出打印功能 主要包括：将 DICOM 标准格式转换成普通的 JPEG、TIF、BMP、AVI 等常用影像格式，也可把普通格式影像转换成 DICOM 格式；将数字图像按需任意组合，形成电子胶片，进行按需打印或自助打印等。

（李朝葵）

思考练习题

1. 门急诊管理信息系统的功能有哪些？
2. 画出门诊就诊完整业务流程图，并进行上机演练。
3. 住院管理信息系统的功能有哪些？
4. 画出住院的完整业务流程图，并进行上机演练。
5. 什么是电子病历？它有哪些主要功能？
6. 上机演练利用电子病历系统给住院病人开医嘱和书写电子病历。

参考文献

一、图书

陈冬花. 2005. 文献信息检索与利用[M]. 上海：上海交通大学出版社.

陈界，杨嘉，董建成，等. 2004. 医学信息检索与利用[M]. 第 3 版. 北京：中国科学技术出版社.

陈泉. 2013. 网络信息检索与实践教程[M]. 北京：清华大学出版社，262-271.

程焕文，潘燕桃. 2004. 信息资源共享[M]. 北京：高等教育出版社.

崔晓西. 2003. 网络信息技能教程[M]. 厦门：厦门大学出版社.

方平. 2005. 网络医学资源检索与利用[M]. 第 3 版. 北京：科学出版社.

冯天亮，尚文刚. 2012. 医院信息系统教程[M].北京：科学出版社.

高岚. 2005. 网络医学信息资源检索[M]. 北京：化学工业出版社.

谷遇春. 2008. 西部地区信息资源共建共享概论[M]. 长沙：中南大学出版社，211-215.

黄瑞敏. 2012. 中西医学查新理论与实证研究[M]. 北京：军事医学科学出版社，82-82.

黄晓鹂. 2005. 医学信息学教程[M]. 北京：中国科学技术出版社.

黄晓鹂. 2012. 医学信息检索与利用[M]. 北京：科学出版社.

霍仲厚，刘胡波. 2005. 医药卫生科技查新教程[M]. 北京：军事医学科学出版社.

吉家凡. 2010. 网络信息检索[M]. 湖北：华中科技大学出版社.

吉九明，孙济庆. 2013. 文献检索与知识发现指南[M]. 上海：上海人民出版社.

贾玢. 2004. 信息社会[M]. 内蒙古：内蒙古教育出版社.

金新政. 2009. 现代医院信息系统[M]. 北京：人民卫生出版社.

柯平. 2005. 信息素养与信息检索概论[M]. 天津：南开大学出版社.

李秉严，喻志刚. 2008. 信息检索与利用•医学[M]. 第 2 版. 四川：四川科学技术出版社.

李幼平. 2003. 循证医学[M]. 北京：高等教育出版社.

李幼平. 2009. 循证医学[M]. 第 2 版. 北京：高等教育出版社.

梁蜀忠，孙金立. 2006. 生物医学信息检索[M]. 西安：第四军医大学出版社.

梁正. 2009. 临床医学信息学教程[M]. 东营：中国石油大学出版社.

刘俊熙，王立义. 2002. 信息检索[M]. 北京：北京图书馆出版社.

刘俊熙，应允. 2005. 计算机信息检索[M]. 北京：中国铁道出版社.

罗爱静. 2010. 医学文献信息检索[M]. 第 2 版. 北京：人民卫生出版社.

彭奇志. 2006. 信息检索与利用教程[M]. 北京：中国轻工业出版社.

仇晓春，张文浩. 2006. 医学文献检索[M]. 第 2 版. 北京：科学出版社.

田朝晖. 2011. 医学信息计算机应用技术[M]. 北京：高等教育出版社.

王家良. 2005. 循证医学[M]. 北京：人民卫生出版社.

王家良. 2010. 循证医学[M]. 第 2 版. 北京：人民卫生出版社.

王景光. 2004. 信息资源管理[M]. 第 3 版. 北京：高等教育出版社.

王明时. 2008. 医院信息系统[M].北京：科学出版社.

王庭槐. 2005. 医学信息资源检索与利用[M]. 北京：高等教育出版社.

王云娣. 2005. 数字信息资源的开发与利用研究[M]. 湖北：武汉大学出版社.

吴东，马慧，吴曙霞. 2012. 医药卫生科技查新咨询理论与实践 [M]. 北京：军事医学科学出版社.

吴新博. 2006. 现代信息检索简明教程[M]. 北京：清华大学出版社.

吴延熊，宋亚军，黄勇，等. 2010. 信息检索教程[M]. 北京：中国传媒大学出版社.

夏知平. 2004. 医学信息检索与利用[M]. 上海：复旦大学出版社.

肖凤玲，李朝葵. 2013. 医学文献信息检索实用教程[M]. 北京：科学出版社.

谢新洲，周静. 2015. 新编科技查新手册[M]. 北京：人民出版社.

谢志耘. 2006. 实用生物医学信息检索[M]. 北京：北京大学医学出版社.

谢志耘. 2010. 医学文献检索[M]. 第 2 版. 北京：北京大学医学出版社.

徐天秀. 2006. 信息检索[M]. 北京：科学出版社.

徐一新. 2004. 医学信息检索[M]. 北京： 高等教育出版社.

杨长平. 2009. 信息检索与利用[M]. 北京：中国农业出版社.

姚志洪. 2014. 医院信息系统理论与实践[M]. 北京：高等教育出版社.

余致力. 2009. 医药信息检索技术与资源应用[M]. 南京：南京大学出版社，153-154.

张会田，巩林立，白兴礼. 2008. 新信息环境下图书馆合作与资源共享[M]. 兰州：甘肃民族出版社，34-37.

张士靖. 2010. 医学信息素养研究与实践[M]. 湖北：科学技术出版社.

张稚鲲，李文林. 2012. 信息检索与利用（中医院校用）[M]. 南京：南京大学出版社， 152-160.

赵静. 2004. 现代信息查询与利用[M]. 北京：科学出版社.

赵文龙. 2004. 医学文献检索[M]. 北京：科学出版社.

赵文龙. 2010. 医学文献检索[M]. 第 3 版. 北京：科学出版社.

二、期 刊 论 文

陈至立. 2000. 抓住机遇，加快发展，在中小学大力普及信息技术教育[N].中国教育报.

段晓玲. 信息素质与学生综合素质[DB/OL].www.lib.whu.edu.cn/tsggx/xuanzth.asp

高波. 2000. 从文献资源建设到信息资源建设[J]. 中国图书馆学报，(5).

郭胜华. 2003. 图书情报学领域信息素养研究述介[J].情报杂志，(7)：26-28.

贺亚锋. 2000. Web 资源虚拟图书馆与搜索引擎的比较研究[J]. 情报学报，(6)：573-577.

李勇帆. 2004. 论大学生信息素养的培养[J].湖南第一师范学院，4(12)：80-83.

路冬梅. 2004. 构建学生信息素养平台的举措[J]. 教育与职业，(14)：56-58.

邱均平. 1999. 论信息资源与社会发展的关系[J]. 图书情报工作，(2).

沈漪青. 2004. 面对 21 世纪信息素质教育的思考与实践[J]. 现代情报，(5)：203-205.

徐思敏. 2008. RNA 生物信息相关软件概述[J].科技信息（科学教研），(14)：398-399.

赵斌，吴斌. 2010. LiterMiner 可视化多维文献分析工具[J].数字图书馆论坛，(8)：2-8.

Information literacy competency standards for higher education[DB/OL]. www.ala.org/ala/acrl/acrlstandards/information literacy competency.htm

三、网 络 资 源

1. http://sinomed.imicams.ac.cn

2. http://www.cnki.net

3. http://lib.cqvip.com

4. http://www.wanfangdata.com.cn

5. https://www.ncbi.nlm.nih.gov/pubmed
6. https://www.nlm.nih.gov/mesh
7. http://www.nstl.gov.cn
8. http://ccc.calis.edu.cn
9. http://www.cochranelibrary.com
10. http://ovidsp.ovid.com
11. http://www.guideline.gov
12. http://www.tripdatabase.com
13. http://pqdtopen.proquest.com/search.html
14. http://www.meeting.edu.cn/
15. http://www.medig.com.cn/
16. http://www.cma.org.cn/index/indexxshd/
17. www.medical.theconferencewebsite.com/
18. http://www.docguide.com/crc
19. www.medical-events.com
20. http://www.sipo.gov.cn
21. http://www.patent.com.cn
22. http://www.uspto.gov
23. http://www.epo.org/
24. http://www.standardcn.com
25. http://www.cssn.net.cn
26. http://www.iso.org
27. http://www.osti.gov/graylit/
28. http://www.ntis.gov/
29. http://www.usp.org/
30. http://www.pharmacopoeia.org/
31. https://www.edqm.eu/
32. http://jpdb.nihs.go.jp/jp14e/
33. http://www.yaojia.org/thread-21456-1-1.html
34. http://www.msdchina.com.cn/msd-manual/Pages/home.aspx
35. http://www.pdr.net
36. http://www.cpi.gov.cn/
37. http://cowork.cintcm.com/engine/windex.jsp
38. http://www.cas.org/
39. http://store.elsevier.com/embase
40. http://www.cpi.gov.cn
41. http://www.fda.gov
42. http://www.pharmweb.net/
43. http://www.drugs.com
44. http://www.rxlist.com
45. http://www.medscape.com
46. http://toxnet.nlm.nih.gov
47. http://pubchem.ncbi.nlm.nih.gov
48. http://www.bio-soft.net/index.html
49. http://www.medscape.com
50. http://www.webmd.com
51. http://www.hon.ch
52. http://www.oncolink.org
53. http://www.medexplorer.com
54. http://www.medmatrix.org
55. http://www.mwsearch.com
56. http://www.medhelp.org
57. http://www.healthcentral.com
58. http://www.39.net
59. http://www.wdl.org
60. http://vlib.org
61. http://www.las.ac.cn/index.jsp
62. http://www.atlas.or.kr
63. http://www.iiyi.com
64. http://www.ccmtv.cn
65. http://www.yi20.com.cn
66. http://zyw.njmu.edu.cn/Index.html
67. http://open.163.com
68. http://www.qnr.cn
69. http://www.nlm.nih.gov/medlineplus
70. http://www.med.harvard.edu/AANLIB
71. http://www.medlive.cn
72. http://www.dxy.cn
73. http://www.cmt.com.cn
74. http://www.oculist.net
75. http://www.512test.com
76. http://www.yxyxjs.com
77. http://www.ipathology.cn
78. http://www.cmda.net
79. http://www.medscape.com.cn
80. http://www.ohiolink.edu
81. http://www.oclc.org
82. http://pr-rla.org
83. http://www.minitex.umn.edu
84. http://www.nstl.gov.cn

85. http://www.calis.edu.cn

86. http://www.escience.gov.cn

87. http://www.ncmi.cn

88. http://www.paper.edu.cn

89. http://www.hanspub.org

90. http://www.socolar.com

91. http://www.freemedicaljournals.com

92. http://www.ncbi.nlm.nih.gov/pmc

93. http://www.plos.org

94. http://www.biomedcentral.com

95. http://arxiv.org

96. http://www.osti.gov/eprints

97. http://chinese.benthamscience.com

98. http://www.doaj.org

99. http://home.highwire.org

100. http://www.inoteexpress.com

附录 1 主题词一、二级类目表

A	**Anatomy**	**解剖学名词**
A01	Body Regions	身体各部位
A02	Musculoskeletal System	肌肉骨骼系统
A03	Digestive System	消化系统
A04	Respiratory System	呼吸系统
A05	Urogenital System	泌尿系统
A06	Endocrine System	内分泌系统
A07	Cardiovascular System	心血管系统
A08	Nervous System	神经系统
A09	Sense Organs	感觉器官
A10	Tissues	组织
A11	Cells	细胞
A12	Fluids and Secretions	体液和分泌物
A13	Animal Structures	动物结构
A14	Stomatognathic System	口颌系统
A15	Hemic and Immune Systems	血液和免疫系统
A16	Embryonic Structures	胚胎结构
A17	Integumentary System	皮肤系统
A18	Plant Structures	植物结构
A19	Fungal Structures	真菌结构
A20	Bacterial Structures	细菌结构
A21	Viral Structures	病毒结构
B	**Organisms**	**有机体**
B01	Eukaryota	真核生物
B02	Archaea	古细菌
B03	Bacteria	细菌
B04	Viruses	病毒
B05	Organism Forms	生物形式
C	**Diseases**	**疾病**
C01	Bacterial Infections and Mycoses	细菌感染和真菌病
C02	Virus Diseases	病毒疾病
C03	Parasitic Diseases	寄生虫病
C04	Neoplasms	肿瘤
C05	Musculoskeletal Diseases	肌肉骨骼系统疾病
C06	Digestive System Diseases	消化系统疾病
C07	Stomatognathic Diseases	口颌疾病
C08	Respiratory Tract Diseases	呼吸道疾病
C09	Otorhinolaryngologic Diseases	耳鼻喉疾病
C10	Nervous System Diseases	神经系统疾病

续表

	C11	Eye Diseases	眼疾病
	C12	Male Urogenital Diseases	男性生殖器疾病
	C13	Female Urogenital Diseases and Pregnancy Complications	女性生殖器疾病和妊娠并发症
	C14	Cardiovascular diseases	心血管疾病
	C15	Hemic and Lymphatic Diseases	血液和淋巴疾病
	C16	Congenital, Hereditary, and Neonatal Diseases and Abnormalities	先天性、遗传性、新生儿疾病和畸形
	C17	Skin and Connective Tissue Diseases	皮肤和结缔组织疾病
	C18	Nutritional and Metabolic Diseases	营养和代谢疾病
	C19	Endocrine System Diseases	内分泌系统疾病
	C20	Immune System Diseases	免疫系统疾病
	C21	Disorders of Environmental Origin	环境诱发疾病
	C22	Animal Diseases	动物疾病
	C23	Pathological Conditions，Signs and Symptoms	病理学条件、体征和症状
	C24	Occupational Diseases	职业病
	C25	Chemically-Induced Disorders	化学物质诱导疾病
	C26	Wounds and Injuries	创伤和伤害
D		**Chemicals and Drugs**	**化学物质和药品**
	D01	Inorganic Chemicals	无机化合物
	D02	Organic Chemicals	有机化合物
	D03	Heterocyclic Compounds	杂环化合物
	D04	Polycyclic Compounds	多环碳氢化合物
	D05	Macromolecular Substances	大分子物质
	D06	Hormones，Hormone Substitutes，and Hormone Antagonists	激素、激素代用品和激素拮抗剂
	D08	Enzymes and Coenzymes	酶和辅酶
	D09	Carbohydrates	碳水化合物
	D10	Lipids	脂类
	D12	Amino Acids，Peptides，and Proteins	氨基酸、肽和蛋白质
	D13	Nucleic Acids，Nucleotides，and Nucleosides	核酸、核苷和核苷酸
	D20	Complex Mixtures	混合物
	D23	Biological Factors	生物因子
	D25	Biomedical and Dental Materials	生物医学和牙科材料
	D26	Pharmaceutical Preparations	药物制剂
	D27	Chemical Actions and Uses	化学作用与利用
E		**Analytical，Diagnostic and Therapeutic Techniques and Equipment**	**分析、诊断、治疗技术和设备**
	E01	Diagnosis	诊断
	E02	Therapeutics	治疗
	E03	Anesthesia and Analgesia	麻醉和止痛
	E04	Surgical Procedures，Operative	外科手术
	E05	Investigative Techniques	实验技术
	E06	Dentistry	牙科

续表

E07	Equipment and Supplies	设备和供应
F	**Psychiatry and Psychology**	**精神病学和心理学**
F01	Behavior and Behavior Mechanisms	行为和行为机制
F02	Psychological Phenomena and Processes	心理现象和过程
F03	Mental Disorders	精神障碍
F04	Behavioral Disciplines and Activities	行为科学和活动
G	**Phenomena and Processes**	**现象与操作**
G01	Physical Phenomena	物理现象
G02	Chemical Phenomena	化学现象
G03	Metabolism	代谢
G04	Cell Physiological Phenomena	细胞生理现象
G05	Genetic Phenomena	遗传现象
G06	Microbiological Phenomena	微生物现象
G07	Physiological Phenomena	生理现象
G08	Reproductive and Urinary Physiological Phenomena	生殖和泌尿生理现象
G09	Circulatory and Respiratory Physiological Phenomena	循环和呼吸生理现象
G10	Digestive System and Oral Physiological Phenomena	消化和口腔生理现象
G11	Musculoskeletal and Neural Physiological Phenomena	肌肉骨骼和神经生理现象
G12	Immune System Phenomena	免疫系统现象
G13	Integumentary System Physiological Phenomena	外皮系统生理现象
G14	Ocular Physiological Phenomena	眼生理现象
G15	Plant Physiological Phenomena	植物生理现象
G16	Biological Phenomena	生物现象
G17	Mathematical Concepts	数学概念
H	**Disciplines and Occupations**	**学科和职业**
H01	Natural Sciences　Disciplines	自然科学
H02	Health Occupations	卫生职业
I	**Anthropology，Education，Sociology and Social Phenomena**	**人类学、教育、社会学和社会现象**
I01	Social Sciences	社会科学
I02	Education	教育
I03	Human Activities	人类活动
J	**Technology，Industry，Agriculture**	**技术、工业与农业**
J01	Technology，Industry and Agriculture	技术、工业与农业
J02	Food and Beverages	食物与饮料
J03	Non-Medical Public and Private Facilities	非医疗公共和私人设施
K	**Humanities**	**人文科学**
K01	Humanities	人文科学
L	**Information Science**	**信息科学**
L01	Information Science	信息科学
M	**Named Groups**	**任命团体**
M01	Persons	人

续表

N	**Health Care**	**保健**
N01	Population Characteristics	人口特征
N02	Health Care Facilities，Manpower，and Services	卫生保健设施、人力和服务
N03	Health Care Economics and Organizations	卫生保健经济和组织
N04	Health Services Administration	卫生服务管理
N05	Health Care Quality，Access，and Evaluation	卫生保健质量、实施和评估
N06	Environment and Public Health	环境与公共卫生
V	**Publication Characteristics**	**出版特征**
V01	Publication Components	出版组成
V02	Publication Formats	出版格式
V03	Study Characteristics	研究特征
V04	Support of Research	科研支持
Z	**Geographicals**	**地理**
Z01	Geographic Locations	地理位置

附录 2 MeSH 副主题词使用范围

1. abnormalities（AB）异常、畸形 用于器官的先天性缺陷所引起的器官形态变化，也用于动物畸形。

2. administration & dosage（AD）投药和剂量 用于药物剂型、投药途径、用药次数和持续时间、剂量及这些因素的作用。

3. adverse effects（AE）副作用 用于诊断、治疗、预防或麻醉的药物、化学物质、生物和物理作用剂，以及各种制品在正常剂量或可接受的剂量情况下所出现的不良反应；也用于诊断、治疗、预防、麻醉、外科手术及其他措施时出现的副作用或并发症。不包括禁忌证。

4. agonists（AG）激动剂 用于各种化学物质、药物及内源性物质，指这些物质对受体具有亲和力与内在活性。

5. analogs & derivatives（AA）类似物和衍生物 用于具有同族分子或官能团及相似电子结构，但因增加或取代了其他原子或分子而不同的药物和化学物质；也用于主题词表中未列出的专指化学物质及适当的上位词。

6. analysis（AN）分析 用于各种物质或其成分和代谢产物的鉴别和定量测定，包括空气、水及其他环境物质的化学分析；也可用于分析的方法学及分析结果。但组织、肿瘤、体液、有机体和植物的化学分析应用主题词"化学"。分析血液、脑脊髓液和尿内物质分别用相应的副主题词"血液""脑脊髓液"和"尿"。

7. anatomy & histology（AH）解剖学和组织学 与器官、部位、组织主题词组配，说明其正常的解剖学及组织学；与动植物主题词组配，说明其正常的解剖学及结构。

8. antagonists & inhibitors（AI）拮抗剂和抑制剂 用于与化学物质、药品、内源性物质在生物效应上有相反作用机制的物质和制剂。

9. biosynthesis（BI）生物合成 用于生物体内、活细胞内或亚细胞成分中化学物质的合成。

10. blood（BL）血液 用于表明血中物质的存在或分析血中的物质；也用于疾病时血液中物质的变化及血液检查。但不包括血清诊断及血清学，前者用"诊断"，后者用"免疫学"。

11. blood supply（BS）血液供给 如器官或部位无专指的血管主题词时，用于表明该器官、部位的动脉、毛细血管及静脉系统，包括器官内通过的血流。

12. cerebrospinal fluid（CF）脑脊髓液 用于脑脊髓液中物质的分析或疾病时脑脊髓液中物质的变化或脑脊髓液检查。

13. chemical synthesis（CS）化学合成 用于体外分子的化学制备。在生物体内、活细胞内或亚细胞成分中化学物质的形成用"生物合成"。

14. chemically induced（CI）化学诱导 用于由内源性或外源性物质引起的生物现象、疾病、综合征、先天性畸形或症状。

15. chemistry（CH）化学 用于化学物品、生物或非生物物质的组成、结构、特征和性质；也用于器官、组织、肿瘤、体液、有机体和植物的化学成分或化学物质含量。而物质的化学分析和测定用“分析”；人工合成用“化学合成”；物质的分离和提纯用“分离和提纯”。

16. classification（CL）**分类**　用于分类学的或其他系统或层次的分类系统。

17. complications（CO）**并发症**　与疾病主题词组配，表明两种或多种疾病同时发生或相继发生，如并存病、并发症或后遗症。

18. congenital（CN）**先天性**　与疾病主题词组配，表明出生时或通常在出生前即存在的疾病，但不包括形态学上的异常及产伤，前者用“畸形”，后者用“损伤”。

19. contraindications（CT）**禁忌证**　与药物、化学品及生物和物理因素组配，表明在任何疾病或生理状态时可能使这些治疗成为不合适、不合需要或不可取的，也用于诊断、治疗、预防、麻醉、外科手术或其他操作的禁忌证。

20. cytology（CY）**细胞学**　用于表明单细胞或多细胞有机体的正常细胞形态学。

21. deficiency（DF）**缺乏**　用于各种内源性或外源性物质缺乏或其含量低于正常需要量。

22. diagnosis（DI）**诊断**　与疾病主题词组配，表明诊断的各个方面，包括检查、鉴别诊断及预后。但不包括普查，此时应用“预防和控制”；也不包括放射学诊断、放射性核素扫描诊断和超声诊断，应分别用“放射摄影术”“放射性核素显像”和“超声检查”。

23. diet therapy（DH）**膳食疗法**　与疾病主题词组配，表明疾病时进行膳食和营养的调理，但维生素和矿物质的补充则用“药物疗法”。

24. diagnostic imaging（DG）**诊断成像**　用于可视化的解剖结构或疾病的诊断。常用的成像技术包括摄影、放射性核素成像、温度记录、断层和超声。

25. drug effects（DE）**药物作用**　与器官、部位、组织或有机体以及生理和心理过程主题词组配，表明药品及化学物质对其发生的作用。

26. drug therapy（DT）**药物疗法**　与疾病主题词组配，表明通过投给药品、化学品或抗生素治疗疾病。而膳食疗法和放射疗法，则分别用“膳食疗法”和“放射疗法”；免疫疗法及生物制品治疗则用“治疗”。

27. economics（EC）**经济学**　用于经济方面的主题，也于用财务管理的各个方面，包括筹集及提供资金。

28. education（ED）**教育**　用于各个领域和学科的教育、训练计划和课程，以及培训的专业人员。

29. embryology（EM）**胚胎学**　与器官、部位和动物主题词组配，说明其在胚胎期或胎儿期的发育；也可与疾病主题词组配，表明胚胎因素引起的出生后的疾病。

30. enzymology（EN）**酶学**　与有机体（脊椎动物除外）、器官、组织及疾病主题词组配，指有机体、器官、组织中的酶或疾病过程中的酶；但不包括用于诊断的酶试验，此时须用“诊断”。

31. epidemiology（EP）**流行病学**　与人类或兽医学疾病主题词组配，表明疾病的分布、疾病因素及在特定人群中疾病的特征，包括发病率、发病频率、患病率、地方性和流行性疾病暴发流行，也包括某地区和特定人群中发病率的调查和估计。可与地理主题词组配以表明疾病流行病学方面的地点。不包括死亡率。

32. ethics（ES）**伦理学**　用于人和社会价值讨论与分析方面的技术和活动。

33. ethnology（EH）**人种学**　与疾病主题词组配，说明疾病的人种、文化、人类学或种族方面；与地理主题词组配，表明某一人群的起源地。

34. etiology（ET）**病因学**　与疾病主题词组配，表明致病原因如微生物等病原体，以及起致病作用的环境与社会因素和个人习惯，也包括发病机制。

35. genetics（GE）**遗传学**　用于遗传机制、生物遗传学、正常和病理状态下的遗传基础和内源性化学物质遗传的各个方面；包括遗传物质中生物化学和分子的影响。

36. growth & development（GD）**生长和发育**　用于微生物、植物和动物出生后的生长和发育；包括出生后器官或解剖部位的生长和发育。

37. history（HI）**历史**　用于任何主题的历史方面，包括简单的历史札记，但不包括病史。

38. immunology（IM）**免疫学**　用于组织、器官、微生物、真菌、病毒和动物的免疫学研究。包括疾病的免疫学方面，但不包括用于诊断、预防或治疗的免疫学操作，这些分别用“诊断”“预防和控制”或“治疗”。与化学物质主题词组配时，指作为抗原、半抗原的化学物质。

39. injuries（IN）**损伤**　与解剖学、动物和运动主题词组配，表明受到创伤或损伤。但不包括细胞损伤，此时须用“病理学”。

40. innervation（IR）**神经支配**　用于器官、部位或组织的神经支配。

41. instrumentation（IS）**仪器和设备**　与诊断或治疗操作、分析技术及专业或学科主题词组配，表明器械、仪器或设备的研制或改进。

42. isolation & purification（IP）**分离和提纯**　与细菌、病毒、真菌、原生动物和蠕虫组配，表明对其纯株的获取或通过 DAN 分析、免疫学或其他方法（包括培养技术）以验证或鉴定有机体；也可与生物学及化学物质组配，表明对其成分的分离和提纯。

43. legislation & jurisprudence（LJ）**立法和法学**　用于法律、法令、条例，或政府法规及涉及法律的争议和法庭判决。

44. manpower（MA）**人力**　与学科、项目或计划主题词组配，说明其人员的需求、提供、分配、招聘和使用。

45. metabolism（ME）**代谢**　用于器官、细胞和亚细胞成分、有机体和疾病的生物化学变化和代谢；药品和化学物质的分解代谢变化（即复杂分子分解为简单分子）。合成代谢过程（即小分子转变为大分子）、酶学、药代动力学和分泌则用相应副主题词。

46. methods（MT）**方法**　用于各种技术、操作和程序的方法。

47. microbiology（MI）**微生物学**　研究则用“寄生虫学”；对病毒方面的研究用“病毒学”。

48. mortality（MO）**死亡率**　与人类和兽医学疾病主题词组配，表明其死亡率的统计；用于经统计学处理过的因各种操作引起的死亡。但由于特殊病例引起的死亡用“致命性结局”。

49. nursing（NU）**护理**　和预防操作中的护理。

50. organization & administration（OG）**组织和管理**　用于行政组织机构和管理。

51. parasitology（PS）**寄生虫学**　用于动物、高等植物、器官和疾病的寄生虫因素。但不用于诊断中未言明的寄生虫因素。

52. pathogenicity（PY）**致病力**　用于微生物、病毒、寄生虫对人、动物或植物致病力的研究。

53. pathology（PA）**病理学** 用于疾病状态时器官、组织及细胞的结构。

54. pharmacokinetics（PK）**药代动力学** 用于外源性化学物质或药品吸收、生物转化、分布、释放、运转、摄取和排泄的机制和动力学，而这些变化取决于剂量和代谢过程的范围程度和速率。

55. pharmacology（PD）**药理学** 用于药品和外源性投给的化学物质对活组织或有机体的作用，包括生理学及生物化学过程的加速或抑制，以及其他药理作用机制。

56. physiology（PH）**生理学** 用于器官、组织、单细胞和多细胞生物的正常功能；也用于内源性生化物质的生理作用。

57. physiopathology（PP）**病理生理学** 用于器官和疾病，表明疾病状态时的功能障碍。

58. poisoning（PO）**中毒** 用于药品、化学物质、工业原料等对人和动物所致的急、慢性中毒，包括意外的、职业性的、自杀的、误用的及环境暴露所致中毒。

59. prevention & control（PC）**预防和控制** 与疾病主题词组配，表明增强人和动物的抗病力（如预防接种），控制传播媒介，预防和控制环境危害因素，以及预防和控制引起疾病的社会因素，也包括对个例的预防措施。

60. psychology（PX）**心理学** 与非精神性疾病，技术及人群主题词组配，表明其心理的、精神性疾病的、身心的、社会心理学的、行为的和感情的方面；与精神性疾病主题词组配，则表明其心理的方面。与动物主题词组配，则表明动物的行为和心理学方面。

61. radiation effects（RE）**辐射效应** 与有机体、器官、组织及其组成部分、生理过程等主题词组配，表明电离或非电离辐射对其发生的作用；也可与药品、化学物质主题词组配，表明辐射对其发生的效应。

62. radiotherapy（RT）**放射疗法** 与疾病主题词组配，表明用电离或非电离辐射治疗疾病；也包括放射性同位素疗法。

63. rehabilitation（RH）**康复** 与疾病及外科操作主题词组配，表明个体功能的康复。

64. secondary（SC）**继发性** 用于肿瘤进程转移的继发部位。

65. secretion（SE）**分泌** 用于腺体、组织或器官的完整细胞活动而产生的内源性物质经细胞膜排出，进入细胞间隙或腺管。

66. standards（ST）**标准** 与设备、人员、规划主题词组配，表明对其必要性和可行性标准的制定、测试和应用；与化学及药品主题词组配，指其鉴定标准及质量和效力的标准，还包括工业和职业中的卫生或安全标准。

67. statistics & numerical data（SN）**统计学和数值数据** 与非疾病主题词组配，用以表达描述特定组群的数据的数值，不包括人力资源配置数据，此时须用“人力”；也不包括供应与需求，此时须用“供应和分配”。

68. supply & distribution（SD）**供应和分配** 与物资、仪器设备、卫生保健服务、人员和设施主题词组配，表明可能获得上述物资或拥有上述设施的数量及其分配情况。不包括工业和事业中食品和水的供应。

69. surgery（SU）**外科学** 对器官、部位或组织进行外科手术以治疗疾病，包括激光切除组织。不包括移植术，此时须用“移植”。

70. therapeutic use（TU）**治疗应用** 用于药品、生物制品及物理因素，用来预防或治疗疾病，包括兽医用药。

71. therapy（TH）**治疗**　用于疾病的治疗，不包括药物疗法、膳食疗法、放射疗法及外科学，因已有相应的副主题词。但可用于涉及综合疗法的文献和书籍。

72. toxicity（TO）**毒性**　与药物及化学物质主题词组配，表明其对人体和动物有害作用的实验研究，如安全剂量的测定，以及按不同剂量给药产生的不同反应；也用于暴露于环境污染物的实验研究。

73. transmission（TM）**传播**　用于疾病传播方式的研究。

74. transplantation（TR）**移植**　指器官、组织、细胞在同一个体由一个部位移植于另一部位，或在同种或异种不同个体间的移植。

75. trends（TD）**发展趋势**　指事物随时间推移而发生质和量的变化的方式，包括过去、现在和将来，但不包括对具体患者疾病过程的讨论。

76. ultrastructure（UL）**超微结构**　用于组织、细胞（包括肿瘤）和微生物的超微解剖结构，通常用光学显微镜观察不到的细微解剖结构。

77. urine（UR）**尿**　用于尿中物质的存在和分析；也用于疾病时尿内物质的变化及尿的化验检查。

78. utilization（UT）**利用**　与设备、设施、规划、服务项目及卫生人员主题词组配，以讨论其实际使用情况，通常都附有数据，也包括讨论其过度使用或使用不足。

79. veterinary（VE）**兽医学**　用于动物自然发生的疾病或指兽医学中使用的诊断、预防和治疗操作。

80. virology（VI）**病毒学**　用于器官、动物和高等植物以及疾病的病毒学研究。但细菌、立克次体、真菌等用"微生物学"，对寄生虫方面的研究用"寄生虫学"。

（李朝葵）